国家文化产业资金支持媒体融合重大项目
省级畅销书

21世纪新概念教材：“换代型”系列
高等职业教育市场营销专业教材新系

U0816580

国际贸易理论与实务

GUOJI MAOYI LILUN YU SHIWU

郑光贵 主　编
朱　方 副主编

（第七版）

东北财经大学出版社
Dongbei University of Finance & Economics Press
大 连

图书在版编目（CIP）数据

国际贸易理论与实务 / 郑光贵主编. —7版. —大连：东北财经大学出版社，2022.7
（高等职业教育市场营销专业教材新系）
ISBN 978-7-5654-4534-7

Ⅰ. 国… Ⅱ. 郑… Ⅲ. ①国际贸易理论-高等职业教育-教材 ②国际贸易-贸易实务-高等职业教育-教材 Ⅳ. F740

中国版本图书馆CIP数据核字（2022）第088354号

东北财经大学出版社出版
（大连市黑石礁尖山街217号 邮政编码 116025）
网 址：http：//www.dufep.cn
读者信箱：dufep@dufe.edu.cn

大连图腾彩色印刷有限公司印刷 东北财经大学出版社发行

幅面尺寸：185mm×260mm 字数：510千字 印张：21.75
2022年7月第7版 2022年7月第1次印刷

责任编辑：许景行 张晓鹏 责任校对：宋雪凌
封面设计：张智波 版式设计：原 皓

定价：48.00元

教学支持 售后服务 联系电话：（0411）84710309

如有印装质量问题，请联系营销部：（0411）84710711

第七版前言

《国际贸易理论与实务》第六版于2019年年底出版，2020年年初，突如其来的新冠肺炎疫情对世界经济与贸易造成了巨大而广泛的负面影响，经贸摩擦与政治、地缘矛盾交错激化的风险显著上升，全球经贸布局进入了重新调整的新阶段。此外，《国际贸易术语解释通则》（2020版）已于2020年1月1日正式生效。

在上述背景下，伴随教育部关于"'课程思政'融入专业课教学"要求的提出，本书编者修订时在保留原有知识框架的基础上，对相关内容进行了补充、优化和删改。具体如下：

1. 在教材设计上，优化了各章的"学习目标"，将原"职业道德"目标升级为"课程思政"，在各章正文中将"职业道德与企业伦理"专栏升级为"课程思政"，将章后"基本训练"中的"善恶研判"同步升级为"课程思政"，落实立德树人的根本任务，帮助学生树立正确的国家利益观和开放观，培育学生的家国情怀、法治意识和国际视野等职业素养。

2. 在国际贸易实务方面，在第4章用最新的《国际贸易术语解释通则》（2020版）替换《国际贸易术语解释通则》（2010版）；在国际贸易理论方面，为测度一个国家或地区服务贸易发展的状况、水平和竞争力强弱，在第11章国际服务贸易中增加了"国际服务贸易发展指数"的有关理论。

3. 与时俱进、紧跟时事，从大量新闻信息中整理出最新的资讯，替换、修订了各章正文中的"同步案例"、"小资料"、章后"基本训练"中"能力训练"的案例分析等内容。

4. 根据国家统计局、海关总署等机构的报告及新闻资料中的讯息，更新、修订了各章正文中涉及的统计数据，为论述提供了有力支撑；更新、丰富了各章配套的二维码资源，以拓展学生的视野。

5. 修订了PPT课件及章后"基本训练"的"参考答案与提示"。使用本教材的任课教师可登录东北财经大学出版社网站（www.dufep.cn）或东北财经大学出版社"财济书院"（www.idufep.com）查询或下载这些网上教学资源。

本书第七版由郑光贵教授任主编，朱方讲师任副主编。本版的内容由主编和副主编共同编写修订。

在本书编写过程中，编者参阅了大量文献资料，除了在参考文献中列出的一部分外，还有近年大量的相关报刊文章及网络资料，在此对相关作者表示感谢！同时，还特别要对在编写二维码资源和PPT课件方面给予大力帮助的汪圣佑和刘超两位老师表示感谢！

由于编者能力有限，书中难免存在疏漏和不足，敬请广大读者批评指正！

编　者

2022年5月

目　录

第 1 章

国际贸易概述

学习微平台

第 1 章
思维导图

◆ 学习目标

通过本章的学习，应该达到以下目标：

职业知识： 学习和把握国际贸易的产生与发展、国际贸易的基本概念及分类、国际市场价格等理论与实务知识；能用其指导或规范本章认知活动和技能活动，正确解答“基本训练”中“知识训练”各题型的问题。

职业能力： 运用本章知识研究相关案例，培养在特定业务情境中分析问题与决策设计的能力；通过搜集、整理与综合“国际经济贸易发展对我国经济的影响”的前沿知识，撰写、讨论与交流《“国际经济贸易发展对我国经济的影响”最新文献综述》，培养学生“自主学习”的通用能力。

课程思政： 结合本章教学内容，研判“课程思政”案例，理解我国对外开放的必然性和大国担当，培养学生树立全球化贸易视野。

【引例】

第二次世界大战后世界出口贸易额的发展变化

背景与情境：在第二次世界大战前（1900—1938年）的38年里，世界出口贸易额从101亿美元增至227亿美元，仅增长了1.2倍；而第二次世界大战后（1948—1985年）的37年里，资本主义国家出口贸易额则从539亿美元增至17 525亿美元，增长了31.5倍。1990年世界出口贸易额增至33 978.8亿美元，2008年增至120 000亿美元，2011年增至182 170亿美元，2014年增至189 950亿美元，2015年减至164 800亿美元，2016年减至154 600亿美元，2017年增至177 299.5亿美元，2018年增至194 750亿美元。2019年全球贸易总体呈疲弱状态，世界出口贸易额减至188 887亿美元，根据WTO发布的《世界贸易统计评论》报告，2020年世界商品出口值下降8%。

中国自加入WTO以来，对外贸易的发展令全世界瞩目。货物出口总额从1998年的1 837亿美元增至2010年的15 780亿美元，增长了759%，中国成为仅次于美国的世界第二大贸易体；2012年货物出口额增至20 490亿美元，2015年货物出口额增至22 749.50亿美元，2019年这一数值达到24 995亿美元。2020年面对新冠肺炎疫情的冲击，中国各级政府出台了一系列超常规稳外贸的政策措施，促进了中国贸易的稳定与恢复，中国的货物出口额增至25 906.5亿美元。

资料来源　作者根据各种相关数据整理.

国际贸易体现了各国之间的分工形式，反映了世界各国在经济上的相互依存关系，是世界生产力发展的必然结果；反过来，它又促进了世界生产力的快速发展。现代社会人们在购买大量的进口汽车、家用电器、通信工具的同时，也在关心着国际贸易的现状和未来的发展前景，因为这关系到今后的工作和生活质量。

1.1　国际贸易的产生与发展

1.1.1　国际贸易产生与发展概况

国际贸易是在一定的历史条件下产生和发展起来的。它的产生必须具备两个基本条件：一是社会生产力的发展；二是国家的形成。社会生产力发展到一定程度，出现了剩余产品，形成了三次社会大分工。随着商品经济的产生与发展、市场的不断扩大，商品冲出国内市场的范围，便产生了国际贸易。

奴隶制社会的产生，出现了国家，商品超越国界交换形成了国际贸易。当时的国际贸易主要交易的是奴隶主所需的奢侈品，如宝石、装饰品、各种织物、香料等。奴隶也是欧洲国家对外贸易的主要商品，古希腊雅典就曾经是一个奴隶贩卖中心。

到了封建制社会，地租由劳役和实物形式转变为货币形式，增强了贸易支付能力，从而加速了对外贸易的发展。当时的西方国家以呢绒、酒等换取东方国家的丝绸、香料、珠宝等，国际贸易中心分布在欧洲的地中海、北海、波罗的海和黑海沿岸。

到了19世纪，欧洲国家先后完成了产业革命和资产阶级革命，建立了资本主义大机器工业，使生产力迅速提高，国际分工开始形成。交通工具和通信工具的快速发展，缩短了各国间的距离。这时，国际贸易真正具有了世界性质。

【课程思政 1-1】

不平等的国际贸易规则

背景与情境： 在发达国家与发展中国家的贸易中，发达国家输出的商品主要是发展中国家无法生产或生产成本很高的高科技工业制成品，并以垄断高价卖给发展中国家，获取高额垄断利润；而发展中国家输出的商品则主要是低价的劳动力密集型产品和原材料等初级产品。发达国家在与发展中国家进行国际贸易时，通过高价出口和低价进口从中牟取暴利；发达国家在贸易中更为强势，因为发达国家主导制定贸易规则，发展中国家只能被动执行。当前，发达国家掌握着世界领先的科技，而发展中国家的科技水平相对落后。从长远来看，发展中国家如果不加大科技投入，加强科技创新和自主研发，将在科技上永远落后，并越来越依赖发达国家。

近年来，发展中国家在科技上不断加大投入，加强研发和自主创新，希望建立国际贸易新秩序。但发达国家为保住其科技霸主及贸易垄断地位，联合起来，实行贸易保护主义和单边主义，采用各种歧视性贸易壁垒，利用它们目前在科技方面的优势地位，遏制、打压、断供、封锁发展中国家科技产业的发展，阻碍人类社会科技发展进步。为此，发展中国家也要联合起来与之进行坚决的斗争，努力提升自己的实力。

问题： 某些国家扰乱国际贸易秩序的目的是什么？

研判提示： 目前的贸易保护主义思潮是某些西方国家国内社会矛盾激化、处于国际市场竞争劣势的一种本能反应。以限制资本从发达国家向发展中国家流动、阻碍劳动力从发展中国家向发达国家移民为特征的反全球化政策已经成为贸易保护主义的新趋势，并被发达国家用作压制以中国为代表的发展中国家完成经济转型升级的重要手段。

1.1.2　国际贸易产生与发展的原因

商品交换需求的急剧发展、国际分工的日益明显、生产能力的扩张、国家政权的确定等，是国际贸易产生和发展的主要原因。这是因为：

（1）资本积累和不断扩大再生产的趋向要求有不断扩大的市场，社会化大生产追求超额利润。市场竞争规律决定了旨在争取更大市场份额的对外贸易不断发展。

（2）国际上各行业发展不平衡，较发达的行业和地区必然要在国外寻找市场。此外，各国、各地区因管理方式不同、生产要素不同，都需要相互交换，借以实现需求的充分满足。

（3）利润优势吸引着社会资本向对外贸易的产业集中，促使对外贸易快速发展。如从国外可以获得比本国更廉价的原材料和生活资料；出口贸易可以使企业取得规模经济效益，如果商品的国际市场价格高于国内市场价格，企业便可以获取超额利润。

【同步案例 1-1】

推动国际贸易发展的跨国公司

背景与情境： 跨国公司是以本国为基础，在国外拥有资产并从事生产经营和贸易的国际化企业，是资本垄断化阶段由以商品输出为主转为以资本输出为主进行国际贸易的一种方式。跨国公司通过对外直接投资，在世界范围内进行生产力配置。它把研发、采掘、提炼、加工、装配、销售以及服务等生产和流通过程延伸到世界各地。重大决策由总公司做出，各子公司根据总公司的全球战略制订各自的经营计划和策略。

跨国公司经营的产品从方便面到导弹几乎无所不包。如美国的杜邦公司、德国的拜尔公司除经营化工产品外，还兼营药品、食品、化妆品、首饰工艺品、纺织、冶金、电子产品、化肥、农药、运输和酒店等行业，成为生产多种产品的综合体。

跨国公司在研发新技术、新工艺、新产品方面始终保持领先地位。首先，把研发的专利技术应用于本国生产，垄断国内市场，并将产品出口到国际市场。其次，经过若干年，再将新技术转移到国外子公司，取得当地的市场和技术优势。

问题： 分析当代跨国公司产生和迅速发展的原因。

分析提示： 跨国公司的产生和迅速发展是国际贸易在现代国际经济活动中的一种表现形式。发达国家生产力的不断提高，要求不断扩大市场，特别是占领国际市场，以争取更大的市场份额。跨国公司的国外子公司可以充分利用当地廉价的劳动力和原材料，结合自己的先进技术大幅度降低生产成本，从而获得超额利润，同时进一步提高市场的竞争力。

【同步业务 1-1】

了解中国跨国公司的发展。

业务分析： 外商直接投资是我国经济的重要组成部分，但随着我国企业的逐步壮大，部分中国企业开始“走出去”拓展海外市场。这其中有艰辛有曲折，有些企业成功了，有些企业则因为战略的失误而折戟海外。成功实现“走出去”战略的企业都有哪些呢？

业务程序： 收集中国企业跨国之路的成功案例，相互交流。

1.1.3 国际贸易的作用

国际贸易对各国的经济发展具有重要作用：

（1）国际贸易不仅把商品生产水平很高的国家联系起来，而且把以自然经济为主体的落后国家和地区卷入商品交换的活动中来。在价值规律、供求规律、竞争规律等经济规律的作用下，在商品经济优势压倒自然经济劣势的利益比较中，国际贸易像洪水一般使自然经济土崩瓦解，取而代之的是商品经济。

（2）国际贸易可以使经济资源在世界范围内得到优化配置。世界的自然资源、人力资源、资本资源、技术资源和信息资源等经济资源，由于先天和后天的种种原因，客观上存在着分布和发展的不平衡性。这种不平衡性往往会制约各国经济的发展。国际贸易可以使各国经济资源取长补短，从而在世界范围内得到优化配置。

（3）国际贸易可以使国民经济协调发展。它利用国际市场，通过进出口使各国的总供给和总需求达到相对平衡，从而使国民经济协调发展。

（4）国际贸易可以推动社会生产力的发展。它使各国在世界市场这个大舞台上展示自己和展开竞争，这有利于世界先进科学技术和先进管理方法的传播与普及，从而推动人类社会整体生产力的发展和进步。

（5）国际贸易可以使各国经济相得益彰。它使各国的绝对优势产品和相对优势产品相互进行交换，从而扬长避短，有利于节约劳动、节省资源和提高人们的生活水平，在利益比较中各国都能得益。

（6）国际贸易可以使各国增加财政收入和扩大劳动就业。扩大出口可以使一国国内税收增加，扩大进口可以使该国进口关税增加，这些都可以增加国家的财政收入。扩大出口等于在扩大需求，可以促进国内生产的发展，进而促进国内的劳动就业。

（7）国际贸易是各国进行政治、外交斗争的重要工具。当今世界，许多国家特别是发达国家都把对外贸易纳入本国的对外政策之中，使其成为本国进行国际政治与外交博弈的重要工具，主要表现在：①建立国际或地区间的经济集团，通过制定统一的国际贸易政策，增强国际政治和外交斗争的抗衡力量，如欧盟组织的建立；②通过国际贸易制裁，迫使那些违反国际法规、违背联合国宪章、实行民族歧视的国家改正其错误做法，如联合国通过决议对朝鲜发展核武器实行国际贸易制裁；③通过扩大进出口，改善国家间的政治、外交关系，改善国际经济环境，为本国经济发展创造良好的外部条件，如我国的“一带一路”倡议。

学习微平台

延伸阅读1-1

1.1.4 国际贸易的发展趋势

当今世界经济发展越来越快，商品结构发生了重大变化，各国对外贸易发展很不平衡，而贸易区域集团化趋势增强，国际贸易竞争越来越激烈。

（1）国际贸易额的增长速度超过世界生产增长速度。国际贸易额是以停滞、下降与高涨交替的周期式曲线方式上升的，同时又表现出非匀速发展的态势，即前期高速发展，后期转为低速发展。例如，2015年因全球经济发展速度下滑，世界货物贸易出口额为16.48万亿美元，与2014年的18.995万亿美元相比下降13.2%。与2014年相比，2015年世界货物贸易出口额美国同比下降6.8%、德国同比下降11.2%、印度同比下降17.5%、南非同比下降9.5%、中国同比下降2.8%。直到2018年，世界货物贸易出口额才超过2014年的水平，达到19.48万亿美元。2019年，单边主义和贸易保护主义势头削弱了多边贸易体制，联合国贸发会议报告显示，全球经贸各项指标均显示贸易增长放缓，2019年世界货物贸易出口额为18.89万亿美元，与2018年相比下降3%。2020年，新冠肺炎疫情严重扰乱世界经济，国际贸易额急剧大幅下滑，联合国贸发会议报告指出，2020年全球货物贸易额同比下降5.6%，是2008年国际金融危机以来货物贸易的最大同比降幅。

（2）国际贸易中的商品结构发生了重大变化（见表1-1）。从总体趋势上来看，国际贸易中工业制成品的比重在提高，初级产品的比重在降低。在工业制成品贸易中，生产资料和耐用消费品的比重在提高，纺织和轻工业产品的比重在降低；在初级产品贸易中，燃料的比重在提高，食品、农业原料、烟草和矿产原料的比重在降低。

随着人类科学技术的不断发展和进步，技术因素在国际贸易发展中的作用日益突出。机械设备、电子产品、环境保护技术、新材料技术等高技术含量产品和高技术产业在国际贸易中的比重直线上升，国际贸易商品结构出现了高级化发展趋势。

（3）不同国家和地区国际贸易发展不平衡。其中，发达国家在国际贸易中所占的比重依然很大，发展中国家和新兴工业化国家工业制成品的出口增长较快。

表1-1　　国际贸易中商品结构的变化　　单位：%

年份	初级产品	工业制成品	其他	总计
1937	63.3	36.7	—	100.00
1955	51.0	49.0	—	100.00
1960	45.0	55.0	—	100.00
1970	43.6	55.4	1.0	100.00
1991	22.5	77.5	—	100.00
1999	10.2	89.8	—	100.00
2010	26.5	69.9	3.6	100.00
2018	18.1	81.9	—	100.00
2019	18.9	81.1	—	100.00
2020	17.2	82.8	—	100.00

资料来源　根据中国统计年鉴数据整理.

【教学互动1-1】

互动问题： 1980—2015年间，发展中国家（和地区，下同）在世界商品贸易总量中所占的份额从25%增长到46%，几乎翻了一番。南南国家在世界商品贸易总量中所占的份额在过去30年间从不到10%增长到25%以上，而发达国家之间的贸易总量则从46%下降到30%以下。2018年11月，中国商务部与世界贸易组织（WTO）秘书处联合举行了《2018年世界贸易报告》（以下简称《报告》）的中文版发布会。《报告》指出，预计到2030年，全球贸易量年增1.8～2个百分点，15年累计增幅31～34个百分点。如能采取适当措施并解决监管相关问题，贸易成本下降对中小微企业和发展中国家尤其有利，预计发展中国家贸易占比将由2015年的46%增至2030年的57%。这一方面是因为发达国家贸易保护主义的兴起，另一方面是因为对发展中国家经济发展的积极预测。世界贸易组织《2019年世界贸易报告（中文版）》指出，在发展中国家，数字化技术的进步能够推动企业更迅速地进入国际市场，对发展中国家而言，倘若充分利用数字化技术，那么其在全球服务贸易中的占比有望增长15%。世界贸易组织发布的《2020年世界贸易报告》列举了发展中国家面临的机会与挑战，如生产制造数字化和新型数字供应链服务所带来的机遇。互联网为低收入国家的企业提供了以低成本进入国际市场的巨大机会，但也有基础设施和技术水平方面的数字鸿沟。《报告》强调，开放贸易可以使创新政策更有效地实现其既定目标，外国竞争可以推动本土公司创新，参与全球价值链可以更快地进入国外市场并获取尖端技术。对于未来的发达国家和发展中国家贸易的发展，你怎么看？

互动要求：

1）教师不直接提供上述问题的答案，而是引导学生结合本节教学内容就这些问题进行独立思考、自由发表见解，组织课堂讨论。

2）教师把握好讨论节奏，对学生提出的典型见解进行点评。

世界贸易组织（WTO）公布的数据显示，2018年中国货物贸易出口额达2.49万亿美元，排名世界第一；美国货物贸易出口额达1.67万亿美元，排名世界第二；德国货物贸易出口额达1.56万亿美元，排名世界第三；日本、荷兰、韩国分列第四至六位。但G7（美国、英国、德国、法国、日本、加拿大、意大利，即七国集团）经济总量占全球的比重已降至30%以下，为历史最低水平；新兴市场发展中国家经济总量占全球的比重则已过半，接近60%。2019年世界经济持续下行，贸易紧张局势加剧，下行压力和消极因素交织，全球贸易陷入疲软态势。据中国统计年鉴数据，2019年中国、美国、德国仍以货物出口额2.50万亿美元、1.65万亿美元、1.49万亿美元，排名世界前三位。数字经济和创意经济财富及创造力高度集中在少数国家，其他地区尤其是非洲和拉丁美洲远远落后，数字鸿沟趋于扩大，全球跨境电子商务发展差距扩大且缺乏对发展中国家的贸易援助战略。2020年，新冠肺炎疫情的暴发使全球贸易遭受严重冲击，我国外贸发展也面临着严峻的形势，但是由于国内防控措施给力，从6月份开始，外贸进出口就实现了连续正增长，全年贸易出口额为2.59万亿美元，创历史新高，成为全球唯一实现货物贸易正增长的主要经济体。

（4）贸易区域化趋势增强，集团内部贸易发展迅速。这些集团主要有欧洲联盟、北美自由贸易区、亚太经合组织等。

（5）世界市场由卖方市场转向买方市场，垄断进一步加强，市场竞争更为激烈。

【同步案例1-2】

大经贸战略

背景与情境：大经贸战略是我国在市场经济条件下，调动各方发展对外贸易的积极性，按照国际经济贸易通行规则来管理和经营的一种高效益、高效率且具有较强的综合整体竞争力的外经贸发展战略。这是适应我国对外贸易现实发展变化形势的重大战略措施。其主要内容有：从客观指导与微观操作两个层次上实现各项外经贸业务的渗透与融合，实现外资利用、商品贸易、技术和服务贸易的一体化协调发展；加强外经贸行业与国内相关产业的结合，促进国内产业调整、出口产品结构升级，加强外经贸行业的实业化、集团化、国际化经营；从深度和广度上全方位开拓国际市场，推动我国的对外开放与发达国家接轨。

问题：在国际贸易快速发展的大背景下，大经贸战略对我国的对外贸易发展具有哪些重要作用？

分析提示：经济强国一定是一个外贸强国。我国是一个新兴的发展中国家，面对国际市场的激烈竞争，要打破发达国家的贸易垄断、提高我国的外贸地位，应当制定既符合中国特点又针对世界市场的长远竞争的外贸战略。只有这样，我国才能在国际贸易中占有重要的一席之地，才能适应国际贸易快速发展的要求。

【课程思政1-2】

中国国家主席习近平在国际经贸关系中提出“正确的义利观”

背景与情境：中国国家主席习近平2013年在非洲访问时，首次提出中国在非洲的企业要坚持“正确的义利观”。他认为“先义后利者荣，先利后义者辱”，中资在非洲企业要有先义后利的正确义利观。2014年7月4日，习近平主席在韩国首尔大学访问演讲时提出“国不以利为利，以义为利也”。他在2018年中非合作论坛北京峰会开幕式上的主旨讲话中强调“中国在合作中坚持义利相兼，以义为先”。中国相信中非合作的必由之路就是发挥各自的优势，把中国的发展同助力非洲发展紧密结合，实现合作共赢，共同发展。中国主张多予少取、先予后取、只予不取，张开怀抱欢迎非洲搭乘中国发展快车。2019年11月5日，国家主席习近平在第二届中国国际进口博览会开幕式演讲时指出：我们应该坚持以开放求发展，深化交流合作，坚持“拉手”而不是“松手”，坚持“拆墙”而不是“筑墙”，坚决反对保护主义、单边主义，不断削减贸易壁垒，推动全球价值链、供应链更加完善，共同培育市场需求。2020年9月4日，中国国际服务贸易交易会全球服务贸易峰会在北京举行，国家主席习近平发表视频致辞，提出三点倡议：共同营造开放包容的合作环境；共同激活创新引领的合作动能；共同开创互利共赢的合作局面。

资料来源 作者根据有关资料整理.

问题：如何理解“正确的义利观”？

研判提示：正确义利观的外交理念，深受中华文化传统和中国特色社会主义的影响。正确义利观理念的提出，表明中国将始终坚持公道正义、互利共赢的理念，在国际交往中做到见利思义，必要时舍利取义；体现了中国是坚定维护世界和平与国际正义的负责任大国；表明中国仍是发展中国家，并永远和发展中国家站在一起的身份和立场；有力地反驳了西方渲染中国推行新殖民主义的论调。

1.2 国际贸易的基本概念及分类

1.2.1 国际贸易的基本概念

在商品经济世界，经济上相互联系、相互依赖的最基本的表现形式是商品交换，而各国间的表现形式主要是国际贸易。**国际贸易**是指国际商品和劳务交换的活动。它是各国之间分工的表现形式，由各国、各地区的对外贸易构成，是世界各国、各地区对外贸易的总和。**对外贸易**是指一个国家（地区）同另一个国家（地区）之间商品和劳务的交换。

国际贸易和对外贸易都是指越过国界所进行的商品交换活动。从这一点来说，两者是一致的。但它们也有明显区别：对外贸易着眼于一个国家（地区）同其他国家（地区）之间的商品和劳务交换；而国际贸易着眼于国际范围，即世界上所有国家（地区）之间的商品和劳务交换。

【同步思考1-1】

国际贸易与国内贸易有哪些不同点？

理解要点：国际贸易与国内贸易有很多不同点，主要表现在：

（1）实现经济联系的范围不同。国际贸易是实现国内外经济联系的纽带和桥梁；国内贸易是实现国内各部门、各单位及个人之间经济联系的纽带和桥梁。

（2）生产要素流通受限制的程度不同。国际贸易在国与国之间进行，会受到来自不同国家（地区）的种种限制，流动性差，经营和合作比较困难；国内贸易则不然，其生产要素流动性强，经营和合作比较容易。

(3) 经营的复杂程度不同。对于国际贸易，由于国度、法律、语言和风俗习惯等各不相同，在洽谈、联系、合同签订和单证处理上，不仅要使用同一种语言，还要考虑到民族特性、宗教信仰、适用法律以及选择哪种货币结算等，否则可能会出现纠纷；国内贸易则要简单得多。

(4) 风险大小不同。国际贸易涉及不同国家，发生风险的可能性很大，如资信风险、商业风险、汇兑风险、运输风险、价格风险、政治风险等；相反，国内贸易的风险要小得多。

与国际贸易相关的概念有：

(1) 国际贸易额。它是计算和统计世界各国对外贸易总额的指标，是按同一种货币单位核算后，把各国、各地区的出口额相加得出的数额。

(2) 对外贸易额。它是衡量一国对外贸易状况的重要指标，由一国一定时期内从国外进口的商品总额加上该国同一时期向国外出口的商品总额构成，反映一国一定时期内的进出口规模。

(3) 对外贸易量。它是剔除价格变动的影响，为准确反映一国对外贸易的实际数量变化而确立的一个指标。对外贸易量的计算方法是用以固定年份为基期而确定的价格指数去除报告期的进出口总额。其计算公式为：

$$对外贸易量=进出口总额\div进出口价格指数 \tag{1.1}$$

$$进出口价格指数=报告期价格\div基期价格\times100 \tag{1.2}$$

(4) 对外贸易依存度。它是衡量一国国民经济对进出口贸易依赖程度的一个指标，是指一个国家在一定时期内进出口贸易值与该国同时期国民生产总值的对比关系。

【小资料 1–1】

中国石油进口依存度越来越高

2018年，中国进口原油4.619亿吨，同比增长10.1%，对外依存度高达70%。成品油进口量增长13%，达3 350万吨。

2019年，我国原油进口量达5.057亿吨，同比增长约9.5%，石油对外依存度达70.8%；天然气进口量为9 660万吨，同比增长6.9%，对外依存度达43%。构建全面开放条件下的油气安全保障体系，提升国际油气市场话语权，成为当务之急。

2020年，新冠肺炎疫情叠加“价格战”掀动油市波澜，世界经济下行风险陡增，石油博弈呈明朗化态势。2020年，我国油气对外依存度分别攀升到73%和43%。全国政协委员、中国石化集团有限公司董事长、中国工程院院士马永生在全国政协十三届四次会议第二次全体会议大会发言中指出：我国要加快能源结构优化，立足国内保障能源供给。以清洁低碳为导向，加快发展非化石能源，构建煤、油、气、核、新能源、可再生能源多元化能源供应体系，使非化石能源到2025年成为消费增量的主体，能源体系到2030年前实现碳达峰、2060年前实现碳中和。

资料来源　作者根据有关资料整理.

【小资料 1–2】

中国发现大油田　世界石油格局将发生变化

2016年，中国石油天然气集团（以下简称“中石油”）在新疆塔里木油田发现储量巨大的天然气田，其中大北气田和克深气田的储量都达到2 000亿立方米。塔里木盆地可探明油气资源总量达150亿吨，其中石油80.62亿吨，天然气为8.86万亿立方米。2018年，中石油在新疆准噶尔盆地发现两个10亿吨级特大型油田。准噶尔盆地油气资源丰富，预测石油资源总量为86亿吨，天然气为2.1万亿立方米，石油探明率仅为21.4%，天然气探明率不到3.64%，勘探前景广阔，发展前景巨大。2021年6月，中石油在塔里木盆地内发现了一个10亿吨的油气田，期间经过了将近6年的观察勘探。此外，中石油还在荒漠地带的塔克拉玛干沙漠以南地区发现了拥有10亿吨储量的页岩油气田。油田的勘探开发可以大大提高中国的石油勘探和生产技术。相信随着技术的发展，我们可以勘探更多的油田。

资料来源　作者根据有关资料整理.

学习微平台

延伸阅读1-2

【小资料1-3】

世界领先的中国稀土业

中国是世界稀土资源储量大国，不但储量丰富，还具有矿种和稀土元素齐全、稀土品位高及矿点分布合理等优势，且我国稀土提炼、加工技术世界一流，目前已经成为世界稀土第一开采国与出口国，为世界稀土市场提供了90%以上的供给，为世界稀土产业做出了巨大的贡献。长期以来，欧美日等国的稀土主要依赖进口。2020年，美国从我国进口的稀土产物达8 719吨，美国本土的稀土自给率仅达到5%~10%的水准。

（5）贸易条件。它是指一个国家在一定时期内出口商品价格与进口商品价格之间的对比关系。贸易条件反映一国对外贸易状况，一般以贸易条件系数来表示，即：

当年贸易条件系数=出口价格指数÷进口价格指数×100　　（1.3）

如果该系数大于100，说明该国该年度贸易条件得到改善；如果该系数小于100，则说明该国该年度贸易条件恶化。

（6）对外贸易商品结构。它是指一个国家一定时期内各种类别的进出口商品贸易额占整个进出口商品贸易额的比重。对外贸易商品结构反映一国的经济发展水平、产业结构状况、自然资源状况和贸易政策。

（7）国际贸易商品结构。它是指各种类别的商品在整个国际贸易中的构成，通常以它们在世界出口总额或进口总额中的比重来表示。研究国际贸易商品结构，通常是看初级产品和工业制成品贸易额分别占贸易总额的比重。

例如，2020年，我国全年工业制品出口规模达24 751.46亿美元，同比增长4.6%，工业制品出口额占出口总额的95.5%，占比较2019年提升1.1个百分点，工业制品的份额进一步扩大。而初级产品出口额仅有1 154.7亿美元，同比下跌13.8%，初级产品在出口中的占比仅为4.5%。从贸易结构看，虽然初级产品在我国的出口份额中占比越来越小，工业制品的出口份额占比越来越大，但我国的出口依然是以基础制造产品为主，装备制造设备、高新技术产品的进口额依然较高，结构失衡的情况还比较突出。

（8）对外贸易地理方向。它是指一定时期内世界上一些国家或地区的商品在某一国家对外贸易中所占的比重。对外贸易地理方向既表明一国出口商品的去向，也表明该国进口商品的来源，反映该国进出口贸易的国别与地区分布，表明它同世界各国、各地区经济贸易联系的程度。

2020年我国货物出口多元化取得进展。我国对前三大贸易伙伴——东盟、欧盟和美国的出口分别增长7.0%、7.2%和8.4%，进口分别增长6.9%、2.6%和10.1%，对这三大贸易伙伴的出口额占我国总出口额的比重为47.3%，进口额占我国总进口额的比重为33.8%。同期，我国对“一带一路”倡议沿线国家合计进出口9.37万亿元人民币，增长1%。我国与“一带一路”倡议沿线国家的贸易合作潜力正在持续释放，这成为拉动我国外贸发展的新动力。

（9）国际贸易地理方向。它是指一定时期内世界各大洲、各国或各个区域经济集团的对外商品贸易在整个国际贸易中所占的比重。观察和研究不同时期的国际贸易地理方向，对掌握世界市场行情的发展变化、认识世界各国的经济交换关系及联系程度、开拓新的国外市场，均有重要意义。

2020年部分国家货物进出口额及其占比见表1-2。

表1-2　**2020年部分国家货物进出口额及其占比**

国家	出口额（亿美元）	出口全球占比（%）	进口额（亿美元）	进口全球占比（%）
世界	175 829	—	178 121	—
中国	25 911	14.74	20 558	11.54
美国	14 316	8.14	24 075	13.52
德国	13 800	7.85	11 708	6.57
荷兰	6 745	3.84	5 967	3.35
日本	6 414	3.65	6 345	3.56
韩国	5 125	2.91	4 676	2.63
意大利	4 961	2.82	4 229	2.37
法国	4 883	2.78	5 824	3.27
墨西哥	4 177	2.38	3 932	2.21
英国	4 033	2.29	6 347	3.56
加拿大	3 907	2.22	4 137	2.32
新加坡	3 625	2.06	3 298	1.85
俄罗斯	3 317	1.89	2 397	1.35
西班牙	3 070	1.75	3 250	1.82
越南	2 827	1.61	2 627	1.47

资料来源　根据中国统计年鉴数据整理.

（10）贸易差额。它是指一定时期内一国出口总额与进口总额之间的差额。当一国的出口额大于进口额时，其差额叫作顺差；反之，叫作逆差。对一个国家来说，对外贸易出现顺差较为有利，出现逆差较为不利。但顺差额要适度，太大了也不一定就是好事。表1–3为1978—2020年中国进出口额及顺逆差情况。

表1–3 **1978—2020年中国进出口额及顺逆差情况** 单位：亿美元

年份	进出口总额	出口总额	进口总额	差额
1978	206.4	97.5	108.9	–11.4
1980	381.4	181.2	200.2	–19.0
1985	696.0	273.5	422.5	–149.0
1990	1 154.4	620.9	533.5	87.4
1995	2 808.6	1 487.8	1 320.8	167.0
2000	4 742.9	2 492.0	2 250.9	241.1
2005	14 219.1	7 619.5	6 599.5	1 020.0
2008	25 632.6	14 306.9	11 325.7	2 981.2
2010	29 740.0	15 777.5	13 962.4	1 815.1
2011	36 418.6	18 983.8	17 434.8	1 549.0
2012	38 671.2	20 487.1	18 184.0	2 303.0
2013	41 589.9	22 090.0	19 499.9	2 590.1
2014	43 030.3	23 427.5	19 602.9	3 824.6
2015	29 041.4	16 641.1	12 400.2	4 240.9
2016	36 855.6	20 976.3	15 879.3	5 097.0
2017	41 045.0	22 635.2	18 409.8	4 225.4
2018	46 047.6	24 782.6	21 265.0	3 517.6
2019	45 778.9	24 994.8	20 784.1	4 210.7
2020	46 559.1	25 899.5	20 659.6	5 239.9

【同步案例1–3】

2020年我国外贸进出口总体情况

背景与情境：2021年1月14日，国新办举行新闻发布会，海关总署新闻发言人、统计分析司司长李魁文介绍了2020年全年进出口情况。2020年我国外贸进出口既实现了稳定增长，也实现了质量提升，主要体现在：

（1）进出口规模和国际市场份额再创历史新高

2005年，我国外贸进出口总值首次超过10万亿元人民币；2010年，超过20万亿元人民币；2018年，再创新高，超过30万亿元人民币，比2017年的历史高位多2.7万亿元人民币。2020年，我国外贸经历了一季度大幅震荡后快速回稳，进出口规模逐季攀升，全年进出口总值超过32万亿元，创历史新高。这是在全球贸易大幅萎缩的情况下实现的，外贸逆势增长推动了我国国际市场份额也创历史新高。

（2）防疫物资和“宅经济”产品推动出口较快增长

2020年，全球对防疫物资和“宅经济”产品的需求大增，我国出口的包括口罩在内的纺织品、医疗器械、药品合计增长31%，拉动整体出口增长1.9个百分点。我国出口的笔记本电脑、平板电脑、家用电器合计增长22.1%，拉动整体出口增长1.3个百分点。这些出口商品既保障了全球防疫物资的供应，也满足了世界各国人民在疫情期间的居家工作和消费需求。

（3）我国国内超大规模市场为扩大进口提供了有力支撑

在疫情影响下，我国超大规模的市场优势更加明显，进口需求稳定。2020年，我国原油、金属矿砂等资源型产品的进口量分别增长了7.3%和7%，粮食、肉类等农产品的进口量分别增长了28%和60.4%。

（4）外贸结构进一步优化

2020年，我国民营企业进出口增速比同期我国外贸整体增速高9.2个百分点，成为我国外贸进出口增长的重要拉动力量。一般贸易进出口占比持续提升，2020年一般贸易进出口比例比2019年提升0.9个百分点。

（5）外贸发展动能进一步增强

2020年，外贸新业态蓬勃发展，全年跨境电商进出口额达1.69万亿元，增长31.1%，市场采购出口增长25.2%。中欧班列全年开行1.24万列，发送113.5万标准箱，同比分别增长50%和56%，综合重箱率达到98.4%。

（6）高水平开放平台带动作用明显

2020年全年综合保税区进出口增长17.4%，自由贸易试验区进出口增长10.7%，海南自由贸易港免税品进口增长80.5%。

资料来源　栗翘楚. 海关总署：2020年我国外贸进出口实现稳定增长与质量提升［EB/OL］.［2021-01-14］. https://baijiahao.baidu.com/s?id=1688831182470553538&wfr=spider&for=pc.有删减.

问题：为何在复杂的国际环境下，面对严峻的新冠肺炎疫情，我国外贸发展仍取得如此成绩？

分析提示：（1）营商环境“好”。据2019年10月世界银行发布的《2020年营商环境报告》，中国的全球营商便利度排名继2018年大幅提升32位后，2019年又跃升15位，升至全球第31位。世界银行称，由于“大力推进改革议程”，中国连续两年跻身全球优化营商环境改善幅度最大的十大经济体。

（2）贸易伙伴“广”，外贸市场多元化，增长动力“强”。2020年，面对国内外严峻复杂的形势和新冠肺炎疫情的严重冲击，我国外贸进出口明显好于预期，成为全球唯一实现货物贸易正增长的主要经济体，充分体现了我国外贸的强大韧性和综合竞争力。随着我国以国内大循环为主体、国内国际双循环相互促进的新发展格局加快形成，高水平对外开放不断推进，新的国际合作和竞争优势正不断形成。

学习微平台

延伸阅读1-3

1.2.2 国际贸易的分类

国际贸易主要有如下几种分类方法：

（1）依照货物移动方向，国际贸易可分为三种：①出口贸易，即将本国生产和加工的商品运往他国市场销售；②进口贸易，即将外国商品输入本国国内市场销售；③过境贸易，如A国经过C国国境向B国运送商品，对C国来讲，就是过境贸易。

（2）依照国境和关境，国际贸易可分为两种：①总贸易。凡进入国境的商品一律列为总进口，凡离开国境的商品一律列为总出口。总进口额加总出口额就是一国的总贸易额。②专门贸易。进出口以关境为界，外国商品进入国境后，暂时存入保税仓库，不进入关境，一律不列为进口。只有商品从外国进入关境以及从保税仓库提出进入关境，才列为进口，称为专门进口。商品从国内运出关境以及进口后未经加工又运出关境的，则列为出口，称为专门出口。专门进口额加上专门出口额称为专门贸易额。

（3）依照商品形式，国际贸易可分为两种：①有形商品贸易。它是指有形的、看得见的商品贸易。国际贸易中的有形商品品种繁多，主要分为初级产品和制成品。②无形商品贸易。它主要是指无形的劳务如运输、保险、金融、信息、技术等的提供与接受。

（4）依照是否有第三者参加，国际贸易可分为三种：①直接贸易。它是指商品生产国与商品消费国不通过第三国进行买卖商品的行为。②间接贸易。它是指商品生产国与商品消费国通过第三国进行买卖商品的行为。③转口贸易。商品生产国与商品消费国通过第三国进行贸易，对第三国来说，则是转口贸易。

1.3 国际市场价格

世界范围内的商品交换，产生了国际价值。国际生产价格是国际价值的转化形态，而商品的国际市场价格围绕着国际生产价格上下波动。

1.3.1 影响国际市场价格的主要因素

国际市场价格是通过世界范围的竞争而形成的某种商品在世界市场上实际买卖时所依据的价格。影响国际市场价格变动的主要因素有：

（1）供求关系。它是国际市场价格发生变动的直接原因。当供给大于需求时，价格会下跌；反之，价格会上涨。

（2）国际市场上的竞争。在国际市场上，竞争规律发生着作用，影响着价格走势。如各国卖主之间的竞争、买主之间的竞争、买主和卖主之间的竞争、替代品和被替代品之间的竞争等。

（3）垄断。它对国际市场价格的影响取决于多种因素。首先，取决于对市场的垄断程度（表现为生产和贸易的集中程度）：生产企业越少、规模越大，越容易产生垄断。其次，取决于进入某一行业市场障碍的大小：技术和资金越密集的行业，越容易产生垄断。最后，取决于产品是否由大型跨国公司生产：大型跨国公司可以在全球范围内销售，从而影响着国际市场价格的变动。

（4）经济周期的变化。世界经济的发展具有周期性，每个周期大体包括危机、萧条、复苏、高涨四个阶段。这种周期性的变动制约着供求状况的变动，从而影响国际市场价格的变化。如在危机期，大批商品积压，价格下降；而在高涨期，需求急剧增加，使商品出现暂时的短缺，此时的价格出现上涨的态势。原料性产品的国际市场价格对经济周期的反应更加敏感和快速。

（5）政府干预。政府干预价格的措施，如关税政策、进出口管制政策、外汇管制政策、货币政策等，都在不同程度地影响着国际市场价格的走向。

（6）非经济因素。非经济因素的出现，如自然灾害、局部战争、政治动乱、季节性投机等，会对市场的供求关系进而对国际市场价格产生一定的影响。

学习微平台

延伸阅读1-4

1.3.2 国际市场价格的种类

商品国际市场价格按其形成原因、变化特征，可以分为以下三种：

（1）国际“自由市场”价格。它是指在国际市场上不受种种垄断力量控制的条件下，在买者和卖者之间进行交易的价格。国际市场供求关系是这种价格形成的客观基础。由买卖双方公开竞价而产生的国际市场交易价格，大部分体现在初级产品的国际贸易上。

（2）世界“封闭市场”价格。它是买卖双方在一种特殊关系和环境下形成的特定价格。在这种特殊关系和环境下，国际上的供求关系一般不会对商品价格产生实质性影响。例如，当垄断组织同局外组织交易时，采取垄断价格；区域性贸易集团交易时实行共同价格：对内采用自由价格，对外则采用限制性价格。

（3）国际商品协定价格。当有关商品的价格降到最低价格以下时，就减少出口，或采用缓冲基金收购；当市场价格回升时，再向国际市场抛售。

【小资料1-4】

划拨价格也称为转移价格，是跨国公司的内部定价策略，是其总公司与海外子公司之间在销售商品时的排他性的内部价格，通常根据子公司进驻国和母公司本部所在国的具体环境来制定。跨国公司通过将各种名目的费用（零部件价格、设备厂房折旧、知识产权使用费、贷款利息、代理费、管理费、保险费）列入划拨价格内，来调整母公司与子公司之间的经营成本，以转移利润；人为地控制进出口价格，利用不同国家和地区的税差达到避税的目的，从而降低成本，增加利润，使整个公司在价格竞争中占据优势，击败对手，占领市场。划拨价格是跨国公司为了实现全球战略目标而人为地确定的国际贸易价格。它不仅和生产价格相背离，而且不受国际市场价格的影响，从而达到利润最大化的目的。

【小资料1-5】

海运集装箱、海运价格翻倍上涨的原因

2021年中国集装箱海运出现了“一箱难求”的现象，集装箱的价格也随之翻倍上涨。长度为40英尺的单个标准集装箱，从疫情爆发前的4 205美元，涨到了9 631美元，一年之内上涨了两倍以上。其主要原因是：①海运集装箱供不应求。中国很好地控制了新冠肺炎疫情，生产正常进行；而西方国家疫情暴发致使生产停滞，但对日用品和医用品的需求量却有增无减，从而使中国的出口量大增，需要更多的海运集装箱；中国海运集装箱的产能有限，海运集装箱严重供不应求，导致价格暴涨。②海运集装箱周转率大幅降低，不能及时回流周转。一是受疫情影响，中国海运集装箱货船因港口新冠病毒检疫速度缓慢，致使滞港时间大大延长；二是受疫情影响，港口卸货人员减少或卸货人员不太专业致使卸货速度放慢；三是受疫情影响，外国向中国出口的商品减少，致使国外很多港口空置的海运集装箱堆积如山。这些都使海运集装箱周转率大幅降低，导致海运

集装箱严重短缺，价格上涨。

与此同时，世界上很多海上贸易航线的运输价格也发生了暴涨。北美航线，在疫情尚未暴发的时候，一个集装箱的运输价格只有1 800美元左右，但是2021年价格已经涨到了10 000美元左右。其主要原因是：①国际海运供不应求，使海运价格上涨。受疫情的影响，海上许多国际航线被取消或延误，航运船只减少，导致国际物流能力下降；但是国际物流需求却旺盛，海运供不应求，运费自然上涨。②海运集装箱“一箱难求”、价格上涨，也导致海运价格上涨。③到港船舶滞留时间成本提高。到港货物因新冠病毒检疫和卸货缓慢，船舶的压港时间延长，提高了船舶的滞留时间成本，也提高了海运价格。

■ 本章概要

□ 内容提要

● 本章主要介绍了国际贸易的基本概念、分类、产生、发展和国际市场价格的相关内容。

● 国际贸易是指国际商品和劳务交换的活动。它是各国之间分工的表现形式，由各国、各地区的对外贸易构成，是世界各国对外贸易的总和。对外贸易是指一个国家（或地区）同另一个国家（或地区）之间商品和劳务的交换。

● 商品交换需求的急剧发展、国际分工的日益扩大、生产能力的扩张、国家政权的稳定等，是国际贸易产生和发展的主要原因。

● 国际贸易对各国的经济发展具有重要作用。

● 国际市场价格是通过世界范围的竞争而形成的某种商品在世界市场上实际买卖时所依据的价格。

● 国际市场价格的种类有：国际“自由市场”价格、世界“封闭市场”价格、国际商品协定价格。

□ 主要概念和观念

▲ 主要概念

国际贸易　对外贸易　国际市场价格

▲ 主要观念

国际贸易产生与发展的原因　国际贸易的主要内容

□ 重点实务

国际贸易统计指标

■ 基本训练

□ 知识训练

▲ 简答题

1）国际贸易对一国的经济发展有哪些重要作用？

2）什么是对外贸易依存度？

3）国际贸易与对外贸易的区别是什么？

4）贸易差额与一国经济发展有何关系？

5）影响国际市场价格的主要因素有哪些？

6）国际市场价格的种类有哪些？

▲ 填空题

1）国际贸易的产生必须具备两个条件：（　　）和（　　）。

2）一定时期内一国出口总额与进口总额之间的差额称为（　　）。当出口总额超过进口总额时，称为（　　）；当进口总额超过出口总额时，称为（　　）。

3）影响国际分工形成和发展的决定性因素是（　　）。

4）国际贸易按商品的形态不同，分为（　　）和（　　）。

▲ 单项选择题

1）某国某年国民生产总值为1 200亿美元，同年该国出口贸易额为240亿美元，进口贸易额为200亿美元，这一年该国贸易的依存度为（　　）。

A.出口贸易依存度为16.6%　　B.进口贸易依存度为20%

C.对外贸易依存度为36.6%　　D.对外贸易依存度为16.6%

2）能指明一国出口货物和服务的去向与进口货物和服务的来源，并能反映一国与其他国家或国家集团之间经济贸易联系程度的指标是（　　）。

A.国际贸易方向　　B.对外贸易地理方向

C.对外贸易结构　　D.国际贸易商品结构

3）在世界贸易中，（　　）国家是世界贸易的主体，是各国的主要市场。

A.发达资本主义　　B.发展中　　C.不发达资本主义　　D.转型

4）通常所说的国际贸易额单指（　　）而言。

A.世界进口总额　　B.世界出口总额

C.世界进出口总额　　D.世界进口差额

5）当货物运输的过程中经过第三国国境时，对第三国来说这种贸易为（　　）。

A.进口贸易　　B.出口贸易　　C.过境贸易　　D.转口贸易

▲ 多项选择题

1）当进口总额超过出口总额时，可称为（　　）。

A.贸易顺差　　B.贸易逆差　　C.贸易赤字

D.出超　　E.入超

2）按贸易是否有第三国参加，国际贸易可分为（　　）。

A.直接贸易　　B.进口贸易　　C.出口贸易

D.间接贸易　　E.转口贸易

▲ 讨论题

1）贸易顺差是不是越大越好？

2）对外贸易对世界各国对外经济关系的作用有哪些？

□ 能力训练

▲ 案例分析

2007—2020年中国对外贸易依存度的变化见表1-4。

表1-4　2007—2020年中国对外贸易依存度的变化

年份	依存度（%）
2007	61.7
2008	56.3
2009	43.1
2010	48.8
2011	48.3
2012	45.2
2013	43.4
2014	41.0
2015	35.6
2016	36.3
2017	33.6
2018	33.7
2019	31.8
2020	31.6

问题：

1）分析我国对外贸易依存度的变化。

2）影响外贸依存度的因素有哪些？

分析要求：学生分析案例提出的问题，拟出《案例分析提纲》；小组讨论，形成小组《案例分析报告》；班级交流和相互点评各组的《案例分析报告》，在校园网的本课程平台上展出经过修订并附有教师点评的各组《案例分析报告》，供学生借鉴。

▲ 自主学习

自主学习-I

【训练步骤】

1）将班级同学组成若干“自主学习”训练团队，每队确定一人负责。

2）各团队根据训练项目需要进行角色分工。

3）通过院资料室、校图书馆和互联网，查阅“文献综述格式、范文及书写规范要求”和近三年关于“国际经济贸易发展对我国经济的影响”的学术文献资料。

4）综合和整理“国际经济贸易发展对我国经济的影响”最新学术文献资料，依照“文献综述格式、范文及书写规范要求”，撰写《“国际经济贸易发展对我国经济的影响”最新文献综述》。

5）在班级交流各团队的《“国际经济贸易发展对我国经济的影响”最新文献综述》。

6）在校园网的本课程平台上展出经过修订并附有教师点评的各组《“国际经济贸易发展对我国经济的影响”最新文献综述》，供学生相互借鉴。

□ 课程思政

大国担当

背景与情境： 2020年，新冠肺炎疫情席卷全球，世界经济陷入深度衰退中，国际格局加速演进。在这一特殊时期，习近平主席以大国领袖的全球视野和使命担当，以“云外交”等创新方式密集开展元首外交，同外国领导人和国际组织负责人多次通话、会晤，出席多场重要活动，为国际抗疫树立了团结合作的旗帜，为世界经济注入了强劲复苏的信心。

2020年1月28日，习近平主席在人民大会堂会见世界卫生组织总干事谭德塞时提出：病毒是人类的共同敌人，抗击疫情是国际社会的共同责任，团结合作是战胜疫情最有力的武器。中国政府始终本着公开、透明、负责任的态度及时向国内外发布疫情信息，积极回应各方关切，加强与国际社会合作。

2020年9月23日，习近平主席在北京以视频方式会见联合国秘书长古特雷斯时提出：中国将履行承诺，在疫苗研发完成并投入使用后，将其作为全球公共产品，为实现疫苗在发展中国家的可及性和可负担性做出贡献。

2021年8月5日晚，新冠疫苗合作国际论坛首次会议以视频方式举行，习近平主席发表书面致辞提出：我们愿同国际社会一道，推进疫苗国际合作进程，推动构建人类命运共同体。中国会继续尽己所能，帮助广大发展中国家应对疫情；中方将履行推动疫苗成为全球公共产品的承诺，为疫苗国际合作贡献中国力量，为国际社会团结协作、共同应对新一轮疫情挑战指引方向。

根据中国海关的统计，从2020年3月1日到2020年5月5日，中国共向美国提供了超过66亿只口罩、3.44亿双外科手套、4 409万套防护服、675万副护目镜以及近7 500台呼吸机。中国向全球194个国家和地区出口了防疫物资，产品质量符合中国标准或国外标准的防疫物资出口渠道完全畅通。

随着新冠肺炎疫苗的研发上市，截止到2021年年底，中国已经向120多个国家和国际组织提供了20亿剂新冠疫苗，居全球首位。中国决定向“新冠疫苗实施计划”捐赠1亿美元，用于向发展中国家分配疫苗。

除了疫苗成品出口外，中国部分疫苗研发单位还与阿拉伯联合酋长国等20余个国家的相关机构合作开展Ⅲ期临床试验，部分企业生产的原液已运往巴西、印度尼西亚、埃及等国并启动境外分包装工作。此外，中国还积极支持对广大发展中国家豁免新冠肺炎疫苗知识产权。

北京大学国际关系学院教授查道炯表示：疫情演变到今天，西方某些国家的政客仍然在借疫情散布“政治病毒”，搞“疫苗民族主义”，这不仅损害抗疫国际合作，也必将让本国食下恶果。不落下任何一个国家、任何一个人，让新冠疫苗真正成为造福世界人民的疫苗，这既是战胜疫情所需，也是国际道义所在。

资料来源 根据新华网新闻整理.

问题：

1）本案例如何体现了我国的大国担当？

2）疫情下全球应如何加强合作？

3）本案例对你的启示有哪些？

研判要求：学生分析案例提出的问题，拟出《思政研判提纲》；小组讨论，形成小组《思政研判报告》；班级交流和相互点评各组的《思政研判报告》，在校园网的本课程平台上展出经过修订并附有教师点评的各组《思政研判报告》，供学生借鉴。

第2章 国际贸易理论

学习微平台

第2章
思维导图

◆ 学习目标

通过本章的学习，应该达到以下目标：

职业知识：学习和把握国际交换的实质和背景、自由贸易理论、保护贸易理论、国际贸易新理论等理论与实务知识；能用其指导本章“基本训练”中“知识训练”各题型的认知活动，正确解答其相关问题。

职业能力：运用本章知识研究相关案例，培养在特定业务情境中分析问题与决策设计的能力；通过“国际贸易理论在实践中的应用”实训操练，训练学生的专业操作技能。

课程思政：结合本章教学内容，研判“课程思政”案例，了解中国在国际制造业中具有哪些优势，培养学生成为外贸人才的责任感和使命感。

【引例】

美国为维护其霸权地位人为地破坏国际分工和国际贸易

背景与情境：美国为了维护它在世界的霸权地位，不择手段地遏制中国经济和高科技的发展。从2018年开始，仅从经济和科技方面看，美国假借国家安全和所谓人权，便对中国制定了一系列的制裁封杀政策，从而严重地破坏了国际分工和国际贸易。

1）对中国出口美国的相当多的商品加征高额关税

在特朗普政府时期，在“美国第一”“美国优先”的口号下，美国以经济安全为由，开始对中国等国出口美国的相当多的商品加征25%的高额关税。现在到了拜登政府时期，其仍然沿袭特朗普政府的高关税政策不变。

2）制裁中国高科技企业

近些年来，中国科技企业通过自主学习和创新，有了长足的发展。例如，华为在5G方面的技术领先世界。美国无法容忍中国科技企业的发展，于是便对华为进行制裁。制裁的恶劣手段是，将华为排挤出美国通信市场，对华为进行芯片断供，甚至用非法、流氓的手段通过加拿大政府逮捕华为高管孟晚舟女士，不允许光刻机生产厂商向中国出售高级光刻机等。无论是之前的特朗普政府，还是现在的拜登政府，对中国高科技企业的制裁都在不断地加码。自2018年3月22日至2021年12月18日，美国政府及其职能部门合计将611家中国公司、机构和个人纳入被制裁的实体清单之中。其主要涉及三类：一类是与信息技术、核电、国防军工有关的高校和研究机构；一类是与国防军工及航天科技有关的机构及产业公司；一类是与通信、半导体、人工智能相关的技术产业实体。

3）利用外交手段拉拢、胁迫盟友建立统一战线，共同围堵中国

美国用一己之力制裁中国已感到力不从心了，于是便利用外交手段，拉拢和胁迫西方盟友，建立围堵中国的统一战线。例如，以安全为由指使盟友将华为5G排挤出盟友国家的通信市场；将盟友生产芯片的企业统统迁移到美国去建厂，控制芯片生产的产业链，企图在关键的芯片科技领域形成独霸。此外，美国还与有关盟友签署“新巴统协议”，不允许盟友将高科技技术和产品卖给中国；以所谓人权为由不允许盟友采购新疆棉花，不允许用新疆棉花生产的纺织品进入盟友国家的市场等等。

美国上述一系列恶劣的霸权行径，人为地扭曲了世界经济发展的客观规律，破坏了国际分工和国际贸易，严重阻碍了世界经济的正常发展。美国动用国家力量泛化国家安全，不断滥用出口管制等措施对他国特定企业进行打压遏制，是对自由贸易规则的严重破坏，是对全球产业链、供应链安全的严重威胁，也是对各国人民福祉的损害。但美国对中国高科技企业的封锁，也会成为中国高科技企业发展的机遇和动力。海关总署的公开数据显示，2021年前11个月，我国进口了5 822.2亿块芯片，出口了2 840亿块芯片，且出口增速高于进口增速，芯片产量暴增。虽然我国的芯片发展与美国还有不小差距，但差距正逐渐缩小。

资料来源 作者根据有关资料整理.

国际贸易政策是在国际贸易理论的指导下制定的。由于各国经济发展水平的差距比较大，生活在不同国度的经济学家们往往站在本国经济发展的角度进行研究，从而产生了两种相反的国际贸易理论，即自由贸易理论和保护贸易理论。

2.1 自由贸易理论

自由贸易理论认为，各国可以按照自然条件、比较利益和生产要素的优劣状况，专心生产对其最有利和相对有利的产品，促成各国的专业化，国际分工可以带来巨大的贸易利益。

2.1.1 亚当·斯密的绝对成本理论

亚当·斯密是资本主义古典经济学的主要奠基人之一，是英国著名的经济学家。他从自由贸易思想的角度出发，否定了重商主义的贸易保护理论；从分工理论着手，阐述了以地域分工为基础的绝对成本理论。该理论的主要内容是，在与世界各国的比较中，各国都专门生产其生产效率最高、花费劳动最少、成本最低的占绝对优势的产品，然后各国之间相互交换，大家都得益。

亚当·斯密认为，国际贸易产生的基础是地域分工，也就是根据各国最有利的资源条件，形成各国都只生产对本国最有利的产品的自然分工。因为如果各国都根据对自己最有利的条件，生产劳动成本比其他国家绝对低的产品，那么每个国家所得到的劳动产品都比过去闭关生产时多。所以他主张，只要外国产品比自己国内生产的便宜，就不应该自己来生产，而应从外国购买。他认为，实行地域分工以后，通过国际贸易，各国皆可同时受益，利益来自于各自发挥生产中的绝对优势使劳动生产率提高而增加的产量，或者说绝对利益是国际贸易产生的原因。

现以英国和法国生产生铁、小麦为例进行说明。每吨产品两国分别投入的劳动天数见表2-1。英国生产生铁每吨需要50个劳动日，比法国少50个劳动日，而生产小麦每吨比法国多50个劳动日，英国生产生铁具有绝对优势，应该分工生产生铁；相反，法国生产小麦的成本低于英国，生产生铁的成本高于英国，所以法国生产小麦具有绝对优势，应该分工生产小麦。

表2-1 **英国与法国生产中的绝对成本差异**

<table>
<tr><th rowspan="2">国别</th><th colspan="2">英、法分工前每吨产品投入的劳动时间</th><th colspan="2">英、法分工生产后的产量</th><th colspan="2">英、法两国交换后</th></tr>
<tr><th>生铁（天）</th><th>小麦（天）</th><th>生铁（吨）</th><th>小麦（吨）</th><th>生铁（吨）</th><th>小麦（吨）</th></tr>
<tr><td>英国</td><td>50</td><td>100</td><td>（50+100）÷50=3</td><td></td><td>3-1=2</td><td>1</td></tr>
<tr><td>法国</td><td>100</td><td>50</td><td></td><td>（50+100）÷50=3</td><td>1</td><td>3-1=2</td></tr>
</table>

从表2-1中可见，英国分工生产生铁，即把生产小麦的劳动也用来生产生铁，共生产生铁3吨；同理，法国生产小麦，共生产3吨。分工生产后，两国投入的劳动总量没有变化，但两种产品的产量都各增加了1吨，这是分工给各自带来的利益。

从表2-1中还可见，分工生产并交换后，英国得到2吨生铁和1吨小麦，比分工前多得1吨生铁；法国得到2吨小麦和1吨生铁，比分工前多得1吨小麦。可见分工和交换后，两国都比以前获得了更多的利益。

绝对成本理论的基本前提是，参加交换的国家必须各自都有生产方面占绝对优势的产品。但是，该理论不能回答这样的问题，即如果某国拿不出一种在生产上占绝对优势的产品，那么，它是采取贸易保护政策限制进口呢，还是采取不干涉政策，听任外国产品进口，以至于扼杀国内民族工业的萌芽和发展呢？可见，绝对成本理论有它正确的一面，也有它局限性的一面。

2.1.2 大卫·李嘉图的比较成本理论

针对绝对成本理论不能回答的问题，李嘉图的比较成本理论做了回答。他认为：只要各国生产本国生产条件有比较优势而不是有绝对优势、成本比较低廉的产品，与其他国家交换本国所需、国内生产条件低劣、成本高的产品，同样可从中得到好处。李嘉图的比较成本理论继承和发展了斯密的绝对成本理论。现以英国和葡萄牙生产酒、呢绒为例来加以说明。

假定葡萄牙与英国两国同时生产酒和呢绒，其成本见表2-2。葡萄牙生产单位呢绒需要劳动时间90天，生产单位酒需要劳动时间80天，而英国则分别需要100天和120天。即使在这样的情况下，两国仍能进行对双方都有利的贸易。葡萄牙与英国间呢绒和酒的成本比率分别是：90÷100=0.9，80÷120=0.67。

对上述两项比率的结果进行比较：葡萄牙生产酒的成本较低，优势较大，所以应该分工生产酒，以酒换英国的呢绒；相反，英国生产这两种产品成本均较高，都处于劣势，但对两种产品进行比较后发现，呢绒的生产成本相对较低，所以应该分工生产呢绒，以呢绒交换葡萄牙的酒更有利。这样葡萄牙用170天（80 + 90）的时间去生产酒，英国用220天（100 + 120）的时间去生产呢绒，结果双方酒和呢绒的产量比分工之前都增加了，具体增量从表2-2中就可以看到。

表2-2 葡萄牙与英国生产中的比较成本差异

<table>
<tr><th rowspan="2">国别</th><th colspan="2">英、葡两国分工前单位产品生产各自需要的劳动时间</th><th colspan="2">英、葡两国分工后的产量</th><th colspan="2">英、葡两国交换后</th></tr>
<tr><th>呢绒（天）</th><th>酒（天）</th><th>呢绒</th><th>酒</th><th>呢绒</th><th>酒</th></tr>
<tr><td>葡萄牙</td><td>90</td><td>80</td><td></td><td>（80+90）÷80 =2.125</td><td>1.1</td><td>2.125-1.1 =1.025</td></tr>
<tr><td>英国</td><td>100</td><td>120</td><td>（100+120）÷100 =2.2</td><td></td><td>2.2-1.1 =1.1</td><td>1.1</td></tr>
</table>

如果将单位呢绒与单位酒在两国间进行交换（见表2-2），交换后，英国得到1.1单位的呢绒和1.1单位的酒；葡萄牙得到1.1单位的呢绒和1.025单位的酒。两国两种产品的数量都比分工之前增加了。可见，经过成本比较后，分工生产对两国都有利。

【同步思考2-1】

A、B两国每小时生产的产品见表2-3。请问两国如何利用绝对成本理论和比较成本理论进行分工？分工后各自获得了多少贸易利益？

表 2-3　　A、B两国每小时生产的产品

产品	假设一		假设二	
	A国	B国	A国	B国
小麦（千克/小时）	8	2	4	3
布（尺/小时）	2	4	1	2

理解要点：

假设一：按绝对成本理论进行分工，见表2-4。

表 2-4　　A、B两国生产中的绝对成本差异

国别	A、B两国分工前每单位产品投入的劳动时间		A、B两国分工后的产量		A、B两国交换后	
	小麦（千克）	布（尺）	小麦（千克）	布（尺）	小麦（千克）	布（尺）
A国	1/8	1/2	5		5－1=4	1
B国	1/2	1/4		3	1	3－1=2

结论：分工后，A国同样劳动量多获得了3（4－1）千克小麦，B国同样劳动量多获得了1（2-1）尺布。

假设二：按比较成本理论进行分工，见表2-5。

表 2-5　　A、B两国生产中的比较成本差异

国别	A、B两国分工前每单位产品投入的劳动时间		A、B两国分工后的产量		A、B两国交换后	
	小麦（千克）	布（尺）	小麦（千克）	布（尺）	小麦（千克）	布（尺）
A国	1/4	1/3	2.33		2.33－1.1=1.23	1.1
B国	1	1/2		3	1.1	3－1.1=1.9

结论：分工后，A国同样劳动量多获得了0.23千克（1.23－1）小麦、0.1尺（1.1－1）布；B国同样劳动量多获得了0.1千克（1.1－1）小麦、0.9尺（1.9-1）布。

2.1.3　约翰·穆勒的国际相互需求理论

约翰·穆勒是19世纪中叶英国一位很有影响力的经济学家。在国际贸易理论方面，他继承了李嘉图的比较成本理论，对其进行了深入的探讨和研究，并在国际商品交换的比率和各国对商品需求之间的数量关系方面丰富、深化了比较成本理论。

具体来说，穆勒承认按比较成本理论进行交换对各国都是有利的。但是，交换双方从交换中获得的利益是相互平分呢，还是一方获利更丰呢？如果是一方获利较多，而另一方获利较少，又是根据什么原则来确定的呢？这就是两国之间商品交换的比率问题。

穆勒指出，在由比较成本决定的范围内，实际交换的比率值是由两国对商品的相互需求决定的。对另一国产品消费需求高的国家，交换比率的变化于己不利；相反，交换

比率就会朝着有利于自己的方向变化。交换比率稳定了，两国的贸易也就达到了平衡。

相互需求理论说明商品的供求关系决定商品的价值，进口商品的价值不取决于产地的劳动消耗，而取决于当地为偿付进口需要而出口的商品数量。国际交换条件（交换比率）取决于国际需求方程式。

（1）国际交换比率以国内交换比率为界限。假设在英德两国国内交换比率为：英国，10码呢绒=15码麻布；德国，10码呢绒=20码麻布。当两国开展贸易后，英国不愿以10码呢绒换回小于15码的麻布，德国也不愿为10码呢绒付出比20码更多的麻布。可见，两国能够接受的国际交换比率以两国的国内交换比率为界限，这个界限在15~20码麻布之间的任何一个数与10码呢绒之间波动。

（2）国际需求方程式。国际交换比率必须等于两国需求对方产品数量之比。假设国际交换比率为10：17，进口麻布17码时，英国提供10码呢绒就可以成交；同样，德国出口17码麻布就能换回英国的10码呢绒。双方进出口价值平衡，此时双方交换的国际需求方程式为10：17。

假如其中一方的需求发生变化，英国对麻布的需求减少，德国对呢绒的需求大于英国对麻布的需求，呢绒的价格上升。假定交换比率上升到10：18，德国因呢绒涨价，对呢绒的需求减少，英国因麻布跌价，对麻布的需求上涨。这时双方对产品的需求重新达到均衡，交换比率稳定在国际需求方程式10：18上。

在国际需求贸易中，国际交换比率越接近本国国内交换比率，对本国越不利；反之，越接近对方国内交换比率，对本国越有利。

2.1.4 赫克歇尔-俄林的生产要素禀赋理论

赫克歇尔和俄林都是瑞典经济学家。他们指出：传统的国际贸易理论只是以分析劳动这个要素为出发点，这是很片面的。其实，在生产活动中，起作用的不仅仅是劳动这一个要素，资本、土地等也是同劳动一样重要的因素。因此，在国际贸易中，各国产品的成本、价格差异并不取决于劳动这一个要素投入上的差异，而是取决于劳动、土地、资本、技术、管理等多种要素投入的综合效果。对于同一类产品，在各个不同的国家生产出来，各要素投入的比例是不可能相同的。先天的自然条件和后天的资本、技术、管理等要素构成“要素禀赋”，要素比例称为“要素密度”，各国应生产本国要素比较丰富的产品，即“要素密度”比较高的产品，然后相互进行交换，这样各国就都能得到好处。

假设甲、乙、丙三个国家只生产小麦、布匹、机器这三种产品并相互交换。甲国土地资源丰富，乙国劳动力资源丰富，丙国资本充裕。那么三个国家各自生产什么产品为好呢？甲国：土地—小麦；乙国：劳动力—布匹；丙国：资本—机器。道理很简单：如果不考虑需求的变化，一个国家拥有的某种要素越丰富，它的价格自然就越便宜，把它投入产品中，产品的生产成本自然也相应较低，这种产品投入国际市场显然有利，这是就国际比较而言的。

另外，在产品分类上，有劳动密集型、资本密集型、技术密集型产品等。不同类别的产品需要不同比例的生产要素，各国可以根据自己所拥有的要素禀赋，选择生产那些大量使用本国廉价要素的产品去参加国际交换，同样可以获利。这种思想也就是扬长避短。

【教学互动 2-1】

互动问题：现今，美国主要出口高科技产品而大量进口纺织品，中国却主要进口高科技产品而大量出口纺织品。这两个国家进出口商品结构的差异，符合赫克歇尔-俄林的生产要素禀赋理论吗？

互动要求：同“教学互动 1-1”的“互动要求”。

【同步思考 2-2】

美国和英国两国生产要素的单位成本见表 2-6。

表 2-6 **美、英两国生产要素的单位成本**

国别	美国（美元）	英国（英镑）
土地单位价格	1.0	4.0
劳动力单位价格	2.0	1.0

美国和英国都生产小麦、纺织品，生产函数在两个国家都一样：生产单位小麦需要5单位土地和1单位劳动，生产单位纺织品需要1单位土地和10单位劳动，则美、英两国小麦和纺织品的单位成本如下（见表 2-7）：

表 2-7 **美、英两国小麦和纺织品的单位成本**

国别	美国（美元）	英国（英镑）
小麦的单位成本	1×5 + 2×1=7	4×5 + 1×1=21
纺织品的单位成本	1×1 + 2×10=21	4×1 + 1×10=14

问题：在生产要素价格差异下，美国和英国如何进行贸易对双方都有利呢？

理解要点：美国生产小麦和纺织品的成本比例是 1∶3（7∶21）；英国生产小麦和纺织品的成本比例是 3∶2（21∶14）。从两种成本的比例中可以看出：美国的土地价格便宜，生产小麦有比较优势；而英国劳动力相对便宜，生产纺织品有比较优势。这样美国出口小麦进口纺织品，而英国出口纺织品进口小麦，可使双方都受益。

【课程思政 2-1】

美国的无端指责

背景与情境：中美两国从比较优势来看，美国智力密集型的高科技产品比较优势明显，而中国劳动密集型的轻工业产品比较优势明显，两国如果各自拿出优势产品进行贸易，对两国都有利。然而，美国政府出于政治、军事方面的考虑，不允许高科技企业将高科技产品出售给中国，而美国民众又大量需要中国的劳动密集型产品。这样一来，在中美两国的贸易中就出现了中国年年贸易顺差、美国年年贸易逆差的现象。正如中国商务部部长所言：“中美贸易不平衡还与美方高技术对华出口的管制有关。美国研究机构的报告显示，如果美国对华出口管制放宽，对华贸易逆差可减少35%左右。”在这种情形下，中国要求美国放宽高科技产品的出口管制，而美国却向中国施压要求其提高人民币汇率，甚至指责中国政府在操纵人民币汇率。

问题：中美两国贸易中中国出现顺差、美国出现逆差，是谁的责任？美国指责中国操纵人民币汇率有依据吗？

研判提示： 中美两国贸易中出现中国顺差、美国逆差的现象，责任不在中国而在美国。美国无故指责中国操纵人民币汇率是无道理的、缺乏依据的。

2.1.5 列昂惕夫的生产要素质量理论

按照赫克歇尔-俄林的理论，1947年的美国，由于资本要素相对丰富、劳动力要素相对缺乏，按理应该出口资本密集型商品、进口劳动密集型商品才对，但是，1947年美国进口资本密集型商品大于该类商品的出口，而出口劳动密集型商品却大于该类商品的进口。列昂惕夫认为美国之所以输入资本密集型商品、输出劳动密集型商品，是因为美国实际上劳动力比资本更丰富。这是因为美国通过加强科学管理，对用工制度进行改革，重视对工人的教育和培训，使美国工人的劳动生产率水平高出世界平均水平好几倍。如果把质量换算成数量，美国便成了劳动力资源丰富的国家。因此，在考察美国劳动力资源时，就不能简单地只看其绝对数量，而要重视考察其质量。概言之，列昂惕夫对赫克歇尔-俄林的生产要素禀赋理论既继承又发展，表现在赫克歇尔-俄林只注意对生产要素禀赋的数量考察，而列昂惕夫却在数量的基础上提出了要重视对生产要素禀赋质量的考察。在实践中，我们应把两者的理论结合起来考察和应用。

学习微平台

延伸阅读2-1

【同步思考2-3】

美国农业人口只占美国总人口的3%，然而这么少的农业人口生产出的农产品，不仅养活了美国人，而且有大量出口。为了防止农业生产过剩，美国政府还经常采用财政补贴的方式安排部分农场抛荒。试问当今美国农业的生产要素特点符合列昂惕夫理论吗？

理解要点： 符合。

【小资料2-1】

科学的管理方法：美国的泰罗制

弗雷德里克·泰罗是“科学管理”的创始人，以他名字命名的管理制度称为“泰罗制”。其制定了严格管理工人的制度，主要内容有：

（1）提出科学的操作方法，以合理的用工提高工效。泰罗制把工人的工作过程分解为许多动作，用秒表记录每完成一个动作的耗时，按劳动效率原则加以分析研究，对其中合理的部分加以肯定，对不合理的部分进行改进或省去，从而制定标准的操作方法，按标准时间制定劳动定额，大大地提高了劳动生产率。

（2）工资实行差别计件制。按照作业标准和时间定额，规定不同的工资率，对完成及超额完成工作定额的工人，以较高的工资率计件支付工资。

（3）对工人进行科学的选择和培训，改变过去凭个人经验作业的方法及靠师傅带徒弟培养工人的落后做法。

（4）使管理人员和劳动工人分离，把管理工作称为计划职能，把工人的劳动称为执行职能。

这场100多年前的划时代变革使美国的劳动力素质得到了根本性提高，企业出现了高效率、低成本、高工资、高利润的新局面。

2.1.6 贸易自由化便利化理论

中国国家主席习近平在一系列重要的国际峰会上，极力主张建设开放型世界经济，推动贸易和投资自由化、便利化，旗帜鲜明地反对保护主义，推动经济全球化朝着更加开放、包容、普惠、平衡、共赢的方向发展。他认为综合研判世界发展大势，经济全球化是不可逆转的时代潮流。基于这一判断，中国应坚持对外开放的基本国策，坚持打开国门搞建设，中国开放的大门不会关闭，只会越开越大。实践证明，过去40多年中国的经济发展是在开放条件下取得的，未来中国经济实现高质量发展也必须在更加开放的条件下进行。这是中国基于发展需要做出的战略抉择，同时也是在以实际行动推动经济全球化，造福世界各国人民。

在国际方面，他主张坚持与时俱进，完善全球治理；加强多边贸易体制，对世界贸易组织进行必要改革，使得世界贸易组织能够更加有效地践行其开放市场促进发展的宗旨；倡议秉持和遵循共商共享共建的原则，把“一带一路”倡议打造成为顺应经济全球化潮流的最广泛国际合作平台，让“一带一路”倡议更好地造福各国人民。中国提出“一带一路”倡议，目的就是动员更多资源，拉紧互联互通纽带，释放增长动力，实现市场对接，让更多国家和地区融入经济全球化。

在中国国内，将加快形成对外开放的新局面，努力实现高质量发展。为此，中国将采取以下重大举措：

第一，进一步开放市场。中国大幅度放宽市场准入，以前开放受限的农业、采矿业、金融业、制造业（汽车、船舶、飞机等）、服务业等行业将进一步扩大对外开放。到2021年，中国已设立上海、广东、天津、湖北、重庆、四川、海南、山东、广西、湖南、安徽等21个自由贸易试验区。

第二，主动扩大进口。中国将进一步自主降低关税水平，努力消除非关税贸易壁垒，大幅削减进口环节制度性成本。

第三，持续改善经营环境。中国于2020年1月1日实施了新的《外商投资法》，引入侵权惩罚性赔偿制度，增强民事司法保护和刑事保护，提高知识产权保护水平。

第四，全面实施平等待遇。中国将全面取消外资准入负面清单之外的限制，准入后阶段，对在中国境内注册的各类企业平等对待、一视同仁，建立健全企业投诉机制。

第五，大力推动经贸谈判。中国将推动早日达成区域全面经济伙伴关系协定，加快中欧投资协定谈判，加快中日韩自由贸易协定谈判的进程。

经过中国的推动，区域全面经济伙伴关系协定已于2020年11月15日正式签署，这意味着世界上最大自贸区的诞生，并于2022年1月1日正式生效。此外，在中欧的共同努力下，2020年12月30日晚，中欧领导人举行视频会晤，共同宣布如期完成中欧双边全面投资协定谈判。但2021年5月20日，欧洲议会以压倒性的票数通过了冻结中欧投资协定的议案，致使该协定至今尚未生效。

另外，中国在对外关系上提出了“正确的义利观”。习近平主席认为，在对外关系上“先义后利者荣，先利后义者辱”“国不以利为利，以义为利也”。在中国与非洲的经济合作中，他要求中资在非投资企业要树立先义后利的正确义利观，强调中国在合作中要坚持“义利相兼，以义为先，多予少取，先予后取，只予不取”。其深受发展中国家特别是非洲国家的欢迎。

为解决全球性挑战问题，习近平主席在联合国大会上提出了“共同构建人类命运共同体”的理念和治理世界的中国方案。他认为世界各国在追求本国利益时应兼顾他国合理关切，在谋求本国发展中促进各国共同发展，人类只有一个地球，各国共处一个世界，因此要倡导“人类命运共同体”意识。这一理念引起了国际社会的强烈共鸣。该理念已成为国际共识，2017年2月10日，该理念首先在联合国社会发展委员会会议上被写进联合国决议。此后，这一理念还被写进联合国安理会、人权理事会和联大第一委员会的多项决议中。

【小资料2-2】

四届中国国际进口博览会打开了中国对外开放的金色大门

第一届中国国际进口博览会概况

2017年5月，国家主席习近平在“一带一路”国际合作高峰论坛上宣布，中国从2018年起举办中国国际进口博览会。中国为了坚定支持贸易自由化和经济全球化，主动向世界开放市场，经过一年的精心准备，于2018年11月5日至10日，在国家会展中心（上海）举办了第一届中国国际进口博览会（简称进博会），这是世界首创。

中国国际进口博览会由国家主席习近平亲自谋划、亲自提出、亲自部署、亲自推动。2018年11月5日，国家主席习近平在首届中国国际进口博览会开幕式的主旨演讲中指出，进口博览会不仅要年年办下去，而且要办出水平，办出成效，越办越好。应中国国家主席习近平的邀请，有18个国家的领导人出席博览会。

第一届进博会包括展会和论坛两部分。展会即国家贸易综合展和企业商业展，论坛即虹桥国际经济论坛。

展会在国家会展中心（上海）举办。国家会展中心（上海）总建筑面积近150万平方米，是世界上面积最大的建筑单体和会展综合体，可展览面积50万平方米。

国家贸易综合展，共有82个国家、3个国际组织设立71个展台。12个主宾国（印度尼西亚、越南、巴基斯坦、南非、埃及、俄罗斯、英国、德国、加拿大、巴西、墨西哥和匈牙利）和东道主中国均设立了独具特色的展馆。

企业商业展分7个展区，展览面积达27万平方米，来自130多个国家和地区的3 000多家企业签约参展。

虹桥国际经济论坛，有来自全球130多个国家和地区的2 000多名政府官员、国际组织负责人、知名企业家及专家学者与会。

2018年11月10日，首届中国国际进口博览会闭幕，进博会交易采购成果丰硕，按一年计，累计意向成交额达578.3亿美元，与“一带一路”沿线国家累计意向成交额达47.2亿美元。

首届中国国际进口博览会的成功举办得到了外国媒体的高度评价。

第二届中国国际进口博览会概况

2019年11月5日，第二届中国国际进口博览会在国家会展中心（上海）举办。5日晚，国家主席习近平同出席第二届中国国际进口博览会的外国领导人共同巡馆。

第二届中国国际进口博览会较第一届规模更大、质量更优、创新更强、层次更高、效果更好。展会期间共举办380多场配套活动。在供需对接会上，来自103个国家和地

学习微平台 延伸阅读2-2

学习微平台 延伸阅读2-3

学习微平台 延伸阅读2-4

学习微平台 延伸阅读2-5

学习微平台 延伸阅读2-6

学习微平台 延伸阅读2-7

区的1 367家参展商、3 258家采购商进行了多轮“一对一”洽谈，达成成交意向2 160项；采购成果，按一年计，累计意向成交额711.3亿美元，比首届增长23%。

第三届中国国际进口博览会概况

2020年11月5日至10日，第三届中国国际进口博览会在国家会展中心（上海）举办。国家主席习近平以视频方式发表主旨演讲。

第三届中国国际进口博览会搭建了“买全球，卖全球”的开放平台，体现了中国同世界分享市场机遇、推动世界经济复苏的真诚愿望，彰显了中国以合作谋共赢的开放胸怀。

第三届中国国际进口博览会的展览面积比第二届扩大近3万平方米，世界500强及行业龙头企业参展面积比上届增加14%；共举办配套活动101场。在洽谈签约方面，线上线下合计共有来自64个国家和地区的674家参展商、1 351家采购商参会，达成成交意向合计861项。交易成果，按一年计，累计意向成交额726.2亿美元，比上届增长2.1%。

第四届中国国际进口博览会概况

第四届中国国际进口博览会于2021年11月5日至10日在国家会展中心（上海）举办。

第四届中国国际进口博览会共计有2 900多家参展商参展，420多项新产品、新技术、新服务在展会上亮相，新能源类展品成为该届博览会的主要亮点。

第四届中国国际进口博览会交易成果，按一年计，累计成交额707.2亿美元。

2.2　保护贸易理论

由于国际贸易发展的不均衡、国家经济结构的差异性，各国都趋向于保护本国市场，扩大出口市场，促进本国的产业结构调整。**保护贸易理论**主要是指限制进口和鼓励出口的政策。

2.2.1　重商主义保护贸易理论

早期的重商主义绝对禁止贵金属外流。当时施行重商主义的国家禁止货币出口，由国家垄断全部货币贸易，利用立法和行政措施保证每笔贸易都实现顺差，绝对禁止金银外流。外国人来本国开展贸易时，必须将其销售所得货款全部用于购买本国货物。晚期重商主义也称为贸易差额论，执行奖出限入政策，追求一国的贸易总顺差。该理论的相关内容包括：

（1）禁止若干国外商品尤其是奢侈品的进口，征收保护性进口关税。

（2）对本国出口商品给予补贴，商品一旦出口，把原征收的税款退给出口商。

（3）在殖民地经营独占贸易与海运，使殖民地成为本国制成品市场和本国原料的供应地。

此外，英国早期的航海法案规定，一切输往英国的货物必须用英国船只载运或由原出口国船只装运；英国的原职工法鼓励国外技工的移入，禁止优秀技工擅自离境。

贸易差额论允许对个别国家有贸易逆差。例如，当时英国对东印度有贸易逆差，但东印度对欧洲有贸易顺差，英国控制了东印度的贸易，这样就保证了总顺差。

2.2.2 汉密尔顿的保护贸易理论

汉密尔顿是美国贸易保护主义的创始人，其任美国独立后的首任财政部长期间，正值美国经济萧条、工业落后。汉密尔顿代表美国工业资产阶级的利益，极力主张贸易保护。他认为，制造业的发展对国家利益重大，可以促进社会分工，推动机器的使用，扩大就业，吸引移民，提供开创各种事业的机会等。因此，政府应该以高额关税来限制进口，扶植本国制造业的发展。

汉密尔顿的主张既符合当时美国的实际需要，也符合参与国际贸易各国的实际情况，甚至今天，贸易保护仍然是国家管理国际贸易的一种重要手段。这一理论的提出，标志着自由贸易和保护贸易两大理论体系基本形成。

【同步案例 2-1】

发达国家在国际贸易中的“双重标准”

背景与情境：国际贸易谈判中一直存在双重标准。在乌拉圭回合谈判中，发展中国家在发达国家和关贸总协定的要求与压力下向发达国家开放了市场，而发达国家却没有按对等原则向发展中国家开放市场。发达国家要求发展中国家开放发达国家占优势的市场，但对自己已不具备比较优势的产业却进行贸易保护，限制发展中国家的优势产业进入本国市场，尤其是美国。美国可以制定和修改国际经济合作规则，他国必须遵守和执行，否则将受到制裁，而自身却不必受自己制定的规则的制约。美国的这一行径把它在国际贸易多边经济关系中的霸权主义表现得淋漓尽致。

问题：作为发展中国家，如何应对国际贸易中的“双重标准”?

分析提示：积极参与多边贸易规则的制定；完善技术法规和技术标准；提高企业的自身素质；提高贸易管理效率；增强法律意识，健全法律制度。

【课程思政 2-2】

疫情加剧全球贸易保护主义

背景与情境：经济全球化促进了商品和资本流动、科技和文明进步、各国人民交往、民生福祉提高，但同时，经济全球化过程中也积累了一些突出矛盾和问题。比如，在全球产业链中，发达国家长期占据有利地位，获取了大部分利润，而新兴市场国家和发展中国家向产业链高端攀升无比艰难。又如，当世界经济处于下行期时，增长和分配、资本和劳动、效率和公平的矛盾更加尖锐，一些国家经济结构失衡、贫富分化严重等问题更加突出。

2020 年，新冠肺炎疫情在全球的持续蔓延，加剧了贸易保护主义倾向。贸易保护主义是西方发达国家在应对经济增长乏力、停滞甚者倒退时所采取的一种重要手段，是当代“逆全球化”的典型表现。

问题：当今世界的贸易保护主义有哪些表现?

研判提示：疫情下，各国失业率上升，收入不平等和经济衰退压力加剧，各国政府可能会采取更多的贸易保护措施，特别是发达国家可能会更严格限制涉及高科技产品的贸易和技术转移。

2.2.3 李斯特的保护贸易理论

学习微平台

延伸阅读2-8

李斯特是19世纪德国最进步的经济学家。他发展了汉密尔顿的贸易保护学说，建立了一套以生产力理论为基础、以保护关税为核心、为后进国家服务的保护贸易理论。李斯特是在与主流的英国古典经济学派的论战中提出自己的保护贸易理论的。

首先，李斯特认为普遍自由贸易理论是一种超国家、超民族的世界主义经济理论，它完全忽视了国家和民族利益的存在，而以所谓增进全人类的利益为出发点。但这种自由贸易理论只有利于英国而不利于其他国家，尤其是工业发展较为落后的国家。经济落后的国家应实行贸易保护制度，使本国的经济赶上或者超过先进国家，这样才能使自由贸易成为可能，并从中获取利益。

其次，李斯特否定了英国古典经济学派的价值理论对经济落后国家的适用性，提出了生产力理论，并以此作为其保护贸易学说的理论基础。在李斯特看来，财富本身固然重要，但发展生产力更为重要。生产力是树之本，可以由此而“结出”财富的果实，结果子的树比果实本身价值更大，力量比财富更加重要，有了力量就可以获得一切，没有力量就会丧失一切。因此，一国在对外贸易中实行什么样的政策，首先必须考虑的是国内生产力的发展，而不是从交换中获得多少财富。

最后，李斯特批判了古典经济学派所鼓吹的狭隘的本位主义和个人主义。他指出，“私人利益与国家利益总是一致，国家不应对包括对外贸易活动在内的经济进行干预”这一看法是错误的。他认为，国家利益独立于私人利益之外，私人利益应服从于国家利益。因而，国家为了民族的最高利益，必须对经济活动进行某种约束和限制。对国际贸易来说，就应该实行关税保护制度，限制进口。这种由国家进行的干预是指一国面对国际市场上的激烈竞争，政府应限制某些商品的进口，改由国内来制造，以扶持和发展国内工业，而不是对个人使用资本的权利进行干预。保护制度不是可有可无的，而是落后国家发展经济十分必要的工具。古典经济学派把私人利益同国家利益混为一谈，用以提倡自由贸易、反对任何保护贸易的做法，只能给落后国家的经济带来损害，并使其永远处于落后的地位。

李斯特认为贸易保护只是一种手段，而不是目的。因此，一国是采取自由贸易政策还是保护贸易政策，要根据本国经济发展的不同情况来定。李斯特把各国的经济发展过程分为五个阶段：原始未开化阶段、畜牧业阶段、农业阶段、农工业阶段和农工商阶段。李斯特的观点是：在工业发展初期，应当采取自由贸易政策。这样，在与先进国家开展国际贸易的过程中会刺激本国的经济发展和社会进步。但是，当经济发展已达到较富裕的程度，即已完全处于经济发展的第四个阶段时，为了保护国内工业的发展，避免国外竞争的激烈冲击，就必须实行坚决的贸易保护制度。而当一个国家进入农工商的发展阶段，已经具备了对外自由竞争的能力时，就应当实行自由贸易政策。因此，不能抽象地评价自由贸易与保护贸易的优劣，要具体分析它们对国家经济发展的作用。李斯特对保护贸易的一些原则和措施作了以下说明：

（1）贸易保护的目的是促进和保护国内工业的发展，主要是保护通过努力本国能发展起来的产业；对本国还发展不了的技术和机器工业不应加以限制，通过进口有利于国内工业的发展。

（2）关税是保护国内工业的主要手段。

（3）国内工业保护的重点是那些对国家独立和经济发展有重要意义的幼稚工业。

（4）贸易保护不应成为保护落后和低效率的工具。对于一定时期内（最多30年）进行了保护仍然发展不起来的产业，国家应放弃保护。

综上所述，李斯特的保护贸易理论不是单纯保护本国工业品特别是落后工业品的国内市场，而是保护在本国具有独立发展能力的工业品的国内市场。在本国具有独立发展工业能力的条件下，一方面保护从国外引进的有助于发展本国生产力的工业品；另一方面适当限制外国工业品进入国内市场，保护本国新兴的生产力不被扼杀。这两个方面的配合是为了实现一个目标：加速本国的经济发展，赶上和超过世界工业强国。可见，李斯特的思想中既有保护民族经济的一面，也有对外开放的一面。

【同步案例2-2】

开放有益

背景与情境：当前，亚太地区许多国家的政策都是促进出口而不是进口。这种做法会阻碍竞争，使当地公司趁机向消费者索取高价，进而迅速获利。直到不久以前，韩国还处于这种情形下。其结果是：那些有能力出国旅行的消费者都乘飞机去中国香港买服装、食品和其他各种日常用品，因为那里的物价水平比韩国要低得多。而目前，一项新的计划已经使韩国开放了很多以前曾加以保护的市场，这一计划是韩国政府降低通货膨胀率措施的一部分。政府希望这一计划能促使本国巨型公司变得更具有竞争力。

对于向韩国出口和投资的机会，外国公司已经做出了反应。花旗银行已经在那里开设了若干分行，福特公司和惠普公司向韩国出口的设备和家电的数量正在成倍增长。然而最大的受益者还是那些既买不起进口商品又无力到海外去采购商品的消费者。韩国第二大电子产品公司——LG公司已将某些产品的价格削减了30%之多，以便进行国际竞争。大部分银行也开始24小时服务，以应对花旗银行的挑战。

开放曾经被保护的贸易，从长期看，将被证明是有益的。这一做法不仅有助于韩国保持竞争力，而且可能会使该国的经济超过其他国家。

问题：如何看待“开放是必然的，保护是必要的”这一说法？

分析提示：保护幼稚工业的长远目标是发展本国的工业生产。保护是有期限的，过度的保护不利于本国工业的长期发展。完成了保护期限内的任务后，应及时开放该产品的本国市场，这对本国消费者和本国企业均是有利的。

2.2.4 凯恩斯的超保护贸易理论

凯恩斯认为，解决失业和经济危机的根本办法就是扩大有效需求。如何扩大有效需求呢？他认为必须放弃自由经济政策，由政府直接干预经济生活，利用各种政策加强控制，以实现国民经济的均衡发展。政府宏观管理的基本任务就是刺激私人消费和投资，确保社会有效需求的稳步增长。凯恩斯还强调指出，在一个开放的社会里，对外贸易显然是社会有效需求的决定性因素之一。具体地说，出口消费品和资本品等于增加本国的总需求，进口消费品和资本品则缩减了本国的有效需求。因此，贸易顺差对扩大有效需求是有利的，政府应对国际贸易差额进行控制，实行“奖出限入”政策。

凯恩斯批判了自由贸易理论和国际收支自动调节理论，提出了他的超保护贸易理论。他指出，国家干预经济生活（包括对外贸易）对维护本国的充分就业和经济稳定是完全必要的。国家干预对外贸易、扩大社会有效需求，就是要始终保持本国的贸易顺差。那么如何实现和保持一国的贸易顺差呢？凯恩斯主张实行政府对财政与货币的宏观控制，进一步推行保护贸易政策，如采取提高关税税率、扩大课税范围、设置各种非关税壁垒等保护措施，禁止或限制外国商品进口，对本国商品的出口则采取退税、补贴、低息贷款、出口担保等措施予以鼓励和支持。

学习微平台

延伸阅读2-9

学习微平台

延伸阅读2-10

学习微平台

延伸阅读2-11

但是凯恩斯又认为，贸易保护的实施和贸易顺差必须在合理的限度内，否则会走向反面。这是因为：①如果贸易顺差规模过大，国内货币存量增加，会使利率下降、就业增加。由于失业减少，工人就会要求增加工资，使出口商品的成本上升，恶化贸易条件，最终导致贸易顺差减少。②国内利率下降到一定程度，低于外国时，会导致资本外流。当外流资本数额超过贸易顺差时，也就抵消了贸易顺差带来的好处。③一国贸易顺差又是他国的贸易逆差，如果超过一定限度，就会引起国际竞争，招致报复。

【同步思考2-4】

凯恩斯的合理顺差理论对我国当前的国际贸易有何现实指导意义？

理解要点：凯恩斯主张贸易保护措施的实施和贸易顺差必须在合理的限度内，否则会走向反面，并对其原因作了三点分析。这对中国发展对外贸易很有指导意义：①中国国际贸易顺差过大，导致巨额外汇储备难以发挥作用；②中国的用工荒使工人工资水平上涨，导致外企向他国迁移；③中国国际贸易顺差过大导致进口国的反倾销等。以上都与没有用好凯恩斯的超保护贸易理论有关。

【小资料2-3】

对外贸易乘数的计算公式

设：ΔY代表国民收入增加额，ΔI代表投资增加额，ΔX代表出口增加额，ΔM代表进口增加额，K代表乘数，C代表边际消费倾向，则有：

$K=1\div(1-C)$

$\Delta Y=[\Delta I+(\Delta X-\Delta M)]\times K$，即：

$$\Delta Y=[\Delta I+(\Delta X-\Delta M)]\times[1\div(1-C)] \qquad (2.1)$$

根据公式（2.1），增加投资、出口和消费，可以倍增国民总收入，而国民总收入的增加可以进一步扩大就业，增加有效需求，使经济持续增长。

【同步案例2-3】

博洛尼亚之神

背景与情境：意大利北部的博洛尼亚已有700余年手工生产瓷砖的历史。第二次世界大战后，该地区进行了瓷砖工业的重建。最初，瓷砖制造商必须进口原材料和加工机器。由于该地区没有白黏土资源，因此不得不从英国进口。再加上没有瓷砖设备制造业，因此要从德国、美国和法国进口烧砖窑，压制和抛光瓷砖的压砖机也必须从海外进口。进口机器的外汇自然是出口手工瓷砖换来的。后来，意大利人掌握了进口设备的制造和使用方法。到1970年，该地区已开始自己生产供出口的砖窑和压砖机。此时，当地的瓷砖设备制造商们为销售自己的设备又展开了激烈的竞争，不断降低自己的成本。一些服务性行业如模具、包装材料、釉料和运输服务、专业咨询等，开始向工厂提供设计、物流、商务广告及财务顾问服务；当地的制陶产业协会提供大批量采购、国际市场调研服务；当地大学进行工艺研究和产品开发。很快，一种快速单火制砖工艺被开发出来，可节省人工60%，缩短工期95%；设备比原来更轻、更小，大大降低了制砖成本，产品在国际市场上十分畅销。现在，意大利的博洛尼亚地区已成为瓷砖生产行业的世界领跑者，占全球生产30%的份额和全球出口60%的份额。意大利每年仅从这一产业出口中就可以获得10亿美元的贸易顺差。

问题：拉美等发展中国家在出口产业调整中应从意大利人那里学些什么呢？

分析提示：瓷砖生产并非高新技术产业，也不是发达国家垄断的行业。聪明的意大利人用出口初级手工瓷砖换回进口设备，自己进一步开发生产，使该行业产业化，在世界贸易中占有了一席之地。经济落后的拉美国家在抱怨不公正的贸易分工的同时，是否应该多一份思考：如何通过对外贸易使自己的初级产品进一步增加价值呢？具体答案再清楚不过了。

2.3 国际贸易新理论

现代国际贸易所面临的是激烈的市场竞争局面，市场已从卖方市场转变为买方市场，许多产品供大于求；同时，国际贸易中运用产业组织生产形成专业化优势使收益递增。对于这些全新的国际贸易现象，必须用新的贸易理论进行揭示和说明。

2.3.1 产品周期理论

西方经济学家把用创新技术生产的新产品在国际贸易中周期传递的国家分为三组（这种传递按先后次序来划分）：首先是出口新产品的工业高度发达的国家，如美国；其次是较小的工业发达国家，如大多数欧洲国家；最后是工业化的发展中国家和地区，如中国、巴西等。国际产品的周期传递分为如下五个阶段：

（1）第一阶段：出口产品处于导入期，假设新开发工业制成品的生产技术为美国所垄断，因美国工业发达，科技人才众多，研究和开发费用充分；美国庞大的中产阶级群体的高收入决定了其购买新技术产品的需求和能力。在满足了国内市场的需求之后，国外对新产品的需求增加，美国开始扩大生产并提供出口。

（2）第二阶段：产品进入成长期，新产品在国外的市场份额逐渐扩大，美国通过降低价格来增加出口量。当国外市场扩大到足以使当地生产获得规模收益时，当地厂商会仿制生产。此时，美国与发达工业国之间在生产技术上的差距基本消失。欧洲开始生产，美国出口增长缓慢，出口量开始下降。

（3）第三阶段：产品仍处在成长期，美国对非生产国的出口被其他工业发达国家的出口所替代，欧洲地区的生产企业由于节省了大量研发费用，生产成本较低，美国的技术领先优势被竞争对手的价格优势所替代。其国外市场缩小，出口减少。

（4）第四阶段：产品进入成熟期，美国由净出口国变为净进口国。此时，欧洲地区企业的生产规模扩大，成本降低，美国无论是在技术上还是在价格上都无力与之竞争。与此同时，发展中国家因国内需求扩大，也开始生产该产品，替代进口品。

（5）第五阶段：产品仍处于成熟期，发展中国家成为出口国。此时，产品已经完全标准化，生产技术和设备很容易购买，产品竞争主要体现在价格上。因此，产品的相对优势已转移到技术和工资水平较低而劳动力资源丰富的发展中国家和地区，这些国家和地区把生产的该产品出口到美国等国家，最先研发出该产品的美国反而成为进口国。

【同步业务2-1】

市场沉浮，有些商品已逐步消失在公众视野，有些商品却不断迸发出新活力，请选择适当的产品，写出产品周期分析报告。

业务分析：随着科学技术的快速发展，新产业代替传统产业、新产品代替传统产品具有必然的规律性。因此，一个行业、一个企业、一种产品要想求得生存和发展，必须要有危机感，必须要有前瞻性，必须与时俱进地研发或应用新技术，开发新产品，必须用产品周期理论指导自己。

业务程序：

（1）选题，可从较为熟悉的产品领域入手，如电子产品、日化用品、食品等。

（2）根据题意，收集资料。

（3）形成分析报告。

2.3.2 需求相似理论

需求相似理论认为，发达国家工业制成品双向贸易的增长，主要是由消费者的需求偏好决定的，而人均收入与贸易收入的趋同性、需求结构的相似性，增加了双方贸易的数量和机会。

（1）国内需求是出口贸易的基础。厂商开发出来的产品，因国内经济增长、人均收入提高，国内需求强劲，并具有极强的传递力。当其他国家经济增长、人均收入提高、本国开发的新产品国内需求与国际需求相一致时，厂商可以国内需求为依据，把国内大多数消费者需求的产品作为出口产品。由于是最先开发的新产品，并已在国内收回了大量先期投资，因此在向国外出口时，产品在价格上具有很强的优势，加上进口国的需求和购买力较强，所以出现了双方的国际贸易。

（2）需求结构越相似，两国贸易量越大。两个国家的收入水平越相似，则两国的需求结构越接近，需求的重合部分越大。若两国的需求结构完全相似，一个国家所有可能进出口的商品，同时也是另一个国家可能进出口的商品，在这种情况下，国内的出口需求就是另一国的进口需求。

（3）影响一国需求结构的决定性因素是平均收入水平。当收入提高后，能满足价格提高以后的需求的产品，除了原来已经有的产品外，还有比原来更精致而功能相似的产品以及能满足更高生活质量需求的产品。

【同步案例2-4】

中国游客的海外抢购

背景与情境：国家外汇管理局、文旅部等相关部门的统计数字显示，2014年，出境旅游的中国游客数量达到1.09亿人次，旅游消费达到1 648亿美元；2015年，出境旅游的中国游客数量达到1.20亿人次，旅游消费达到2 495亿美元，同比增长了50%多；2018年，中国公民出境旅游人数近1.50亿人次，比上年同期增长14.7%，稳居世界出境旅游的第一位，单次人均出境游消费5 500元；2019年，中国出境游人数达到1.55亿人次，中国游客境外平均每10笔消费中，就有3.4次通过移动支付实现，相比2018年提升了6个百分点。

中国游客境外消费特别是购物消费的金额和占比都十分惊人。一些调查报告显示，2018年，中国消费者全球奢侈品消费额达到1 457亿美元，其中将近74%的消费发生在境外。根据贝恩公司与意大利奢侈品行业协会发布的《2019年全球奢侈品行业研究报告（秋季版）》，2019年中国奢侈品市场整体销售额增长26%，中国籍消费者对全球个人奢侈品市场持续性增长的贡献率达到90%。

中国游客在海外抢购商品的新闻报道更是比比皆是。在境外爆买名、优、特商品已成为中国游客的一个重要标签：在韩国爆买面膜等美容化妆品；在日本爆买马桶盖、电饭煲、铁水壶、珍珠、保健品等；在泰国爆买鳄鱼皮皮带和皮包、蓝宝石、红宝石、乳胶床垫和枕头、蛇药；在澳大利亚和新西兰爆买婴儿奶粉和羊毛被；在法国爆买名牌香水和手提包；在意大利爆买皮鞋等牛皮制品；在瑞士爆买名牌手表；在德国爆买不锈钢厨房器具等。

问题：中国游客为什么热衷境外消费？

分析提示：随着经济的发展、居民收入的增多、购买力的增强，人们对产品的质量和档次提出了更高的要求，高档商品具有广阔的市场，这具有规律性。

【同步案例2-5】

疫情后的中国出境游

背景与情境：2020年是魔幻的一年，一场突如其来的新冠肺炎疫情在全球蔓延，使得中国旅游市场遭受严重冲击，同时对出境游业务造成致命打击，一时间陷入“归零”状态。到2021年年底，疫情影响的第2年即将过去，有更多的国家或地区已打开或正尝试打开出入境之“门”，全球出入境游正出现复苏向好的迹象；相比之下，中国出入境旅游市场的开放还相对保守。

2021年11月22日，中国旅游研究院国际研究所（港澳台研究所）发布了《中国出境旅游发展年度报告2021》。报告指出，受疫情影响，2020年全年中国出境旅游人数为2 033.4万人次，同比减少86.9%。2021年，预测出境旅游人数为2 562万人次，与2019年相比同比恢复17%；与2020年相比，同比增长27%。相比疫情前过亿人次的出游规模，出境旅游基本上处于停滞状态。从出境目的地结构上看，亚洲继续在洲际目的地上占据首位，占比为95.45%，之后依次为欧洲、美洲、大洋洲和非洲。总体上看，较近程目的地受疫情冲击的影响较小。尽管面临极大的困难，但是业界从未放弃信心，也没有消极等待，创业创新一直都在进行，出境旅游目的地也以积极的行动表达出对中国出境旅游市场的坚定信心。展望2022年，出境旅游市场的恢复步伐取决于全球范围内的疫情防控形势，部分疫情防控形势向好和疫情防控政策协调较为顺畅的目的地有望率先恢复。

2021年，在国际国内“双循环”的新格局下，国内旅游大循环对出境旅游的替代效应明显，以往的出境旅游需求开始寻找境内的释放空间，更多的国内旅游目的地进入游客的视野，国内旅游成为具有重要竞争力的可选项和替代品。

资料来源　李志刚. 国内旅游大循环对出境旅游替代效应明显［EB/OL］.［2021-11-30］. https://m.thepaper.cn/baijiahao_15632633.有删减.

问题：如何看待疫情过后我国旅游业的发展？

分析提示：国民经济的发展夯实了旅游消费的物质基础；出入境的封停，让大量出境游客回流到国内，国内游的比重骤然提升；中国出入境游恢复周期预计将相应拉长；出境旅游的安全问题是很多中国游客关注的重点。

2.3.3 产业内贸易学说

产业内贸易是指一个国家在出口的同时又进口某种同类产品。这里的同类产品是指国际标准分类中至少前3位数相同的产品。它们既出现在一国的进口项目中，又出现在该国的出口项目中。

之所以会形成产业内贸易，是因为即使两国具有完全一样的资本–劳动比率，两国的厂商也会生产同类但有差异的产品，而消费者对这些产品的需求，一方面会促使各国扩大某种产品的规模，另一方面又会促进两国的国际贸易。

产业内贸易是规模经济和不完全竞争作用的结果。由于规模经济的存在，没有一个国家能单独生产所有制造品，而消费者的主观需求在动态中不断发生变化，虽然两国都生产某种制造品，但不会完全相同，本国生产的产品在对方国家里存在着消费需求。

协议下的产业内贸易是指在同一个产业内部，根据某种协议，双方各处优势地位的部门均实行专业化生产，同时又将停止生产的部门的市场提供给对方。这样，双方均能因实行专业化生产而获得规模经济效益。根据协议，让给对方生产的市场，在对方进行投资时应向其做出保证——将进口在对方国内生产的产品。这样就可以使对方安下心来进行专业化生产，以实现规模经济。

【同步案例2-6】

加拿大和美国的汽车产业内贸易

背景与情境：1964年以前，加拿大汽车工业被美国汽车工业的几个大厂商所控制，基本上自给自足，规模较小，是分散的生产体系。但是，这些美国厂商在加拿大的子公司发现小规模带来了种种不利。美国的工厂可以更加“专一”，集中精力生产单一型号的汽车或配件。而加拿大的工厂则不得不生产各种各样不同的产品，以至于工厂经常停产以实现从一个产品项目向另一个产品项目的转换。这样一来，工厂容易保持较多的库存，需要采用不同专业化的机器设备等。因此当时加拿大汽车工业的劳动生产率比美国要低大约30%。

1964年，美国与加拿大达成协议，建立一个汽车自由贸易区。这一举措使美国和加拿大的汽车厂商得以重组进行生产。美国在加拿大的各子公司大力减少生产品种。加拿大一方面从美国进口自己不再生产的汽车型号，另一方面向美国出口加拿大仍在生产的汽车型号。这使得加拿大汽车的进口量与出口量都大幅上升，但其总体的生产及就业水平并没有改变。

问题：美国和加拿大为什么放弃了各自为战的生产模式，而改为各自进行更专业化的生产？

分析提示：美国和加拿大进行的是汽车产业内贸易，双方将各自市场开放给对方，同时按协议进行专业化生产，实现规模经济效益。由此，美国和加拿大两国的国际贸易水平均有了很大程度的提高。

2.3.4 地区经济一体化的关税同盟理论

地区经济一体化是指在地缘区域内，由两个或两个以上的国家或地区出面结成的超国家的国际经济联合体。

地区经济一体化按照贸易壁垒撤除的程度可划分为：优惠贸易安排、自由贸易区、关税同盟、共同市场、经济同盟和完全经济一体化；按照经济一体化的范围可划分为：部门一体化和所有经济部门一体化；按照参加国的经济发展水平可划分为：经济发展水平相同或相近国家间的一体化和经济发展水平存在较大差异的国家间的一体化。

当今世界不同层次的地区经济一体化组织有100多个，其中影响最大的有欧洲联盟、北美自由贸易区和亚太经济合作组织。

【小资料2-4】

欧洲联盟，简称欧盟，总部设在比利时首都布鲁塞尔（Brussels），是由欧洲共同体发展而来的，创始成员国为法国、联邦德国、意大利、荷兰、比利时和卢森堡6国。现有27个成员国，它们是法国、德国、意大利、荷兰、比利时、卢森堡、丹麦、爱尔兰、希腊、葡萄牙、西班牙、奥地利、瑞典、芬兰、马耳他、塞浦路斯、波兰、匈牙利、捷克、斯洛伐克、斯洛文尼亚、拉脱维亚、立陶宛、罗马尼亚、保加利亚、爱沙尼亚和克罗地亚。英国曾于1973年1月加入欧共体，2016年6月，英国全民公投决定“脱欧”；2018年6月26日，英国女王伊丽莎白二世批准脱欧法案成为法律，允许英国退出欧盟；2020年1月30日，欧盟正式批准了英国脱欧。2020年12月24日，经过多轮激烈谈判，欧盟与英国就包括贸易在内的一系列合作关系达成协议，这份协议对欧英商品和服务贸易、英国海域的捕捞权分配以及双方在交通、能源、司法等领域的合作做出了安排。

亚太经济合作组织（APEC）到目前为止共有21个成员：澳大利亚、文莱、加拿大、智利、中国、中国香港、印度尼西亚、日本、韩国、马来西亚、墨西哥、新西兰、巴布亚新几内亚、秘鲁、菲律宾、俄罗斯、新加坡、中国台湾、泰国、美国和越南。

地区经济一体化组织一般都要制定共同的规章制度，实施统一的行为准则，规定较为具体的共同目标，建立超国家的决策机构，具有一定的超国家的权力。

【小资料2-5】

（1）欧洲联盟一体化进程中的统一政策：建立关税同盟，取消内部关税；实行共同的农业政策，“奖出限入”；创建欧洲货币体系，采用统一的货币——欧元；向政治一体化迈进，建立“欧洲政治联盟”。

（2）北美自由贸易区是在区域经济集团化进程中，由发达国家和发展中国家在美洲组建的，于1994年正式成立。《北美自由贸易区协定》的宗旨是：取消贸易壁垒，创造公平竞争的条件，增加投资机会，保护知识产权，建立执行协定和解决争端的有效机制，促进三边合作。其具体规定是：从1994年1月起，在15年的时间内，分3个阶段逐步取消3国间的关税，实现商品和服务的自由流通。在3国9 000多种商品中，约50%的商品的关税立即取消，15%的商品的关税在5年内取消，其余大部分在10年内取消；放宽对外资的限制、保护知识产权等。

资料来源 作者根据相关资料整理.

建立地区经济一体化组织的目的是通过制定统一的对内对外经济、财政、金融、知识产权等政策，消除国别之间阻碍经济、贸易发展的关税壁垒和非关税壁垒，实现区域内的互惠互利、重新分工协作、协调发展和资源的优化配置，从而促进区域内贸易和经济的发展；同时，以地区经济联合体的整体实力与经济大国以及其他地区经济联合体相抗衡，以增强其国际竞争力。

关于地区经济一体化对世界经济、贸易的影响，西方经济学家的讨论较多。他们对“关税同盟理论”作了最具代表性的分析。该理论认为关税同盟的建立能给参加关税同盟的国家（地区，下同）带来明显的经济效果。这是因为：

（1）关税同盟国之间的零关税制度，可使关税同盟内部产生贸易创造效应。也就是说，关税同盟内成员方之间取消关税门槛，实行自由贸易后，在比较利益的驱使下，相同的产品，成本高的国家就会自然地放弃生产，改为从成本低的成员方进口。这与以前相互利用关税壁垒相比，就创造了新的贸易。而放弃高成本产品生产的成员方，便可把生产高成本产品的资源转向成本低的产品，从而获得利益。这种在关税同盟成员方之间重新进行区域内分工、各自生产成本较低产品并相互进行交换的做法，自然会使同盟国的所有消费者都得益。当关税同盟内产品的成本都降低时，同盟国与非同盟国之间进行国际贸易，非同盟国也能得到好处。从这个角度看，建立关税同盟对世界也是有利的。

（2）关税同盟内实行统一的对外歧视性关税，可以产生抑制从非同盟国进口和扩大同盟国之间贸易的贸易转移效应。这种贸易转移，往往会出现由原来从非成员方进口价格较低的产品改为从成员方进口价格较高的产品的情况，从而给进口国造成一定的损失。这种一致对外的贸易保护政策，对扩大同盟国之间的贸易是有利的，但对非成员方的经济发展是不利的。

关税同盟的经济效果，就是由贸易创造获得的利益减去贸易转移造成的损失后所得到的实际利益。这个差额是正数，并且正数越大，说明关税同盟的经济效果越好。

【小资料 2-6】

东非共同体

东非共同体是由肯尼亚、乌干达、坦桑尼亚、布隆迪、卢旺达和南苏丹6个东非国家组成的区域性国际组织。该组织于1967年首次成立，1977年解散；其后在2000年由肯尼亚、乌干达和坦桑尼亚在阿鲁沙重新组织成立，总部也设于阿鲁沙。2004年，三国签订条约，成立关税同盟，于2005年1月生效。2016年4月15日，南苏丹正式加入东非共同体，成为该组织第六个成员国。东非共同体的宗旨是加强成员国在经济、社会、文化、政治、科技、外交等领域的合作，协调产业发展战略，共同发展基础设施，实现成员国经济和社会可持续发展，逐步建立关税同盟、共同市场、货币联盟，并最终实现政治联盟。

资料来源　作者根据相关资料整理.

■ 本章概要

□ 内容提要

● 本章主要介绍了绝对成本理论、比较成本理论等自由贸易理论，重商主义，汉密尔顿、李斯特等的保护贸易理论以及产品生命周期、需求相似论等国际贸易新理论。

● 自由贸易理论认为，各国可以按照自然条件、比较利益和生产要素优劣状况，专心生产对其最有利和相对有利的产品，促成各国的专业化；国际分工可以带来巨大的贸易利益。

● 保护贸易理论主要是指限制进口和鼓励出口的政策。

● 西方经济学家把用创新技术生产的新产品在国际贸易中周期传递的国家分为三组（这种传递按先后次序来划分）：首先是出口新产品的工业高度发达的国家，其次是较小的工业发达国家，最后是工业化的发展中国家和地区。

● 需求相似理论认为，发达国家工业制成品双向贸易的增长，主要是由消费者需求偏好决定的，而人均收入与贸易收入的趋同性、需求结构的相似性，增加了双方贸易的数量和机会。

● 地区经济一体化是指在地缘区域内，由两个或两个以上的国家或地区出面结成的超国家的国际经济联合体。

□ 主要概念和观念

▲ 主要概念

保护贸易理论

▲ 主要观念

绝对成本理论　比较成本理论　要素禀赋理论

□ 重点实务

绝对成本理论模型分析

■ 基本训练

□ 知识训练

▲ 简答题

1）简述自由贸易政策的主张。

2）李斯特保护幼稚工业的理论主要观点是什么？

3）超保护贸易政策的特征是什么？

4）简述需求相似论的内容。

5）国际产品的周期传递分为哪几个阶段？

6）简述地区经济一体化的组织形式。

▲ 填空题

1）亚当·斯密在其代表作（　　）一书中，提出了国际分工与自由贸易理论（　　）学说。

2）李斯特主张保护幼稚工业的最长期限是（　　）年。

3）晚期重商主义学说最重要的代表人物是（　　）。

4）凯恩斯认为，解决失业和经济危机的根本办法就是（　　）。

▲ 单项选择题

1）如果购买一件商品所花的代价比家庭内生产（　　），就永远不会想在家庭内生产。

A.小　　B.大　　C.多　　D.高

2）如果贸易双方有一方不具有成本优势，可用（　　）来解释。

A.绝对成本　　B.要素禀赋　　C.比较成本　　D.贸易保护

3）在国际贸易中，要出口本国（　　）要素所生产的商品。

A.稀少　　B.丰富　　C.低价　　D.高价

4）在国际贸易中，要进口本国（　　）要素所生产的商品。

A.稀少　　B.丰富　　C.低价　　D.高价

5）（　　）贸易政策的主要内容是奖出限入。

A.自由　　B.传统　　C.现代　　D.保护

6）李斯特的保护贸易政策主张是（　　）。

A.重金主义　　B.保护幼稚工业理论

C.超贸易保护主义　　D.自由贸易论

▲ 多项选择题

1）自由贸易政策的理论基础包括（　　）。

A.产品生命周期理论　　B.比较成本说

C.绝对成本说　　D.生产要素禀赋理论

2）产品的生命周期包括（　　）阶段。

A.新生期　　B.成长期　　C.成熟期　　D.销售下降期

3）超贸易保护主义限制国外产品进入的措施有（　　）。

A.提高关税　　B.自由贸易　　C.实行外汇管制

D.数量限制　　E.促进进口

▲ 讨论题

1）新贸易保护主义的隐蔽性和歧视性对国际贸易的影响有哪些？

2）中国加入WTO之后的主要利弊有哪些？

☐ 能力训练

▲ 案例分析

国内竞争与国际贸易

背景与情境：小型、静音空调器是由日本公司率先研发的，其原因是：很多日本人居住在小房子或公寓内，空调噪音成为生活中的首要问题。由于用户抱怨电价高，要求提供更加节能的产品，日本公司研制出了节能式压缩机。其结果是，日本人主导了世界小型空调器市场。丹麦人重视环境保护，促使丹麦公司生产出了能高效控制水污染的设备和风力发电设备。在美国，较快的工作节奏促进了高效的快餐业的发展，而后麦当劳快餐似的特许经营方式在全世界扩散。世界性的贸易活动，首先起源于国内市场的需求和激烈竞争。商品在本地销售时可以及时得到创新和改进，本地购买越成熟、竞争越激烈，商品越能在世界贸易中扩散。

区域性的组织合作贸易产生了具有国际竞争力的相关产业和支持产业，主要是指贸易服务业。当供应商靠近生产者时，他经常了解产业发展环境，从而可以对变化做出预测和反应，并与生产者共享信息资源，帮助生产者确立领先地位。意大利制鞋业便是一个绝好的例子，那里的制鞋公司与皮革制造商相互联系、相互影响，使意大利成为皮鞋王国。国际贸易的成功是一国国内竞争的结果，进而使其在国际市场上处于优势地位。

问题：试用本章所学知识分析该案例。

分析要求：同第1章“基本训练”中本题型的“分析要求”。

▲ 实训操练

实训项目：国际贸易理论在实践中的应用

实训步骤：

1）将班级学生分成若干理论兴趣小组，每组确定一人负责。

2）各组学生结合操练项目，进行研究分工。

3）各组学生以本章“国际贸易理论”实务教学内容为业务规范，经过研读后，对亚当·斯密、李嘉图、列昂惕夫、凯恩斯等人的主要观点加以介绍，结合当前国际经济形势进行分析，得出真伪的基本判断。

4）各组学生记录本次研读的成果，总结实训操练的成功经验、存在的问题及解决的办法，在此基础上撰写《国际贸易理论在实践中的应用实训报告》。

5）在班级讨论交流、相互点评与修订各组的《国际贸易理论在实践中的应用实训报告》。

6）在校园网的本课程平台上展出经过修订并附有教师点评的各组《国际贸易理论在实践中的应用实训报告》，供学生相互借鉴。

□ 课程思政

中国“世界工厂”地位难以撼动

背景与情境：在贸易保护主义和疫情的双重影响下，中国作为世界工厂是否会面临大规模制造业外迁的状况？

以往，我国劳动力价格长期处于低水平，给制造业的发展带来了丰富的劳动力资源，我国经济也得以快速发展。但近年来，中国的人口红利逐渐消失，劳动力成本急剧上涨，许多跨国公司考虑将制造业迁出中国，而东南亚等国或将接替中国成为新的制造业基地。但仔细考察会发现，制造业要迁出中国并不容易，许多跨国公司只是转移部分产能到东南亚某个国家，以应付贸易战的关税，服务中国的部分仍然留在中国。

英国《经济学人》周刊曾发表文章说，中国产业链强大，基础设施完善，市场巨大，这将让中国“世界工厂”的地位在疫情过后更加凸显。尽管受疫情影响，广交会的客商无法像往常一样面对面交谈，但网上交易让大量中国厂商实现了直播卖货，促进了出口。对制造业增加值占世界份额超过1/4的中国来说，网上广交会顺利举行在一定程度上也是中国制造能力的体现。

中国在制造能力方面有两大优势：

首先，尽管近年来人工成本上涨，但中国制造业基础设施完善、工业门类齐全、产业配套优势明显、制造能力不断升级，越来越多的零部件开始由中国本地生产。比如，在深圳，如果你想贴牌生产一款手机，只要你能说出需求，各个加工厂就能合作生产出你想要的产品。但在东南亚国家，想要建成如此庞大的产业链不是一两个国家可以完成的。虽然东南亚国家有着劳动力成本低廉的优势，但是在基础设施、供应链、原材料方面都无法和中国相比。所以虽然出现了部分产业的转移，但这并不意味着中国就失去了“世界工厂”的称号，失去了人口红利的中国依然拥有庞大完整的产业链，纵然工资水平提高，但性价比依然是最高的。

其次，市场巨大。庞大的内需市场为产品销售提供了最广阔的空间。中国不仅是制造大国，而且是消费大国、创新大国，投资环境十分稳定。正是看好了中国市场潜力，德国巴斯夫、美国特斯拉等行业巨头均到中国投资生产。

总的来看，决定制造业布局的因素远远不止人力成本。劳动密集型的制造业受人力成本影响较大，可能会出现产业外迁风险；而非劳动密集型行业更看重其他因素，而且占比越来越高。比如，中国每年有近千万大学毕业生进入人才市场，这提供了一支非常强大的高素质劳动力队伍；中国在国际专利申请和研发投入方面位居世界前列；中国拥有非常好的创业环境，短时间内快速成长公司的数量就是证明。

问题：

1）中国制造业的劳动力在国际竞争中面临哪些机遇和挑战？

2）如何提高中国制造业劳动力的国际竞争力？

3）作为国际贸易从业人员，应具备哪些专业素质和能力？

研判要求：同第1章“基本训练”中本题型的“研判要求”。

第3章 国际贸易措施

学习微平台

第3章
思维导图

◆ 学习目标

通过本章的学习，应该达到以下目标：

职业知识：学习和把握国际贸易中各国管制商品进口和鼓励商品出口的主要措施及具体做法，掌握约束国际贸易行为的有关国际协定和世界贸易组织的基本原则等理论与实务知识；能用其指导或规范本章认知活动和技能活动，正确解答“基本训练”中“知识训练”各题型的问题。

职业能力：运用本章知识研究相关案例，培养在特定业务情境中分析问题与决策设计的能力；通过搜集、整理与综合“绿色贸易壁垒对我国出口贸易的影响”的前沿知识，撰写、讨论与交流《“绿色贸易壁垒对我国出口贸易的影响”最新文献综述》，培养学生“自主学习”的通用能力。

课程思政：结合本章教学内容，研判“课程思政”案例，引导学生认识我国抓住机遇、建立国际经济秩序的重要性。

【引例】

中国加入WTO 20周年国际贸易的成就与贡献

背景与情境： 中国于2001年12月11日加入WTO，2021年是中国加入WTO 20周年。在过去的20年里，中国把握机遇，迎接挑战，扩大开放，激活经济，主动担当，造福世界，在国际贸易方面取得了显著成就和做出了巨大的贡献。

在过去的20年里，世界货物贸易总额将近翻了一番，而中国货物贸易进出口总额由2001年的42 193亿元增加到2020年的321 557亿元，翻了7.6番；其中，货物贸易出口总额从22 029亿元增加到179 326亿元，翻了8.1番；货物贸易进口总额从20 164亿元增加到142 231亿元，翻了7.1番；货物贸易顺差从1 865亿元增加到37 096亿元，翻了近20番。2013年中国货物进出口总额达41 600亿美元，首次超过美国（39 104亿美元），位居世界第一。2013—2020年，货物贸易除2016年中国位居世界第二外，其余年份都位居世界第一。

中国加入WTO20年，对世界经济增长的年贡献率接近30%，货物贸易从世界第六位上升到第一位；服务贸易从世界第十一位上升到第二位；在华设立的外资企业超过100万家，2020年外资来华投资同比增长81%。2020年，全世界唯有中国在控制住新冠肺炎疫情的情况下保持经济正增长；2021年中国成为全球120多个国家的最大贸易伙伴，成为世界经济增长的稳定器和动力源。

对于中国"入世"20年交出的优异成绩单，联合国贸易和发展会议秘书长格林斯潘评价说，加入世贸组织给中国经济发展带来了巨大红利，中国履行"入世"承诺，不仅助推了国际多边经贸机制的建设，也造福了全球经济的发展。WTO总干事伊维拉评价说，中国在全球贸易中扮演着重要角色，中国的支持和贡献对世界贸易组织改革发展至关重要。

从大背景来看，新冠肺炎疫情下，西方发达国家大兴贸易保护主义，严重阻碍全球价值链协作和世界经济复苏，"逆全球化"形势愈发严峻，全球经济大衰退。中国经济逐渐恢复，成为2020年二十国集团（G20）中唯一GDP正增长的国家，但国际循环仍承受"逆全球化"的重压，国内循环仍受需求乏力的阻碍。双循环发展格局需要国内、国际共同支撑，中国将始终做多边主义的践行者，积极参与全球治理体系改革和建设，推动构建人类命运共同体，做负责任的世界贸易组织成员。展望未来，中国作为世界第二大经济体，将与WTO携手并进，把握创新改革契机，团结广大发展中国家，推进WTO改革，维护争端解决机制，并在电子商务、大数据、云计算等新业态方面探讨制定新的规则。

资料来源　根据张建平．中国入世二十年　回头望与向前看［EB/OL］．［2021-11-24］．https://baijiahao.baidu.com/s?id=1717275437075284903&wfr=spider&for=pc.整理改编．

世界各国对对外贸易一般都采取一定的政策、措施加以管制。各国的对外贸易政策、措施是该国经济政策和对外政策的重要组成部分，是为维护本国利益服务的。在同一历史时期的不同国家、不同历史时期的同一国家、同一历史时期同一国家的不同生产部门，由于经济发展水平不同、在世界市场上所处的竞争地位不同，它们所采取的对外贸易政策、措施也就不同。一般来说，发达国家或一国处于经济发达时期，或一国某部门在世界市场上处于优势地位，通常都主张采取自由贸易政策和措施，以利于自己扩张世界市场，从而获得高额利润；相反，发展中国家或一国处于经济不发达时期，或一国某些部门在世界市场上处于劣势，其对外贸易一般采取保护和管制的政策、措施，以保护民族经济的发展。这具有规律性。

各国管制对外贸易的行政措施概括起来可分为两类：一类叫关税壁垒，另一类叫非关税壁垒。此外，各国还采取一些鼓励出口或限制进口的措施。

这些壁垒是各国为了阻止或限制外国商品输入而设置的贸易障碍。为了减少贸易障碍、促进国际贸易的发展，多年来有关国家通过谈判，缔结了一些双边和多边的条约或协定，建立了国际贸易组织，对某些双边或多边的经贸关系规定了一些共同遵守的准则，在关税和其他与国际贸易有关的问题上互相提供一些优惠待遇和便利条件，约束和规范缔约国的国际贸易行为。其中，最重要的国际贸易协定是《关税与贸易总协定》（GATT），最重要的国际贸易组织是世界贸易组织（WTO）。

3.1 关税措施

3.1.1 关税的概念及征收关税的目的与作用

狭义的关税措施也叫关税壁垒，是国家通过海关对进口商品征收高额关税，增加进口商品的成本，达到限制商品进口目的的措施。

（1）关税的概念。**关税**（Customs Duties）是由一国政府所设置的海关对经过该国关境的进出口商品所征收的一种税。关税由海关来征收。海关是设在关境上的依法对进出口商品进行监督管理的国家行政机关。海关征收关税的领域叫关境或关税领域。关境是海关所管辖和执行海关各项法令、规章的区域。关境与国境因各国情况不同，两者空间范围的大小有三种状况：其一是关境小于国境；其二是关境等于国境；其三是关境大于国境。

（2）征收关税的目的。其主要有三个：一是获得财政收入，即财政关税；二是保护国内市场，进而保护国内的工农业生产，即保护关税；三是配合外交政策的需要，以示区别对待，即外交关税。

（3）关税的作用。其主要包括：①增加国家财政收入；②保护和调节国内经济；③调节进出口贸易平衡；④配合和维护对外关系。

3.1.2 关税的种类

1）进口税、出口税和过境税

根据国际贸易商品的流向不同，关税可分为进口税、出口税和过境税。

（1）进口税（Import Duties）。从广义上讲，**进口税**是指进口国的海关对外国商品直接输入关境，或外国商品从自由港、自由贸易区、海关保税仓库等提出运往进口国的国内市场销售而征收的各种名目的关税。它包括以下几种：

第一，普通进口关税。它是指对原产于与进口国未订有关税互惠协议的国家或者地区的进口货物，按照普通税率征收的关税。普通进口关税税率一般都比较高。

第二，优惠进口关税。它是指对原产于与进口国订有关税互惠协议的国家或者地区的进口货物，按照优惠税率征收的关税。优惠进口关税的税率一般都比较低。

优惠进口关税包括：①最惠国关税。它适用于从与进口国签订有最惠国待遇条款的贸易协定的国家或者地区所进口的商品。②普惠关税。它是发达国家给予发展中国家制成品和半制成品的一种普遍的、非歧视的和非互惠的关税优惠。“普遍的”是指发达国家对所有发展中国家出口的制成品和半制成品都给予普遍的优惠待遇；“非歧视的”是指所有发展中国家都不受歧视，无例外地享受普遍优惠的待遇；“非互惠的”是指发达国家单方面给予发展中国家关税优惠，而发展中国家不给予反向优惠。③特惠关税。它是指对从某个国家或地区进口的全部商品或部分商品给予特别优惠的低关税或免税待遇，其他国家或地区不享受这种优惠待遇。特惠关税有的是互惠的，有的是非互惠的。

学习微平台

延伸阅读3-1

普惠制原产地证样本见表3-1。

表3-1　**普惠制原产地证**　ORIGINAL

<table>
<tr><td colspan="3">1.Goods consigned from（Exporter's business name，address，country）</td><td colspan="3" rowspan="2">Reference No.
**GENERALIZED SYSTEM OF PREFERENCES
CERTIFICATE OF ORIGIN**
（Combined declaration and certificate）

FORM A

Issued in <u>THE PEOPLE'S REPUBLIC OF CHINA</u>
（country）
See notes overleaf</td></tr>
<tr><td colspan="3">2.Goods consigned to（Consignee's name，address，country）</td></tr>
<tr><td colspan="3">3.Means of transport and route（as far as known）</td><td colspan="3">4.For offcial use</td></tr>
<tr><td>5.Item number</td><td>6.Marks and numbers of packages</td><td>7.Number and kind of packages；description of goods</td><td>8.Origin criterion（see notes overleaf）</td><td>9.Gross weight or other quantity</td><td>10.Number and date of invoices</td></tr>
<tr><td colspan="3">11.Certification
It is hereby certified，on the basis of control carried out，that the declaration by the exporter is correct.

……………………………………………
Place and date，signature and stamp of certifying authority</td><td colspan="3">12.Declaration by the exporter
The undersigned hereby declares that the above details and statements are correct；that all the goods were Produced in <u>CHINA</u>
（country）
and that they comply with the original requirements specified for those goods in the Generalized System of Preferences for goods exported to______________

（Importing country）

……………………………………………
Place and date，signature of authorized signatory</td></tr>
</table>

【小资料3-1】

最惠国待遇与普惠制待遇的区别

最惠国待遇，是WTO在货物贸易方面的优惠待遇，是指每一成员方对原产于或运往其他成员方的产品所给予的利益、优惠、特权和豁免，都应当立即无条件地给予原产于或运往所有其他成员方的相同产品；最惠国待遇是多向的。

普惠制待遇，是联合国贸易与发展会议方面的优惠待遇，是指工业发达国家对发展中国家或地区出口的制成品或半成品给予普遍的、非歧视的、非互惠的关税制度。它是单向的贸易优惠待遇。普惠制待遇与世贸组织非歧视基本原则下的“最惠国待遇”是两回事，两者不可混为一谈。

普惠制是20世纪60年代发展中国家为建立国际经济新秩序集体与发达国家斗争的成果。1968年联合国贸易与发展会议通过《建立普惠制的决议》，发达国家在这项决议中承诺对发展中国家和地区输入的商品，特别是制成品和半成品，给予普遍的、非歧视的、非互惠的优惠关税待遇，以便促进发展中国家的出口贸易，进而带动其经济增长。1971年7月，当时的欧洲经济共同体率先实施普惠制，后来美国、日本等发达国家相继跟进。1978年，普惠制正式诞生，随后中国累计获得40个国家给予的普惠制优惠（没有美国）。世界上享受普惠制关税的发展中国家和地区前后共计170多个，其中享受欧盟普惠制待遇的发展中国家和地区共计178个。普惠制在一定程度上改善了受惠国出口贸易的环境。发达国家给予发展中国家普惠制待遇的原因，除了发展中国家集体与发达国家长期抗争之外，部分是发达国家为了给自己的殖民历史“赎罪”，部分是发达国家为了巩固与发展中国家和地区的传统政治、经济关系，还有一部分是发达国家想将发展中国家纳入它们控制的国际贸易体系之中。

发达国家和地区给予发展中国家和地区的普惠制，固然有其救济发展中国家的人道主义一面，但没有责任损害本国产业去扶持他国产业。正是出于这种考虑，给惠国都对普惠制方案施加了一系列的限制条件和保护措施。

其限制条件主要有：受惠国和地区名单、受惠商品范围、受惠商品必须符合原产地标准。

其主要保护措施有：受惠国商品的出口量增加到对给惠国同类商品或有竞争关系的商品的生产者造成或即将造成严重损害时，给惠国有权完全取消或部分取消普惠关税待遇；给惠国预先规定受惠国商品的进口限额，对超过限额的部分征收最惠国税率；来自受惠国的某种进口商品如果超过规定的某一限额，就要取消下一年度该商品的关税优惠待遇，即所谓“产品毕业”；如果受惠国大多数产品在国际市场上都显示出较强竞争力，则取消该受惠国全部商品的受惠资格，即所谓“国家毕业”。

我国对40多个最不发达国家的进口商品给予零关税普惠制待遇。

【同步案例3-1】

欧盟等32个国家自2021年12月1日起将取消给予中国“普惠制”待遇

背景与情境：自2021年12月1日起，欧盟成员国、英国、加拿大、土耳其、乌克兰和列支敦士登等32个国家取消给予中国的“普惠制”待遇。目前，保留给中国“普惠制”待遇的国家只剩下挪威、新西兰和澳大利亚3国。

海关公署公告2021年第84号

（关于不再对输欧盟成员国、英国、加拿大、土耳其、乌克兰和列支敦士登等国家

货物签发普惠制原产地证书的公告）

根据《中华人民共和国普遍优惠制原产地证明书签证管理办法》，海关总署决定，自2021年12月1日起，对输往欧盟成员国、英国、加拿大、土耳其、乌克兰和列支敦士登等已不再给予中国普惠制关税优惠待遇国家的货物，海关不再签发普惠制原产地证书。

输往上述国家的货物发货人需要原产地证明文件的，可以申请领取非优惠原产地证书。

特此公告。

海关总署

2021年10月25日

问题： 欧盟等国关于普惠制的新规将给中方企业带来怎样的影响？

分析提示： 欧盟等32个国家自2021年12月1日起同时取消给予中国的“普惠制”待遇，耐人寻味。从正面的角度来看，可能因为中国的出口产品发展“成熟”了，“产品毕业”了，“国家毕业”了，不需要再给予“普惠制”待遇了，这是看得起中国，这是对中国经济发展成就和出口产品竞争力的认可。从负面的角度来看，这32个国家好像是商量好了似的，同时对中国采取行动，耐人寻味。这幕后可能有统一的操纵者，有遏制中国经济发展和商品出口的嫌疑。中国2020年GDP总量虽然位居世界第二，国际贸易总额位居世界第一，但是中国是一个拥有14.04亿人口的国家，人均GDP才只有10 484美元，低于世界人均GDP11 033美元的水平，位于世界第63名，仍然是一个名副其实的发展中国家。

既然“普惠制”待遇已经取消，中国企业应以平常的心态淡然处之，通过努力提高出口产品的国际竞争力予以应对。普惠制“毕业”对中国来说不是大问题，问题是进口国在取消对出口国的优惠待遇后，应按照国际贸易规则给中国出口创造公平竞争的环境，而不是相反。近年来的贸易问题政治化倾向有愈演愈烈之势，这种与贸易自由化背道而驰的做法，不能不令人忧虑。作为一个勤劳、智慧和自信的民族，现在我们最需要的不是额外的优惠，而是公平竞争的机会和环境。

【小资料3-2】

美国政府决定终止印度普惠制待遇

2018年3月，美国政府宣布对进口钢铝产品加征关税。由于印度是输美钢铝产品的主要国家之一，2018年6月，美国对印度钢铝产品分别征收25%和10%的关税。该决定使得印度钢铝产品的关税额增加了2.4亿美元。另外，从2019年6月5日起，美国政府决定终止印度普惠制待遇。受此影响，价值约56亿美元的2 900余种印度输美商品无法再享受美方此前提供的关税减免优惠。

但是印度也不示弱，并进行了反制，自2019年6月16日起，对29种美输印度产品征收额外关税，加征后的关税税率最高达120%，涉及美方大约2.2亿美元的商品。

资料来源 作者根据有关资料整理.

第三，特别关税。它是指任何国家或者地区对其进口的原产于某国的货物征收歧视性关税或者给予其他歧视性待遇的，该国的海关对原产于那些国家或者地区的进口货物，可以征收特别关税。征收特别关税的货物品种、税率和起征、停征时间，由该国政府决定，并公布施行。

【小资料3-3】

最惠国税率　协定税率　特惠税率　普通税率

原产于共同适用最惠国待遇条款的世界贸易组织成员的进口货物，原产于与我国签订含有相互给予最惠国待遇条款的双边贸易协定的国家或者地区的进口货物，以及原产于我国境内的进口货物，适用最惠国税率。

原产于与我国签订含有关税优惠条款的区域性贸易协定的国家或者地区的进口货物，适用协定税率。

原产于与我国签订含有特殊关税优惠条款的贸易协定的国家或者地区的进口货物，适用特惠税率。

原产于本条第一款、第二款和第三款所列以外国家或者地区的进口货物，以及原产地不明的进口货物，适用普通税率。

第四，进口附加税。它是指一些进口国家对进口商品除征收一般进口税之外，往往还为了某种目的再加征的进口税。进口附加税通常是一种限制进口的临时性措施。其主要目的是：应对国际收支危机，维持进出口平衡；防止外国商品低价倾销；对某个国家实行歧视或报复政策。进口附加税主要包括反补贴税、反倾销税和差价税。

反补贴税是指对进口商品在生产、制造、加工、买卖、运输及出口过程中直接或间接地接受任何形式的补贴或奖金所征收的一种进口附加税，不管给予的这种补贴或奖金是来自它们的政府，还是来自垄断组织或同业公会。反补贴税一般按补贴额或奖金的数额征收。征收这种税的目的在于提高进口商品的成本，抵销其所享受的贴补金额，迫使它提高价格，削弱其在进口国市场上进行低价竞争的能力。

反倾销税是对实行倾销的进口货物所征收的一种进口附加税。其目的是抵制外国商品倾销，保护本国产业和国内市场，或借“反倾销”调查的名义，故意拖延时间，阻止进口商品的合理贸易。倾销是指低于正常价格将商品输入另一国商业领域。正常价格是指供输出国消费的同种产品通常交易的可比价格；如果没有这样的价格，正常价格则是输出到第三国的同种产品通常交易的可能比较的最高价格；或者原产国产品的生产成本，加上适当的销售费用以及利润。反倾销是指某一产品以倾销方式使输入国的国内产业蒙受损失，输入国可以征收不超过倾销差额的反倾销税。倾销行为停止，反倾销税的征收也应停止。

【同步案例3-2】

中国商务部发布公告：对澳大利亚相关葡萄酒征收反倾销税

背景与情境：2021年3月26日，商务部发布2021年第6、7号公告，公布对原产于澳大利亚的相关葡萄酒反倾销和反补贴调查的最终裁定，裁定中认定的倾销幅度为116.2%～218.4%，补贴幅度为6.3%～6.4%。商务部同时决定自2021年3月28日起对原产于澳大利亚的相关葡萄酒征收反倾销税，各公司反倾销税税率为116.2%～218.4%，根据相关规定，为避免双重征税，决定不征收反补贴税。

应国内相关葡萄酒企业申请，商务部分别于2020年8月18日和2020年8月31日发布公告，决定对原产于澳大利亚的进口相关葡萄酒发起反倾销和反补贴调查。立案后，商务部严格按照中国相关法律、法规和世贸组织规则进行调查，并做出上述最终裁定。

问题：中国征收反倾销税的依据是什么？

分析提示：经过调查，裁定原产于澳大利亚的进口相关葡萄酒存在倾销和补贴，中国国内相关葡萄酒产业受到了实质损害，而且倾销和补贴与实质损害之间存在因果关系。

差价税是指当进口外国某种商品的价格低于本国生产的同种商品的价格时，海关在征收正常进口关税之外，又对进口商品加征的以国内外价格差额为限度的一种进口附加税。其目的是抵消进口商品在价格竞争方面的优势。差价税的征收数额为国内某种商品价格与国外同种商品价格的差额。差价税是一种滑动关税，因为它是随着某种商品国内外价格差额的变动而变动的。

（2）出口税（Export Duties）。它是出口国的海关对本国出口的商品所征收的一种关税。国家征收出口税的目的是：增加本国财政收入；限制本国短缺产品的出口，以满足国内市场的需求。如果是前一种目的，征收出口税就会增加商品的成本，提高本国商品在国外市场上的销售价格，降低这种商品的竞争力，不利于扩大出口。因此，现在很多发达国家除第二个目的之外，一般都不征收出口税。我国对本国出口商品的关税采取先征后退的办法。

（3）过境税（Transit Duties）。它是指一国对通过其关境的外国货物所征收的关税。现在大多数国家都不征收过境税，只征收少量的准许费、印花费、登记费和统计费等。这是因为过境货物对本国的生产和市场没有影响，所征的税率也很低，对财政收入的意义不是很大；如果征收过境税，将会减少外国货物经过本国的过境流量，从而影响本国交通事业的发展和交通运输方面的收入，得不偿失。

2）从量税、从价税、混合税和选择税

根据征收方法的不同，关税可分为从量税、从价税、混合税和选择税。

（1）从量税（Specific Duties）。它是以商品的计量单位为标准计征的关税。商品计量的依据主要有重量、数量、容量、长度、面积、体积等。从量税大部分是按商品的重量来征收的。商品的净重、毛重和法定重量都可以作为关税的计征重量。其计算公式为：

从量税额=商品计量总量×每单位从量税额 （3.1）

计征从量税，对一般性商品来说还是比较方便的。但随着商品种类、规格的日益繁杂，商品的分类也比较困难，这给计征从量税带来了不便。另外，在物价上涨时，税额不能随之增加，关税难以达到增加财政收入和保护贸易的目的。因此，现在大多数国家普遍采用从价税的方法计征关税。

（2）从价税（Ad Valorem Duties）。它是以进口商品的完税价格为标准计征的关税。完税价格是经海关审定的计征关税的货物价格，其税率为完税价格的百分率。其计算公式为：

从价税额=商品的完税价格总额×从价税率 （3.2）

从价税具有征收简单、税率明确、税负公平以及在商品价格上涨时既可增加财政收入又可起到贸易保护作用的优点。但计征从价税有一个较为复杂的问题，就是进口商品完税价格的确定。完税价格有正常价格和海关估价两种。正常价格是独立的买卖双方在自由竞争的条件下成交的价格。当发票价格与正常价格一致时，即以发票价格作为完税价格；若发票价格低于正常价格，则以海关估算的价格作为完税价格。海关估算的价格可以参照同类国家在同一时期内同类商品的出口价格，或者同类商品在国内的销售价减去有关税收和费用后的价格，也可以参照原产国以生产成本、合理的推销费用和利润为基础的估算价格。也有一些国家以到岸价（CIF）或离岸价（FOB）作为完税价格。我国以CIF作为完税价格。自2016年7月1日起，我国将资源税由原来的从量税改为从价税。

（3）混合税（Mixed/Compound Duties）。它是指对某种进口商品既征收从量税，也征收从价税。混合税分为两种：一种是以从量税为主加征从价税，另一种是以从价税为主加征从量税。混合税的计算公式为：

混合税额=从量税额+从价税额 (3.3)

（4）选择税。它是指对一种进口商品同时定有从价税和从量税两种税率，征税时选择其中税额较高的一种征收。但是，为了鼓励某种短缺商品的进口，有时也选择其中税额低的征收。

3.1.3 海关税则

海关税则（Customs Tariff）又称关税税则，是一国对进出口商品计征关税的规章和对进出口的应税与免税商品加以系统分类的一览表，是征收关税的依据。关税税则中有海关征收关税的规章条例及说明，也有海关的关税税率表。关税税率表主要包括税则号列、货物分类、货品名称、计算单位、税种、税目和税率等内容。海关税则的主要种类如下：

（1）单式税则和复式税则。关税税则根据税率有无区别，可分为单式税则和复式税则。

单式税则（Single Tariff）又称一栏税则，即一个税目只有一个税率，对来自任何国家的商品一律适用，没有差别对待与歧视待遇。在资本主义自由竞争时期，各国都实行单式税则。到了垄断资本主义时期，很多国家为了在关税上实行差别与歧视待遇，或争取关税上的互惠，都将单式税则改为复式税则。

复式税则（Complex Tariff）又称多栏税则，即在一个税目里有两个或两个以上的税率。对于来自不同国家的进口商品，可适用不同的税率，实行差别对待和歧视政策。复式税则是由发达资本主义国家率先制定的，后来许多发展中国家为了保护本国的权益，也跟着实行复式税则。

（2）自主税则和协定税则。关税税则依据制定者和权限的不同，可分为自主税则和协定税则。

自主税则（Autonomous Tariff）又称国定税则，是指一国有权自主单独地制定和变更的税则。该税则适用于没有签订关税贸易协定的国家。

协定税则（Conventional Tariff）是指一国与其他国家或地区通过贸易与关税谈判，以贸易条约或协定的方式确定关税税率。对于这种关税税率，一国是无权加以变更的。一般来说，协定税率要低于自主税率。协定税则适用于签订了关税贸易协定的国家。

利用高额关税壁垒将外国大量出口商品挡在国门之外的有效前提是，世界未发生经济危机或者出口国政府对出口商在经济上未给予支持。一旦世界发生了经济危机或出口国政府为占领国外市场，而在经济上不惜代价地给出口商以支持，那么关税壁垒的作用也就大大地减弱或者消失了。新的“矛”出现后，就必须要有新的“盾”来对付它，这个新的“盾”就是非关税壁垒。

【小资料3-4】

《中华人民共和国进出口税则（2021）》

根据《中华人民共和国进出口关税条例》（以下简称《进出口关税条例》）及相关

规定，国务院关税税则委员会印发公告，公布了《中华人民共和国进出口税则（2021）》（以下简称《税则（2021）》），自2021年1月1日起实施。

《中华人民共和国进出口税则》是《进出口关税条例》的组成部分，包括根据国家关税政策以及有关国际协定确定的进出口关税税目、税率及归类规则等，是海关计征关税的依据。《税则（2021）》中的进出口关税税目、最惠国税率、进口暂定税率、协定税率，在《税则（2020）》的基础上，根据《国务院关税税则委员会关于2021年关税调整方案的通知》（税委会〔2020〕33号）进行了调整。除《税则（2021）》中已公布的税目、税率外，法律、行政法规等对进出口关税税目、税率调整另有规定的，仍依照法律、行政法规等实行。

公布《税则（2021）》，有利于继续保持关税政策调整的规范化、透明化，为公众提供更多便利，也有利于持续优化营商环境，推进贸易高质量发展。

3.2 非关税措施

3.2.1 非关税壁垒限制商品进口的措施

非关税壁垒（Non-Tariff Barriers，NTBs）是指除关税以外的一切限制进口的措施。它可分为直接的和间接的两大类。

1）直接的非关税壁垒

直接的非关税壁垒是指进口国直接对进口商品的数量和金额加以限制或迫使出口国直接限制商品出口。它包括进口配额制、“自动”出口配额制、进口许可证制和外汇管制。

（1）**进口配额制**（Import Quotas System）。它又称进口限额制，是指一国政府在一定时期（如一个季度、半年或一年）内，对某些商品的进口数量或金额加以直接的限制。在规定的期限内，配额以内的货物可以进口，超过配额的不准进口，或者征收更高的关税或罚款后才准许进口。进口配额又包括绝对配额和关税配额两种。

其一，绝对配额（Absolute Quotas）。它是指在一定时期内，对某些商品的进口数量或金额规定一个最高数额，达到这个数额后，便不准再进口。这在实施中又分为全球配额和国别配额两种。

全球配额（Global/Unallocated Quotas），即属于全球范围的绝对配额，它对来自任何国家或地区的商品都适用。其做法是：当配额公布后，主管当局按进口商申请的先后顺序或过去某一时期的实际进口额批给一定的额度，直至总配额批完；超过总额的后来者的申请不予批准，超过总配额的不准进口。

【同步案例3-3】

我国稀土行业的变迁

背景与情境：稀土是元素周期表中的镧系元素和钪、钇共17种金属元素的总称，自然界中有250种稀土矿。稀土并非是稀有的，它在地壳中的储量约占地壳的0.016%（大致153克/吨），比常见的金属元素（如铜、铅、锌、锡）还要高。另外，其他元素的可开采蕴藏量大约只有几十年，最多上百年，而稀土则能够开采超过1 200年。但稀土元素的分布过于散乱，通常都是参差成矿，再加上各元素特性比较类似，因此挖掘、分离和剖析它们都不是件容易的事。矿物中稀土元素含量也较低，现今确实能够使用的稀土矿数量仍不多，在全球各国中的集散程度也不是非常协调，主要集中在中国、美国、澳大利亚、俄罗斯、巴西、加拿大和南非。近年来，全球稀土资源储量较为稳定，2020年全球稀土资源储量为12 000万吨，与2019年持平。

稀土是一种战略性资源，为军工以及电脑、手机、风力发电装置、电池等众多技术产品所必需。日本进口稀土是做战略储备，美国进口稀土是保护自己国家的稀土资源。中国是全球稀土市场上最重要的卖家，也是世界上唯一能够提供全部17种稀土金属的国家，特别是军用重稀土。2020年中国稀土资源储量为4 400万吨，与2019年持平，占全球稀土资源总储量的36.67%。2020年全球稀土产量达24万吨，较2019年增加了2万吨，同比增长9.09%。2020年中国稀土产量达14万吨，较2019年增加了0.8万吨，同比增长6.1%。从全球稀土产量区域分布来看，2020年我国稀土产量占全球的比重为58.33%。由此可见，不论从储量还是产量来看，中国在世界稀土市场上的地位举足轻重。

中国稀土的主要产业政策变迁，从出口退税到出口配额制，再到出口许可证管理制度，也与稀土的全球贸易链紧密相联。与此同时，稀土上中游产业规模的快速扩张，则给中国带来了包括环境在内的一系列问题。

我国从1988年开始实行稀土出口配额制，但由于出口管理不是很严格，导致我国大量开采和出口稀土，造成国际市场上稀土价格低廉，不足以体现我国稀土开采的环境成本。2010年国家决定提高稀土出口关税并实施严格的配额管理。中国稀土配额的情况是：2011年为30 184吨，2012年为30 996吨，2013年为30 999吨，2014年为30 160吨。从我国稀土出口结构来看，近年来，日本、欧盟和美国是我国稀土出口的主要国家和地区，出口数量占总出口的比重分别在34.1%、20.3%和34%左右。

我国2005年出台的稀土出口限制政策在2010年受到了全世界的关注，当时中国收紧配额，导致贸易商争先恐后地寻觅货源，此举也遭到日本、欧洲和美国稀土采购商的不满，并引发华盛顿和东京的战略关切。2014年，美国针对中国稀土出口配额在WTO发起的挑战获得胜诉。败诉后，我国面临取消稀土配额政策、下调关税、稀土出口闸门放开的情形，从而拉开了新一轮企业洗牌序幕。2015年伊始，根据商务部发布的《2015年出口许可证管理货物目录》，稀土和其他一些产品（钨和焦炭等）的配额被一套出口许可证制度代替。这标志着中国进入后配额时代，国家对稀土的调控和整合力度再次收紧，大幅调高资源税以遏制稀土大量出口，从而实现对战略资源的保护，同时也有利于减轻因在WTO败诉给我国稀土管理带来的负效应。

在过去的几十年里，中国一直是全球最大的稀土出口国。2019年，国内一共进口了4.1万吨的稀土化合物，再次成为全球进口稀土最多的国家。在中国从稀土出口第一到进出口第一的背后，是经济、行业、企业三者螺旋式的改革与升级。

资料来源　根据东方财富网、产业信息网新闻资料整理.

问题：如何看待取消配额制前后中国稀土行业的发展？

分析提示：从表面上看，中国不得不取消稀土出口配额，然而配额制为中国改造稀土产业争取了时间。在配额制下，中国一方面严厉打击非法采矿，一方面整合国内稀土产业，组建了六大国有稀土产业集团。出口配额制取消后，中国不再管制稀土出口，却以生态保护为由，对每年的稀土开采总量实行控制。中国稀土资源优先服务国内需要，也愿意满足世界各国对稀土资源的正当需求。

【小资料3-5】

美国高科技产品生产依赖中国稀土

中国稀土储量丰富，加工技术先进。稀土被美国誉为工业“维生素”，冶金、石化、光学、激光、显示面板、磁性材料等领域都离不开稀土。美国的战机、导弹、雷达、声呐、激光瞄准器等先进武器的生产都依赖稀土。美国国防系统对稀土的依赖程度巨大。美国80%的稀土需求都依赖从中国进口。其中，铋、锑、钪、重晶石等自中国进口的占比均超50%，“钪”更是100%要从中国进口。美国进口的稀土化合物和金属约80%来自中国。如果中国断供稀土，美国的高科技产业就会瘫痪而处于绝境。美国媒体认为，目前，中国稀土的加工产能是全球其他地区加起来的5倍，美国如要恢复重建国内稀土生产供应链，可能要等上几年甚至十几年，在时间上等不及了。关于稀土是否会成为中美经贸摩擦的反制手段，中华人民共和国国家发展和改革委员会新闻发言人指出：如果有谁企图利用中国稀土资源所制造的产品反过来遏制、打压中国的发展，我们坚决反对。

资料来源 作者根据有关资料整理.

全球配额由于不限定进口的国别和地区，因此，在配额公布后，在限额的分配和利用上难以贯彻国别政策，为避免或减少这些不足引起的矛盾，一些国家采用了国别配额。

国别配额（Country Quotas）是指在总配额内按国别或地区分配固定的配额，超过规定的配额不准进口。实行国别配额可以使进口国根据它与有关国家或地区的政治、经济关系给予不同的额度，从而贯彻国别政策。为了区分来自不同国家和地区的商品，进口商品时必须提交原产地证明书（见表3-2）。国别配额又分为自主配额和协议配额。

表3-2 **原产地证明书**

中国国际贸易促进委员会

China Council for the Promotion of International Trade

原产地证明书

CERTIFICATE OF ORIGIN

No.

日期： 年 月 日

Date:

兹证明下列货物的原产地为中华人民共和国

This is to certify that the origin of the under-mentioned goods

is the People's Republic of China

标记及号码 (Mark & No.)	品 名 (Commodity)	数 量 (Quantity)	重 量 (Weight)

※ The China Council for the Promotion of International Trade is China Chamber of International Commerce.

自主配额（Autonomous Quotas）又称单方面配额，是指由进口国完全自主地、单方面地强制规定在一定时期内从某个国家或地区进口某种商品的配额。自主配额由进口国自行制定，无须征求输出国家的同意。由于分配额度的差异，往往会引起某些出口国或地区的不满而招致报复。为缓解由此产生的矛盾，有些国家便采用协议配额。

协议配额（Agreement Quotas）又称双边配额，是由进口国与出口国的政府或民间团体之间协商确定的配额。由于这种配额是双方协商确定的，因此双方不会有大的矛盾，执行起来也就比较容易。协议配额如果是根据双方政府的协议订立的，一般需在进口商和出口商中进行分配；协议配额如果是双边的民间团体订立的，应事先获得政府的许可才能执行。

一般情况下，绝对配额用完后就不准进口。但有些国家为满足某种特殊的需要，也另行确定额外的特殊配额。

其二，关税配额（Tariff Quotas）。它是指进口国在对商品进口的绝对配额不加限制的前提下，在一定时期内，对配额以内的进口商品给予低税、减税或免税待遇，对超过配额的进口商品则征收较高关税或征收附加税或罚款的做法。

实行进口配额对不同发展水平的国家来说，所要达到的目的是不同的。发达国家通常将进口配额作为贸易歧视的手段，而发展中国家主要是为了限制非必需品以及与本国产品相竞争的产品的输入，以节省外汇开支，维护民族经济的多样化发展。

（2）“自动”出口配额制（Voluntary Export Quotas System）。它又称“自动”限制出口，是指出口国或地区在进口国的要求或压力下，或按照进出口国双方确定的协定额度，“自动”规定在某一时期内某些商品对该国的出口限制，在限定的配额内自行控制出口，超过配额即禁止出口。“自动”出口配额主要有非协定和协定两种具体形式。

非协定的“自动”出口配额是指不受国际协定的约束，出口国迫于进口国方面的压力，自行单方面规定限制商品出口的配额。这种配额有两种情况：一种是由政府有关机构规定配额，并予以公布，出口商必须向有关机构申请配额，领取出口授权书或出口许可证才能出口；另一种是由本国大的出口厂商或协会“自动”控制出口。

协定的“自动”出口配额是指进出口国双方通过谈判签订“自限协定”或“有秩序销售协定”，规定有效期内某些商品的出口配额。出口国应根据此配额实行出口许可证制或出口配额签证制，自行限制这些商品的出口；进口国则应根据海关统计资料进行检查。“自动”出口配额大多属于这一种。“自限协定”或“有秩序销售协定”规定的出口配额主要有总限额、组限额、个别限额和磋商限额。

总限额是指规定商品“自动”出口的总额；组限额是指将不同类别的商品分为若干组，分别规定不同的额数；个别限额是指将组内一些敏感性商品作为特别项目另行规定额数，以达到严格限制出口的目的；磋商限额是指对个别限额外的某些商品在原则上规定一定的额数，如出口超过该额数，双方按一定的程序进行磋商谋求解决。在出口国认可之前，进口国可单方面实行进口限制。

（3）**进口许可证制**（Import Licence System）。它是指进口国家规定进口外国商品必须事先向政府有关机构申领进口许可证才可进口，否则一律不准进口的制度。进口许可证（见表3-3）可分为以下几种：

表3-3

中华人民共和国进口许可证

IMPORT LICENCE OF THE PEOPLE'S REPUBLIC OF CHINA　　No.

<table>
<tr><td colspan="3">1.进口商：
Importer：</td><td colspan="3">3.进口许可证号：
Import licence no.：</td></tr>
<tr><td colspan="3">2.收货人：
Consignee：</td><td colspan="3">4.进口许可证有效期：
Import licence expiry date：</td></tr>
<tr><td colspan="3">5.贸易方式：
Terms of trade：</td><td colspan="3">8.出口国（地区）：
Country/Region of exportation：</td></tr>
<tr><td colspan="3">6.外汇来源：
Terms of foreign exchange：</td><td colspan="3">9.原产国（地区）：
Country/Region of origin：</td></tr>
<tr><td colspan="3">7.报关口岸：
Place of clearance：</td><td colspan="3">10.商品用途：
Use of goods：</td></tr>
<tr><td colspan="3">11.商品名称：
Description of goods：</td><td colspan="3">12.商品编码：
Code of goods：</td></tr>
<tr><td>13.规格、型号
Specification</td><td>14.单位
Unit</td><td>15.数量
Quantity</td><td>16.单价
Unit price</td><td>17.总值
Amount</td><td>18.总值折美元
Amount in USD</td></tr>
<tr><td></td><td></td><td></td><td></td><td></td><td></td></tr>
<tr><td></td><td></td><td></td><td></td><td></td><td></td></tr>
<tr><td></td><td></td><td></td><td></td><td></td><td></td></tr>
<tr><td></td><td></td><td></td><td></td><td></td><td></td></tr>
<tr><td>19.总计
Total</td><td></td><td></td><td></td><td></td><td></td></tr>
<tr><td colspan="3" rowspan="2">20.备注
Supplementary details</td><td colspan="3">21.发证机关签章
Issuing authority's stamp & signature</td></tr>
<tr><td colspan="3">22.发证日期
Licence date</td></tr>
</table>

第一，有定额的进口许可证和无定额的进口许可证。前者是指国家有关机构预先规定有关商品的进口配额，然后在配额限度内，根据进口商的申请针对每笔进口商品发给进口商一定数量的进口许可证。当进口配额用完后，就不再发放进口许可证。后者是指进口许可证不与进口配额相结合，国家有关机构根据进口商的申请，在个别考虑的基础上，决定针对某种商品的进口发放的进口许可证。

第二，公开一般许可证和特种进口许可证。前者是指凡列明属于公开一般许可证的商品，进口商只要填写公开一般许可证后，就可获准进口；它对进口国别或地区没有限制，这种许可证下的商品实际上是国家允许自由进口的商品。后者是指进口商必须向政府有关机构提出申请，经有关机构逐笔审查批准后才能进口；这种进口许可证多数都指定进口国别或地区。

(4) 外汇管制 (Foreign Exchange Control)。它是一国政府通过法令对外汇买卖加以限制的一种制度。在实行外汇管制的国家，出口商必须把出口所得的外汇收入按官方汇率卖给国家的外汇管理机构；进口商进口商品时，必须按官方汇价向外汇管理机构申请购买外汇，只有经外汇管理机构批准的进口商才能购买到批准额度的外汇。这样国家就可以通过确定的汇价集中外汇收入和控制外汇供应数量，限制商品进口的数量、种类和进口国别，达到管制进口的目的。外汇管制一般有以下三种方式：

第一，数量外汇管制。它是指国家外汇管理机构对外汇买卖的数量直接进行限制和分配。一些国家还规定，进口商必须获得进口许可证后，方可购买所需的外汇。

第二，成本外汇管制。它是指国家对外汇买卖实行复汇率制度，利用外汇买卖成本的差别来限制和鼓励某些商品的进口和出口。其主要原则是：对于国内需要而又供应不足或不生产的重要商品的进口，适用较为优惠的汇率；对于国内可大量供应和非重要的商品的进口，适用一般汇率；对于奢侈品和非必需品的进口，适用最不利的汇率；对于缺乏国际竞争力但又要扩大出口的某些商品，给予较为优惠的汇率；对于其他一般商品的出口，适用一般汇率。

第三，混合外汇管制。它是指同时采用数量和成本的方法对外汇实行更为严格的控制，以控制商品的进出口。

2) 间接的非关税壁垒

间接限制进口的非关税措施，是进口国为避免与出口国产生直接的矛盾而采取种种措施，以间接地达到限制商品进口目的的非关税做法。

(1) 歧视性的政府采购政策 (Discriminatory Government Procurement Policy)。它是指大多数发达国家制定法令，规定政府机构在采购时要优先购买本国产品，以限制外国商品进口的措施。美国、日本、英国等发达国家都有这方面的政策规定。

(2) 最低限价 (Minimum Price) 和禁止进口 (Prohibitive Import)。它是指一国政府对某种进口商品规定较高的最低价，如果进口商品的价格低于这个限价，则征收税额等于进口价格与最低限价之间的差额或禁止进口，从而达到限制进口的目的。

(3) 各种国内税 (Internal Taxes)。它是指对进口商品除征收进口关税外，还加征对国内产品征收的各种国内税，使有些进口商品的税率大大高于国内商品的税率，以此达到限制商品进口的目的。

(4) 进口押金制度 (Advanced Deposit)。它又称进口存款制，是指进口国规定，进口商在进口商品时，必须按进口金额的一定比率和在规定的时间内，在指定的银行无息存储一笔现金，以增加进口商的负担，达到限制商品进口目的的制度。如巴西政府对飞机进口商就曾经采用过这种措施。

(5) 海关估价 (Customs Valuation) 制度。它是指有些国家用海关的专断估价来提高进口商的关税负担，达到阻止商品进口的制度。如美国对煤焦油、胶底鞋类、毛手套、蛤肉罐头等进口商品就曾采用过这种措施。

(6) 技术标准 (Technical Standard)。它是指有些国家对进口商品制定极为严格、烦琐、苛刻的技术准入标准。只有符合技术标准的商品才准进口，否则就不准进口。如美国对进口儿童玩具就规定了严格的技术标准。

（7）卫生检疫规定（Health and Sanitary Regulation）。它是指进口国打着保证人民健康的旗号，制定十分复杂、严格且经常变化的检疫规定，使外国产品难以满足其要求，从而起到限制外国商品进口的作用。如日本对茶叶农药残留量规定不超过0.2%～0.5%。

【同步业务3-1】

撰写关于我国产品遭遇技术性贸易壁垒的案例分析报告。

业务分析：技术性贸易壁垒（Technical Barriers to Trade，TBT）是非关税贸易壁垒的一个重要组成部分。近年来，技术性贸易壁垒的通报总量迅猛增长，其范围涉及各个发达国家和发展中国家，以及农产品、石油化工产品和机电产品等各个行业领域，势力范围处于持续扩张之中。而中国作为出口贸易大国，近年来也频频招致外国多种限制措施，如针对打火机、玩具、纺织产品、木材纸张等的技术性贸易壁垒。

业务程序：收集我国产品遭遇技术性贸易壁垒的案例，包括事件的起因、影响、对策等，形成详细分析报告，并交流分享。

（8）商品包装和标签的规定（Packing and Labelling Regulation）。它是指一些发达国家对进口商品的包装和标签的内容加以严格的规定，不符合要求的要按规定重新改换包装和标签，以达到增加进口商品成本、阻止商品进口的目的。

【小资料3-6】

解读《中华人民共和国进出口食品安全管理办法》

《中华人民共和国进出口食品安全管理办法》（以下简称《办法》）经海关总署署务会议审议通过后于2021年4月12日公布，自2022年1月1日起实施。

近年来，中国进出口食品贸易持续高速增长，食品供应链全球化趋势日益显著，非传统食品安全问题逐步凸显，进出口食品安全客观形势对监管制度提出了新的要求。《办法》修订后，条文从64条增至79条。《办法》紧紧围绕进口食品安全全链条监管和出口食品安全全过程监管，通过“食品进口”和“食品出口”两个章节予以明确。

1.关于“食品进口”部分的说明

“食品进口”部分共29条，较原《办法》的17条有大幅增加。该部分根据修订后的《食品安全法》及其实施条例，结合近年来海关强化监管、优化服务的各项措施和监管实际，明确了进口食品安全的监管制度，就进口食品境外国家（地区）食品安全管理体系评估和审查的启动、内容、方式、终止和延期、通报结果等做出具体规定；对进口商建立境外出口商、境外生产企业审核制度提出要求；还对进口食品合格评定、进口食品指定口岸和指定监管场地、进口食品口岸现场查验、进口食品中文标签管理、进口食品不合格处置、进口食品风险控制措施等重要监管制度予以明确。

学习微平台

延伸阅读3-2

2.关于“食品出口”部分的说明

“食品出口”部分共19条，明确了对出口食品安全监管的各项措施；对出口食品企业推荐对外注册和境外通报核查等予以明确；根据近年来中国出口食品贸易不断增长、质量安全水平持续提升的实际，对出口食品生产企业卫生控制、出口食品生产企业监督检查、出口食品现场检查和监督抽检、出口食品风险预警控制措施等方面提出制度要求。

许多国家除了采用关税壁垒和非关税壁垒限制进口外，还采取各种鼓励出口的措施来扩大出口并占领国外市场。另外，出于政治、经济和军事方面的原因，一些国家对某些重要资源和战略物资实行单方面或多边的出口管制，限制或禁止其出口。

【同步案例3-4】

美国及西方盟友对俄罗斯的经济制裁

背景与情境：2014年3月16日，乌克兰的克里米亚民众以公投的方式决定脱乌入俄，但美国及其西方国家的盟友并不买账。随后它们便对俄罗斯采取取消签证、冻结资产、限制贸易、禁入资本市场、禁运武器、打压石油价格、逐出八国集团等措施进行制裁。美国国务院和商务部冻结了17家俄罗斯公司在美国的资产，还对其中的13家公司加以限制，吊销其销售美国产品的执照。另外，还取消任何有可能强化俄罗斯军力的高科技产品的出口许可，包括已经批准的出口许可。3月20日，当时的美国总统奥巴马签署总统行政令，授权美国财政部对俄罗斯的金融、能源、金属和矿业、国防工程等经济支柱产业及相关人员实行制裁。欧盟除禁止俄罗斯进入欧洲资本市场外，还对俄实行武器禁运，法国拒绝交付为俄罗斯已建造好的两艘西北风军舰。此外，日本和澳大利亚等国也加入了对俄制裁的行列。

2018年8月，美方因俄罗斯前特工在英国中毒事件而对俄实施新一轮的制裁。制裁生效后，美国将停止一切政府部门对俄的经济援助以及军售资助。美国对俄武器部件和防务服务出口、所有美国政府部门对俄的信贷和信贷担保，以及涉及美国国家安全的对俄敏感商品和技术出口也被禁止。不过，涉及美俄政府间太空合作、商业太空发射和民用固定翼飞机飞行安全的领域得到豁免，与在俄全资美企、商业终端用户等的交易也在豁免之列，美方将逐个发放相关的出口许可。美方认为，这些领域的豁免对美国的国家安全利益是必要的。俄罗斯的经济正在从过去几年的严重衰退中复苏，美国的制裁势必会对俄罗斯的经济产生影响。从美国的政策中传递出的信息就是，美国正在加强对俄罗斯的防范和戒备。

2021年8月20日，美国政府以俄罗斯反对派人士纳瓦利内事件和“北溪-2”天然气管道项目为由，宣布对俄罗斯多个实体和个人实施制裁。美国财政部当天在一份声明中宣布，在纳瓦利内被“下毒”事件一周年之际，对参与纳瓦利内事件和俄罗斯化学武器计划的俄9名个人和两个实体实施制裁，制裁对象多与俄联邦安全局有关。声明还表示，美国国务院宣布制裁的俄国防部两个科学实验室参与了俄化学武器能力研发活动。此外，美国国务院当天就“北溪-2”项目向美国会提交报告，认定涉及该项目的俄罗斯两个实体将受制裁，另将两艘船只列为将被冻结财产。美国政府于2021年3月称纳瓦利内2020年8月被俄方“下毒”，并以此为由宣布对俄实施一系列制裁措施。俄方坚决否认这一指控并对美方的制裁予以反制。美国长期以来反对“北溪-2”项目，称其为俄罗斯地缘战略项目，德国和俄罗斯则表示该项目为商业项目。俄政府称美方阻挠“北溪-2”项目意在挤占俄罗斯能源市场份额，企图向欧洲高价兜售更多的美国天然气。

资料来源　[1] 佚名. 美国：将停止一切对俄经济援助和军售资助 [EB/OL]. [2018-08-24]. https://baijiahao.baidu.com/s?id=1609723144338600070&wfr=spider&for=pc.有删减. [2] 佚名. 美国宣布就纳瓦利内事件和“北溪-2”项目对俄实施新制裁 [EB/OL]. [2021-08-21]. https://m.thepaper.cn/baijiahao_14149724.

问题：美国的制裁有何深意?

分析提示：美国政府的安全政策是以实力求和平，换言之，增强自身的实力，削弱对手的实力。在这样的政策指导下，美国不断拉大与其他国家包括俄罗斯在内的军事实力差距。

3.2.2 鼓励出口和出口管制的措施

1）鼓励出口的措施

（1）**出口信贷**（Export Credit）。它是一个国家的银行为了鼓励出口、增强出口商品的竞争力，为本国出口贸易提供的一种信贷便利。出口信贷根据贷款对象的不同，可分为卖方信贷和买方信贷。

其一，卖方信贷（Supplier's Credit）。它是指由出口国银行向出口厂商（卖方）提供的贷款，程序如图3-1所示。这种贷款合同由出口商与出口国银行签订。卖方信贷通常用于成套设备、船舶等大型商品的出口和大型工程项目。这些商品（工程项目）的买方一般都要求延期付款，出口信贷可起到不影响出口厂商的资金周转、满足买方延期付款的要求、提高出口商品竞争力的作用。这种贷款方式对出口商来说风险比较大。

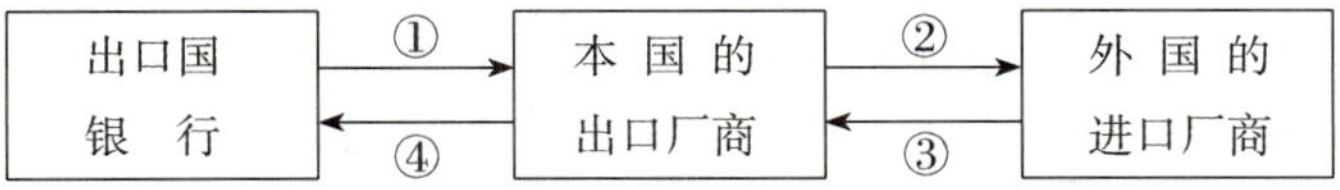

图3-1　卖方信贷的程序

图示说明：①贷款；②商品赊销；③到期付款；④还贷。

【同步案例3-5】

中国向俄罗斯提供的卖方信贷

背景与情境： 2016年6月25日，俄罗斯总统普京对中国进行国事访问，在访问期间，俄罗斯一国企与中国铁路总公司在中国国家主席习近平和俄罗斯总统普京的见证下签署了全面战略协议。双方将加快“莫斯科–北京”欧亚高速运输走廊项目的建设，并共同开发“莫斯科–喀山”高铁项目。中国同意为“莫斯科–喀山”高铁项目提供4 000亿卢布（约62亿美元）的贷款，无须俄方国家担保。俄罗斯国家铁路公司、中国铁路总公司、Sinara集团和中国中车股份有限公司签订协议，将在俄罗斯成立合资公司和工厂，制造至少100辆高速列车。

问题： 中俄合作的意义有哪些？

分析提示： 中俄关系的深化，一方面是中俄两个大国自身的理性选择；另一方面就是以美国为代表的霸权主义国家咄咄逼人，中俄承受了较大的压力，在很多事务上一致对外，就可以形成合力。

【小资料3-7】

中国进出口银行针对境外出口商提供进口卖方信贷支持

2019年10月30日，中国进出口银行公布了第二届进口博览会专项金融服务方案，首次将支持进口的服务对象延伸到对我国有出口业务的外商企业。据介绍，除了继续对境内进口商提供支持外，新方案中专门增加了针对境外出口商的进口卖方信贷支持，将支持进口的链条延伸到了境外企业。中国进出口银行客户服务管理部总经理戴世宏表示：那些为中国市场提供能源、资源、原材料、农产品等货物和服务出口的境外企业，无论是中资境外企业，还是境外当地企业，凡是符合规定的，都可获得融资支持。在融资产品上，符合条件的境外对华出口企业，可按照自身生产经营情况，向中国进出口银行申请长达10年期的固定资产贷款融资支持和1年期的流动资金贷款融资支持，融资币种也不受限制，但鼓励使用人民币进行双边结算。

资料来源 佚名. 中国进出口银行针对境外出口商提供进口卖方信贷支持［EB/OL］.［2019-10-31］. https://baijiahao.baidu.com/s?id=1648872537008209931&wfr=spider&for=pc.

其二，买方信贷（Buyer's Credit）。它是指由出口国银行直接向进口厂商（买方）或进口国银行提供的贷款，程序如图3-2、图3-3所示。这种贷款方式的附加约束条件是该项贷款必须用于购买债权国的商品，可以起到带动本国商品出口的作用。这种贷款方式对出口国银行来说风险比较大，因而便产生了出口信贷国家担保制。

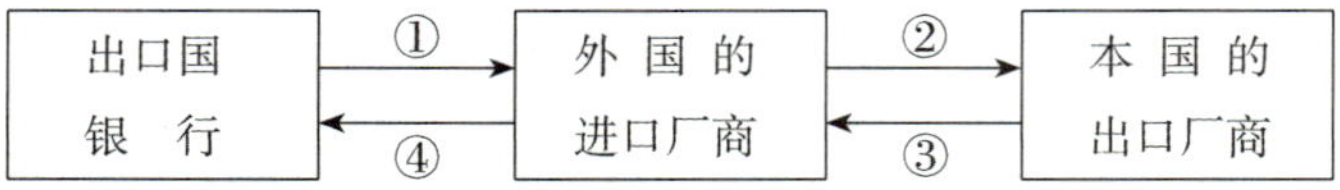

图3-2 向进口厂商提供的买方信贷程序

图示说明：①贷款；②付现金；③交货；④还贷。

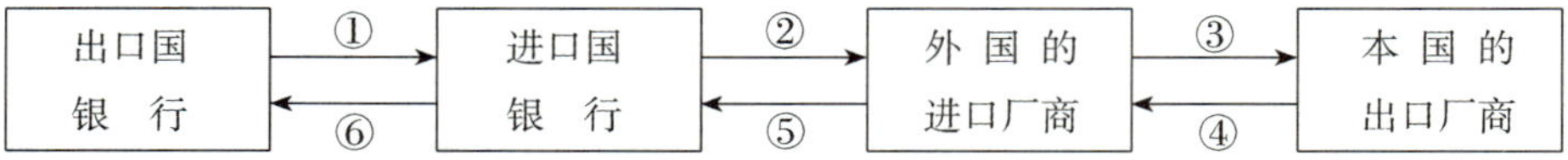

图3-3 向进口国银行提供的买方信贷程序

图示说明：①贷款（附加条件）；②贷款；③付现金；④交货；⑤还款；⑥还款。

（2）出口信贷国家担保制（Export Credit Guarantee System）。它是指国家为了扩大出口，当本国出口厂商向外国进口厂商赊销商品时，或出口国银行向进口国厂商或银行提供贷款时，为减少或避免可能产生的风险，使其放心大胆地开展对外业务，由国家设立的专门机构出面担保。当外国债务人拒绝偿付或无力偿付时，国家担保机构便按照担保的数额给予补偿。

（3）**出口贴补**（Export Subsidies）。它是指国家为了降低出口商品的价格、增强竞争力、扩大出口，对出口商给予直接的现金贴补或间接的财政税收和运费等方面的优惠待遇。

（4）**商品倾销**（Dumping）。它是出口商以低于国内市场的价格甚至低于商品生产成本的价格，在国外市场抛售商品，打击竞争者，达到占领国外市场目的的行为。一般来说，构成倾销必须具备三个条件：①出口商品以低于正常的价格向进口国销售；②销售的数量猛增，并达到不可忽略不计的程度；③销售的商品对进口国的相关产业造成实质性损害或威胁，或者对建立国内产业造成实质性阻碍，且这种损害或威胁与倾销之间存在着因果联系。

商品倾销可能会使出口商的利润暂时减少甚至亏本，但它们可以采取以下办法得到补偿：①在关税和非关税壁垒的保护下，维护该种商品在国内的高价，获得高额利润，以补偿出口亏损；②国家提供出口贴补以补偿出口商的倾销亏损；③通过倾销打垮外国竞争者、垄断市场后，再抬高价格，弥补倾销的损失。

（5）**外汇倾销**（Exchange Dumping）。它是指出口商利用本国货币的贬值，使出口商品以外国货币表示的价格降低和进口商品以本国货币表示的价格提高，增强本国商品的竞争力，借以扩大出口、抑制进口的特殊手段。外汇倾销要起到扩大出口的作用，必须具备两个条件：①本国货币贬值的幅度要大于国内物价上涨的幅度；②其他国家和地区不同时实行同等程度以上的货币贬值或采取其他一些报复性措施。

【同步思考3-1】

举一个例子说明外汇倾销对扩大出口和抑制进口的作用。

理解要点：假设在甲国货币A与乙国货币B正常汇率为1元A=10元B的情况下，乙国生产的某种商品在国内市场上单价为10元B，商品出口到甲国，在其市场上用甲国的货币A标价就为1元A（其他费用暂不考虑）。如乙国现在宣布货币B对外贬值为1元A=20元B，那么当这种商品在乙国市场上仍然标价为10元B时，在甲国市场上用货币A标价只有0.5元A，价格比原来降低了一半，这样就会扩大乙国该种商品对甲国的出口。同理，如果乙国从甲国进口某种商品，在正常汇率的情况下，甲国生产的某种商品在其国内单价为1元A，在乙国就为10元B；当乙国货币贬值后，这种商品在甲国的单价为1元A不变，在乙国的单价就为20元B，价格翻了一番，从而抑制乙国从甲国进口该种商品。

【课程思政3-1】

世界货币“霸主”——美元

背景与情境：美元既是主权货币，又是世界储备货币。世界各国为应对国际结算，一般都要储备一定量的美元。现在全世界美元储备约12万亿美元，中国外汇（主要是美元）储备3万多亿美元。当美国出现贸易逆差和财政赤字时，弥补缺额的最简单办法就是开足印钞机大量发行美元，故意让美元贬值、汇率降低，由储备美元的国家为美国埋单。

问题：美国为什么能通过美元贬值的方式造成他国的利益损失？美国利用美元贬值造成他国损失道德吗？

研判提示：美国利用美元既是主权货币又是世界储备货币的双重身份，一旦出现贸易逆差、财政赤字或金融危机，便大量发行美元，致使世界上储备美元的国家在利益上蒙受巨大损失。这是很不负责、很不道德的行为，缺乏正确的义利观。

（6）促进出口的组织措施。为了扩大出口，许多国家在组织方面采取以下措施：①成立专门的组织，研究和制定出口战略，扩大出口；②建立商业情报网，加强商业情报的服务工作；③组织贸易展览会；④建立贸易促进会，组织贸易代表团出访和接待来访；⑤组织对出口商品和厂家的评奖活动，提高它们的美誉度、知名度，树立良好的市场形象等。

（7）经济特区。建立经济特区是一些国家为了发展、繁荣本国经济和鼓励对外贸易而采取的一项重要措施。经济特区是一国在其国境内、关境外划出一定的范围，实行特殊的优惠政策，吸引外国企业从事贸易与出口加工业的特殊区域。其具体形式有自由港或自由贸易区、保税区、出口加工区、自由边境区、过境区等。

【同步案例3-6】

我国与有关国家签订自由贸易协定和在国内外建立自由贸易区

背景与情境：自由贸易协定（Free Trade Agreement）是两国或多国间具有法律约束力的契约，目的在于促进经济一体化。其目标之一是消除贸易壁垒，允许产品与服务在国家间自由流动。这里所指的贸易壁垒可能是关税，也可能是繁杂的规则等。

商务部相关负责人在2021年8月23日国新办举行的新闻发布会上表示，目前中国已签署19个自贸协定，涉及26个国家和地区。这19个自由贸易协定可以说是立足周边，辐射“一带一路”沿线，面向全球，既有周边国家，包括东盟的成员；也有“一带一路”沿线国家，如巴基斯坦、格鲁吉亚；还有世界上其他国家，如拉美的秘鲁、智利。这个自贸区网络既包括发达国家，像澳大利亚，也包括一些发展中国家，还形成了《区域全面经济伙伴关系协定》(RCEP)。另外，内地与香港、澳门签订了《关于建立更紧密经贸关系的安排》(CEPA)，大陆与台湾签订了《海峡两岸经济合作框架协议》(ECFA)。

自由贸易区（Free Trade Area）通常指两个以上的国家或地区通过签订自由贸易协定，相互取消绝大部分货物的关税和非关税壁垒，以及绝大多数服务部门的市场准入限制，开放投资，从而促进商品、服务和资本、技术、人员等生产要素的自由流动的一片区域。其目的是实现优势互补，促进共同发展。有时它也指一国国内一个或多个消除了关税和贸易配额，并且对经济的行政干预较小的区域。

我国对自由贸易区建设的布局在周边、“一带一路”沿线和全球三个层面做出了规划：一是加快构建周边自由贸易区，不断深化经贸关系，构建合作共赢的周边大市场。二是积极推进“一带一路”沿线自由贸易区建设。结合周边自由贸易区建设和推进国际产能合作，积极同“一带一路”沿线国家商建自由贸易区，形成“一带一路”倡议大市场，将“一带一路”倡议打造成畅通之路、商贸之路、开放之路。三是逐步形成全球自贸区网络，争取同大部分新兴经济体、发展中国家、主要区域经济集团和部分发达国家建立自由贸易区，构建“金砖国家”大市场、新兴经济体大市场和发展中国家大市场。

上海自贸区于2013年8月22日经正式批准设立，于同年9月29日上午10时正式挂牌。从2013年至2020年9月，从上海到海南，从东部沿海到西部内陆，我国已批准设立了21个自由贸易区，形成了开放新格局。

资料来源　作者根据相关资料整理.

问题：试分析自贸区建设对我国经济发展的影响。

分析提示：自贸区建设促进了我国进出口贸易的发展，推动了我国部分城市与世界接轨；有利于我国完善监管制度；有利于应对世界经济形势等。

2）出口管制方面的措施

出口管制是指一些国家从自身的政治、经济、军事、科技利益出发，对某些商品特别是战略物资和先进技术的出口实行限制和禁止的措施。

（1）出口管制的主要商品。出口管制是主要发达国家实行贸易歧视政策的重要手段。出口管制的商品主要有：①武器、飞机、军舰、先进电子计算机和其他战略物资及有关技术资料；②国内生产所需的原材料、半制成品和国内市场供应不足的某些商品；③高级别的历史文物、艺术品等。

（2）发达国家出口管制的形式。其主要包括：

其一，单方面的出口管制，即一国根据本国出口管制的政策和法案，设立专门的执行机构，对本国某些商品的出口进行审批和颁发许可证，实行出口管制。例如，美国在商务部设立外贸管制局，专门处理出口管制方面的具体事务。

其二，多边出口管制，即若干个国家的政府为达到共同的政治、经济、军事目的，通过一定的方式建立国际性的多边出口管制机构，商讨和编制多边出口管制货单、出口管制国别，规定出口管制的办法等，以此协调彼此出口管制的政策和措施。例如，从1949年11月成立至1994年4月解散的17国（美国、英国、法国、意大利、加拿大、比利时、卢森堡、荷兰、丹麦、葡萄牙、西班牙、挪威、德国、日本、希腊、土耳其和澳大利亚）巴黎统筹委员会就是一个国际性的多边出口管制机构。

综上所述，很多国家在对外贸易措施上都采取二元的价值标准：一方面，利用关税和非关税壁垒限制外国商品进口；另一方面，采取各种鼓励措施扩大出口。其结果必然是相互封锁、相互报复，从而阻碍正常的国际贸易和世界经济的发展。要破除壁垒、化解矛盾、促进国际贸易和世界经济的发展，各国之间就必须通过谈判签订贸易条约、协定和利用世界贸易组织来协调、规范各国的贸易行为。

【小资料3-8】

日韩在WTO展开正面交锋

自2019年7月4日起，日本开始强化三种半导体材料对韩国的出口管制，此次限制出口的材料包括高纯度氟化氢、光致抗蚀剂和氟聚酰亚胺，是智能手机、芯片等产业中的重要原材料，此举严重冲击了韩国企业。

在2019年7月4日召开的WTO理事会会议上，日本和韩国展开正面交锋。韩方认为，日方限制出口的举措无关国家安全，是对韩方在劳工征用赔偿诉讼问题上的报复，有违WTO的规定，因此要求日韩之间进行高层对话。对此，日方并未予以答复。

日方认为，韩国提出的问题是有关国家安全和出口管制的问题，不能作为世贸组织的议题。同时，日方还考虑把韩国排除出优惠待遇的“出口审查优待对象白名单”。韩国政府决定将日本清出“白名单”，自2019年9月起生效。双方在外交和民间方面不断升级对抗，日韩摩擦或将走向长期化。

资料来源　作者根据有关资料整理.

3.3　贸易条约与协定

3.3.1　贸易条约与协定中所适用的待遇条款

贸易条约与协定（Trade Treaties and Agreements）是指两个或两个以上的主权国家为确定彼此间经济贸易方面的权利与义务而缔结的书面协议。

贸易条约与协定按照缔约国的多少，可分为双边的和多边的两种。由两个主权国家缔结的贸易条约与协定，称为双边贸易条约与协定；由两个以上主权国家共同缔结的贸易条约与协定，称为多边贸易条约与协定。这些贸易条约与协定一般都反映缔约国对外贸易政策的要求，并为实现其对外贸易政策的目的而服务。

在贸易条约与协定中，通常适用的待遇条款有最惠国待遇条款、互惠条款和国民待遇条款。这方面的具体内容将在后面关于世界贸易组织的基本原则中加以详细介绍。

3.3.2　贸易条约与协定的种类

贸易条约与协定因内容的不同而有各种不同的名称。在国际贸易中，常见的贸易条约与协定有以下几种：

（1）通商航海条约（Treaty of Commerce and Navigation）。它是全面规定两国间经济、贸易关系的条约。其内容相当广泛，如关税的征收、海关手续、船舶航行与港口使用的规定、双方公民和企业组织在对方国家所享受的待遇、知识产权的保护、关于进口商品征收国内捐税的规定、关于铁路过境的规定、关于仲裁的规定等。通商航海条约是以国家或国家首脑的名义签订的，重要的综合性通商航海条约通常需经缔约国国内立法机构批准才能生效，条约的有效期一般比较长。

（2）贸易协定（Trade Agreement）。它是两国或几国之间调整彼此经济贸易关系的一种书面协议。贸易协定的主要内容包括：贸易额、双方出口货单、作价办法、使用的货币和支付方式、关税优惠、最惠国待遇和国民待遇等。贸易协定包括5年以上的长期贸易协定、1～3年的短期贸易协定和1年之内的年度贸易协定。它既可由主权国家的行政首脑签订，也可由国家其他政府机构签订。

（3）贸易协定书（Trade Protocol）。它是指缔约国就发展贸易关系中的某项具体问题所达成的书面协议。贸易协定书对已经签订的贸易条约或贸易协定起着说明、补充、修改或限制的作用，有的成为贸易条约或贸易协定的附件。贸易协定书一般经有关行政部门代表签署即可生效。

（4）支付协定（Payment Agreement）。它又称清算协定，是两国间关于贸易和其他方面的债权、债务结算办法的书面协议。支付协定的内容包括设立清算账户、规定清算机构、清算货币和汇率、清算的债权及债务的项目和范围、清算的过程及方法、双方债权及债务抵偿后差额的清算办法等。支付协定中差额的清算办法有三种，即超过摆动额清算法、定期差额清算法和协定结束后差额清算法。支付协定是在外汇管制条件下产生的双边协定。双边支付协定随着西方发达国家取消外汇管制、实行货币自由兑换而被多边支付协定所代替。但是那些实行外汇管制的发展中国家，仍需签订双边支付协定来确定它们之间的债权、债务结算办法。

（5）国际商品协定（International Commodity Agreement）。它是由某种商品的主要出口国和进口国就该种商品的进出口数量和价格等问题所缔结的政府间多边协议。国际商品协定的主要对象是发展中国家和地区所生产、出口的初级产品。其宗旨是防止或减缓初级产品的价格过分波动，保证供不应求的初级产品公平分配。目前，国际商品协定的经济条款主要有四种：

第一，缓冲存货的规定。缓冲存货是指缔约国提供的用来调节市场价格的实物和资金。其做法是由国际商品协定的执行机构将协定商品的价格规定为最高限价、中档价和最低限价。当市场价格涨到最高限价时，便抛出缓冲价格的实物，使价格回落到中档价；当价格跌到最低限价时，便运用调节资金购进商品，使价格回升到中档价，通过商品吞吐来平抑价格和供求，如1953年10月签订的国际锡协定和1995年2月签订的国际天然橡胶协定。

第二，出口限额的规定。这种条款一般规定一个基本的出口限额，每年再根据市场情况的变化对基本的出口限额进行适当的增减，来确定当年的出口限额，如1983年签订的国际咖啡协定。

第三，出口限额与缓冲存货相结合的规定。这种条款同时采用以上两种办法来控制市场和稳定价格，如1972年签订的国际可可协定。

第四，多边合同规定。这种条款要求进口缔约国购买一定数量的有关商品；出口缔约国在规定的价格幅度内，向各进口缔约国出售一定数量的有关商品。当进出口缔约国完成应进出口的数量后，可在任何市场以任何价格购买或出售任何数量的有关商品，如1949年签订的国际小麦协定。

3.4 《关税与贸易总协定》

3.4.1 《关税与贸易总协定》的产生

（1）得不偿失的关税战。1816年，美国在贸易保护理论的指导下，通过了第一个保护性关税法案，对进口棉花、羊毛制品和一些铁制品征收高达30%～40%的关税，并在1824年和1828年两度提高关税税率；1862—1864年又将关税平均税率从37%提高到47%；1890年10月通过的《麦金莱关税法》将进口关税税率全面提高到49%。1929年4月，国会议员斯摩特、霍利提出的关税法案又将进口关税税率平均提高到53%，涉及的商品有890种。此法案于1930年6月7日在全世界近1 000名经济学家和政要的抗议声中经胡佛总统签署成为法律，即《斯摩特-霍利关税法》。美国的高关税引起了当时欧洲大陆各国的抵制，其他国家也通过限制性关税对美国进行报复，停付对美国的战争欠款，引起激烈的关税战。

1929年的经济大危机加上《斯摩特-霍利关税法》的通过，使世界经济陷入严重的困境，各主要资本主义工业国工业生产总值急剧下降，其中美国缩减了55%、德国缩减了52.1%、法国缩减了36.2%、英国缩减了23.8%；企业纷纷破产，失业大军高达3 500万人。全世界贸易量下降70%，其中德国下降76%、美国下降70%、法国下降66%、英国下降40%。资本输出从1905年的10亿美元降为1930年的10万美元；货币方面，客户纷纷从银行提取存款，整个银行信贷体系濒于崩溃。

（2）《关税与贸易总协定》的产生过程。为了刺激国际贸易增长、维护世界经济的正常秩序，1933年罗斯福总统实行全新的贸易政策，认为美国必须与长期以来存在的经济民族主义以及经济独立主义决裂。罗斯福政府以“建设一个世界贸易的多边体系”为对外经济政策的基本目标。多边主义最基本的要素是非歧视原则和减少贸易壁垒。

1934年6月12日，经过艰苦努力，美国国会通过了《互惠贸易协定法》，第一次将关税制定权授予行政部门。该法规定美国与任何国家达成的关税减让结果均适用于其他贸易伙伴，即最惠国待遇。到1945年春，美国先后与古巴等32国签订了双边互惠贸易协定，在较大范围和程度上，推行具有自由化迹象的贸易政策。通过签订这些协定，美国进口关税降低了50%。各国关税水平在不同程度上也有所下降，促进了国际商品贸易的发展。

第二次世界大战后期，美国及其他国家的政治家及经济学家认为，20世纪30年代那种以邻为壑的贸易保护主义政策，不仅导致了经济灾难，也带来了国际性战争；国家间必须进行国际合作和政策协调，建立一个开放的贸易体系。美国信奉自由贸易的国务卿霍尔认为：自由贸易将会带来经济繁荣和国际和平。1941年，美英两国签署的《大西洋宪章》中写道：“希望达成各国在经济方面的充分合作，致力于促进所有国家，不论大小、战胜或战败，在同等条件下，都享受进行贸易或获取用以发展经济繁荣所需原料的途径。”

20世纪40年代，市场经济国家就国际经济管理达成共识：创建并维持一个相对自由的经济体系，并从金融、投资、贸易三个方面重建国际经济秩序。在金融方面，建立国际货币基金组织（IMF），重建国际货币制度，维持各国间汇率的稳定和国际收支的平衡；在国际投资方面，建立国际复兴开发银行（IBRD），即世界银行，处理长期国际投资问题；在贸易方面，拟议建立国际贸易组织（ITO），扭转贸易保护主义和歧视性贸易政策，促进国际贸易自由化。

1944年7月，美国、英国等44个国家在美国新罕布什尔州的布雷顿森林召开会议，讨论国际货币金融体系问题，建立了以稳定国际金融、间接促进世界贸易发展为目标的国际货币基金组织和国际复兴开发银行。按美国的设想，拟设立一个处理国际贸易与关税的专门组织，以铲除贸易限制和关税壁垒，促进贸易自由化。

1945年11月，美国提出了一个方案，即缔结一个制约和减少国际贸易限制的多边公约，以补充布雷顿森林会议。该方案被称为“扩大世界贸易与就业方案”。公约规定还将成立国际贸易组织，作为贸易领域中与国际货币基金组织、国际复兴开发银行相对应的组织。在该方案中，美国提出了建立新的国际贸易体系的一系列基本原则：削减关税、消除贸易壁垒、取消数量限制和外汇管制等；解散导致贸易歧视待遇的经济贸易集团；特别强调要在最惠国待遇和国民待遇的基础上建立多边自由化体系。

1946年2月，美国改变单纯依靠自己召开国际贸易与就业会议的做法，以上述方案为基础，正式拟订“国际贸易组织宪章草案”，并提请联合国经济及社会理事会第一次会议决议通过。随后，联合国经济及社会理事会设立了一个筹备委员会。

1946年10月，筹备委员会第一次会议在英国伦敦正式召开，审议了美国提交的“国际贸易组织宪章草案”。

1947年4—10月，筹委会的主要会议在日内瓦召开。日内瓦会议主要分为三部分：第一部分拟完成国际贸易组织宪章的起草工作；第二部分主要涉及在互惠基础上进行的多边关税减让协议谈判；第三部分集中讨论起草与关税义务相关的一般义务的条款。23个国家在双边谈判的基础上，签订了100多项双边关税减让协议，并把这些协议与联合国经济及社会理事会第二次筹备会通过的“国际贸易组织宪章草案”中有关商业政策的部分加以合并修改，取名为“关税与贸易总协定”。1947年10月30日，日内瓦会议结束，23个缔约国签订了《关税与贸易总协定》(General Agreement on Tariffs and Trade, GATT)。中国是该协定的创始缔约国之一。鉴于《关税与贸易总协定》生效之日尚不可知，会议期间，美国提议采取“临时”适用议定书形式，23个发起国于1947年年底签订了《关税与贸易总协定临时议定书》，承诺在今后的国际贸易中遵循关贸总协定的规定。1948年1月1日，《关税与贸易总协定》开始临时实施。

（3）拟建国际贸易组织夭折。《关税与贸易总协定》原来只是作为《国际贸易组织宪章》（以下简称《宪章》）实施之前的临时性条约，它以国际贸易组织的建立为存在的前提，旨在成为国际贸易组织的一部分而得以实施。1947年10月，56个国家的代表团抵达古巴首都哈瓦那召开联合国贸易和就业会议，本想讨论、修改《宪章》日内瓦草案并最终签署，但由于《宪章》涉及经济发展、国际投资、就业等国内外经济问题，缔结国际贸易新秩序的协议比缔结国际金融秩序的协议要困难得多。《宪章》体现了美国的意志，美国却无法将自己的计划强加于其他任何国家。会议经过4个多月的讨论，收到602份修正案，经所有参加者或多或少的让步，于1948年3月24日结束。53个国家(包括当时的“中华民国”政府）签署了使《宪章》生效的提案。

但是，由于当时由共和党占多数席位的第80届美国国会高举贸易保护主义的大旗，认为《宪章》在自由贸易的道路上走得太远，国会不予讨论和批准，致使《宪章》胎死腹中，拟建立国际贸易组织的动议也随之夭折。在这种情况下，于1948年1月1日开始临时适用的《关税与贸易总协定》就一直实施到1995年1月1日世界贸易组织成立，共存在47年。

3.4.2 《关税与贸易总协定》的宗旨与基本原则

（1）《关税与贸易总协定》的宗旨。其包括：各缔约国本着提高生活水平、保证充分就业、保障实际有效需求大量而稳定增长、充分利用世界资源、扩大商品生产和交换、促进经济发展的目的来处理其贸易和经济发展上的相互关系，彼此减让关税，取消其他贸易壁垒和消除贸易差别待遇。

（2）《关税与贸易总协定》的基本原则。它是对缔约国的贸易行为进行规范和约束的准则，主要有非歧视原则、互惠贸易原则、关税保护原则、禁止采用非关税措施限制数量原则、公平贸易原则、豁免和紧急行动原则、关税同盟和自由贸易区例外原则、磋商调解原则、对发展中国家的特殊优惠待遇原则、透明度原则等。这些基本原则对调整关贸总协定成员方之间的贸易关系起到了重要的作用，在世界贸易组织的文件中得到了继承和发展。

3.4.3 《关税与贸易总协定》八大回合谈判概况

自1948年1月1日临时实施至1995年1月1日世界贸易组织成立，在47年的历程中，《关税与贸易总协定》主持了8轮多边贸易谈判（也称八大回合谈判），硕果累累，其基本概况见表3-4。

表3-4　**《关税与贸易总协定》历次多边贸易谈判情况简表**

届次	谈判时间	谈判地点	参加国和地区数	谈判内容和议题	谈判主要成果
1	1947年4—10月	瑞士日内瓦	23	关税减让	达成45 000项商品的关税减让，使占资本主义国家进口值54%的商品平均降低关税35%，使协定临时生效
2	1949年4—10月	法国安纳西	33	关税减让	达成近5 000项商品的关税减让，使应征税进口值5.6%的商品平均降低关税35%
3	1950年10月至1951年4月	英国托奎	39	关税减让	达成近9 000项商品的关税减让，使占进口值11.7%的商品平均降低关税6%

续表

届次	谈判时间	谈判地点	参加国和地区数	谈判内容和议题	谈判主要成果
4	1956年1—5月	瑞士日内瓦	28	关税减让	达成近3 000项商品的关税减让，使占进口值16%的商品平均降低关税15%，相当于25亿美元的贸易额
5	1960年9月至1962年7月	瑞士日内瓦	45	关税减让	达成4 400项商品的关税减让，使占进口值20%的商品平均降低关税20%，相当于49亿美元的贸易额
6	1964年5月至1967年6月	瑞士日内瓦（肯尼迪回合）	54	关税统一减让	以关税统一减让的方式就影响世界贸易额约400亿美元的商品达成关税减让，使关税税率平均水平下降35%
7	1973年9月至1979年4月	瑞士日内瓦（东京回合、尼克松回合）	99	关税减让和消除非关税壁垒	以一揽子关税减让方式就影响世界贸易额约3 000亿美元的商品达成关税减让与约束，使关税水平下降35%；9个发达国家工业制成品关税税率降至4.7%；达成多项非关税壁垒协议和守则；通过了给予发展中国家优惠待遇的“授权条款”
8	1986年9月至1993年12月	瑞士日内瓦（乌拉圭回合）	117	（1）关税减让；（2）非关税壁垒；（3）总协定规章；（4）与贸易有关的投资和知识产权问题；（5）服务贸易	达成45个内容广泛的协议，减税商品涉及贸易额高达1.2万亿美元；减税幅度近40%，近20个产品部门实行了零关税；发达国家平均税率由6.4%降为4%；农产品非关税措施全部关税化，纺织品的歧视配额限制在10年内取消，服务贸易制定了自由化原则，建立了世界贸易组织取代关贸总协定

3.4.4 《关税与贸易总协定》的作用与局限性

1）关贸总协定的积极作用

关贸总协定从1948年1月1日临时实施至1995年1月1日，其内容和活动涉及的领域不断扩大，缔约方队伍越来越大，对国际贸易的影响日益显著。其积极作用主要表现在：

（1）促进了国际贸易自由化和国际贸易的快速发展。在近50年的时间里，在关贸总协定的主持下，经过八大回合的多边贸易谈判，各缔约方的关税均有了较大幅度的降低。发达国家加权平均关税税率从1947年的35%下降至1995年的4%左右，发展中国家的平均关税税率也降至12%左右，针对逐步取消非关税措施也达成了协议。这对促进贸易自由化和国际贸易的快速发展做出了积极的贡献。国际贸易规模从1950年的607

亿美元增加至1995年的43 700亿美元。世界贸易的增长速度超过了世界生产总值的增长速度。

（2）关贸总协定缔约方之间的国际贸易有了规则。关贸总协定的基本原则及谈判达成的一系列协议，形成了一套有关国际贸易政策与措施的规章制度、法律准则，这些成为各缔约方处理彼此间权利与义务关系的基本依据，并具有一定的约束力，从而使缔约方之间的国际贸易有了规则。

（3）缓和了贸易摩擦和纠纷。关贸总协定及其一系列协议是各缔约方之间谈判后相互妥协的产物，协议执行过程中产生的贸易纠纷通过协商、调解、仲裁等方式解决，这对缓解或平息各缔约方之间的贸易矛盾起到了一定的积极作用。

（4）缔约方之间增强了贸易透明度。关贸总协定要求缔约方公布其有关贸易政策、法规，使缔约方之间相互了解彼此的经贸状况，有利于各国政府制定相关的贸易政策，也有利于生产企业具体安排生产；通过关贸总协定定期汇总的世界各国、各地区贸易统计资料，可更多、更准确地了解世界贸易状况。

（5）扩大了贸易领域。“乌拉圭回合”谈判已将服务贸易、知识产权、与贸易有关的投资列入谈判议题，这意味着把原来单一的国际货物贸易扩展到了服务贸易、知识产权贸易和与贸易有关的投资这些更宽广的领域。

（6）发展中国家有了说话的场所。关贸总协定中的条款最初是按照发达国家的意愿拟定的，总的来说对发达国家更为有利。但随着发展中国家加入关贸总协定后力量的增强，其在谈判中迫使发达国家做出了一定让步，也增加了一些有利于发展中国家的条款。所以，关贸总协定为发达国家、发展中国家在贸易上提供了对话的场所，并对发展中国家维护自身利益和促进其对外贸易发展起到了一定的作用。

2）关贸总协定的局限性

关贸总协定由于未经各成员方立法机构批准，又没有自己的组织基础，仅是一个由各缔约方政府签署的临时生效的行政性协议，因此，在其实施过程中必然存在很大的局限性。其具体体现在以下方面：

（1）国内立法可以不受关贸总协定的制约。关贸总协定各缔约方同意临时承担其法律义务，并且同意“在不违背国内现行立法的最大限度内临时适用总协定第二部分”，即关于国民待遇、取消数量限制等规定。这使一些国家以此为由在贸易立法或政策制定中时常偏离关贸总协定的基本义务，削弱了关贸总协定的权威性。

（2）关贸总协定的争端解决机制是调而不决。关贸总协定的争端解决机制在做出决策时要求所有缔约方“完全协商一致”，即只要有一个缔约方不同意争端解决专家小组的仲裁结果，则该争端解决专家小组的报告就不能通过。这使关贸总协定很难在公正、客观的基础上按照本身的规则裁决缔约方之间的贸易争端，甚至还存在被某些贸易大国操纵争端解决结果的可能性。

（3）关贸总协定是一个软法律文件。它是各缔约方在经济贸易利益关系调整过程中妥协的产物，是由一些“原则”和一系列“例外”所组成的。这种先天不足使各缔约方在援引例外条款时的“越轨行为”难以受到约束。

（4）关贸总协定管辖的范围有限。关贸总协定仅管辖货物贸易，农产品和纺织品、服装还不受关贸总协定的约束。至于服务贸易、技术贸易以及与贸易有关的资本投资，都不在关贸总协定的管辖范围之内，这不符合第三产业和知识经济发展的要求。

总之，随着经济全球化和国际贸易的发展及范围的扩大，关贸总协定的约束力已不适应世界新的经济形势的变化了，它必然被约束力更强、适应范围更广的世界贸易组织所代替。

3.5 世界贸易组织

3.5.1 世界贸易组织的概念

世界贸易组织（World Trade Organization，WTO）是当今世界上唯一处理成员方之间贸易规则的具有法人资格的国际组织，也是当今世界多边贸易体制的法律基础和组织基础。作为多边贸易体制的法律基础，其核心是世界贸易组织协议。这些协议是成员方通过多边谈判签署的，其规定了成员的权利和义务，约束各成员将其贸易政策限制在议定的范围之内。作为多边贸易体制的组织基础，它与关贸总协定所不同的是建立了具有法人地位的世界贸易组织机构，并有权在其管辖的范围内行使自己的职能，按照既定的组织程序，通过组织集体辩论、谈判和裁判，解决贸易争端，促进国际贸易规范、有序地发展。

3.5.2 世界贸易组织成立的历史背景

世界贸易组织协议的达成是关贸总协定第八回合乌拉圭多边贸易谈判的一项重大意外成果。在1986年9月乌拉圭回合启动时，15项谈判议题中并没有关于建立世界贸易组织的议题，只是设立了一个关于修改和完善关贸总协定体制职能的谈判小组。但是，由于乌拉圭回合谈判不仅包括了传统的货物贸易问题，而且涉及知识产权保护和服务贸易以及环境等新议题，这样关贸总协定之后怎样有效地贯彻执行乌拉圭回合达成的各项协议就自然而然地提到了多边贸易谈判的议事日程上。考虑到关贸总协定仅是一项无组织的以协调货物贸易为主要职责的临时协定，已不能适应新的国际贸易形势，各缔约方普遍认为有必要在关贸总协定的基础上建立一个正式的国际贸易组织，来协调、监督、执行乌拉圭回合的成果。

1990年年初，时任欧共体轮值主席国的意大利，首先提出了建立多边贸易组织的倡议；同年7月，欧共体把这一倡议以12个成员方的名义向乌拉圭回合体制职能谈判小组正式提出来，随后得到了加拿大、美国的支持。迫于西方大国的动议和支持，1990年12月，乌拉圭回合布鲁塞尔部长会议正式做出决定，责成体制职能谈判小组负责“多边贸易组织协议”的谈判。体制职能谈判小组经过一年的紧张谈判，于1991年12月形成了一份“关于建立多边贸易组织协议”的草案。后经过两年的修改、完善和讨价还价，最终于1993年11月达成了多边贸易组织协议，并根据美国的动议，把多边贸易组织改名为“世界贸易组织”。世界贸易组织协议于1994年4月15日在马拉喀什部长会议上获得通过，与其各附件协议和部长宣言及决定共同构成了乌拉圭回合多边贸易谈判的一揽子成果，并采取“单一整体”义务和无保留例外接受的形式，被104个参加方的政府代表所签署。自1995年1月1日起，世界贸易组织正式生效运转。1995年1月31日，世界贸易组织举行成立大会，取代关贸总协定成为世界多边贸易体制运转的基础和法律载体。为顺利过渡，关贸总协定与世界贸易组织在1995年共存一年。世界贸易组织总部设在瑞士的日内瓦。

3.5.3 世界贸易组织的目标和实现途径

世界贸易组织（以下简称“世贸组织”）在《关于建立世界贸易组织的协定》（以下简称《协定》）的前言中对其目标作了以下阐述：“本协定缔约方认识到在发展贸易和经济关系时，应当是为了提高生活水平、保证充分就业和大幅度稳步提高实际收入与有效需求、扩大商品和服务的生产和贸易；同时，考虑根据持续发展的目标而扩大对世界资源的充分利用，寻求既保护和维持环境又以符合不同经济发展水平的各自需要和利益的方式加强这样的措施，进而认识到有必要做出积极的努力，以确保发展中国家尤其是最不发达国家能获得与其国际贸易额增长需要相适应的经济发展。为对以上目标做出贡献，有必要根据互惠和互利的安排，切实减少关税和其他贸易壁垒，并在国际贸易关系上消除歧视待遇。”

3.5.4 世贸组织的管辖范围

世贸组织的管辖范围包括：①有关货物贸易的多边协议，具体包括《1994年关税与贸易总协定》《农业协议》《实施动植物卫生检疫措施的协议》《纺织品与服装协议》《技术性贸易壁垒协议》《与贸易有关的投资措施协议》《装船前检验协议》《原产地规则协议》《进口许可程序协议》《补贴与反补贴协议》《保障措施协议》；②《服务贸易总协定》及附件；③《与贸易有关的知识产权协定》；④《关于争端解决规则与程序的谅解》；⑤若干单项贸易协议，主要有《政府采购协议》《民用航空器贸易协议》等；⑥贸易政策审议机制，即负责审议各成员方的贸易政策、法规是否与世贸组织相关的协议、条款规定的权利、义务相一致。

3.5.5 世贸组织的职能

世贸组织的职能主要有：

（1）为《协定》和若干单项协议的执行、管理、运作和进一步实现目标提供方便，并为若干单项协议的执行、管理和运作提供共同机构的框架。

（2）为《协定》及其附件中有关各成员方的多边贸易关系谈判提供场所，并在部长会议决定下为谈判结果的执行提供共同机构的框架。

（3）对《协定》有关争端处理的规则、程序、谅解进行管理。

（4）对贸易政策评审机构进行管理。

（5）为了在全球性的经济决策方面形成较大的凝聚力，世贸组织应与国际货币基金组织、国际复兴开发银行及其附属机构进行适当的合作。

3.5.6 世贸组织的机构及职能

世贸组织的机构及职能主要有：

（1）部长会议。它是世贸组织的最高权力机构，由所有成员方主管外经贸的部长、副部长级官员或其全权代表组成，至少每两年举行一次。部长会议具有以下主要权力：①立法权。只有部长会议才有权对相关协定、协议做出修改和权威性解释。②准司法权。对成员方之间所发生的争端或其贸易政策是否与世贸组织相一致等问题做出裁决。③豁免某个成员在特定情况下的义务。④批准非世贸组织成员方所提出的取得世贸组织观察员资格的申请。

（2）总理事会。它由所有成员方代表组成，在部长会议休会期间代行部长会议职能。总理事会自行拟定议事规则及议程，视情况需要随时召开会议，以履行其解决贸易争端和审议各成员方贸易政策的职责。

总理事会下设三个分理事会：①货物贸易理事会，负责《1994年关税与贸易总协定》及其他货物贸易协议的有关事宜；②服务贸易理事会，监督执行《服务贸易总协定》及分部门协议的有关事宜；③知识产权理事会，监督执行《与贸易有关的知识产权协定》。这三个分理事会可视情况自行拟定议事规则，经总理事会批准执行。所有成员方均可参加各理事会。

（3）各专门委员会。部长会议下设专门委员会，以处理特定的贸易及其他有关事宜。现已设立10多个专门委员会。

（4）秘书处与总干事。世贸组织秘书处设在瑞士日内瓦，大约有500人，由一位总干事领导。

总干事由部长会议选定，并明确其权力、职责、服务条件及任期规则。世贸组织总干事主要以下列身份参与世贸组织活动：①捍卫者。他可以最大限度地向各成员方施加影响，要求它们遵守世贸组织规则。②引导人。他要考虑和预见世贸组织的最佳发展方针。③调停人。他要帮助各成员方解决彼此之间所发生的争端。④管理者。其负责秘书处工作、管理预算和所有与成员方有关的行政事务。⑤主持人。他要主持协商和非正式谈判，以避免争议。

【小资料3-9】

WTO上诉机构因美国对法官纳新补选的否决而停摆

2019年12月11日，WTO上诉机构因大法官人数不足3人，美国对大法官纳新补选的否决而停摆。这是WTO成立25年以来首次停摆，也是WTO有史以来遭遇的一次严重危机。

WTO的正常运行和发挥作用，主要依赖于以下三大机制：

谈判机制——建立与国际贸易相关的多边规则；

审议机制——监督WTO各成员对规则的常规性遵守；

争端解决机制——解决WTO成员之间发生的贸易争端。

这三个机制必须有机统一，缺一不可，这样才能保证WTO正常运行和发挥作用。

在国际贸易中，当WTO成员之间发生贸易争端后，如果想在WTO框架内解决，争端某方需要向争端解决机构（DSB）提出起诉。起诉之后，如果当事方通过磋商或专家组裁决都不能解决争端，则可以上诉至上诉机构。上诉机构是WTO的“最高法院”，是贸易争端解决的终极判决者，一旦其裁决报告获得争端解决机构通过，则WTO成员需要无条件服从。

上诉机构在正常的情况下应由7名大法官组成，每一起案件需要由3名大法官审理。但从2018年1月起，WTO上诉机构仅剩下3名大法官，理应进行大法官纳新补选。根据规定，WTO上诉机构若要任命新法官，需要得到全体WTO成员的同意，每个成员都有一票否决权。原美国特朗普政府从美国利益角度出发而不同意补选，并行使一票否决权，致使大法官补选受阻。到了2019年12月10日，仅剩下的3名大法官中又有两名任期届满，现只剩下1名大法官了，致使WTO上诉机构无法运行而被迫停摆。

资料来源 作者根据有关资料整理.

3.5.7 世贸组织的基本原则

1）贸易自由化原则

贸易自由化就是各成员方通过多边贸易谈判，降低和约束关税，取消其他贸易壁垒，消除国际贸易中的歧视待遇，提高本国市场准入度，以展开竞争，鼓励发展，提高经营管理水平，促进世界性的分工和贸易发展，扩大市场，使消费者获得物美价廉的商品和服务。

由于世贸组织各成员方经济发展的不平衡性，因此，贸易自由化不是绝对的，而是个渐进的过程，并允许发展中国家成员方贸易自由化进程慢于发达国家成员方、贸易自由化程度低于发达国家成员方。

2）非歧视待遇原则

非歧视待遇又称无差别待遇，要求成员方在实施某种优惠和限制措施时，不要对成员对方实施歧视待遇。在世贸组织中，非歧视待遇原则由最惠国待遇、互惠待遇和国民待遇体现出来。

（1）**最惠国待遇**。它*是指成员一方现在或将来给予任何第三国在贸易上的特权、优惠和豁免，也同样给予成员对方。*

世贸组织在货物贸易方面的最惠国待遇，是指每一成员方对原产于或运往其他成员方的产品所给予的利益、优惠、特权或豁免，都应当立即无条件地给予原产于或运往所有其他成员方的相同产品。货物贸易最惠国待遇原则主要针对进口关税、进出口各种费用、征收税费的方法、与进出口相关的所有法规及手续、国内税或其他国内费用的征收和任何影响产品在国内销售、购买、提供、运输、分销等方面的法律、规章及要求等。

世贸组织在服务贸易方面的最惠国待遇，是指每一成员方给予任何其他成员方的服务或服务提供者的待遇，应当立即无条件地以不低于前述待遇给予其他任何成员方相同的服务或服务提供者。鉴于服务贸易发展水平相差较大，《服务贸易总协定》允许少数成员方在2005年以前存在与最惠国待遇不符的措施，但要将这些措施列入一个例外清单中，在2005年之后取消。在那之后，最惠国待遇原则应无条件地、永久地在所有成员方间实施。

对于世贸组织在与贸易有关的知识产权方面的最惠国待遇，《与贸易有关的知识产权协定》规定：在知识产权保护方面，某一成员方提供给其他成员方国民的任何利益、优惠、特权或豁免，均应立即无条件地给予全体世贸组织其他成员方的国民。但可以有以下例外：①由一般性的司法协助及法律实施的国际协定或协议引申出的，并且不是专门为知识产权制定的有关政策措施；②按《保护文学和艺术作品伯尔尼公约》1971年文本或《罗马公约》规定的互惠待遇提供的待遇；③知识产权协定没有规定的表演者权、录音制品制作者权及广播组织权方面；④在世贸组织成立前已经生效的有关知识产权保护的国际协议中规定的，且已将这些协议通知了世贸组织，只要这些协议对其他成员方的国民不构成随意或不公平的歧视即可。

（2）互惠待遇（又称互惠互利）。如果只是双边协定，那么它是一种差别待遇。在世贸组织中，互惠待遇实际上具有最惠国待遇多边协定的特点，即成员双方彼此给予的互惠待遇，其他成员方同样可享受。但少数单项协议例外，如《政府采购协议》《民用航空器贸易协议》等。

（3）**国民待遇**。它是指一缔约方的公民、企业和船舶到另一缔约方后，在销售、购买、运输、分配所适用的法令、法规和条例等方面，享受与该国公民、企业和船舶同等的待遇。国民待遇专指外国成员方的自然人、法人、商船在民商事方面而非政治方面的待遇。世贸组织的国民待遇原则寓于《1994年关税与贸易总协定》《服务贸易总协定》《与贸易有关的知识产权协定》《与贸易有关的投资措施协议》及其他协议的相关条款中。

【小资料3-10】

实行国民待遇和对等原则

世贸组织规则中有很多基本原则，其中国民待遇和对等原则是很重要的两条。我国《最高人民法院关于审理国际贸易行政案件若干问题的规定》中就引入了这两条原则。

这个司法解释的第十条规定："外国人、无国籍人、外国组织在中华人民共和国进行国际贸易行政诉讼，同中华人民共和国公民、组织有同等的诉讼权利和义务，但有《行政诉讼法》第七十一条第二款规定的情形的，适用对等原则。"《行政诉讼法》第七十一条（2017年最新的《行政诉讼法》第九十九条）第二款规定的内容是外国法院对我国公司和组织的行政诉讼权利加以限制的，我国人民法院对他国公司、组织的诉讼权利，实行对等原则。

3）关税保护和一般取消数量限制原则

1947年关贸总协定和世贸组织均承认以合理关税保护国内市场是合法的。因为关税主要影响价格，透明度高，谈判比较容易，而且比较容易执行非歧视原则，有利于市场经济的发展。

1947年关贸总协定和世贸组织坚持一般取消数量限制原则。因为在非关税贸易壁垒中，数量限制最为普遍、缺乏透明度、误导企业、滞缓贸易自由化的进程，因而对国际贸易发展的危害性很大。

4）稳定贸易原则

为使国际贸易或世界市场具有可预见性并稳定发展，1947年关贸总协定和世贸组织采取了以下办法：

（1）通过关税减让约束成员方的关税。已约束的税率3年内不准提升；3年后如果提升，要同当初进行对等关税减让的成员方协商，取得其同意，并且要用其他产品相当水平的关税减让来补偿提升关税给对方所造成的损失，保持平均关税水平不变。

（2）通过承诺义务，开放服务市场，稳定服务贸易发展。各成员方通过谈判，逐一按不同的服务部门做出承诺，并就各自承担义务的计划安排、实施框架、生效日期做出说明，使之有序发展和自由化。

（3）对非关税壁垒采取约束和减少的措施，减轻其对国际贸易发展的消极作用。

5）公平竞争原则

公平竞争是指在市场经济条件下，生产者根据市场供求价格开展国际商务活动。如以低于此价格出口，使他国同类产品的生产厂商受到伤害，或人为地限制进口，对知识产权不加以保护等统称为不公平竞争。1947年关贸总协定和世贸组织为促进公平竞争而采取的措施有：

（1）反倾销、反出口补贴。进口成员方如发现进口产品存在倾销、被禁止的补贴和可诉补贴的现象，经查证落实并裁决后，可以征收反倾销税、反补贴税。但税额不得高于倾销和补贴的额度。

（2）纺织品、服装和农产品贸易“回归”到多边自由贸易体制中来。

（3）加强对知识产权的保护。其基于法律赋予发明创造者对自身成果所享有的专有权利。

（4）规范政府的采购行为，扩大公平竞争的机会。各国政府优先和以优惠的价格购买本国产品，会对他国构成不公平贸易。

6）透明度原则

（1）透明度的内容。其包括海关的有关规定、各成员方政府机构之间缔结的影响国际贸易政策的条约的相关规定等。

（2）保持透明度的措施。其包括：①不公布的贸易政策不得实施；②各成员方维持或尽快建立司法、仲裁的法庭或程序；③确定各成员方已有的调查程序，但要向成员方全体提供该程序的详细资料。

（3）设立贸易政策审议机制，进行贸易政策审议。

7）对发展中国家成员方给予照顾原则

（1）允许发展中国家成员方用较长的时间履行义务，或有较长的过渡期。

（2）允许发展中国家成员方在履行义务时有较大的灵活性，如《农业协议》规定，原则上取消并禁止进口数量限制。但在特定条件下，发展中国家成员方可采用进口数量限制措施，通常可达10年之久。

（3）规定发达国家成员方对发展中国家成员方提供技术援助，如《服务贸易总协定》第4条和《与贸易有关的知识产权协定》第67条就有这方面的规定。

8）区域性贸易安排原则

区域性贸易安排是指一些国家和地区通过协议组建经济集团，成员方内部相互废除或减少进口贸易壁垒，目的在于保证这些安排能便于集团内部的贸易，而又不增加对非成员方的贸易壁垒。

9）允许例外和实施保障措施原则

考虑到成员方经济发展水平的不一致，为减轻经济发展中出现的不稳定和突发因素的破坏作用，允许成员方采取例外和保障措施，即不承担和履行已承诺的义务，对进口采取紧急的保障措施，如提高关税、实施数量限制和特殊限制等，但是必须符合世贸组织关于实施保障措施的各种约束条件。

学习微平台

延伸阅读3-3

3.5.8 中国与WTO

（1）中国加入WTO的原因。其包括：①能使中国在产品出口方面享受多边的、无条件的最惠国待遇，彻底摆脱与美国双边的不稳定的最惠国待遇。②能使中国对大多数发达国家的制成品和半制成品的出口享受“普惠制”待遇，以及其他给予发展中国家的特殊照顾。③可利用WTO解决贸易争端的特设机构和程序，较好地解决或缓和与其他成员的贸易纠纷，保障和维护中国的正当权益，特别是很多国家对中国出口产品实施反倾销的问题将得到公正的解决。④可减少贸易保护主义对我国出口产品的影响。⑤可获得在世界贸易组织中的发言权。⑥有利于中国进行产业结构的调整。⑦可利用世贸组织的基本原则，采取例外和保障措施，在特殊情况下，维护自身的正当权益。⑧有利于国企进行现代企业制度改革和更大程度的对外开放，变外部压力为动力，加快中国经济的发展。⑨有利于实现祖国统一大业。中国加入WTO后，允许中国台湾以“中国台澎金马单独关税区”的名义申请“入世”，明确表明台湾从属于中国，是中国的一个省区。

（2）中国加入WTO后应尽的义务。其包括：①降低进口关税。②逐步取消非关税壁垒。20世纪80年代以后，我国的非关税壁垒措施如许可证制、配额制等还是比较多的，加入WTO后必须逐步取消。③取消被禁止的出口补贴。④增强贸易政策的透明度。⑤扩大对知识产权的保护范围。⑥开放服务贸易。⑦放宽对引进外资领域的限制。

总之，我国加入WTO后有很多的发展机遇，也面临着许多严峻的挑战。我国应抓住机遇，迎接挑战，提出对策，变压力为动力，深化改革，扩大开放，使自身顺利地融入世界经济的大潮中，加快我国经济的发展。

【课程思政3-2】

关于我国加入WTO后的市场经济地位问题

背景与情景：“市场经济地位”是一个经济学名词，表示一个国家市场经济的状况。按照一个国家市场经济在全国经济中的重要性，以及政府对经济的干预程度，一般可区分为完全市场经济国家和非市场经济国家。

市场经济地位是反倾销调查确定倾销幅度时使用的一个重要概念。如果反倾销案发起国认定被调查商品的出口国为“市场经济国家”，那么在进行反倾销调查时，就必须根据该商品在生产国的实际成本和价格来计算其正常价格；如果认定被调查商品的出口国为“非市场经济国家”，将引用与出口国经济发展水平大致相当的市场经济国家（即替代国）的成本数据来计算所谓的正常价格，进而确定倾销幅度，而不使用出口国的原始数据。这种规定在实践中就给反倾销调查的发起国提供了很大的操作空间，即它们选择的“替代国”的商品成本和价格，往往比被调查的“非市场经济国家”出口商品的成本和价格要高得多，这是非常不公平的。

根据WTO的规定，成员方在“入世”满15年后，将自动得到所有其他成员方对其完全市场经济地位的正式承认。也就是说，到了2016年12月11日，不管美欧等西方经济体愿不愿意，都得承认中国的完全市场经济地位。

然而，事情并非如此简单。2016年5月12日，欧洲议会全体会议以中国加入

WTO15年后还没有达到市场经济地位的五个标准为由，以压倒性票数通过一项非立法性决议，拒绝承认中国的市场经济地位，并呼吁欧盟对中国采取反倾销措施。2016年6月13日，在与来访的德国总理默克尔会谈时，李克强总理郑重地说："用法律专业术语讲，这个条款（指《中华人民共和国加入世界贸易组织议定书》（以下简称《加入议定书》）第15条）叫'落日条款'，也就是说，根据协议，无论发生什么情况，到2016年12月11日，这个条款都要自动终止。我是学法律的，请你理解，我不能说违背法律原则的话。我们需要在国际社会中尊重国际法、国际规则和由此制定的商业规则，这样才能使我们之间的合作在稳定的轨道上前进。如果我们现在针对这个条款还要重新谈判，那我们是不是还要重新谈判关于中国加入WTO的问题呢？中国是不是市场经济国家，这由中国国情决定的，中国推进市场化改革所取得的成就也为世界所公认。但履行《加入议定书》第15条承诺义务，包括中欧贸易摩擦，都是不同层面的问题，应该分开讨论。中国不希望打贸易战，因为在世界经济复苏乏力的情况下，贸易战对谁都不利。"

2017年11月中旬，美国向WTO提交了决定书，拒绝承认中国的市场经济地位。

2020年6月，国外个别媒体和国内一些自媒体报道了我国诉欧盟反倾销"替代国"做法世贸争端案诉讼程序自6月15日起终止一事，声称中国输掉了与欧盟之间的世贸争端，并试图将此案解读为世贸组织不承认中国的"市场经济地位"。对此，商务部回应，此类报道与事实不符，存在明显的法律错误：第一，此案诉讼程序终止后，世贸组织并未做出任何生效裁决，没有输赢之说。此案诉讼程序终止，既不影响中方在争议问题上的立场，也不会损害中方在世贸规则项下的各项权利。中方在《加入议定书》第15条问题上的立场是明确的，世贸组织成员应当履行国际义务，停止在对华反倾销调查中使用"替代国"的做法。第二，此案与中国是不是"市场经济国家"、是否具备"市场经济地位"无关。世贸组织没有关于"市场经济国家"或者"市场经济地位"的定义和判定标准，也没有判定任一成员"市场经济地位"的授权。将此案与所谓"市场经济国家"和"市场经济地位"问题混为一谈，是对世贸规则的误读。第三，当前，全球新冠肺炎疫情持续蔓延，单边主义、贸易保护主义愈发令人担忧，多边贸易体制受到严重冲击。世贸组织成员的首要任务是加强团结，共同维护多边贸易体制的权威性、有效性，共同努力尽快恢复争端解决机制的正常运转。作为世贸组织成员，中方坚定支持多边贸易体制，期待与各方加强合作，共同维护以规则为基础的多边贸易体制。

资料来源　作者根据佚名. 中国输掉了与欧盟之间的贸易争端？商务部这么说[EB/OL]. [2020-07-12]. https://baijiahao. baidu. com/s? id=1671938106120197864&wfr=spider&for=pc. 及其他相关资料整理。

问题：为什么说承认中国的市场经济地位对中国是利好，对美欧等经济体是利空？

研判提示：对中国利好，从贸易摩擦减少、在贸易争端中更易胜诉、国际形象、国际竞争力等角度分析；对美欧等经济体利空，因为美国和欧盟等针对中国产品的反倾销的"利剑"就会失去昔日的强大杀伤力。

学习微平台

延伸阅读3-4

【教学互动3-1】

互动问题：研读了关于市场经济地位的材料后，分析市场经济地位有什么作用，对我国有多重要。

互动要求：同“教学互动1-1”的“互动要求”。

■ 本章概要

□ 内容提要

● 本章主要介绍了国际贸易中各国管制商品进口和鼓励商品出口的措施及具体做法、约束国际贸易行为的有关国际协定和世界贸易组织的基本原则。

● 关税是由一国政府所设置的海关对经过该国关境的进出口商品所征收的一种税。其作用主要包括：增加国家财政收入；保护和调节国内经济；调节进出口贸易平衡；配合和维护对外关系。

● 进口附加税主要包括反补贴税、反倾销税和差价税。

● 直接的非关税壁垒是指进口国直接对进口商品的数量和金额加以限制或迫使出口国直接限制商品出口。它包括进口配额制、“自动”出口配额制、进口许可证制和外汇管制。

● 出口信贷是指一个国家的银行为了鼓励商品出口、增强出口商品的竞争力，为本国出口贸易提供的一种信贷便利。出口信贷根据贷款对象的不同可分为卖方信贷和买方信贷。

● 在贸易条约与协定中，通常适用的待遇条款有最惠国待遇条款、互惠条款和国民待遇条款。

□ 主要概念和观念

▲ 主要概念

关税　进口税　非关税壁垒　进口配额制　进口许可证制　出口信贷　出口贴补　商品倾销　外汇倾销　最惠国待遇　国民待遇

▲ 主要观念

限制进口　鼓励出口　遵守WTO规则

□ 重点实务

限制商品进口和鼓励商品出口主要措施的技术性操作

■ 基本训练

□ 知识训练

▲ 简答题

1）一般来说，构成商品倾销必须具备哪些条件？

2）非关税壁垒和关税壁垒相比有何特点？

3）WTO有哪些基本原则？

4）中国加入WTO后应尽的义务有哪些？

5）技术性非关税壁垒具体表现在哪些方面？

6）鼓励出口的措施有哪些？

▲ 填空题

1）关税税则依据制定者和权限的不同，可分为（　　）和（　　）。

2）进口配额主要分为绝对配额和（　　）。

3）关税按照征收的目的分为（　　）和（　　）。

4）外汇管制方式包括数量性外汇管制、成本性外汇管制和（　　）。

▲ 单项选择题

1）税率最高的关税是（　　）。

A.普遍优惠税　B.特惠税　C.普通税　D.最惠国税

2）与从价税相比，从量税（　　）。

A.在商品价格上涨时保护作用更强　B.在商品价格下降时保护作用更强

C.能够体现公平税负原则　D.目前被大多数国家采用

3）属于间接限制进口的非关税壁垒措施是（　　）。

A.进口配额制　B.进口许可证制

C.进口最低限价　D.“自动”出口限制

4）WTO的最高权力机构是（　　）。

A.总理事会　B.部长会议　C.各专门委员会　D.秘书处

5）普惠制的主要原则是（　　）。

A.普遍的、非歧视的和互惠的　B.非普遍的、非歧视的和互惠的

C.普遍的、歧视的和非互惠的　D.普通的、非歧视的和非互惠的

▲ 多项选择题

1）关税的特点有（　　）。

A.强制性　B.间接性　C.无偿性

D.固定性　E.直接性

2）进口附加税的征收目的主要有（　　）。

A.应对国际收支危机　B.维持进出口平衡

C.防止外国商品低价倾销　D.对他国实行歧视或报复

E.增加财政收入

▲ 讨论题

1）非关税壁垒不断强化的原因与对策有哪些？

2）我国如何应对技术性贸易壁垒？

□ 能力训练

▲ 案例分析

反倾销案频繁指向中国

背景与情境：反倾销是当今国际贸易中贸易摩擦的主要形式。反倾销对中国对外贸易的影响不是只涉及某一家或某几家企业，它最后影响的往往是整个行业、整个产业，因此可以说是致命性的。首先，一旦采取反倾销措施，实施期限可长达5年，到期之前反倾销国会进行复审，如果复审认为有必要继续采取反倾销措施，又是第二个5年。如果一个国家失去了5年、10年的出口机会，意味着该国的这个产业可能会遭受灭顶之灾。其次，反倾销措施会株连整个行业内的其他同类厂商，对整个行业造成的损失可能达到几十亿元、上百亿元。

1995—2016年，全球反倾销案件调查总数为5 286起，反补贴调查案件数量只有

445起，保障措施案件数量仅有323起。反倾销案件数量远远多于反补贴和保障措施案件数量。从全球反倾销发起国来看，共有62个国家发起了调查，其中印度是发起调查最多的，达839起，美国是606起，欧盟、巴西、阿根廷紧随其后。在此期间，中国遭受反倾销调查1 217起，占全球的23.02%，这个数据可以非常典型地说明中国在反倾销问题上面临的严峻形势。

对中国实施反倾销调查最多的5个国家和地区分别是印度、美国、欧盟、阿根廷、巴西/土耳其（巴西反倾销调查案件数量排名第五，土耳其保障措施案件数量排名第五）。其中，除了美国、欧盟是发达经济体外，其他都是发展中国家。WTO成立之前，对中国实施反倾销调查的国家以美国、欧共体、澳大利亚、加拿大这4个发达国家和地区为主；但WTO成立以后，越来越多的发展中国家加入对中国实施反倾销调查的行列当中。

从中国遭受反倾销调查的产品或者行业来看，也有对应的五大行业或产业。遭受反倾销调查最多的就是贱金属及其制品，主要包括钢铁、铜、锌、铝、铅和镍，尤其以钢铁为主，美国对中国发起的“232反倾销调查”主要就是针对钢铁产品和铝产品的。第二大类是化工产品，第三大类是机械电子产品，第四大类是塑料橡胶制品，第五大类是纺织品。因为这五大类是中国传统的优势产业，也是出口当中的拳头产品。

近年来，随着我国对外开放水平逐步提高，进出口贸易更加平衡发展，进口产品的数量和种类不断增加。针对部分进口产品数量激增或者通过倾销、补贴扰乱市场秩序，造成国内产业利益受到损害的现象，我国也依法开展了贸易救济调查，以保障产业安全和发展利益。2020年，按WTO的统计方式，我国共对进口商品启动了4起反倾销调查，同比减少10起，降幅71.4%；反补贴调查4起，同比增加3起，增幅300%；保障措施调查仍为0起。我国新采取贸易救济措施16起。其中，反倾销措施13起，占比81.25%；反补贴措施3起，占比18.75%。

资料来源　作者根据佚名. 宋利芳：对华反倾销，印美最多，中国该如何突围？[EB/OL]. [2018-06-19]. https://www.sohu.com/a/236590373_352307. 及其他相关资料整理.

问题：

1）中国企业和产品频繁遭遇反倾销调查的原因是什么？

2）中国企业应如何应对？

3）中国如何应用贸易救济措施保护本国的利益？

分析要求：同第1章“基本训练”中本题型的“分析要求”。

▲ 自主学习

自主学习-2

【训练步骤】

1）将班级同学组成若干“自主学习”训练团队，每队确定一人负责。

2）各团队根据训练项目需要进行角色分工。

3）通过院资料室、校图书馆和互联网，查阅“文献综述格式、范文及书写规范要求”和近三年关于“绿色贸易壁垒对我国出口贸易的影响”的学术文献资料。

4）综合和整理“绿色贸易壁垒对我国出口贸易的影响”最新学术文献资料，依照“文献综述格式、范文及书写规范要求”，撰写《“绿色贸易壁垒对我国出口贸易的影响”最新文献综述》。

5）在班级交流各团队的《“绿色贸易壁垒对我国出口贸易的影响”最新文献综述》。

6）在校园网的本课程平台上展出经过修订并附有教师点评的各组《“绿色贸易壁垒对我国出口贸易的影响”最新文献综述》，供学生相互借鉴。

□ 课程思政

中国加入WTO 20年，我们应知道的6件事

背景与情境：中国加入WTO 20年，我们应知道的6件事是：

1）中华民国是《关税与贸易总协定》（GATT）的创始国之一，后又退出

1948年4月21日，当时的国民政府签署了GATT《临时适用议定书》，并于次年成为GATT 23个创始缔约国之一。中华人民共和国成立5个月后，1950年3月“台湾当局”擅自通知联合国秘书长，退出GATT。

2）中国在联合国恢复合法席位后，GATT却缺席

1971年10月25日，中华人民共和国在联合国恢复了合法席位，之后在其他国际组织的席位也很快得到了恢复，唯有GATT却缺席。当时GATT成员间的贸易额占了国际贸易总额的90%。可见，GATT对中国国际贸易和经济发展的影响多么大。

3）中国正式启动申请恢复GATT席位的程序

1986年7月10日，中国驻日内瓦代表团大使钱嘉东将一份包含340个英文单词的照会递交给GATT，中国正式启动了恢复GATT席位的程序。

4）美国是中国恢复GATT席位和加入WTO谈判的最大对手

美国在GATT中的实力强大，实际上操控着GATT。因此，不解决美国问题就很难解决整个的谈判问题。中国同美国的谈判十分艰难。中美关于知识产权的谈判花了5年的时间，关于汽车关税谈判的拉锯战持续了8年，1999年11月15日下午4时许，在最后关于双边市场准入的谈判中，连续苦战6天6夜，最后时刻达成一致，双方签署了协议。至此，中国加入WTO迈出了至关重要的一步，也为整个谈判最终成功铺平了道路。

5）中国恢复GATT席位和加入WTO的两个阶段

第一个阶段，是1995年之前的谈判。这一阶段的谈判主要针对中国一些体制机制上的议题，即中国在体制机制上，哪些符合GATT的要求，哪些不符合GATT的要求，也有一些市场准入的承诺。

第二个阶段，是1995年之后。这个阶段的谈判主要集中在市场准入的问题上，即中国在市场方面对外开放到什么程度。1995年1月1日，GATT转变为WTO，在第一个阶段的谈判成果是有效的。

6）中国正式加入WTO

2001年12月11日，WTO部长级会议通过了中国加入WTO的决议，随着会议主席卡迈勒手中的小木槌落下，中国正式加入了WTO。一场长达15年艰苦卓绝的“入世”谈判，中国最终取得了历史性的伟大成功！

资料来源　佚名. 中国“入世”20年，你必须知道的8件事［EB/OL］.［2021-12-06］. https://baijiahao.baidu.com/s?id=1718388481441876829&wfr=spider&for=pc.有删减.

问题：

1）加入WTO给中国经济带来了什么？

2）中国加入WTO给世界经济带来了什么？

3）如何看待WTO在全球贸易中发挥的作用日益减弱？

研判要求：同第1章“基本训练”中本题型的“研判要求”。

第4章 国际货物交易条件（一）

学习微平台

第4章
思维导图

◆ 学习目标

通过本章的学习，应该达到以下目标：

职业知识： 学习和把握相关的国际贸易惯例、国际公约；与国际货物买卖合同有关的货物品质、数量、包装、价格等知识要点；国际商会六个重要的贸易术语等理论与实务知识；能用其指导本章“基本训练”中“知识训练”各题型的认知活动，正确解答其相关问题。

职业能力： 运用本章知识研究相关案例，培养在特定业务情境中分析问题与决策设计的能力；通过“拟定国际货物买卖合同相关条款及价格核算”实训操练，撰写、讨论与交流《拟定贸易合同实训报告》，训练学生的专业操作技能。

课程思政： 结合本章教学内容，根据案例研判凝结在中国制造中的工匠精神，培养学生爱国、敬业、奉献等理念。

【引例】

合同品质条款表示方法不当引起的纠纷案

背景与情境：我国某出口公司与德国一公司签订了出口某商品的合同，数量为100MT，单价为CIF Hamburg USD300 PER MT，品质规格为：水分最高15%，杂质不超过3%，交货品质以中国海关的相关品质检验为最后依据。

在成交前，我方公司曾向德方寄送样品，合同签订后又电告对方，确认成交货物与样品相似。货物装运前，由中国海关检验并签发了品质规格合格证书。货物运抵德国后，该德国公司提出：虽有海关出具的品质规格合格证书，但货物的品质却比样品低，卖方有责任交付与样品一致的货物，因此要求每MT减价21美元。我方公司以合同中并未规定凭样交货，而仅规定了凭规格交货为由，不同意减价。德国公司请该国某检验公司进行检验，出具了所交货物平均品质比样品低7%的检验证明，并据此向我方公司提出索赔2 100美元的请求。我方出口公司则仍坚持原来的理由而拒赔。

在争议不能得到协商解决的情况下，德国公司请求中国国际贸易促进委员会协助解决此案。此时，我方出口公司进一步陈述说，这笔交易在交货时商品是经过挑选的，因该商品系农产品，不可能做到与样品完全相符，但品质不至于比样品低7%。由于我方出口公司已将留存的样品遗失，对自己的陈述无法加以说明，我方的仲裁机构也难以处理，最后只好由我方的出口公司赔付了一笔品质差价而结案。

资料来源　作者根据相关资料整理.

进出口商达成国际货物交易是有条件的。这些条件主要包括：货物的品名、品质、数量、包装、价格、运输、保险、货款、检验和不可抗力等。买卖双方只有就这些条件进行磋商达成一致才能成交。因此，交易条件是国际货物贸易实务和国际货物贸易合同中最主要的内容。本章着重阐述货物的品名、品质、数量、包装和价格条件。

4.1　货物的名称和品质条件

国际贸易中的各种货物都有其具体名称，并表现为一定的质量。货物的名称与质量是国际货物买卖中双方首先需要商定的交易条件，是买卖双方进行交易的物质基础。如果货物的名称和质量不明确，买卖双方也就失去了洽商的依据，无法开展贸易。货物的名称和质量是国际货物买卖合同中的主要条款之一。

4.1.1　货物的名称条件

（1）货物名称与H.S.。货物名称（Name of Goods）是指能使某种货物区别于其他货物的称呼或概念。货物一般按自然属性（如植物产品、动物产品、矿产品等）和加工深度（原料、半制成品、制成品）命名和分类。为了使国际贸易货物分类体系进一步协调和统一，海关合作理事会和联合国统计委员会经过多年的共同努力，制定出了适合国际贸易有关各方需要的商品分类体系，即《商品名称及编码协调制度》，简称《协调制度》（Harmonized System，H.S.）。《协调制度》是一个新型、系统、多用途的国际贸易商品分类体系，可用于运输商品的计费与统计、计算机数据传递、国际贸易单证简化、普遍优惠制的利用、海关税则、贸易统计等方面。我国目前实施的商品分类制度，全部采用了《协调制度》目录中对商品的分类原则、结构和商品名称，将商品分为22类99章。国际贸易中的相关工作人员在实际应用中，应尽可能地使用国际上通用的商品名称，并使其在《协调制度》中能被准确地归类。

（2）合同中的品名条款。国际货物买卖合同中的品名条款并无统一的格式，通常都在“商品名称”的标题下，列明交易双方成交商品的名称；也可不加标题，只在合同的开头部分列明交易双方同意买卖某种商品的文句。

品名条款的规定，还取决于成交商品的品种和特点。对一般商品来说，有时列明商品的名称即可。但有的商品，往往有不同的品种、等级和型号，因此，为了明确起见，有时也把具体品种、等级和型号的概括性描述包括进去，作为进一步的限制。这实际上是把品名条款与品质条款合并在一起了。

在规定品名条款时，应注意下列事项：①内容必须明确、具体，避免空泛、笼统的规定。②条款中规定的品名，必须是卖方能够供应且买方所需要的商品的品名，凡做不到或不必要的描述性词句都不应列入。③尽可能使用国际上通用的名称，在《协调制度》中能被准确归类。若使用地方性名称，交易双方应事先就其含义达成共识。对于某些新商品的定名及译名，应力求准确、易懂，并符合国际上的习惯称呼。④注意选用合适的品名，以利于降低关税、方便进出口和节省运费开支。⑤商品的名称要既能高度概括出商品的特征，又能诱发消费者的购买欲望。

4.1.2 货物的品质条件

一定的货物体现着一定的质量，在国际贸易中，质量是一个头等重要的问题。品质的优劣直接影响商品的使用价值和价值，是决定商品使用效能和影响商品市场价格的重要因素。

1）品质的表示方法

国际贸易中所交易的商品种类繁多、特点各异，品质的表示方法也多种多样。归纳起来，包括凭实物样品表示和凭文字说明表示两类。

（1）凭实物样品表示商品质量的方法。它是指买卖双方在洽商时，由卖方或买方提供一件或数件或少量足以代表商品质量的实物作为样品，请对方确认，样品一经确认便成为买卖双方交接货物的质量依据。这种表示商品质量的方法，在国际贸易中称为“凭样品买卖”（Sale by Sample）。这是由于这些商品本身的特点难以用文字说明表示商品质量，或是市场习惯采用的一种方法。在国际贸易中，凭实物样品表示商品质量的方法按提供者的不同可分为以下两种：

其一，卖方样品（Seller's Sample）。由卖方提供的样品称为卖方样品。卖方选择样品时，应注意样品要具有充分的代表性，并将此样品提供给买方。在将样品即原样（Original Sample）或称标准样品（Type Sample）送交买方的同时，应保留与送交样品质量完全一致的另一样品，即留样（Keep Sample）或称复样（Duplicate Sample），以备将来组织生产、交货或处理质量纠纷时作核对之用。卖方应在原样和留样上编制相同的号码，注明样品提交给买方的具体日期，以便日后联系、洽谈交易时参考。留存的复样应妥善保管，对于某些易受环境影响而改变质量的样品，还应采取适当措施，如密封、防潮、防虫害、防污染等，以保证样品质量的稳定。

其二，买方样品（Buyer's Sample）。由于买方熟悉目标市场的需求状况，其提供的样品往往更能直接地反映出当地消费者的需求。但在确认按买方提交的样品成交之前，卖方应充分考虑该样品所代表的商品在原材料、加工生产技术、设备和生产时间安排等方面的可行性，以防止日后交货困难。为此，卖方可以根据买方的来样仿制或选择质量相近的自产品的样品即“回样”（Return Sample）或称“对等样品”（Counter Sample）提交给买方，待买方确认后，就变凭“买方样品”销售为凭“卖方样品”销售。为防止发生意外或纠纷，一般还应在合同中明确规定，如果出现由买方来样引起的工业产权等第三者权利问题，与卖方无关，概由买方负责。

此外，买卖双方为发展贸易关系和增进彼此对对方商品的了解，还可以采用互相寄送样品的做法。这种以介绍商品为目的而寄出的样品，最好标明“仅供参考”（For Reference only）字样，以免与标准样品混淆。

样品无论是由卖方提供的，还是由买方提供的，一经双方确认便成为履行合同时交接货物的质量依据，卖方承担交付的货物质量与凭以达成交易的样品完全一致的责任；否则，买方有权提出索赔。这是凭样品买卖的基本特点。因此，一些质量稳定的商品可以采用凭样品成交。对于某些非采用凭样品成交不可，而在制造、加工技术上确有困难，难以做到货样一致或无法保证批量生产时质量稳定的商品，则应在合同中订立“质量与样品大致相同”（Quality to be about equal to the sample）的条款。

为避免买卖双方在履约过程中产生质量争议，必要时还可使用封样（Sealed Sample），即由第三方或公证机关在一批商品中抽取同样质量的样品若干份，每份样品采用铅丸、钢卡、封条、不干胶印纸和火漆等各种方式加封，由第三方或公证机关留存一份备案，其余供当事人使用。有时，封样也可由出样人自封或买卖双方会同加封。

（2）凭文字说明表示商品质量的方法。在国际贸易中，大多数商品的品质用文字说明来表示。这类表示商品品质的方法可细分为如下几种：

第一，凭规格买卖（Sale by Specification）。这种方法明确具体、简单方便，在国际贸易中使用最广。它用化学成分、含量、纯度、性能、容量、长短、粗细等主要指标来表示商品的规格。凭规格买卖时，表明商品品质的指标因商品不同而异，商品用途不同，要求的质量指标也有差异。

例如：中国大豆　含油量（Oil Content）	最低（Min）18%
水分（Moisture）	最高（Max）15%
杂质（Admixture）	最高（Max）1%
不完善粒（Imperfect Grains）	最高（Max）9%

第二，凭等级买卖（Sale by Grade）。它是指同一类商品按其规格上的差异分为若干等级，用文字、数字或符号进行分类，如优等、中等、低等，大号、中号、小号，一级、二级、三级等。买卖双方对交易商品的等级理解一致时，只需在合同中加以明确；对于双方不熟悉的等级内容，由于不同等级的商品具有不同的规格，为了便于履行合同和避免争议，在品质条款中列明等级的同时，最好一并规定每一等级的具体规格，如中国绿茶　特珍一级。

第三，凭标准买卖（Sale by Standard）。商品的标准是对商品规格和等级的标准化。它一般由标准化组织、政府机关、行业团体、商品交易所等规定并公布。随着科学技术的发展，商品的标准不断地被修改或变动，同一组织颁布的某类商品的标准往往有不同年份的版本，版本不同，质量标准内容也不相同。在合同中援引标准时，应注明采用标准的名称及年份。例如：利福平（甲哌利福霉素） 英国药典 1993年版。

在国际贸易中，对于某些品质变化较大而难以规定统一标准的农副产品，往往采用“良好平均品质”（Fair Average Quality，F. A. Q.）和“上好可销品质”（Good Merchantable Quality，G.M.Q.）来表示交易商品的品质。

良好平均品质是指一定时期内某地出口货物的平均品质。在我国的实际业务中，用F.A.Q.来说明品质，一般是针对“大路货”而言的。采用这种方法，由于标准比较笼统，除在合同中注明F.A.Q.字样和年份外，一般还需订明该商品的具体规格指标。

例如：中国大米2022年F.A.Q.

水分（最高）15%；杂质（最高）1%；碎粒（最高）35%

上好可销品质是指卖方交货品质只需保证为上好的、适合销售的即可。如果卖方所交货物无该类货物通常的使用目的、无市场交易可能，则由卖方承担责任。显然，这种标准更为笼统，一般只适用于无法以样品或国际公认的标准来检验的商品，如木材或冷冻鱼类等。我国在国际贸易中较少使用这种表示方法。

第四，凭牌名或商标买卖（Sale by Brand/Trade Mark）。商品的牌名是指厂商或销售商所生产或销售的商品的牌号，以便与其他企业的同类商品区别开来，简称“品牌”。一个品牌既可用于一种产品，也可用于一个企业的所有产品。商标则是牌号的图案化，由一个或几个具有特色的单词、字母、数字、图形或图片等组成。

当前，国际市场上行销的许许多多商品，尤其是日用消费品、加工食品、耐用消费品等，都标有一定的牌名或商标。各种不同商标的商品都具有不同的特色，代表着一定的质量水平，能诱发买方或消费者的购买欲望，成为强有力的竞销手段。一些名牌产品的制造者为了维护其声誉，对其产品进行了严格的品质控制，以保证产品品质达到一定的标准。可以说，牌名或商标本身实际上就是一种品质象征。人们在交易中可以只凭牌名或商标进行买卖，无须对品质提出详细要求。但是，如果同一牌名或商标反映不同型号或规格的商品，则在合同中明确牌名或商标的同时，还要明确规定型号或规格。

应当指出的是，牌名、商标属于工业产权，各国都制定了商标法加以保护。在凭牌名或商标交易时，生产厂商或销售商应注意有关国家的法律规定，在销售国办理登记注册手续，以维护商标专用权。

例如：金星牌彩色电视机 型号SC374 制式PAL/BG

200伏50赫兹 双圆头插座带遥控

“Golden Star” Brand Colour Television Set

Model：SC374 PAL/BG System，220V 50Hz

2-Round-Pin Plug，with Remote Control

第五，凭产地名称或地理标志买卖（Sale by Name of Origin/Geographical Indication）。在国际贸易中，有些商品受产区自然条件、传统加工工艺等因素的影响，在品质方面具有其他产品所不具有的独特风格，尤其是一些在国际上享有盛誉的传统农副产品。对于这类商品，可以采用产地名称或地理标志来表示其独特的品质，如“金华火腿”“景德镇瓷器”“杭州龙井茶”等。这些标志不仅标记了特定商品的产地，更重要的是无形中为这些商品的品质提供了一定的保障。地理标志在关贸总协定乌拉圭回合最终协议文件中，被正式列入知识产权保护范畴。

第六，凭说明书和图样买卖（Sale by Description and Illustration）。在国际贸易中，电器和仪表等技术密集型商品由于结构复杂，对材料和设计的要求严格，用以说明其性能的数据较多，很难用几个简单的指标来表明其品质的全貌。对于这类商品，通常以说明书并附以图样、照片、设计图纸、分析表及各种数据来说明其具体的性能和结构特点。例如，在合同中规定“品质和技术数据必须与卖方所提供的产品说明书严格相符”（Quality and technical data to be strictly in conformity with the description submitted by the seller）。

但是，由于这类商品的技术要求较高，有时同说明书和图样相符的产品在使用时不一定能发挥设计所要求的性能。买方为了维护自身的利益，往往要求在买卖合同中加订卖方品质保证条款和技术服务条款。

在实际业务中，用文字说明表示商品品质的方法被广泛应用，但又常常与凭样品表示商品品质的方法结合使用。有一些样品往往只是被用来反映某种商品一个或几个方面的质量，而不作为全部质量的反映指标，如只表示商品色彩的色彩样品、只表示纺织品花样款式的花样款式样品等，商品其他的质量内容则通过文字说明来表示。这时，卖方既要承担质量符合文字说明的责任，又要承担与样品质量完全一致的责任。

在国际贸易中，有些特殊商品既无法用文字概括其质量，又没有质量完全相同的样品可以作为交易的质量依据，如珠宝、字画等。对于这些商品，买卖双方只能看货成交。

2）合同中的品质条款

（1）基本内容。在国际贸易中，表示品质的方法有凭样品表示和凭文字说明表示两种。由此，买卖合同中品质条款的内容相应地也有所不同。在凭样品表示商品品质时，必须列明样品的编号、寄送时间；在凭文字说明表示商品品质时，必须根据需要列明商品的规格或等级、标准、牌名、商标、产地名称等内容；在以图样和说明书表示商品品质时，还应在合同中列明图样、说明书的名称、份数等内容。

（2）订立品质条款的注意事项。

第一，适当运用品质机动幅度。某些商品由于生产过程中存在自然损耗，以及受生产工艺、商品本身的特点等诸多因素的影响，难以保证交货质量与合同规定完全一致。对于这些商品，如果条款规定得过死或把质量指标定得绝对化，必然会给卖方交货带来困难。为此，在订立合同品质条款时，可规定得灵活一些，允许卖方交货的质量在一定范围内浮动。在国际贸易中，常见的品质条款有下列三种：

A.品质机动幅度。对品质的规定，允许有一定的差异，具体方法包括规定范围、极限和上下差异三种。品质机动幅度主要适用于初级产品以及某些工业制成品。

B.品质公差。在工业制成品中，产品的质量指标存在一定的误差是难以避免的，如手表走时每天误差若干秒。这种误差若为国际上公认的产品品质误差，即为品质公差。对于国际上公认的误差，可以不在合同中明确规定。但如果没有明确的规定，或者买卖双方对品质公差的理解不一致，或者由于生产原因需要扩大公差范围，也可在合同中具体规定品质公差的内容。

C. 交货品质与样品大体相等或其他类似条款。如卖方交货品质在品质机动幅度或品质公差允许的范围内，一般均按合同的单价计价，不再另作调整。但有些商品为了体现按质论价，也根据交货品质情况调整价格，即所谓的品质增减价条款。也就是说，对约定的机动幅度内的品质差异，可按照实际交货品质予以增价或减价。

第二，正确运用各种表示品质的方法。一般来讲，凡能用科学的指标说明其品质的商品，适用于凭规格、等级或标准买卖；有些难以规格化和标准化的商品，如工艺品等，则适用于凭样品买卖；某些性能复杂的电器和仪表，则可凭产地名称买卖。上述这些表示品质的方法不能滥用，而应当合理选择。

第三，品质条款要具有科学性和合理性，不宜规定得过高或过低。一些与品质无关的条件，不宜约定。品质条款应明确、具体，不宜采用诸如“大约”“左右”“合理误差”之类的笼统、含糊字眼，以避免在交货时因品质问题而引起争议。

【同步思考4-1】

凭买方样品成交时，为了争取主动，防止日后交货困难，卖方可把“回样”寄交给买方，这样就等于把来样成交转变为凭卖方样品销售了，你认为是这样吗？

理解要点：待买方对“回样”确认后才是如此。

【课程思政4-1】

以诚信擦亮中国外贸“金字招牌”

背景与情境：人无信不立、业无信不兴、国无信不强。

早在2016年，由国家发改委、中国人民银行和海关总署牵头，中央宣传部、中央文明办、商务部等40个中央部门联手对海关高级认证企业实施联合激励。其核心意义就在于按照“褒扬诚信、惩戒失信”的原则，以差别化监管降低高信用企业贸易成本，为诚信企业提供更多的制度便利，形成越诚信、越便利的良性循环，激励更多的市场主体加入高信用企业群体行列。

海关对具有不同信用的企业实施不同的通关措施。以货物查验为例，海关对高级认证企业的进口货物查验率约为0.8%，比一般信用企业低90%，这可以大幅减少企业的物流和通关成本，而对失信企业则实施高比例查验。再如，海关对高级认证加工贸易企业实行信用担保，免设保证金台账，减少了企业资金占用，而失信加工贸易企业则必须缴纳100%的税款保证金。

可以想见，一个守信企业“关通天下”、失信企业“处处受限”的进出口管理格局，必将为我国外贸回稳向好提供强大动能，为中国经济转型升级做出更大贡献。

资料来源　作者根据相关资料整理.

问题：谈谈对外贸易中诚信的重要性。

研判提示：进出口企业身处外贸第一线，对良好的进出口贸易秩序有着切身感受。如果放任少报漏报、造假欺诈的不良企业“横行无阻”，不仅将极大伤害诚信守法企业的积极性，恶化进出口管理秩序，更有可能产生“劣币驱逐良币”的消极效应，对外贸行业健康发展有百害而无一利。此外，货物贸易是中国企业与世界接触的一扇窗口，某种程度上代表着中国企业的形象。一些投机取巧的外贸企业扰乱贸易秩序的行为，不仅影响自身声誉，更是对中国企业、中国形象的重大伤害。

4.2 货物的数量条件

在国际货物买卖中，货物的数量是买卖合同中的主要交易条件之一，合同中的数量条款是买卖双方交接货物的数量依据。正确把握成交数量，对买卖双方顺利达成交易、履行合同以及今后交易的进一步发展，都具有十分重要的意义。

4.2.1 货物的计量单位

在国际贸易中，由于商品的种类、特性和各种度量衡制度的不同，其计量单位和计量方法也多种多样。了解度量衡制度、熟悉各种计量单位的特定含义和计量方法，是外经贸工作人员必备的基本常识和技能。

1）常用的计量单位

在国际贸易中使用的计量单位很多，通常采用的计量单位名称及适用的商品包括以下六种：

（1）按重量（Weight）计算。这是当今国际贸易中广泛使用的一种。常用的计量单位有：千克（Kilogram，kg），吨（Ton，t），公吨（Metric Ton，M/T），长吨（Long Ton，L/T），短吨（Short Ton，S/T），磅（Pound，lb），盎司（Ounce，oz）。适用商品：许多农副产品、矿产品和部分工业制成品，如羊毛、棉花、药品等。

（2）按数量（Number）计算。常用的计量单位有：只（Piece，pc），双（Pair），套（Set），打（Dozen，doz），件（Package，pkg），罗（Gross，gr），令（Ream，rm），卷（Roll/Coil），箱（Case），袋（Bag），桶（Barrel）。适用商品：大多数工业制成品，尤其是日用消费品、轻工业品、机械产品、一部分土特产品和杂货类商品，如文具、纸张、绳子、成衣、石油、拖拉机、活牲畜等。

（3）按长度（Length）计算。常用的计量单位有：码（Yard，yd），米（Metre，m），英尺（Foot，ft），厘米（Centimetre，cm）。适用商品：金属绳索、丝绸、布匹等。

（4）按面积（Area）计算。常用的计量单位有：平方码（Square Yard，yd^2），平方米（Square Metre，m^2），平方英尺（Square Foot，ft^2），平方英寸（Square Inch，in^2）。适用商品：玻璃板、地毯、皮革制品、塑料制品等。

（5）按体积（Volume）计算。常用的计量单位有：立方码（Cubic Yard，yd^3），立方米（Cubic Metre，m^3），立方英尺（Cubic Foot，ft^3），立方英寸（Cubic Inch，in^3）。适用商品：木材、天然气和化学气体等。

（6）按容积（Capacity）计算。常用的计量单位有：公升（Litre，l），加仑（Gallon，gal），蒲式耳（Bushel，bu）。适用商品：各种谷物和液体货物。公升、加仑常用于酒类、油类商品的计算。美国以蒲式耳作为各种谷物的计量单位。

2）常见的度量衡制度

在国际贸易中，目前经常采用的度量衡制度有四种：公制（Metric System）、美制（U.S.System）、英制（Britain System）和国际法制计量组织在公制基础上颁布的国际单位制（International System of Units）。

上述不同的度量衡制度会使同一计量单位所表示的数量有差异。例如，重量单位吨，英国采用英制，用长吨表示，1长吨=1 016千克；美国采用美制，用短吨表示，1短吨=907.2千克；实行公制的国家一般采用公吨表示，1公吨=1 000千克。

学习微平台

延伸阅读4-1

为了克服各国度量衡制度不同带来的弊端，国际单位制已为越来越多的国家所采用。国际单位制的实施和推广，标志着计量制度的日趋国际化和标准化。根据《中华人民共和国计量法》的规定，我国采用国际单位制。国际单位制计量单位和国家选定的其他计量单位为国家法定计量单位。目前，我国除个别特殊领域外，一般不允许再使用非法定的计量单位。在外贸业务中，出口商品时，除合同规定采用公制、英制或美制计量单位外，均应使用法定计量单位；进口商品时，一般不进口采用非法定计量单位的仪器设备，如有特殊需要，必须经过有关主管部门的批准。

4.2.2 货物计量重量的方法

在国际贸易中，按重量计量的商品很多。根据一般商业习惯，计量重量的方法有下列几种：

（1）按净重（Net Weight）计。净重是指商品本身不带包装的重量。按净重计是国际贸易中最常用的计重方法。

（2）按毛重（Gross Weight）计。毛重是指商品本身的重量加上包装的重量（即皮重）。在国际贸易中，有些价值较低的商品，包装价与商品价差不多，或因包装本身不便分别计算，如粮食、饲料、卷筒新闻纸等，常常就按毛重计价，习惯上称为“以毛作净”（Gross for Net）。所谓以毛作净，实际上就是按毛重计。

（3）按公量（Conditioned Weight）计。有些商品，如棉花、羊毛、生丝等，价值较高，又有较强的吸湿性，使水分含量不稳定，因而其重量也就不稳定。为了准确计算这类商品的重量，国际上通常采用公量的计重方法。所谓公量，是指用科学方法抽出商品中的水分，再另加标准含水量所求得的重量。

（4）按理论重量（Theoretical Weight）计。有些商品有固定的规格、形状和尺寸，每件重量大体是相同的，所以可以根据件数计算出重量，如马口铁、钢板等。

（5）按法定重量（Legal Weight）和实物净重计。按照《中华人民共和国海关法》的规定，在征收从量税时，商品的重量是以法定重量计算的。所谓法定重量，是指商品重量加上直接接触商品的包装物料（如销售包装等）的重量。而除去这部分重量所表示的纯商品的重量，则称为实物净重，又称净净重（Net Net Weight）。净净重的计量方法主要为海关征税时使用。

4.2.3 合同中的数量条款

国际货物买卖合同中的数量条款，主要涉及成交商品的具体数量和计量单位。订立数量条款应注意的事项有：

（1）灵活应用溢短装条款（More or Less Clause）。在国际货物买卖中，有许多商品受本身特性、生产、运输、包装条件、计量工具等的限制，在交货时往往很难做到绝对的数量准确。为了便于合同的顺利履行，减少争议，买卖双方可在合同中规定合理的数量机动幅度，即溢短装条款。所谓**溢短装条款**，*是指在买卖合同的数量条款中，明确规定卖方允许多装或少装的百分比，但以不超过规定的百分比为限*。例如，100公吨，卖方可溢短装5%（100 M/T，with 5% more or less at seller's option）。按此规定，卖方交货的数量在95到105公吨之间，买方不得提出异议。应用溢短装条款时，应注意以下三点：①允许溢短装的比例。其通常以百分比表示，我国大多数规定为5%，具体多少，应视商品特性、行业或贸易习惯和运输方式等因素而定。②溢短装的选择权一般规定为卖方掌握，但在买方租船接货时，为便于与租船合同衔接，也可规定为买方掌握。③溢短装数量的计价要公平合理，通常按合同价格计算。但是，数量上的溢短装在一定条件下关系到买卖双方的利益。在按合同价格计价的条件下，交货时市价下跌，多装对卖方有利；但如果市价上升，多装却对买方有利。因此，为了防止有权选择多装或少装的一方当事人利用行市的变化，有意多装或少装以获取额外的好处，也可在合同中规定，多装或少装的部分不按合同价格计价，而按装船时或到货时的市价计算，以体现公平合理的原则。

（2）数量条款应当明确具体，一般不宜采用"大约""左右""近似"（About/Circa/Approximate）等带伸缩性的字样来表示，因为对这种表示法目前缺乏统一的认识。

（3）在跟单信用证业务中，国际商会《跟单信用证统一惯例》第600号出版物（简称《UCP600》）第30条a款规定："'约'或'大约'用于信用证金额或信用证规定的数量或单价时，应解释为允许有关金额或数量或单价有不超过10%的增减幅度。" b款规定："在信用证未以包装单位件数或货物自身件数的方式规定货物数量时，货物数量允许有5%的增减幅度，只要总支取金额不超过信用证金额。"

（4）在买卖合同和信用证业务中，如按重量计量又没有明确是按净重计还是按毛重计，则按惯例以净重计。

（5）巧妙利用成交数量。在洽商交易时，应正确掌握进出口商品的成交数量，灵活处理好价格与成交数量间的关系。

（6）如按重量计量，还应规定计算重量的方法。

【小资料4-1】

《跟单信用证统一惯例》

随着国际贸易的发展，实施了多年的《UCP500》已经不能完全满足和适应实际业务的需要。因此，国际商会（ICC）于2006年10月25日在巴黎举行的ICC银行委员会会议上通过了《跟单信用证统一惯例》第600号出版物（《UCP600》）。该惯例自2007年7月1日开始实施。《UCP600》在原来《UCP500》的基础上有一定的修改，在实践中应予以注意。

【同步案例4-1】

按允许溢短装5%交货遭拒付

背景与情景：某年6月，中方某出口企业与美国某公司签订了一份本厂生产的产品出口合同，数量为600公吨（允许溢短装5%），单价为CIF纽约520美元/公吨，总值为312 000美元，结算方式为不可撤销即期信用证，装运期为8月。

7月12日，美方按约定开来了信用证，经审核，信用证中货物的数量、单价、总值均符合合同要求。从表面上看，这是一份完全按合同开立的信用证。

8月10日，该出口企业按信用证"数量为600公吨，可溢短装5%"的规定装运了630公吨货物，并制作全套的单据于8月16日向开证行收款。

8月20日，该出口企业接到由通知银行转来的拒付书，理由是发票金额为327 600美元，大于信用证金额312 000美元。其余30公吨货款进口商拒付。

问题：进口商拒付溢装的30公吨货物的货款是否有理？

分析提示：出口商发票的总金额应小于或等于而不能大于信用证的总金额，这是有关法律规定的。因此，进口商有理由拒付溢装的30公吨货物的货款。这说明出口商没有搞清楚有关法律规定，应吸取教训。

4.3 货物的包装条件

进入国际流通领域的货物一般都要经过长途运输，有许多货物还要经过多次转装和储存，因此对出口货物包装的要求也就比国内贸易严格。交易双方在签订合同时，一般要对包装问题进行洽商并做出具体规定，包装条件也就成了买卖合同中的一项要件，成为货物说明的重要组成部分。

在国际贸易中，包装分为两类：一类是运输包装（Transport Packing），又称外包装或大包装（Outer Packing），是将货物装入特定容器，或以特定方式成件或成箱的包装。运输包装的作用有两个：一是保护货物在长时间和远距离的运输过程中不被损坏或丢失；二是方便货物的搬运、减少运费、节省仓租、方便计数等。另一类是销售包装（Selling Packing），又称小包装（Small Packing）、内包装（Inner Packing）或直接包装（Immediate Packing），是指在商品制造出来后以适当的材料或容器所进行的初次包装。销售包装除了保护商品的品质外，还有美化商品，宣传推广，便于陈列展销，吸引顾客和方便消费者识别、选购、携带和使用，促进销售，提高商品价值的作用。有些商品，如罐头食品等，只有进行了销售包装，生产工序才算真正完成。目前，商品的内包装更趋向小型化、透明化、艺术化和实用化。

4.3.1 运输包装

1）运输包装的种类

运输包装可分为单件运输包装和集合运输包装。单件运输包装包括箱装（Case）、打包（Bundle/Bale）、桶装（Drum/Cask）、袋装（Bag）。此外，还有瓶装、坛装、篓装等。集合运输包装常见的有集装袋、集装包、托盘和集装箱等，是一种现代化的包装方式，特别是集装箱运输包装，除可以更好地保护商品外，还可以大大地提高装卸效率、减轻劳动强度，并可降低运输和保险费用。

2）运输包装的标志

运输包装必须有标志。运输包装的标志是指为了方便货物运输、装卸、储存保管、识别和防止损坏而在商品外包装上刷写的标志。按其作用，运输包装标志可分为运输标志、指示性标志和警告性标志等。

（1）运输标志（Shipping Mark），俗称“唛头”，其作用是在运输过程中使有关人员易于辨认货物和核对单证，避免货物在运输过程中发生混乱或被延误，使货物顺利和安全地运抵目的地。它通常由一个简单的几何图形和一些字母、数字及简单的文字组成。运输标志的内容繁简不一，由买卖双方根据商品的特点和具体要求商定。

过去，运输标志的内容较多，通常由几何图形、发货人或收货人代号的字母、合同号码、体积、重量、标记、件号、批号、发货地、目的地等组成。过于繁杂的内容反而不利于运输和装卸，又造成人力、物力的浪费。随着货运量的增加、运输方式的变革和电子计算机在运输与单据流转方面的应用，联合国欧洲经济委员会简化国际贸易程序工作组在国际标准化组织和国际货物装卸协调协会的支持下，制定了一项标准化运输标志向各国推荐使用。该标准化运输标志包括：①收货人或买方名称的英文缩写字母或简称；②参考号，如运单号、订单号、发票号、买卖合同号等；③目的地，即货物的最终目的港或目的地的名称；④件号，包装货物每件的顺序号和总件数均需标上，如“NO.1/100”“NO.2/100”“NO.100/100”。

此外，该标准化运输标志要求将以上四项分列四行，每行不超过17个字母。至于根据某种需要而需在运输包装上刷写的其他内容，如许可证号等，则不作为运输标志必要的组成部分。现列举标准化运输唛头如下：

ARATRA　CO.收货人代号

SC200101参考号

SINGAPORE目的地

1/25件数代号

在外贸实践中，我国外贸企业应尽量参照上述标准化运输标志设计和制作唛头。在制作单据时，要把运输标志印载于发票、提单、保险单、产地证、装箱单、检验证书及其他有关单据上。这样，相关人员就可以根据这些标志，顺利地交接和查验货物。

有必要指出，标准化运输标志不使用几何图形或其他图形。这是为了便于刻唛、刷唛，节省时间和费用，以及在制单和信息传递中使用电传机和电子通信设备等。

按照国际贸易惯例，运输标志一般由卖方设计，因而在买卖合同的包装条款中可以不作具体规定。如买方要求由自己指定运输标志，卖方亦可接受，但要在合同中具体规定其式样的内容，或者规定买方提供运输标志的时间，并应订明如在装运前若干天尚未收到买方提供的运输标志，卖方亦可自行设计。

（2）指示性标志（Indicative Mark）。它是根据商品的特性，对一些容易破碎、残损、变质的商品，为了提醒人们在装卸、运输和保管过程中加以注意，以简单、醒目的图形和文字在包装上所做的标志，如“怕湿”“向上”“小心轻放”“禁用手钩”等。

为了统一各国运输包装指示性标志上的图形与文字，一些国际组织制定了包装储运指示性标志。我国也制定有运输包装指示性标志的国家标准，所用图形与国际上通用的图形基本一致。

学习微平台

延伸阅读4-2

（3）警告性标志（Warning Mark）。它又称危险品标志（Dangerous Cargo Mark），是指在装有爆炸品、易燃物品、腐蚀性物品、氧化剂和放射性物质等危险货物的运输包装上用图形或文字表示各种危险品的标志，以示警告，使装卸、运输和保管人员按货物的特性采取相应的防护措施，以保护物资和人员的安全。

为了保证国际危险货物运输的安全，联合国、国际海事组织、国际铁路合作组织和国际民用航空组织分别制定有国际海上、铁路、航空危险货物运输规则。其中，《国际海运危险品货物标识》已被许多国家采用。我国也颁布了《危险货物包装标志》。

有的国家规定进口危险品时要在运输包装上标明“国际海运危险品”，否则不准靠岸卸货。因此，在我国出口危险货物的运输包装上，要标明我国和国际上所规定的两套危险品标志。

除上述标志外，商品的运输包装上一般还刷上包装件的毛重、净重、体积尺码和商品的生产国别或地区，有时也刷上许可证号、信用证号、型号、色泽等。这些内容除少数情况下作为运输标志的组成部分外，一般以刷印在非唛头部位的外包装其他空白位置为宜。

4.3.2 销售包装

根据不同的包装材料和不同的造型结构及式样，常见的销售包装有挂式包装、堆叠式包装、便携式包装、一次用量包装、喷雾包装、配套包装、礼品包装、易开包装等。在销售包装上，一般都有装潢、画面和文字说明，有的还印有条形码的标志。在设计和制作销售包装时，应做好以下三方面的工作：

（1）销售包装的装潢，通常包括图案与色彩。装潢应美观大方，富有艺术吸引力，并突出商品的特性。其图案和色彩应符合有关国家的风俗习惯。

（2）文字说明包括商标、品牌、品名、产地、数量、规格、成分、用途和使用方法等内容。这些内容应同装潢、画面紧密结合、彼此补充，以树立产品及企业的形象，达到促销的目的。使用的文字要简洁，并能让消费者看懂，必要时也可中外文并用。有些国家如加拿大、瑞士等，要求同时标上几种文字。此外，还应注意文字说明不能违反有关国家标签管理条例的规定。各国政府对进口商品特别是食品和药品的标签内容都有具体要求，一般都要求标明产地、重量、成分、生产者名称、生产日期、保质期以及有关添加剂、化学成分或脂肪含量等内容。

（3）条形码（Product Code）。这是一种产品代码，是由一组粗细间隔不等的平行线条及相应的数字组成的标记，代表一定的信息数据。使用光电扫描阅读设备，向计算机中输入这些数据，计算机就能自动地识别条形码的有关信息，如商品的生产国别与地区、生产厂家、品种规格等，从而可在数据库中查询其单价，方便地进行货款结算，不但提高了准确率，也方便了顾客。因此，条形码成了商品进入超级市场和大型百货商店的先决条件。国际上通用的条形码主要有两种：一种是美国统一代码委员会编制的UPC码（Universal Product Code），另一种是国际物品编码协会编制的EAN码（European Article Number）。EAN码是目前国际上公认的使用范围最广的物品编码标志系统。它由12位数字的产品代码和1位校验码组成：12位数字中的前3位为国家或地区代码，中间4位为厂商识别代码，后5位为商品标识代码。我国于1988年批准成立了中国物品编码中心，该中心于1991年4月代表中国加入国际物品编码协会。目前，该协会分配给我国的国别号为“690”“691”“692”，凡标有“690”“691”“692”条形码的商品，即表示中国生产的商品。2005年5月16日，国家质量监督检验检疫总局通过了新的《商品条码管理办法》，原国家质量技术监督局1998年7月3日颁布的《商品条码管理办法》同时废止。该办法规定：凡依法取得营业执照和相关合法经营资质证明的生产者、销售者和服务提供者，均可以申请注册厂商识别代码；系统成员对其厂商识别代码、商品代码和相应的商品条形码享有专用权，不得转让给他人使用；任何单位和个人不得在商品包装上使用其他条码冒充商品条码，不得伪造商品条码。

总之，条形码是商品能够流通于国际市场上的一种通用语言和统一编号，主要用于商品的销售包装上。它极大地方便了货物的分类、储存、输送，为自动化管理创造了条件。

4.3.3 定牌、无牌生产和中性包装

采用定牌、无牌生产和中性包装（Neutral Packing）是国际贸易中的习惯做法。我国在国际贸易中，有时应客户的要求，也采用这些做法。

定牌生产是指卖方按买方要求在其出售的商品或包装上标明买方指定的商标或牌名。当前，世界许多国家的超级市场、大百货公司和专业商店经营出售的商品，都要求在商品或包装上标上本商店使用的商标或牌名，以提升本商店的知名度和显示该商品的身价。在我国的出口贸易中，如外商订货数量较大、需求比较稳定，我们也可同意使用定牌生产，以利用买主的企业商誉和名牌声誉，提高商品售价。但应注意，外商有时会以此来排挤使用我方商标的商品，影响我国出口产品的名牌形象。

无牌生产是指买方要求在我方出口的商品或包装上免除任何商标或牌名。其主要目的是避免浪费、节省广告费用、降低销售成本，从而实现薄利多销。无牌生产主要用于半制成品、低值易耗的日用消费品。

中性包装是在商品及其内外包装上不注明生产国别的包装，包括定牌中性包装和无牌中性包装两种。前者是指不注明产地但使用买方指定的商标或牌名；后者是指在商品和包装上均不使用任何商标或牌名，也不注明生产国别。采用中性包装是为了适应国际市场上的特殊需要（如转口销售等），打破某些进口国家与地区的关税和非关税壁垒。它是出口厂商加强对外竞销和扩大出口的一种手段。但应注意，近年来中性包装的做法在国际上屡遭非议。如国外商人要求做中性包装，我方必须谨慎行事。

需要指出的是，在一般的定牌或无牌生产中，我方的出口商品或包装上均需标明“中国制造”字样。

4.3.4 合同中的包装条款

1）基本内容

买卖合同中的包装条款一般包括包装材料、包装方式和每件包装中所含物品的数量或重量等内容。例如：布包，每包20匹，每匹42码（In cloth bales each containing 20pcs of 42 yds）；纸箱装，每箱50千克，净重（In cartons of 50 kgs net each）。

2）注意事项

为了订好包装条款，顺利履行合同，需注意下列事项：

（1）对包装的规定要明确具体。一般不宜采用“海运包装”“习惯包装”之类的术语，因为此类术语缺乏统一的解释，容易引起纠纷。

（2）包装费用一般包括在货价中，不另计收。但如果买方对包装有特殊要求，其超出的包装费用原则上应由买方负担，并应规定费用的支付办法；如商定包装材料由买方提供，还应明确材料最迟到达卖方的时限和逾期到达的责任，并应与合同中交货期限相适应。

（3）注意有关国家对包装的特殊要求和风俗习惯。近年来，各国政府对包装的要求

越来越严格，如在包装材料方面，有的国家不允许使用玻璃和陶瓷，有的国家（如美国、日本、加拿大、新西兰）禁止用稻草、报纸做包装衬垫。同时，订立包装条款还应考虑各国的风俗习惯，如非洲很多国家不喜欢有狗的包装图案，而带象的包装图案在东南亚很受欢迎。

【同步案例4-2】

包装条款制定不明造成损失

背景与情境： 某年3月初，山东省某乡镇企业与A国的M贸易发展公司签订了一份出口烤花生的合同。合同规定出口数量为40吨，采用纸箱装，每箱装10袋，每袋450克，付款方式为即期信用证，交货时间为当年的4月30日前，目的港为A国S港。由于进口商对出口企业货物的内包装不满意，签约时决定使用自己的包装袋，因此，在合同的包装条款中附带了一句：内包装由A方提供。

合同签订后，中方抓紧时间组织加工，同时催促A方抓紧运送包装袋。但A方的包装袋始终未到。在中方多次催促之后，A方的包装袋终于在4月24日到货。中方立即组织装袋打包，但货物还是未能赶上28日的船期，中方于28日致电A方公司，指出由于A方公司内包装袋的迟交，导致中方不能按时交货，因此，要求将交货期改为5月15日之前。

4月29日，对方回电说："由于贵方延迟交货已成事实，我方不同意关于贵方迟交系由我方造成的说法。但我方考虑到贵方的实际困难，希望贵方在价格上减让10%，否则拒绝改期交货。"后来双方讨价还价，A方在同意交货期改为5月15日的同时，要求中方在价格上减让8%，中方被迫答应。

问题： 本案中中方企业应吸取什么教训？

分析提示： A方故意延迟内包装袋的交货时间，造成中方无法按时交货，然后迫使中方减让8%的价格，很明显，A方是存在问题的。中方在签订合同时没规定内包装袋的交货时间而让A方钻了空子，这点应吸取教训。

4.4 货物的价格条件

货物的价格（Price）是买卖双方磋商的中心议题和矛盾的焦点，直接关系到买卖双方的经济利益。买卖双方必须就价格达成一致，否则合同不能成立。货物的价格通常是指货物的单价（Unit Price）。

在国际贸易中，商品单价的规定远较国内贸易复杂：除了同国内贸易一样，需规定单位价格金额、计量单位、计价货币之外，还需标明国际贸易中惯用的贸易术语（Trade Term），如USD 6.00 per pc FOB Ningbo中的FOB。鉴于贸易术语是交易磋商和订立买卖合同不可缺少的专门术语，每个外贸工作者必须对其有充分的认识，以便在实际业务中正确运用，从而维护企业和国家的经济利益。

4.4.1 国际贸易术语的含义及有关的国际贸易惯例

贸易术语又称价格术语（Price Term），是为适应国际贸易的特点，在长期的贸易实践中形成的一种贸易惯例。国际货物买卖是在不同的国家之间进行的，较国内贸易复杂得多，如由何方洽租运输工具、装货、卸货、办理货运保险、申领进出口许可证和报关纳税；由何方支付运费、装卸费、保险费、捐税和其他杂项费用；由何方负担货物在运输途中可能发生损坏和灭失的风险等。如果每笔交易都要求买卖双方对上述手续、费用和风险逐项反复洽商，将耗费大量的时间和费用，并影响交易的达成。为此，在国际贸易的长期实践中，逐渐形成了各种不同的贸易术语。在一笔出口或进口贸易中，利用贸易术语，可明确买卖双方在手续、费用和风险方面的责任划分，促进交易的快速达成。

1）贸易术语的含义

贸易术语是指用一个简短的概念（如Free on Board）或三个字母的外文缩写（如FOB），表示价格的构成和买卖双方在货物交接过程中有关手续、费用和风险的责任划分。采用某个专门的贸易术语，就能明确买卖双方的交货条件。贸易术语不同，其报价也就不同，特别是货价中所包含的从属费用。由此可知，贸易术语也表示价格的构成。

综上所述，可以看出贸易术语具有两重性：一方面表示交货条件，另一方面表示成交价格的构成因素。这两者是紧密相关的。

2）有关贸易术语的国际惯例

在国际贸易中使用贸易术语始于19世纪，随着国际贸易的发展，逐渐形成了一系列贸易术语规则，这些规则在国际贸易实践中被广泛采用，从而成为国际贸易惯例。目前，在国际上有较大影响的贸易术语惯例主要有五种：

（1）《1932年华沙—牛津规则》（Warsaw-Oxford Rules 1932）。它是国际法协会专门为解释CIF合同而制定的，由于仅对CIF作了解释和规定，在实际应用中使用的人不多。

（2）《1941年美国对外贸易定义修订本》（Revised American Foreign Trade Definitions 1941）。该定义最早于1919年由美国几个商业团体在纽约制定，后来于1941年进行了修订，命名为《1941年美国对外贸易定义修订本》。它共解释了六种贸易术语，分别为：Ex（Point of Origin，产地交货），FOB（Free on Board，在运输工具上交货），FAS（Free alongside Ship，在运输工具旁边交货），C&F（Cost and Freight，成本加运费），CIF（Cost，Insurance and Freight，成本加保险费加运费），Ex Dock（Named Port of Importation，目的港码头交货）。《1941年美国对外贸易定义修订本》在美洲国家有很大的影响力，由于它对贸易术语的解释与INCOTERMS的内容很不一样，因此除非合同中明文规定采用，否则是没有约束力的。但是毕竟美洲国家仍在采用该修订本，因此，在与这些国家进行国际贸易时，应注意这一点。

（3）《2000年国际贸易术语解释通则》（International Rules for the Interpretation of Trade Terms 2000）。《国际贸易术语解释通则》是国际商会为统一各种贸易术语的不同解释于1936年制定的。随后，为适应国际贸易实践发展的需要，国际商会先后于1953年、1967年、1976年、1980年和1990年对其进行了多次修订和补充。其中，1990年国际商会为使贸易术语能适应广泛使用的电子数据交换（EDI）和不断革新的运输技术变化的需要，对其作了全面的修订。为使贸易术语更进一步适应世界上无关税区的发展、交易中使用电子信息的增多以及运输方式的变化，国际商会再次对其进行修订，并于1999年9月公布了《2000年国际贸易术语解释通则》，简称《INCOTERMS 2000》或《2000年通则》，该通则于2000年1月1日起生效。

（4）《2010年国际贸易术语解释通则》。由于区域经济一体化的发展使无关税区进一步扩大，加上运输方式的变革和对运输安全的关注，以及买卖双方风险界线的划分需要进一步明确等，《2000年通则》需要与时俱进地进行修订完善，以适应国际贸易在其发展过程中出现的新变化、新情况和解决其面对的新问题。因此，国际商会于2007年发起了对《2000年通则》进行修订的动议。为力求使新的“通则”能够将贸易规范推向一个新的高度，使其更符合当今贸易的实际，国际商会组织修订小组，回顾和总结历史经验，进行调查研究，广泛听取意见，集思广益，经过3年的努力，于2010年9月发布了《2010年国际贸易术语解释通则》（以下简称《2010年通则》），自2011年1月1日起生效。《2010年通则》与《2000年通则》相比，在诸多方面都有了新的调整和变化，主要表现在以下几方面：

第一，贸易术语总数由13个调整缩减为11个。《2000年通则》有13个贸易术语，即EXW、FCA、FAS、FOB、CFR、CIF、CPT、CIP、DAF、DES、DEQ、DDU、DDP。《2010年通则》删去了《2000年通则》中的4个贸易术语，即DAF、DES、DEQ、DDU；新增了2个贸易术语，即DAT、DAP。也就是说，用DAP取代了DAF、DES、DDU 3个贸易术语，用DAT取代了DEQ，且扩展到适用于一切运输方式。

第二，贸易术语的分类依据和分组发生了变化。《2000年通则》以买卖双方的责任差异为依据进行分类，把13种贸易术语分为E组（EXW），F组（FCA、FAS、FOB），C组（CFR、CIF、CPT、CIP），D组（DAF、DES、DEQ、DDU、DDP），详见表4-1。

表4-1　《2000年通则》13种贸易术语的分类

<table>
<tr><td>E组启运</td><td>EXW（Ex Works）</td><td>工厂交货</td><td rowspan="2">适用于各种运输方式（包括多式联运）</td></tr>
<tr><td rowspan="3">F组主运费未付</td><td>FCA（Free Carrier）</td><td>货交承运人</td></tr>
<tr><td>FAS（Free alongside Ship）</td><td>装运港船边交货</td><td rowspan="4">适用于海运及内河运输</td></tr>
<tr><td>FOB（Free on Board）</td><td>装运港船上交货</td></tr>
<tr><td rowspan="4">C组主运费未付</td><td>CFR（Cost and Freight）</td><td>成本加运费</td></tr>
<tr><td>CIF（Cost，Insurance and Freight）</td><td>成本、保险费加运费</td></tr>
<tr><td>CPT（Carriage Paid to）</td><td>运费付至</td><td rowspan="3">适用于各种运输方式（包括多式联运）</td></tr>
<tr><td>CIP（Carriage and Insurance Paid to）</td><td>运费、保险费付至</td></tr>
<tr><td rowspan="5">D组到达</td><td>DAF（Delivered at Frontier）</td><td>边境交货</td></tr>
<tr><td>DES（Delivered Ex Ship）</td><td>目的港船上交货</td><td rowspan="2">适用于海运、内河运输及多式联运</td></tr>
<tr><td>DEQ（Delivered Ex Quay）</td><td>目的港码头交货</td></tr>
<tr><td>DDU（Delivered Duty Unpaid）</td><td>未完税交货</td><td rowspan="2">适用于各种运输方式（包括多式联运）</td></tr>
<tr><td>DDP（Delivered Duty Paid）</td><td>完税后交货</td></tr>
</table>

而《2010年通则》则以适用的运输方式为依据，将11种贸易术语分为2组，即适合一切运输方式组（EXW、FCA、CPT、CIP、DAT、DAP、DDP）、适合海运和内河航

运组（FAS、FOB、CFR、CIF），详见表4-2。

表4-2　　《2010年通则》11种贸易术语的分类

适合一切运输方式的贸易术语	EXW（Ex Works）	工厂交货
	FCA（Free Carrier）	货交承运人
	CPT（Carriage Paid to）	运费付至
	CIP（Carriage and Insurance Paid to）	运费、保险费付至
	DAT（Delivered at Terminal）	指定运输终端交货
	DAP（Delivered at Place）	指定目的地交货
	DDP（Delivered Duty Paid）	完税后交货
适合海运和内河航运的贸易术语	FAS（Free alongside Ship）	装运港船边交货
	FOB（Free on Board）	装运港船上交货
	CFR（Cost and Freight）	成本加运费
	CIF（Cost，Insurance and Freight）	成本、保险费加运费

第三，扩大了贸易术语的适用范围。区域经济一体化的发展，使无关税区的范围进一步扩大，国际贸易中国与国之间的边界手续已不那么重要了。由此，《2010年通则》正式明确地把贸易术语的适用范围扩展到了国际和国内贸易（都适用的范围），进出口商仅在需要时才办理进口和出口报关手续以及支付相应的费用。

第四，在每一个贸易术语前都有一个使用指南。这种使用指南并不是贸易术语正式规则的一部分，它只是解释了每种贸易术语的基本原理，在何种情况下可使用此术语，买卖双方风险转移的界限在哪，以及费用在买卖双方之间是如何分配的，从而帮助和引导使用者准确有效地为特定交易选择合适的贸易术语。特别要强调的是，关于买卖双方风险转移临界点的规定，《2010年通则》中的“使用指南”与《2000年通则》不同。《2000年通则》以自身的规定去划分这些临界点，而《2010年通则》中的“使用指南”则要求买卖双方自行明确风险转移的临界点。它将每种贸易术语中买卖双方各自的责任、风险和费用均用10个项目列出来，相互对照，一目了然。《2010年通则》贸易术语中买卖双方的责任详见表4-3。

表4-3　　《2010年通则》贸易术语中买卖双方的责任对照表

A卖方责任	B买方责任
A1卖方的一般责任	B1买方的一般责任
A2许可证、授权、安检通关和其他手续	B2许可证、授权、安检通关和其他手续
A3运输合同和保险合同	B3运输合同和保险合同
A4交货	B4收取货物
A5风险转移	B5风险转移
A6费用划分	B6费用划分
A7通知买方	B7通知卖方
A8交货凭证	B8交货证明
A9检查、包装和标志	B9货物检查
A10协助提供信息及相关费用	B10协助提供信息及相关费用

第五，取消了买卖双方以“船舷为界”的风险点划分。《2000年通则》对适用于水上运输方式的FOB、CFR和CIF这三种主要贸易术语，在买卖双方风险临界点的划分问题上，均强调以装运港“船舷为界”的概念。但这种规定从理论上讲不够严谨，从实践上讲缺乏可操作性。因此《2010年通则》取消了以“船舷为界”的风险划分，取而代之的是“卖方负责在指定装运港口将货物装上船”。在贸易术语FOB、CFR和CIF卖方义务的比较中，《2000年通则》与《2010年通则》区别的关键点就在这里。这种风险划分的改变，使风险的临界点更加明确，更具有可操作性。

学习微平台

延伸阅读4-3

第六，赋予了电子通信方式与纸质通信方式同等的效力。在《2010年通则》以前的老版本中，有允许用电子数据交换（EDI）信息代替纸面单据方面的明确规定。为适应当今电子通信方式发展的需要，在《2010年通则》的A1/B1中，只要交易双方同意或当地管理当局允许，电子通信方式与纸质通信方式具有同等效力。

第七，适应了新的保险规则。《2010年通则》充分考虑到了协会货物保险条款修改带来的一些变化，并相应地对涉及保险的内容做出了不少调整和修改。

第八，增加了与连续销售有关的义务划分。在当今的国际贸易中，货物被“连续销售”已成为普遍现象。《2010年通则》对连续销售模式下的卖方义务做了一些细分，这样可以减少中间环节中卖方的麻烦和降低再装运货物的损坏程度和成本，从而在一定程度上弥补了《2000年通则》的不足。

（5）《2020年国际贸易术语解释通则》（以下简称《2020年通则》）。该通则已于2020年1月1日生效，总体上沿袭了《2010年通则》的模式，分成2类、4组、11个术语，修订后更加符合当前的贸易实践。《2020年通则》与《2010年通则》相比，主要变化体现在以下几方面：

第一，FCA（货交承运人）术语下添加已装船批注。在《2020年通则》以前的版本中，货物的交付是在装载到船上之前完成的，承运人有义务签发带有船上注解的“已装运”提单或“已收到”提单，仅当货物实际装在船上时才会签发。《2020年通则》提供了一个新的选择：交易双方可以约定，买方可指示承运人在货物装运后向卖方签发已装船提单，然后卖方有义务向买方提交该提单。ICC注意到了市场需求，同时注意到了FCA条款设想的交货点与船上提货单要求之间存在理论上的不一致。

第二，去掉了DAT术语，新增DPU术语。在《2010年通则》中，对于DAT（Delivered at Terminal）术语，卖方在指定港口或目的地运输终端（如火车站、航站楼、码头）将货物卸下即完成交货任务；在《2020年通则》中，DPU（Delivered at Place Unloaded）是指卖方将货物交付至买方所在地可以卸货的任何地方，而无须在运输终端，但要负责卸货，承担卸货费。

第三，CIP和CIF术语下关于保险的规定有变化。《2020年通则》对CIF和CIP术语中的保险条款分别进行了规定：CIF术语下，卖方只需要承担运输最低险，默认使用协会货物保险条款（C），但是买卖双方可以规定较高的保额；而CIP术语下，如果没有特别约定，卖方需要承担最高险（一切险减除外责任），相应的保费也会更高。也就是说，在《2020年通则》中，使用CIP术语，卖方承担的保险义务变大，而买方的利益会得到更多保障。

第四，在FCA、DAP、DPU和DDP术语中，与用卖方或买方自己的运输工具安排运输相关的条款。在《2010年通则》中，FCA、DAP和DDP术语都是假定货物在从卖方运往买方的过程中由第三方承运人负责；根据《2020年通则》，在FCA术语中，买方可以使用自己的运输工具（汽车尤为常见）收货并运输至目的地。同样，在DAP、DPU和DDP术语中，也允许卖方使用自己的运输工具将货物运至指定的目的地完成交货任务。

第五，在运输责任及费用划分条款中增加安保要求。由于近年国际安全形势的恶化及反恐等需求的不断提升，对国际货物运输的安保要求越来越严格，与之相对应的费用支出和责任也不容忽视。《2020年通则》在各个术语的运输义务和费用中加入了与安全有关的要求，即将安保费用纳入运输费用中，谁承担运输费用，谁就承担运输中的安保费用。

第六，费用划分条款的调整。《2020年通则》将费用划分条款改列在各术语的A9/B9项，这一改变最大的好处是在A9/B9项中统一列明了买方或卖方所有的费用项目，相关方可以在同一个条款中找到他选择的贸易术语所对应的所有费用项目。这使卖方和买方对各自所负担的费用一目了然，卖方在报价时可以做到心中有数，报价有理有据；在履行合同的过程中，这一改变也令双方对各自应该负担哪些费用清清楚楚，能够有效地减少履约过程中可能出现的分歧和争议。

第七，用户解释。在《2010年通则》中，指引（Guidance Notes）放在每一个术语解释通则的开头；而《2020年通则》有了专门的“用户解释性注释”（Explanatory Notes for Users），这些注释阐释了各术语的基本原则，如何时使用、何时转移风险以及如何在买卖双方之间分配成本。“用户解释性注释”的目的是：帮助用户准确、有效地理解和使用适当的贸易术语；当合同存在争议时，可以为协议制定者和咨询者提供必要的指导。

一般新版本文件颁布后，老版本会失效，但是Incoterms并不是，《2010年通则》还可以继续使用，因此买卖双方要在合同中注明到底用的是哪一版本的术语。

4.4.2 贸易术语FOB

FOB是Free on Board（Named Port of Shipment）的英文缩写，中文意思是装运港船上交货。它是指卖方必须在合同规定的装运期内，在指定的装运港将货物交至买方指定的船上，并承担货物在装上船之前的一切费用和货物灭失或损坏的风险，在需要时办理出口货物所需的一切海关手续。本术语只适用于海洋和内河运输。

1）买卖双方基本义务的划分

FOB是海上运输最早出现的贸易术语，也是目前国际上普遍使用的贸易术语之一。根据《2020年通则》的解释，FOB术语中买卖双方承担的主要义务如下：

卖方义务：①在合同规定的时间或期限内，在指定的装运港，依据港口惯例将符合合同规定的货物交至买方指定的船上，并给予买方充分的通知。“充分”是指在时间上必须及时，内容上必须详尽，通知方式快捷，一般应以电信方式将装船的具体详情告知买方。②自行承担风险和费用，取得出口许可证或其他官方核准文件，并在需要时办理出口货物所需的一切海关手续。③承担货物在装运港装上船之前一切与货物有关的费用和货物灭失或损坏的风险。④必须自负费用，向买方提供商业发票和证明货物已交至船上的交货凭证、运输单据或具有同等效力的电子信息。

买方义务：①必须自负费用，订立从指定的装运港运输货物的合同，并给予卖方有关船名、装船地点和要求交货时间的充分通知；②必须自担风险和费用，取得任何进口许可或其他官方许可，并在需要时办理货物进口和从他国过境的一切海关手续；③必须承担货物在装运港装上船之后一切与货物有关的费用和货物灭失或损坏的风险；④必须收取卖方按合同规定交付的货物，接受按合同规定提交的交货凭证；⑤为自身利益考虑，应负责办理保险手续并支付保险费；⑥必须按照合同的规定支付价款。

FOB术语买卖双方各自的义务和责任划分见表4-4。

表4-4　FOB术语买卖双方各自的义务和责任划分表

卖方	买方
按合同规定交货，移交单据	付款，接单，提取货物
办理出口清关手续，支付费用	办理进口清关手续，支付费用
—	租船订舱，支付运费
	办理保险，支付保险费
承担货物在装运港装上船之前的一切风险	承担货物在装运港装上船之后的一切风险

2）使用FOB术语时应注意的问题

第一，关于船货衔接的问题。在FOB术语下，买方必须租船订舱，并将船名和装船时间通知对方；卖方必须负责在合同规定的装船期和装运港，将货物装上买方指定的船只。这时买卖双方之间就存在一个船货衔接的问题，如果衔接不好，就会出现“货等船”或“船等货”的现象，从而给卖方或买方造成经济损失。由此又会产生一个责任承担、划分问题。如果买方未经卖方同意，提前将船派到装运港，卖方有权拒绝装货，由此产生的一系列经济损失由买方自己承担，与卖方无关；如果未经卖方同意，买方延迟将船派到装运港，使卖方不能在合同规定的装运期内将货物装上船，则由此引起的卖方仓储、保险等费用均由买方承担，卖方甚至可以拒绝交货；如果买方所派的船只按时到达装运港，因卖方货未备妥而不能及时装运，则卖方应承担由此而造成的空舱费或者滞期费。卖方在装船后应及时地给予买方以充分的通知，以便买方及时办理运输保险、收取货物并安排货物入库等事项。

因此，在FOB条件下，买卖双方应在合同中明确三个通知期限：卖方货妥通知的期限、买方派船通知的期限、卖方装船通知的期限。在订约后，双方还应加强联系、密切配合，以防止衔接不好。

另外，在班轮运输中，由于费率固定，班轮订舱的手续由买方还是卖方来办理没有区别，甚至卖方办理比买方更为方便。因此，在买方的要求下，卖方可以在由买方承担风险和费用的条件下，协助办理此类事项。但卖方并没有非办不可的义务，往往只是基于良好的贸易关系才这样做。因此，卖方如拒绝协助并不构成违约。

第二，关于装船费用的负担——FOB的变形问题。以FOB条件买卖时，如果使用班轮运输，由于班轮方负责装卸，一切费用都包括在运费内，则装卸费用由买方负担，这很明确，没有什么问题。如果租船，在目的港的卸货费用理应由买方负担，这也没有问题。但在装运港的装船费用，如平舱费、理舱费、捆扎费、加固费等由谁来承担，买卖双方之间必须明确，通常可以采用FOB的变形形式。

常见的FOB变形形式有：①FOB班轮条件（FOB Liner Terms）。它是指装船费用按班轮条件来办理，即由买方负担。②FOB并理舱（FOB Stowed，FOBS）。它是指卖方负责将货物装入船舱并负担包括理舱费在内的装船费用。③FOB并平舱（FOB Trimmed，FOBT）。它是指卖方负责将货物装入船舱并支付包括平舱费在内的装船费用。若买方租用自动平舱船，卖方应退回平舱费用。④FOB吊钩下交货（FOB under Tackle）。它是指卖方将货物置于轮船吊钩可及之处，从货物起吊开始的装船费用由买方负担。由于吊钩下的地点不确定，可能在码头，也可能在驳船上；另外大件货物使用什么吊钩也不确定，有的是船吊，有的是浮吊，其租用的费用也不相同，易引起争议，因此，一般不用此变形。

在许多标准合同中，为表明由卖方承担包括理舱费和平舱费在内的各项装船费用，常采用FOB ST（FOB Stowed and Trimmed）方式。当然，还有其他组合的变形方式。

然而必须明确的是，以上FOB的变形只涉及装船费用，不涉及风险划分问题，风险应按《2020年通则》中FOB确定的临界点来划分。

需要注意的是，对以上FOB的变形国际上并无统一的权威性解释。为避免产生不必要的麻烦，在使用FOB变形时，应在合同中明确规定卖方所需承担的额外义务，以防止由于双方理解不一致而引起纠纷。还要注意的是，在租船时，船方一般不负责装卸，但这也不是绝对的。船方是否负责装卸由租船合同具体规定。

另外，更要注意的是某些国家的某些港口对FOB有关装船费用的特别解释。例如：①FOB Liverpool，除非合同另有规定，卖方需负责将货物装到利物浦港口的船上并理好舱；②FOB London，除非合同另有规定，卖方需负责将货物装到伦敦港口的船上，但不负责平舱及理舱费用，风险以货物实际装到船上为界。

因此，在实际业务中，如果采用租船的方式且对装船费用未作明确规定，一定要注意有关国家的习惯做法，以免产生不必要的麻烦或纠纷。

第三，《1941年美国对外贸易定义修订本》对FOB术语的特殊解释。该修订本对FOB的解释与上述解释有差异，主要表现在：①美国把FOB条件笼统地规定为在任何一种运输工具上交货。因此，从美国进口货物签订FOB合同时，必须在FOB后加缀“Vessel”（船）字样，并列明装运港名称，这样才表明卖方在装运港船上交货。②在费用负担上，规定买方要支付给卖方其协助提供出口单证的费用和出口税以及因出口而产生的其他费用。

4.4.3 贸易术语CFR

CFR是Cost and Freight （Named Port of Destination）的英文缩写——成本加运费（指定目的港），是指卖方必须在合同规定的装运期内，在装运港将货物交至运往指定目的港的船上，承担货物装上船之前一切（货物）灭失或损坏的风险及由于各种事件造成的任何额外费用，并负责租船订舱，支付至目的港的正常运费，办理货物出口清关手续。货物交付后灭失或损坏的风险，以及因货物交付后发生的事件而引起的任何额外费用，自交付时起由卖方转移至买方承担。本贸易术语只适用于海洋和内河运输。

1）买卖双方基本义务的划分

根据《2020年通则》对CFR的解释，买卖双方的基本义务如下（见表4-5）：

表4-5 CFR条件下买卖双方的主要义务划分表

卖方	买方
按合同规定交货，移交单据	付款，接单，提取货物
办理出口清关手续，支付费用	办理进口清关手续，支付费用
租船订舱，支付运费	—
—	办理保险，支付保险费
承担货物在装运港装上船之前的一切风险	承担货物在装运港装上船之后的一切风险

（1）卖方义务：①在买卖合同规定的时间和港口，将合同要求的货物装上船并支付到目的港的运费，装船后及时通知买方；②承担货物在装运港装上船之前的一切费用和风险；③取得许可证或其他官方证明，并办理货物出口所需的一切海关手续；④提交发票、运输单据或具有相同效力的电子信息。

（2）买方义务：①承担货物在装运港装上船之后的一切风险；②取得进口许可证或其他官方证明，并办理货物进口所需的一切海关手续，支付关税及其他费用；③接受卖方提供的有关单据，受领货物，并按合同规定支付货款。

2）使用CFR贸易术语应注意的问题

第一，关于卖方必须向买方及时发出货物已装船的充分通知问题。在CFR贸易术语下，由卖方办理租船订舱和在装运港将货物装上船的手续，对这一切买方可能会毫无所知。因此，卖方必须及时地向买方发出货物已按规定交付至船上的充分通知，以便买方及时在目的港办理货运保险，针对货物装上船后可能遭受灭失或损坏的风险取得保障；否则，如果货物在运输途中灭失或损坏，而买方又未及时办理相关保险，根据货物买卖合同的适用法律，卖方将要承担违约责任，并就损害进行赔偿。

第二，关于卖方的装运义务问题。在CFR贸易术语下，虽然运输由卖方来安排，但卖方必须在合同规定的期限内发运货物，随意延迟装运或提前装运均属违约，买方将有权拒收货物或提出索赔。另外，按照惯例，卖方在安排运输时，按照通常的航线和使用通常的船只即可，买方无权对此提出过多要求。

第三，关于卸货费用的承担——CFR变形问题。以CFR贸易术语成交，由卖方负责签订运输合同和支付运费，在装运港的装船费用也由卖方承担，这没有问题。那么货物运至目的港时卸货费用由谁来承担呢？为解决这一问题，买卖双方在签订合同时，可在CFR贸易术语后附加相应的短语，以明确卸货费用由谁来承担。这便出现了CFR的以下变形：①CFR班轮条件（CFR Liner Terms）。由卖方或船方承担卸货费用，包括驳船费和码头费。②CFR卸至岸上（CFR Landed）。由卖方承担将货物卸到码头上的各项有关费用，包括驳船费和码头费。③CFR舱底交货（CFR Ex Ship's Hold）。买方负担货物到达目的港后自船舱起吊直至卸到码头的卸货费用。

第四，关于在进口业务中采用CFR应谨慎的问题。在国际贸易中，使用CFR贸易术语比使用其他贸易术语更容易发生欺诈。这是因为，按CFR条件进口时，由外商安排装运，我方负责保险，外商有可能和船方勾结出具假提单，或租用不适航的船舶，或伪造品质证书与产地证明等。出现这类情况，会使我方蒙受不应有的损失，故应选择资信好的国外客户成交，并对船舶提出适当要求。

4.4.4 贸易术语CIF

CIF是Cost Insurance and Freight（Named Port of Destination）的英文缩写，中文意思是成本、保险费加运费（指定目的港），是指卖方必须在合同规定的装运期内在装运港将货物交至运往指定目的港的船上，承担货物装上船之前一切（货物）灭失或损坏的风险及由于各种事件造成的任何额外费用，并负责办理货运保险，支付保险费以及负责租船订舱，支付从装运港到目的港的正常运费。货物交付后灭失或损坏的风险，以及因货物交付后发生的事件所引起的任何额外费用，自交付时起由卖方转移至买方承担。本贸易术语只适用于海洋和内河运输。

1）买卖双方基本义务的划分

（1）卖方义务。其包括：①卖方必须在约定的日期或期限内，在指定的装运港将符合合同规定的货物交至运往指定目的港的船上，并给予买方充分的通知，以便买方能够为受领货物而做好准备工作；②卖方自行承担风险和费用，取得出口许可证或其他官方核准的文件，并办理货物出口所需的一切海关手续；③负责租船订舱，并承担至目的港的运费；④负责办理货物运输保险，支付保险费；⑤卖方必须承担货物在装运港装上船之前的一切（货物）灭失或损坏的风险及由于各种事件造成的任何额外费用；⑥卖方必须自付费用，向买方提供商业发票和证明货物已交至船上的交货凭证、运输单据或具有同等效力的电子信息。

（2）买方义务。其包括：①买方必须自担风险和费用，取得进口许可证或其他官方核准的文件，并在需要时办理货物进口以及经由他国过境运输的一切海关手续；②买方必须承担货物在装运港装上船之后的一切（货物）灭失或损坏的风险及由于各种事件造成的任何额外费用；③买方必须收取卖方按合同规定交付的货物，接受按合同规定提交的交货凭证；④买方必须按照合同规定支付价款。

CIF贸易术语买卖双方主要义务的划分见表4-6。

表4-6　**CIF贸易术语买卖双方主要义务划分表**

卖方	买方
按合同规定发货，移交单据	付款，接单，提取货物
办理出口清关手续，支付费用	办理进口清关手续，支付费用
租船订舱，交付运费	—
办理保险，支付保险费	
承担货物在装运港装上船之前的一切风险	承担货物在装运港装上船之后的一切风险

2）使用CIF贸易术语应注意的问题

（1）关于货物运输风险问题。在CIF条件下，卖方在装运港将货物装上船即完成了交货义务。因此，采用CIF贸易术语订立的合同属“装运合同”，而不是“到货合同”。

卖方在合同规定的装运港将货物装上船后，对货物可能遭遇的任何风险不再承担责任，其风险已转移给了买方，由买方承担。

（2）关于保险的有关规定问题。按CIF贸易术语达成的交易，卖方必须为买方代办保险。买卖双方在订立合同时应该对保险险别、投保加成、保险金额等问题做出明确规定，以防日后产生争议和纠纷。按照《2020年通则》对CIF的解释，该保险需符合《协会货物保险条款》的C款或任何适于货物运输方式的类似条款的规定，但在买方提出要求并由其承担费用的情况下，可加保任何附加险别。如果没有规定，按国际惯例，卖方只需投保最低险别；最低保险金额应包括合同规定的价款另加10%，即发票金额的110%。

（3）关于象征性交货、单据买卖和货物必须符合合同要求的问题。交货可分为实际交货和象征性交货。前者是指卖方在规定的时间和地点将符合合同规定的货物提交给买方或其指定人，而不能以交单代替交货；后者是指卖方只要按期在约定的装运港完成装运，并向买方提交合同规定的包括物权凭证在内的有关单证，就算完成了交货义务，而无须保证到货，这是一种单据买卖。只要卖方如期提交齐全、正确的单据，即使货物在运输途中损坏或灭失，买方也必须承担付款义务；反之，如果卖方提交的单据不符合要求，即使货物是符合合同要求的，并且完好无损地抵达目的地，买方仍有权拒付货款。CIF条件下的交货属于象征性交货，即单据买卖。因此，装运单据在CIF交易中具有特别重要的意义。

但是，必须指出，按CIF贸易术语成交，卖方履行交单义务，只是买方付款的前提条件。除此之外，卖方还必须按照合同要求履行交货义务。如果卖方提交的货物不符合合同要求，买方即使已经付款，仍然可以根据合同的规定向卖方提出索赔。

（4）关于租船运输方式下卸货费用的负担——CIF的变形问题。在CIF条件下，班轮的货物装卸费由卖方支付。如果是大宗货物，往往采用租船运输方式，在装运港的装货费用也由卖方支付。这都没有问题。由于船公司一般不负担装卸费，因此，在目的地的卸货费用究竟由何方负担，也就成了问题。对此，买卖双方可以在合同中用文字具体订明，也可以采用CIF术语的变形来表示。

在实际业务中，常见的CIF变形有：①CIF班轮条件（CIF Liner Terms）。它指卸货费用按班轮条件处理，由支付运费的卖方负担。②CIF舱底交货（CIF Ex Ship's Hold）。它指货物运到目的港后，由买方负担将货物从舱底起吊至码头的费用。③CIF吊钩交货（CIF Ex Tackle）。它指卖方负担将货物从船舱吊起到船舶吊钩所及之处（码头上或驳船上）的费用。在船舶不能靠岸的情况下，租用驳船的费用和货物从驳船卸到岸上的费用，概由买方负担，其中包括驳船运费和码头费。④CIF卸到岸上（CIF Landed）。它指由卖方负担卸货费，其中包括驳船运费和码头费。

上文阐述FOB变形时，在实际业务中通常应注意的事项也同样适用于CIF变形。

【同步案例4-3】

CIF条件下各方的责任承担

背景与情境：我国某公司以CIF条件出口食品2 000箱，付款方式为即期信用证。货物装运后，该公司凭已装船清洁提单和已投保一切险及战争险的保险单，向银行收妥货款。货物到达目的港后，进口商经过检验发现下列情形：

（1）该批货物有300箱食品菌落总数超过进口国标准；

（2）收货人实收1 960箱，货物短缺；

（3）有10箱货物外表状况良好，但箱内食物短缺20kg。

问题：针对上述情况，进口商应向谁索赔？

分析提示：第一种情况应向卖方索赔，因为货物本身有品质缺陷；第二种情况应向承运人索赔，因为承运人签发了清洁提单，在目的港应按2 000箱交货；第三种情况应向保险公司索赔，属于保险责任范围内，但如果进口商能举证原装不足，也可向卖方索赔。

4.4.5 FOB、CFR、CIF贸易术语费用构成和主要义务的异同

从买方支付给卖方费用的角度看，在FOB交易条件下，买方只向卖方支付货物成本一项费用；在CFR交易条件下，买方需向卖方支付货物成本、运费两项费用；在CIF交易条件下，买方需向卖方支付货物成本、运费、保险费三项费用。可见，买方向卖方支付的货物成本费用，FOB、CFR、CIF三种贸易术语是相同的。不同的是，CFR比FOB多了一项运费；CIF比FOB多了运费和保险费两项费用；CIF比CFR多了一项保险费。这三种贸易术语下买方支付给卖方费用项目构成的异同详见表4-7。

表4-7　　FOB、CFR、CIF费用项目构成表

FOB	成本	—	—
CFR	成本	运费	—
CIF	成本	运费	保险费

可见，在上述三种贸易术语交易条件下，买方向卖方所支付费用的项目既有相同的，又有不同的。这就决定了买方与卖方各自履行的义务既有相同性，又有不同性，详见表4-8、表4-9。

表4-8　　FOB、CFR、CIF买卖双方各自义务相同表

卖方	买方
装货、充分通知	接货
办理出口手续、提供证件	办理进口手续、提供证件
交单	收单、付款

表4-9　　FOB、CFR、CIF买卖双方各自义务不同表

术语	卖方	买方
FOB	—	租船订舱，支付运费，办理保险，支付保险费
CFR	租船订舱，支付运费	办理保险，支付保险费
CIF	租船订舱，支付运费，办理保险，支付保险费	—

尽管FOB、CFR、CIF术语下买卖双方的各自义务存在差异，但是这三种贸易术语的属性又是相同的，见表4-10。

表4-10 FOB、CFR、CIF贸易术语属性的相同点

风险点划分相同	都是在装运港船上交货后风险由卖方转移至买方
交货性质相同	都是装运合同，“象征性交货”；凭单交货，凭单付款
适合的运输方式相同	都仅适用于海洋和内河运输

4.4.6 贸易术语FCA

FCA是Free Carrier（...Named Place）的英文缩写，中文意思是货交承运人（指定地点），是指卖方必须在合同规定的交货期内，在指定地点，将经出口清关的货物交给买方指定的承运人，卖方的风险随即转移至承运人。

指定交付地点的选择会影响卖方在该地的装货和卸货义务：如果交付是在卖方的所在地进行，卖方应当装载货物；如果交付在任何其他地方进行，则卖方不负责卸载货物。

承运人是指在运输合同中履行铁路、公路、航空、海洋、内河运输或多式联运义务的人。因此，承运人既可以是实际承运人，也可以是缔约承运人。后者不一定自己履行运输义务，但他要承担承运人的责任。如果买方指定非承运人的其他人接收货物，则自货物交付给该人之时起，视为卖方已经履行了交付货物的义务。

1）买卖双方主要义务的划分

（1）卖方义务。其包括：①卖方必须自担风险和费用，取得出口许可证或其他官方许可证，并在需要时办理出口货物所需的一切海关手续；②卖方必须在合同规定的日期或期限内，在指定的多个交货地点，将货物交给买方指定的承运人，并给予买方已按照规定交货的充分通知；③卖方必须承担货物被交由承运人处置之前一切与货物有关的费用和货物灭失或损坏的风险；④卖方必须自付费用向买方提供商业发票和证明货物移交给承运人的交货凭证、运输单据或具有同等效力的电子信息。

（2）买方义务。其包括：①买方必须自费订立自指定地承运货物的合同，支付运费，并将承运人名称及其他有关信息及时通知给卖方；②买方必须承担货物被交由承运人处置之后的一切与货物有关的费用和货物灭失或损坏的风险；③买方必须收取卖方按合同规定交付的货物，接受按合同规定提交的交货凭证或具有同等效力的电子信息，并按合同规定支付货款；④买方自担风险和费用，取得进口许可证或其他官方许可证，并在需要时办理货物进口和在必要时从他国过境的一切海关手续；⑤买方需针对货物在运输途中可能发生灭失或损坏的风险取得货运保险，订立保险合同，并支付保险费。

FCA贸易术语买卖双方的主要义务划分见表4-11。

表4-11 FCA贸易术语买卖双方主要义务划分表

卖方	买方
按合同要求交货，移交单据	付款，接单，提取货物
办理出口清关手续，支付费用	办理进口清关手续，支付费用
—	办理运输事宜，支付运费
	办理保险，支付保险费
承担货物交给承运人处置前的一切风险和费用	承担货物交给承运人处置后的一切风险和费用

2）使用FCA贸易术语应注意的问题

（1）关于交货点和风险转移的问题。FCA适用于各种运输方式，因此它的交货点和风险转移需视不同的运输方式而定。其大致有以下两种情况：①交货点在卖方所在地，则货物被装到由买方指定的承运人的收货运输工具上，卖方即完成了交货义务，风险便转移给了买方；②交货点在买方所在地，且在卖方的运货工具上未卸下，被交由买方指定的承运人处置时，卖方即完成了交货义务，风险便转移给了买方。《2020年通则》建议交易双方尽可能清楚地写明指定交货地内的交付点。如果在约定地点没有明确具体的交付点，或者有几个交付点可供选择，卖方可以从中选择为完成义务最适宜的交付点。

（2）关于买方安排运输的问题。买方安排运输必须自付费用，订立自指定地运输货物的合同，并将承运人的名称及有关情况及时通知给卖方，卖方并无订立运输合同的义务。如果买方提出要求，或按照商业惯例，在与承运人订立运输合同时需要卖方提供协助的话，卖方可代为安排运输，但有关费用和风险应由买方负担。当然，卖方也可以拒绝协助订立运输合同。如若拒绝，则应立即通知买方，以便买方另作安排。

（3）关于货物集合化的费用负担问题。在FCA条件下，买卖双方的费用划分由交货点来确定。卖方负担交货之前所发生的一切费用，而交货之后所发生的费用，则由买方负担。鉴于在使用FCA贸易术语时，货物大都做了集合化或成组化处理，如装上集装箱或装上托盘，卖方应考虑将货物集合化所需的费用也计算在价格之内。

（4）关于FCA术语下添加已装船批注的问题。《2020年通则》规定，如果双方已约定，卖方必须自担费用及风险，指示承运人向卖方出具货物已经装载的运输单据，如已装船提单。

4.4.7 贸易术语CPT

CPT是Carriage Paid to（Named Place of Destination）的英文缩写，中文意思是运费付至（指定目的地），是指卖方将货物交付给由他指定的承运人，并支付将货物运到指定目的地所需的运费。交货后，货物灭失或损坏的风险，以及由于发生事件而引起的任何额外费用，即从卖方转移至买方。如果需要由后续承运人将货物运至指定目的地，风险自货物交付给第一承运人时转移。本贸易术语适用于各种运输方式，包括多式联运。

1）买卖双方的义务划分

《2020年通则》对CPT的修改较少，买卖双方的主要义务如下：

（1）卖方义务。其包括：①办理出口结关手续，自费订立运输合同，按期将货物交给承运人，以运至指定目的地，并向买方发出货物已交付的充分通知；②承担货物交付承运人之前的一切费用和货物灭失或损坏的一切风险，以及从装运地至目的地的通常运费；③向买方提交约定的单证或具有相等效力的电子信息；④在买方自己承担风险和费用的情况下，按买方要求提供其安全清关和后续所需的单据和信息。

（2）买方义务。其包括：①自卖方交付货物时起，承担货物灭失或损坏的一切风险；②支付除通常运费之外有关货物在运输途中所产生的各项费用和卸货费；③在目的地从承运人那里受领货物，并按合同规定支付各项费用；④买方必须自负风险和费用，取得进口许可证或其他官方许可，并在需要办理海关手续时，办理货物进口及从他国过境的一切海关手续。

CPT贸易术语买卖双方主要义务的划分见表4-12。

表4-12 CPT贸易术语买卖双方主要义务划分表

卖方	买方
按合同要求交货，移交单据	付款，接单，提取货物
办理出口清关手续，支付费用	办理进口清关手续，支付费用
办理运输事宜，支付运费	—
—	办理保险，支付保险费
承担货物交付承运人处置之前的一切风险和费用	承担货物交付承运人处置之后的一切风险和费用

2）使用CPT贸易术语应注意的问题

（1）关于风险和费用的划分问题。按照CPT条件成交，虽然卖方要负责订立从起运地到指定目的地的运输合同，并支付正常运费，但正常运费之外的其他费用由买方承担。卖方承担的风险并没有延伸至目的地，当卖方将货物交付给承运人时风险也就转移至买方，运输途中的风险由买方承担。

（2）关于装运通知问题。按照CPT条件成交，卖方负责安排运输，风险从交付承运人开始转移至买方。为了使买方能及时办理货运保险，避免两者脱节，造成货物装运后失去对货物必要的保险保障，卖方在交付货物后应及时向买方发出装运通知；否则，卖方也要承担违约、损害赔偿的责任。

4.4.8 贸易术语CIP

CIP是Carriage and Insurance Paid to（Named Place of Destination）——运费、保险费付至（指定目的地），是指卖方将货物交付给指定的承运人，支付货物运至指定目的地的运费，并针对货物在运输途中灭失或损坏的风险办理货运保险，订立保险合同，支付保险费。在货物被交由承运人保管时，货物灭失或损坏的风险以及由于交给承担人后发生的事件而引起的额外费用，从卖方转移至买方。本贸易术语适用于各种运输方式。

1）买卖双方义务的划分

（1）卖方义务。其包括：①必须自担风险和费用，取得出口许可证或其他官方许可，并在需要时办理出口货物所需的一切海关手续；②必须自费订立将货物运往指定目的地的运输合同，并支付有关运费；③必须在合同规定的地点和日期将货物交给承运人，并给予买方已交货的充分通知；④必须承担货物被交由承运人监管前一切与货物有关的费用和货物灭失或损坏的风险；⑤必须针对货物在运输途中可能发生的灭失或损坏风险办理货运保险，订立保险合同，并支付保险费；⑥必须自付费用向买方提供商业发票和证明货物已交给承运人的交货凭证、运输单据或具有同等效力的电子信息。

（2）买方义务。其包括：①必须承担货物被交由承运人监管之后一切与货物有关的费用和货物灭失或损坏的风险；②必须收取卖方按合同规定交付的货物，并按合同规定支付货款；③必须自担风险和费用，取得进口许可证或其他官方许可，并在需要时办理货物进口和在必要时从他国过境的一切海关手续；④必须按合同规定接受交货凭证或具有同等效力的电子信息。

CIP贸易术语买卖双方的主要义务划分见表4-13。

表4-13　　CIP贸易术语买卖双方的主要义务划分表

卖方	买方
按照合同规定交货，移交单据	付款，接单，提取货物
办理出口清关手续，支付费用	办理进口清关手续，支付费用
租船订舱，支付运费	—
办理保险，支付保险费	
承担货交承运人控制之前的一切风险和费用	承担货交承运人控制之后的一切风险和费用

2）使用CIP贸易术语应注意的问题

（1）关于卖方办理保险的问题。在CIP条件下，卖方要负责办理货运保险，并支付保险费，但货物从交货地运往目的地的运输途中风险由买方承担。所以，卖方的投保仍属于代办性质。根据《2020年通则》的解释，除非另有约定或特定贸易惯例，卖家需自负费用取得货物保险。该保险需符合《协会货物保险条款》（A）款或任何适于货物运输方式的类似保险条款的规定。

（2）关于合理确定价格问题。在CIP条件下，卖方要承担较多的责任和费用，包括负责办理从交货地至目的地的运输手续，承担有关的运费；办理货运保险，并支付保险费。因此，卖方在对外报价时，要认真核算成本，应把货物运费和保险费考虑进去。

4.4.9　FCA、CPT、CIP与FOB、CFR、CIF之间的联系与区别

（1）FCA、CPT、CIP与FOB、CFR、CIF之间的联系。FCA是在FOB贸易术语的基础上发展起来的；CPT是在CFR贸易术语的基础上发展起来的；CIP是在CIF贸易术语的基础上发展起来的。因此，FCA、CPT、CIP与FOB、CFR、CIF这6种贸易术语对买卖双方责任和义务划分的基本原则是相同的。

（2）FCA、CPT、CIP与FOB、CFR、CIF之间的区别。其主要表现在以下几个方面：

第一，运输方式和承运人不同。FOB、CFR、CIF 3种贸易术语仅适用于海运和内河运输，其承运人只限于船务公司；而FCA、CPT、CIP不仅适用于海运和内河运输，而且适用于包括多式联运在内的其他各种运输方式，其承运人可以是船务公司、铁路局、多式联运经营人等。

第二，交货地点及风险、费用转移的界限不同。FOB、CFR、CIF 3种贸易术语的交货地点均为出口国指定的装运港，风险和费用的划分则以装运港货物装上船为界。FCA、CPT、CIP 3种贸易术语的交货地点可视不同的运输方式和不同的约定而定，可以是出口地的某运输工具上，也可以是承运人的运输站或其他地点；至于风险和费用，则于卖方将货物交由承运人处置时转移至买方。

第三，装卸费用的负担不同。在FOB、CFR、CIF条件下，如采用租船运输方式，关于装卸费用的划分，采用的是贸易术语的变形；而在FCA、CPT、CIP条件下，即使是采用租船运输方式，在运费中也已包含了承运人接管货物后在装运港的装货费用和在

目的港的卸货费用，因此也就不存在装卸费用负担的划分问题了。

第四，运输单据不同。在FOB、CFR、CIF条件下，卖方一般应向买方提交已装船清洁提单；而在FCA、CPT、CIP条件下，卖方提交的运输单据会因运输方式的不同而不同，如备运提单、海运单、铁路运单、航空运单、国际多式联运单据等。

第五，运费负担不同。按照FOB、CFR、CIF贸易术语成交，运费主要是指从装运港到目的港的海运运费或内河运费；而按照FCA、CPT、CIP贸易术语成交，运费则指从出口国指定地点到进口国指定地点的运输费用，其中可能涉及一种或多种不同的运输方式，因此，相应的，运费也就是一种费用或几种运输方式的运费之和。

第六，保险的内容不同。FOB、CFR、CIF主要涉及的是海洋货物运输保险。FCA、CPT、CIP则涉及各种运输方式下的货运保险；若涉及多种不同的运输方式，保险费用则为多种不同运输方式的投保费之和。

FOB、CFR、CIF与FCA、CPT、CIP的区别见表4-14。

表4-14　　FOB、CFR、CIF与FCA、CPT、CIP的区别

比较项目	FOB、CFR、CIF	FCA、CPT、CIP
运输方式	海运和内河运输	各种运输方式
承运人	船公司	船公司、铁路局、航空公司或多式联运承运人
交货地点	装运港船上	视不同方式而定
风险转移界限	装运港货交船上	货交承运人处置后
运输单据	已装船清洁提单	提单、海运单、内河运单、铁路运单、航客运单或多式联运单据
装卸费用负担	FOB的变形以明确装船费用由谁负担，CFR、CIF的变形以明确卸货费用由谁负担	FCA卖方负担装船费，CPT、CIP卖方负担卸货费，不存在贸易术语变形
贸易术语后随地名	FOB后加注装运港名称，CFR、CIF后加注目的港名称	FCA后加注装运地名称，CPT、CIP后加注目的地名称

4.4.10　其他几种贸易术语

（1）贸易术语EXW

EXW是Ex Works（Named Place）的英文缩写，中文意思是工厂交货（指定地点），是指卖方在其所在处所（如工场、工厂或仓库等）将货物置于买方处置之下时，即履行了交货义务。按此贸易术语成交，卖方既不负责将货物装上买方备妥的运输工具，也不负责办理货物的出口清关手续；买方应负担自卖方所在处所提取货物之后的一切费用和风险。因此，EXW是卖方责任最小、买方责任最大的贸易术语。

如果买方要求卖方在起运地将货物装上运输工具并承担装卸的全部费用和风险，则应在合同中予以说明。如果买方不能直接或间接地办理出口手续，则不应使用该贸易术语，而应使用FCA贸易术语。本贸易术语适用于各种运输方式，特别是在陆地接壤国家中应用得比较普遍。

在EXW方式下，卖方的主要义务是：①必须按照合同约定的日期和期限，在指定地点将未置于任何运输工具上的货物交给买方处置；②必须提供符合销售合同规定的货物和商业发票或具有同等效力的电子信息，以及合同可能要求的证明货物符合合同规定的其他任何凭证。

（2）贸易术语DAP

DAP是Delivered at Place（Named Place of Destination）的英文缩写，中文意思是在目的地交货（指定目的地），指当卖方在指定目的地将还在运抵运输工具上、可供卸载的货物交由买方处置时，即完成交货。DAP适用于任何运输方式，也适用于多种运输方式的联合。

在DAP贸易术语下，卖方承担将货物运送到指定地点的一切风险。卖方必须承担货物出口所需的海关手续和费用、出口所应缴纳的一切关税和其他费用，以及货物从他国过境运输的费用。但卖方对买方无订立保险合同的义务，如应买方要求并由其承担风险和费用（如有的话），卖方必须向买方提供后者取得保险所需的信息。买方对卖方无订立运输合同的义务。此外，买方必须承担办理进口海关手续的费用、进口需缴纳的所有关税和其他费用。

（3）贸易术语DPU

《2020年通则》将DAT改成DPU。DPU是Delivered at Place Unloaded的英文缩写，中文意思是目的地卸货后交货，指卖方在指定的目的地卸货后完成交货。卖方承担将货物运至指定目的地的运输风险和费用。DPU适用于各种运输方式，包括公路、铁路、江河、海洋、航空运输以及多式联运。

在《2020年通则》中，DPU是唯一要求卖方在目的地卸货的贸易术语。因此，卖方应当确保其可以在指定目的地组织卸货。如果卖方不想承担卸货的风险和费用，则不应使用DPU术语，可以使用DAP术语。DPU要求卖方办理出口清关手续。但是，卖方没有义务办理进口清关或交货后经由第三国过境的清关手续、支付任何进口关税。因此，如果买方未安排进口清关，货物将被滞留在目的地国家的港口或内陆运输终端，尽管此时货物交付尚未完成，货物在重新起运至指定内陆地点之前一旦发生灭失或损坏，风险仍将由买方承担。如果想要避免此种情况，或买方希望卖方办理货物进口清关手续、支付任何进口关税并办理任何进口海关手续，可以考虑使用DDP术语。

（4）贸易术语DDP

DDP是Delivered Duty Paid（Named Place of Destination）的英文缩写，中文意思是完税后交货（指定目的地），是指当卖方在指定目的地完成进口清关手续后，将仍处于抵达的运输工具上、做好卸货准备的货物交由买方处置时，即完成交货。DDP术语适用于各种运输方式，包括公路、铁路、江河、海洋、航空运输以及多式联运。

在DDP贸易术语下，卖方必须承担将货物运至目的地的一切费用及风险，包括办理通关手续的义务和风险，以及支付通关手续费用、关税、其他税款和相关费用。买方则必须承担货物交由其处置时起的一切风险与费用，并按买卖合同支付货款。因此，按本术语成交的贸易如同在进口国境内的国内贸易。如果卖方直接办理进口手续有困难，也可要求买方协助办理。如果卖方不能直接或间接地取得进口许可证，则不应使用DDP术语。如果卖方希望买方承担所有进口清关的风险和费用，则应采用DAP或者

DPU术语。如果双方当事人同意在卖方承担的义务中排除货物进口时应支付的某些费用（如增值税），应写明"Delivered Duty Paid，VAT Unpaid"，即"完税后交货，增值税未付"；否则，任何增值税或其他应付的进口税款都由卖方承担。

在各种贸易术语中，以EXW术语交易时，卖方的责任最小；以DDP术语交易时，卖方的责任最大。

（5）贸易术语FAS

FAS是Free alongside Ship（Named Port of Shipment）的英文缩写，中文意思是船边交货（指定装运港），指卖方在合同约定的日期或时间内，将货物运到指定装运港，并交到买方指派的船只的旁边，如码头或驳船上，即完成交货义务。货物灭失或损坏的风险在货物交到船边时发生转移，同时，买方承担自那时起的一切费用。FAS术语仅适用于海运和内河运输方式。

在选择FAS术语时，当事人应考虑到具体交易中采用的运输包装方式。按照《2020年通则》的解释，如果货物采用的是集装箱运输方式，通常由卖方将该货物运到集装箱货运站，交给买方指定的承运人，而不是交到装运港船边。所以，在采用集装箱运输的情况下，不适宜选用FAS术语，而应选用FCA术语。

《2020年通则》11种贸易术语的对比见表4-15。

表4-15　《2020年通则》11种贸易术语对比表

英文缩写	中文全称	交货地点	风险划分	出口报关	进口报关	适用的运输方式	标价时后注
EXW（Ex Works）	工厂交货	卖方处所	买方处理货物后	买方	买方	任何方式	指定地点
FCA（Free Carrier）	货交承运人	出口国内地、港口	承运人处理货物后	卖方	买方	任何方式	指定地点
CPT（Carriage Paid to）	运费付至指定目的地	出口国内地、港口	承运人处理货物后	卖方	买方	任何方式	指定目的地
CIP（Carriage and Insurance Paid to）	运费、保险费付至指定目的地	出口国内地、港口	承运人处理货物后	卖方	买方	任何方式	指定目的地
DAP（Delivered at Place）	指定目的地交货	进口国指定目的地	买方在指定地点收货后	卖方	买方	任何方式	指定目的地
DPU（Delivered at Place Unloaded）	目的地卸货后交货	进口国指定目的地	买方在指定目的地收货后	卖方	买方	任何方式	指定目的地
DDP（Delivered Duty Paid）	指定目的地完税后交货	进口国指定目的地	买方在指定目的地收货后	卖方	卖方	任何方式	指定目的地
FAS（Free alongside Ship）	装运港船边交货	出口国装运港口	货交船边后	卖方	买方	水上运输	指定装运港
FOB（Free on Board）	装运港船上交货	出口国装运港口	货物装上船	卖方	买方	水上运输	指定装运港
CFR（Cost and Freight）	成本加运费到指定目的港	出口国装运港口	货物装上船	卖方	买方	水上运输	指定目的港
CIF（Cost，Insurance and Freight）	成本、保险费加运费到指定目的港	出口国装运港口	货物装上船	卖方	买方	水上运输	指定目的港

4.5 贸易术语的使用

1）三种传统贸易术语的使用

在国际贸易中，FOB、CFR及CIF三种贸易术语使用最为普遍。在我国的实际业务中，一般出口使用CIF或CFR，进口使用FOB。因为这样选择，无论是出口还是进口，都可以自行租船和办理保险，主动掌握运费和保险费的支出；能在出口时为国家增加外汇收入或进口时减少外汇支出；有利于我方船货衔接，按时完成进出口任务，也有利于促进我国远洋运输事业和保险事业的发展。但是，在有些情况下，过分坚持出口用CIF而不用FOB可能会失去交易机会。如国外买方从我国购买大宗商品需采用租船运输，为了谋求较低的运价，并在保险费上得到优惠，通常都要求自行租船装运货物和办理保险。在这种情况下，只要客户资信良好，收汇有保证，为了不影响贸易，我方也可按FOB贸易术语与之洽谈交易。值得注意的是，近年来，有些外商向我方订购的并非大宗商品，且通过班轮运输，却要求按FOB成交并由其指定承运人。究其原因，除了客观上国际航运业尤其是运输代理商之间竞争激烈外，就国外进口商而言，可以从协助承运人揽货中获取较低的运费优惠，有的还可以在尚未付款取得提单时得到先行在目的地向承运人提取货物的便利。少数国外进口商甚至与承运人勾结，采用承运人先无单放货后宣告破产的伎俩骗取我方货物。近年来，在我国的出口业务中，类似案件屡有发生，使我国的出口企业蒙受了巨大损失。有些国家为了扶持本国保险事业的发展，规定其进口贸易必须在本国投保，对此我方可同意使用CFR贸易术语，以示合作。必须指出的是，在进口交易中，应谨慎采用CFR贸易术语，防止国外卖方指定的船舶不当，或与船方勾结出具假单据，使我方蒙受损失。

2）推广使用FCA、CPT、CIP贸易术语

随着国际贸易的迅速发展和运输方式的多样化，我国外贸企业应按具体的交易情况，推广使用FCA、CPT、CIP贸易术语，以替代仅适用于海运或内河运输的传统的三种贸易术语，尤其是在出口业务中，如果货物以集装箱船、滚装船或多式联运方式运输，不使用FCA、CPT、CIP贸易术语而仍使用FOB、CFR、CIF贸易术语，则对我国外贸企业来说，至少有两个弊端：

第一，扩大了风险责任，把风险转移的时间从把货物交给承运人接管时延伸到在装运港把货物装上船为止。在货交承运人的三种贸易术语下，卖方在货交承运人时就可脱离货物风险；而在装运港船上交货的三种传统贸易术语下，卖方的风险必须承担到把货物装上船。

第二，推迟了运输单据的出单时间，影响了收汇。在FOB、CFR、CIF条件下，一般要求卖方提交已装船提单，船务公司在货物装运完毕后才能出单；而在FCA、CPT、CIP条件下，承运人接管货物后，就可以出单。从货物交给承运人接管到把货物装上船，期间少则两天，多则十天、半月，这会延长卖方向银行交单收汇的时间，从而影响卖方的资金周转，增加利息负担。

因此，在出口业务中，不问情由，一律使用传统的FOB、CFR、CIF贸易术语，对我方是不利的。我国外贸企业应当逐步改变其传统做法，积极推广使用FCA、CPT、

CIP三种适用于各种运输方式的贸易术语。

国际商会对贸易术语的修改和完善，使其更加适用于各种运输方式，是符合当前国际贸易现状和货运现状的。但是，迄今为止，我国外贸企业在对外签订合同时仍沿用传统的FOB、CFR、CIF三种贸易术语，而对适用各种运输方式的FCA、CPT、CIP三种贸易术语使用极少，分析原因，可能与我国的业务人员在实践中形成的习惯或对后三种贸易术语的含义和用法不够熟悉有关。因此，我们要宣传这三种贸易术语，并在实践中推广使用，以减少我国外贸企业在出口贸易中的风险。

【教学互动4-1】

互动问题：在国际贸易中，如何适当地使用贸易术语？

互动要求：同“教学互动1-1”的“互动要求”。

4.6 佣金和折扣的应用

在国际贸易中，正确掌握和运用佣金、折扣，有利于灵活掌握价格和调动外商经营我国产品的积极性，从而达到扩大销售、提高经营效益的目的。

1）佣金

（1）佣金的定义和作用。佣金（Commission）是卖方或买方付给中间商作为其对货物的销售或购买提供中介服务的酬金，如出口商支付佣金给销售代理人，或进口商支付佣金给采购代理人。因此，它适用于进出口商与代理人或佣金商签订的合同。正确运用佣金，可以调动中间商经营、推销我方商品的积极性，提高有关商品在国外市场的竞争力，因此在我国进出口业务中经常被使用。

（2）佣金的规定方法。佣金可以有不同的规定方法，可用文字表示，如每公吨1 000美元CIF伦敦，包括佣金3%（USD 1 000 per M/T CIF London including 3% commission）；也可在贸易术语后面加注“佣金”的英文缩写字母“C”，并注明佣金的百分比，如每公吨1 000美元CIFC3%伦敦（USD 1 000 per M/T CIFC 3% London，或表示为USD 1 000 per M/T CIFC3 London）。

（3）佣金的计算方法。佣金通常以买卖双方的成交额（即发票金额）为基础进行计算。前例的USD 1 000 per M/T CIFC3 London，即表示佣金率为3%，应付佣金商佣金额30美元，卖方实际收入为970美元。也可以FOB或CFR为基础，即在扣除运费、保险费的基础上计算佣金。最后以哪一个价格为基础计算佣金，并无定论，主要由双方协商决定。以成交额计算佣金，在操作上比较简便，在实践中使用较多。佣金的计算公式为：

佣金额=含佣价×佣金率　　(4.1)

净价的计算公式为：

净价=含佣价-佣金额　　(4.2)

从以上两个公式可推导出含佣价（已知净价）的计算公式：

含佣价=净价÷（1-佣金率）　　(4.3)

2）折扣

（1）折扣的定义和作用。折扣（Discount）是卖方给予买方的一定的价格减让。从性质上看，它是一种优惠措施，使用折扣可达到照顾老客户、确保销售渠道、扩大销售量等目的。针对不同客户，应灵活运用各种折扣方法，如为了扩大销售，可使用数量折扣（Quantity Discount）；为发展客户关系，可以适当地给予特别折扣（Special Discount）等。

（2）折扣的规定方法。如价格中允许给予折扣，一般不用“折扣”的英文缩写字母“D”来表示，只用文字来明确规定。例如：每公吨1 000美元CIF伦敦减折扣3%（USD 1 000 per M/T CIF London less 3% discount）。

（3）折扣的计算方法。其较为简单，一般按实际发票金额乘以约定的折扣百分率，即应减除的折扣金额。这里不存在按FOB还是按CIF计算的问题。

3）佣金和折扣的支付办法

在我国的出口合同中，佣金有明确规定的，称为明佣；如不在合同中规定，称为暗佣。无论是前者还是后者，通常都由我国出口企业收到全部货款后再支付给中间商或代理商，因为中间商不仅是介绍买卖者、促进交易者，还是合同圆满履行的服务提供者。为了避免引起误会，关于佣金于收妥全部货款后予以支付的做法，应与中间商在建立业务关系之初予以明确，并达成书面协议。

通常，佣金可以在合同履行后逐笔支付，也可按月、按季、按半年甚至按一年汇总支付。折扣一般由买方在支付货款时直接扣除。凡价格中含有佣金的，称为含佣价；不含有佣金和折扣的，称为净价。

4.7 合同中的价格条款

1）基本内容

进出口合同中的价格条款一般应包括单价和总值两项基本内容。单价通常由四个部分组成，即计量单位、单位价格金额、币种和贸易术语，如每件300港元CIF香港（HKD 300 per pc CIF Hongkong）。总值是单价和数量的乘积。在总值项下，一般也同时列明贸易术语。总值所使用的货币必须与单价使用的货币相一致。

2）订立价格条款的注意事项

（1）单价条款由计量单位、单位价格金额、币种和贸易术语四部分组成，缺一不可。

（2）注意单价条款的书写顺序，不可颠倒。中文的书写顺序应为：计量单位、单位价格金额、币种、贸易术语，如每公吨1 000美元CIF纽约。英文的书写顺序应为：币种、单位价格金额、计量单位、贸易术语，如USD1 000 per M/T CIF New York。

（3）计量单位必须与数量条款中的计量单位一致。

（4）灵活运用各种不同的作价方法，尽可能避免承担价格变动的风险。

（5）参照国际贸易的习惯做法，注意佣金和折扣的合理运用。

（6）交货品质、交货数量有机动幅度或包装费另行计价时，应一并订明机动部分作价和包装费计价的具体办法。

（7）单价中的计量单位、计价货币和装运地或卸货地名称必须明确清楚。

（8）争取选择有利的计价货币，必要时可加订保值条款。

(9) 合理地确定商品的单价，防止偏高或偏低。

(10) 根据船期、货源等实际情况，选择适当的贸易术语。

【同步思考4-2】

下面为我出口公司的对外报价条款，请予以改正，并说明理由：A.每码3元CIFC2香港；B.每箱50英镑CIF净价英国减1%折扣；C.每打15欧元FOB净价；D.每打1 000美元FOB伦敦；E.2 000日元CFR上海包括佣金2%；F.每公吨500元CIF欧洲主要港口。

理解要点：

(1) 本例为出口方的单价条款，应注意贸易术语后的港口名称；(2) 注意单价条款的四个方面内容；(3) 不含有折扣和佣金的为净价。

【同步业务4-1】

华北的某家出口公司与非洲的进口商洽谈一批小麦交易，签订的合同部分条款如下：东北大豆，F.A.Q.，袋装，数量10吨，以毛作净，每千克1元。请写出英语合同条款。

业务分析： 检查品名、品质、包装、数量、报价条款的表述方式是否存在错误。

业务程序： 先对合同中的错误进行改正，再写出正确、完整的用英语表示的合同条款。

4.8 常用价格的构成与出口商品成本核算

在国际贸易中，贸易术语不同，其价格构成因素也不同，即包括不同的从属费用。当一方按某种贸易术语报价，而另一方要求按另一种贸易术语报价时，就涉及价格换算问题。价格能否被双方接受，要看该价格水平对交易双方是否均有利。对出口方来说，必须确保在盈利的基础上达成交易，因此必须认真做好盈亏的核算工作。

1) 价格构成

在我国的进出口业务中，最常采用的贸易术语是FOB、CFR和CIF三种。在价格构成中，通常包括三方面的内容：进货成本、费用和净利润。其中，费用的核算最为复杂，它通常包括国内定额费用和国外费用两部分。国内定额费用的项目较多，主要有整理费、包装费、保管费、搬运费、产地证费、报关与报检费、银行费、通信费、管理费等。定额费用一般占进货成本的5%～10%，由各外贸公司按不同商品的实际经营情况自行核定。在集装箱运输条件下，国内定额费用还应包括堆场服务费、拼箱服务费、集装箱及设备使用费等。国外费用主要有国外运费、保险费。如果有中间商，还应包括支付给中间商的佣金。

另外，我国同世界上的其他国家一样，也实行出口退税政策。所谓出口退税，是指国家为帮助出口企业降低成本、增强出口产品在国际市场上的竞争力、鼓励出口创汇而采取的由国内税务机关退还出口商品国内税的措施。因此，商品出口总成本的计算公式如下：

出口总成本=进货成本+定额费用-出口退税额 (4.4)

出口退税额=进货成本（含增值税）÷（1+增值税税率）×退税率 (4.5)

FOB、CFR和CIF三种贸易术语价格构成的计算公式如下：

FOB=出口总成本+净利润 (4.6)

CFR=出口总成本+国外运费+净利润 (4.7)

CIF=出口总成本+国外运费+保险费+净利润 (4.8)

三者之间的换算公式如下：

CIF=FOB+国外运费+保险费=CFR+保险费 (4.9)

CIF=CFR÷［1-（1+投保加成率）×保险费率］ (4.10)

=（FOB+国外运费）÷［1-（1+投保加成率）×保险费率］

2）出口商品的成本核算

换汇成本和外汇盈亏率是考核外贸企业经营管理水平的重要指标。为了控制亏损，增加盈利，减少外汇换汇成本，我国外贸企业在对外报价或磋商交易之前，首先要做好成本核算工作，这样才能对外组织成交。

在我国，出口商品的换汇成本，目前指商品出口后的净收入每一美元所耗费的人民币成本。换汇成本是反映出口盈亏的一种形式。人民币盈利率越高，换汇成本越低；反之，人民币亏损率越高，则换汇成本也越高。外贸企业在每笔出口交易中都应做到其出口商品的换汇成本不高于单位外汇收入的兑换率（银行外汇买入价），这样即可以盈利。出口商品换汇成本的计算公式如下：

换汇成本=出口总成本（人民币元）÷FOB出口外汇净收入（美元） (4.11)

出口盈亏额的计算公式如下：

盈亏额=FOB出口外汇净收入×银行外汇买入价-出口总成本（退税后） (4.12)

盈亏率=盈亏额÷出口总成本×100% (4.13)

如计算结果是正数，则为盈余；如为负数，则为亏损。

外汇增值率是指加工后成品出口的外汇净收入与原料外汇成本的比率。原料如果是进口的，则外汇成本按CIF计算；如果是本国原料，则参照FOB进行计算。通过对外汇增值率的计算，可以得知成品出口外汇的增值程度。外汇增值率的计算公式如下：

外汇增值率=（成品出口外汇净收入-原料外汇成本）÷原料外汇成本×100% (4.14)

【同步思考4-3】

我国某外贸企业向国外一新客户订购了一批初级产品，按CFR中国某港口、即期信用证付款条件达成了交易，并规定由卖方以程租船方式将货物送交我方。我开证行凭国外议付单据付款后，装运船只却一直未到达目的港，后经多方查询，发现承运公司已在船舶起航不久宣告倒闭，船货均告失踪，导致我外贸企业蒙受重大损失。试分析我方应从中吸取哪些教训。

理解要点：进口贸易应慎用CFR贸易术语。

【课程思政4-2】

避免出口产品同质化及恶性竞争

背景与情境：我国的出口贸易中一直存在长期累积的深层次矛盾。例如：

（1）不合理收费仍然存在。部分港口、航运公司等的收费仍居高不下，有些商业性服务企业甚至增加收费项目，提高收费标准。

（2）融资难、贵没有根本缓解。企业综合融资成本多为10%～15%，是美国、新加坡等发达国家的3～5倍。

（3）贸易便利化水平仍需提高。部分外贸综合服务企业退税时间长、成本高。有些地区口岸查验人员不足、执行标准不一，影响企业出口交货。部分地方关检查验场地分设，需要分开移箱处理，增加了企业的负担。

（4）出口秩序仍待进一步规范。现行知识产权保护力度不够，有自主技术和品牌的企业被侵权现象增多，维权成本过高。部分出口产品同质化程度高，恶性竞争严重，企业利润减少、声誉受损。

外贸企业提升出口产品附加值及价格，有利于堵住海外贸易保护势力的嘴，也能够增加自身的利润。“中国制造”的低成本优势殆尽时，如何还能够保持风靡全球市场的魅力，的确是个现实而难度相当大的课题。

问题：如何提升我国出口产品的附加值？

研判提示：在当下的国际贸易中，要想化解成本带来的压力和困难，中国企业必须通过制度创新和技术创新，来增加出口产品的附加值。

■ 本章概要

□ 内容提要

● 本章着重阐述货物的品名、品质、数量、包装和价格条件。

● 货物名称是指能使某种货物区别于其他货物的称呼或概念。国际货物买卖合同中的品名条款并无统一的格式，通常都在“商品名称”的标题下，列明交易双方成交商品的名称；也可不加标题，只在合同的开头部分列明交易双方同意买卖某种商品的文句。

● 国际贸易中商品品质的表示方法归纳起来有凭实物样品表示和凭文字说明表示两类。

● 国际贸易中通常采用的计量单位名称及适用的商品包括六种：按重量计算、按数量计算、按长度计算、按面积计算、按体积计算和按容积计算。

● 在国际贸易中，包装分为两类：一类是运输包装，可分为单件运输包装和集合运输包装；另一类是销售包装，常见的有挂式包装、堆叠式包装、便携式包装、一次用量包装、喷雾包装、配套包装、礼品包装、易开包装等。。

● 贸易术语是指用一个简短的概念（如 Free on Board）或三个字母的外文缩写，表示价格的构成和买卖双方在货物交接过程中有关手续、费用和风险的责任划分。《2020年通则》中有 11 种贸易术语，即 EXW、FCA、CPT、CIP、DPU、DAP、DDP、FAS、FOB、CFR、CIF。

□ 主要概念和观念

▲ 主要概念

溢短装条款　贸易术语　FOB

▲ 主要观念

合同中标的的规定方法　《2020年通则》

□ 重点实务

外贸合同条款的拟定　出口商品的成本核算

■ 基本训练

□ 知识训练

▲ 简答题

1）在出口合同中，如何约定品质或数量的机动幅度？约定机动幅度有何作用？其价格又如何确定？请各举一例。

2）贸易术语的作用是什么？

3）规定品名条款时，应注意哪些问题？

4）标准化运输标志包括哪些内容？

5）贸易术语CFR下买卖双方的义务分别是什么？

6）使用CIP贸易术语应注意的问题有哪些？

▲ 填空题

1）运输标志，俗称（　　），其作用是在运输过程中使有关人员易于辨认货物和核对单证，避免货物在运输过程中发生混乱或被延误，使货物顺利和安全地运抵目的地。

2）（　　）是指卖方按买方要求在其出售的商品或包装上标明买方指定的商标或牌名。

3）（　　）——货交承运人（指定地点）。

4）（　　）是由一组粗细间隔不等的平行线条及相应的数字组成的标记，代表一定的信息数据。

▲ 单项选择题

1）我国现行的法定计量单位是（　　）。

A.公制　　B.国际单位制　　C.英制　　D.美制

2）美国某客商到我国一家玩具厂参观，之后对该厂的部分产品很感兴趣，于是立即签订购买合同，批量购买他所见到的那部分产品，并决定将实物样品作为合同中交收货物的品质依据。这种表示品质的方法是（　　）。

A.看货购买　　B.凭卖方样品购买

C.凭买方样品购买　　D.凭对等样品购买

3）外商在收到我方寄送的样品后，来电表示愿意按我方所提交易条件成交，并签订了销售合同。我方在合同内详细列出了该商品的品质规格，经对方签字确认后寄回。我方按约装船，突然接到对方来电："你方所装货物品质是否与样品相符。"我方的正确答复应该是（　　）。

A.我方所装货物品质与样品相符

B.我方所装货物品质与样品大致相符

C.我方所装货物品质与样品完全相符

D.我方所装货物品质以合同为准，样品仅供参考

4）在国际贸易中，造型上有特殊要求或具有色香味方面特征的商品适合（　　）。

A.凭样品买卖　　B.凭规格买卖　　C.凭等级买卖　　D.凭产地名称买卖

5）定牌中性包装是指（　　）。

A.在商品本身及包装上使用买方指定的商标/牌号，但不表明产地

B.在商品本身及包装上使用买方指定的商标/牌号，也表明产地

C.在商品本身及包装上不使用买方指定的商标/牌号，也不表明产地

D.在商品本身及包装上不使用买方指定的商标/牌号，但表明产地

6）按CFR贸易术语成交的国际货物买卖应由（　　）。

A.卖方租船订舱并办理海上保险

B.买方租船订舱并办理海上保险

C.卖方租船订舱，买方负责办理海上保险

D.买方租船订舱，卖方负责办理海上保险

▲ 多项选择题

1）运输标志的作用包括（　　）。

A.便于识别货物　　B.方便运输　　C.易于计数

D.防止错发错运　　E.促进销售

2）可适用于多种运输方式的贸易术语有（　　）。

A.FCA　　B.CPT　　C.CIP

D.DAF　　E.DDU和DDP

▲ 讨论题

1）合同规定的商品名称为“手工制造书写纸”，买方收到货物后，经检验发现货物部分工序为机械制造，而我方提供的所有单据均显示为手工制造，对方要求我方赔偿，而我方拒赔，主要理由是：①该商品的生产工序基本上是手工操作，而且关键工序完全采用手工；②该贸易合同是经买方当面先看样品签订的，并且货物品质与样品完全一致，因此应认为所交货物品质与商定的品质一致。此笔交易争议的主要焦点是什么？

2）请针对我方某出口合同设计一个单价条款，并指出其报价的组成和在这一贸易术语下卖方应承担哪些责任。

□ 能力训练

▲ 案例分析

外贸公司签订的是CIF合同吗

背景与情境：我国某外贸公司出售一批圣诞礼品给英国客户，采用CIF贸易术语，凭不可撤销即期信用证付款。由于礼品的销售时间性很强，到货的迟早会直接影响礼品的价格，因此，在合同中对到货时间作了如下规定：“10月份自中国装运港装运，卖方保证载货轮船于12月20日抵达英国目的港。如载货轮船迟于12月20日抵达目的港，在买方的要求下，卖方必须同意取消合同，如货款已经收妥，则需退还给买方。”合同订立后，我外贸公司于10月中旬将货物装船出口，凭信用证规定的装运单据（发票、提单、保险单）向银行收妥货款。不料，轮船在航行途中主要机件损坏，无法继续航行。为保证货物如期到达目的港，我外贸公司以重金租用大马力拖轮拖带该轮继续前进。但因途中又遇大风浪，致使该轮抵达目的港的时间晚于12月20日。我外贸公司最终遭受重大经济损失。

问题：我外贸公司与英国客户所签订的合同存在什么问题？说明理由。

分析要求：同第1章“基本训练”中本题型的“分析要求”。

▲ 实训操练

实训项目：拟定一份商品出口合同

实训步骤：

1）将班级学生分成若干小组，每组确定一人负责。

2）各组学生结合操练项目，到联系好的外贸企业查看已签订的贸易合同，请企业从事签订合同工作的业务人员进行讲解、分析，重点了解贸易合同中关于品名、品质、数量、包装、价格条款方面存在的问题。

3）各组学生以本章实务教学内容为业务规范，进行外贸业务进口商与出口商的角色分工，给定有关条件，体验拟定贸易合同模拟实训的全过程。

4）各组学生记录参与本次实训活动的情境与步骤，总结从企业学习到的实务经验、存在的问题及解决的办法，在此基础上撰写《拟定贸易合同实训报告》。

5）在班级讨论交流、相互点评与修订各组的《拟定贸易合同实训报告》。

6）在校园网的本课程平台上展出经过修订并附有教师点评的各组《拟定贸易合同实训报告》，供学生相互借鉴。

□ 课程思政

工匠精神支撑“中国制造”

背景与情境：2017年9月，日本第三大钢企神户制钢所被曝质检数据长期造假，篡改部分铜、铝产品的检验数据，将产品以次充好供应给客户。过去一年中，其涉嫌造假的产品包括铝制品约1.93万吨、铜制品约2 200吨、铜铸件约1.94万件。其波及的下游公司多达500余家，不仅包括新干线列车、本田汽车、丰田汽车等日本国内制造业巨头，也包括通用电气、波音等美国制造业公司。

2021年2月，日本著名的处方药生产企业小林化工曝出重大造假丑闻，累计已有200多名患者在服用该公司的药品后出现不同程度的健康受损。当地政府对其下达了长达116天的停业整顿要求，创下日本药企最长停业处分纪录。而在这条新闻前几天，知名刹车件供应商“曙刹车”涉嫌车辆数据造假，其主要客户有丰田、大众、通用、本田、马自达、奥迪、奔驰、日产、福特、克莱斯勒、三菱等知名企业，造假的时间跨度长达20年。

这仅是日本企业造假问题的冰山一角。近年来，日本制造业频频出现违规、造假丑闻或缺陷问题，让贴着“工匠精神”标签的日本制造业逐渐跌下神坛。

与此同时，我国高铁通车里程位居世界第一，赢得国内外一片惊赞；C919大飞机试飞成功，民航之花含苞待放；家电产品在激烈的市场竞争中站稳脚跟，并大步走出国门……近年来，“中国制造”不断提升产品品质，受到越来越多的国内外消费者的认可。在这一过程中，一大批“大国工匠”、劳动模范以及他们身上的工匠精神发挥了重要作用。

在我国五千多年的文明史中，工匠精神源远流长，“巧夺天工”“匠心独运”“技近乎道”等词语都是对这种精神的高度概括。中华人民共和国成立以来，大庆精神、“两弹一星”精神、载人航天精神……新中国工人阶级不断为工匠精神注入新的内涵。也正是在工匠精神的激励下，中国路、中国桥、中国港口、中国核电等成为一张张让国人引以为傲的“中国名片”。

当前，我国经济已从高速增长阶段迈向高质量发展阶段，人们的生活水平不断提高，越来越讲究生活品质。这对我国经济社会发展提出了更高要求，除了经济发展方面需要重视产品品质外，医疗、教育、文化等社会服务领域同样需要精益求精，这样才可能提供更加丰富、更能满足群众期待的高品质产品和服务。因此，必须大力弘扬工匠精神，矢志创新，戒除浮躁，为“中国制造”提供坚强支撑。

资料来源　根据马洪超. 工匠精神支撑“中国制造”[EB/OL]. [2019-10-05]. https://baijiahao.baidu.com/s?id=1646530715766640358&wfr=spider&for=pc.及其他相关资料整理.

问题：

1）一向以精益制造、匠人精神著称的日本制造业，为何会频频出现造假丑闻？

2）如何理解“中国制造”需要工匠精神？

3）本案例对外贸从业者的启示有哪些？

研判要求：同第1章“基本训练”中本题型的“研判要求”。

第5章 国际货物交易条件（二）

学习微平台

第5章
思维导图

◆ 学习目标

通过本章的学习，应该达到以下目标：

职业知识：学习和把握国际货物买卖合同中的国际货物运输、保险和货款支付等理论与实务知识；能用其指导或规范本章认知活动和技能活动，正确解答“基本训练”中“知识训练”各题型的问题。

职业能力：运用本章知识研究相关案例，培养在特定业务情境中分析问题与决策设计的能力；通过搜集、整理与综合“国际贸易支付方式的选择及风险”的前沿知识，撰写、讨论与交流《“国际贸易支付方式的选择及风险”最新文献综述》，培养学生“自主学习”的通用能力。

课程思政：结合本章教学内容，研判“课程思政”案例，引导学生认识到发展“中欧班列”的外贸意义及战略意义。

【引例】

FOB买方违约延迟派船

背景与情境：中国A公司与非洲B公司签订了以FOB条件出口小麦的合同，分4批交货。装运条款规定："买方接货船只必须于装船前8日内到达装运港口，否则由此导致的卖方任何损失和费用由买方承担；买方必须于船只到达港口前5天将船名和估计到达装运港的时间以电信方式通知卖方。"在合同执行过程中，前3批货物均按合同规定顺利发送，但最后一批货物，买方迟迟不派船。A公司反复催促，B公司回电称船源紧张，租不到船只，要求推迟2个月交货。A公司立即复电指出："按照合同规定，贵公司必须派船接运，如确有困难，我方可例外同意延期装运，但你方应当赔偿我方的各种损失合计20万美元。"此后，A公司和B公司展开了讨价还价，直到将赔偿金额降到15万美元，B公司才得以缓期2个月派船。

资料来源　作者根据相关资料整理.

本章在第4章的基础上，着重对国际货物交易中的货物运输及其保险和货款收付条件进行阐述。

5.1　国际货物运输条件

在国际贸易中，货物从卖方国家位移到买方国家必须通过运输来实现。国际贸易货物运输有很多种方式，在实际业务中，应根据进出口货物的特点、货运量大小、距离远近、运费高低、风险大小、交通条件和装卸港的具体情况等的不同，选择合理的运输方式。在买卖合同签订后，卖方应按合同规定的时间、地点和交付方式交付货物。因此，在买卖合同中，应明确装运条款，订好货物的运输方式和交付条件。

5.1.1　海洋运输

海洋运输简称海运，是利用商船在国内外港口之间通过一定的航区和航线运输货物的方式。与其他运输方式相比，海洋运输具有通过能力强、运量大、投资小、运费低和适应性强等优点，所以许多国家特别是沿海国家和地区都乐于采用这种运输方式。目前，世界贸易总运量的2/3是通过海洋运输实现的。因此，海洋运输已成为国际贸易中最重要的运输方式。我国海岸线长达18 000多千米，沿海拥有许多终年不冻的港口。近年来，为适应对外开放的新形势，我国建设新港口，增加新航线，扩大远洋船队，使我国的海运事业有了更大的发展，为扩大对外贸易创造了基本条件。

然而，海洋运输也存在速度慢、易受自然条件影响和风险较大等缺陷。因此，对于那些急需而又易受气候条件影响、不能经受长途运输的货物，不宜采用此种运输方式。海洋运输按船舶的经营方式可分为班轮运输和租船运输两种形式。

1）班轮运输

班轮运输（Liner Transport）是船舶在固定的航线上和固定港口间按事先公布的船期表航行，并按事先公布的费率计取运费，从事客、货运输业务的经营方式。它是国际海运中主要的运输方式之一。

（1）班轮运输的特点。其包括：①航线固定、港口固定、船期固定和费率相对固定；②运价内已包括装卸费用；③不规定货物的装卸时间；④承运人和托运人的权利、义务、责任及其豁免以船务公司签发的提单条款为依据，即班轮提单便是运输合同。

（2）班轮运输的作用。班轮运输特别有利于一般杂货和小额贸易货物的运输，手续简便，方便货方，有利于国际贸易的发展。

（3）班轮运费（Liner Freight）。它是承运人为承运货物而向托运人收取的费用。计算运费的单价（或费率）称为班轮运价，一般以运价表的形式公布，相对固定。

第一，班轮运价表。它的分类方法主要有：根据运价表的制定方来划分，可分为班轮公会运价表、班轮公司运价表和货方运价表；根据运价表的形式来划分，可分为等级运价表和单项费率运价表。

班轮运价表一般包括的内容有：说明及有关规定、货物分级表、航线费率表、附加费率表、冷藏货费率表及活牲畜费率表。

第二，班轮运费的计算标准。根据不同的货物，班轮运费的计收方法和标准主要有以下几种：

● 按货物的毛重计收。在运价表中，以字母“W”（Weight的缩写）表示，一般以1公吨为计算单位，吨以下取两位小数，也有按长吨和短吨计算的。

● 按货物的体积计收。在运价表中，以字母“M”（Measurement的缩写）表示，一般以1立方米为计算单位，也有按40立方英尺为一尺码吨计算的。

● 按货物的毛重或体积计收，计收时取其数量较高的。在运价表中，以W/M表示。按惯例，凡一重量吨货物的体积超过1立方米或40立方英尺，即按体积收费；一重量吨货物的体积不足1立方米或40立方英尺，按毛重计收。

● 按货物的价格计收。在运价表中，以拉丁文“Ad Val”（Ad Valorem的缩写）表示，一般按FOB的百分之几计收运费。按价格计收运费的货物，一般都属于高值货物。

● 按货物的重量、体积、价格三者中最高的一种计收。在运价表中，以“W/M or Ad Val”表示。也有按货物重量或体积计收，然后再加收一定百分比的从价运费的，在运价表中，以“W/M plus Ad Val”表示。

● 按货物的件数计收。包装固定，包装内（货物）的数量、重量、体积也固定的货物，一般按这种方法计收运费。另外，对于那些用其他方法难以计收运费的商品，如汽车、活牲畜等，也按件数计费。

● 按议价计收。其主要针对大宗低值货物，如粮食、煤炭、矿砂等。

● 按起码费率计收。这是指按每一提单上所列货物的重量或体积计收运费。尚未达到运价表中规定的最低运费额时，按最低运费计收。

值得注意的是，如果不同商品混装在同一包装内，则全部运费按其中较高的计收。同一商品包装不同，其计费标准及等级也不同。托运人应按不同包装分列毛重及体积，这样才能分别计收运费，否则全部货物均按较高者收取运费。同一提单内如有两种及两种以上不同货名，托运人应分别列出不同货名的毛重和体积，否则将全部按较高者收取运费。

第三，班轮运费的构成。班轮运费由基本运费和附加费两部分构成。基本运费是指货物从装运港运到卸货港所应收取的运费。它主要由起运港至目的港的运输费用、起运港装船费和目的港卸货费构成。其计算基础是基本费率。基本费率是指班轮航线内基本港之间对每种货物规定的必须收取的费率，包括各航线等级费率、从价费率、冷藏费率、活牲畜费率及议价费率等，可从运价表中查得。基本运费额是所运货物的数量（重量或体积）与规定的基本费率的乘积，即：

基本运费额=货运量×基本费率 (5.1)

附加费是针对需要特殊处理或由于客观情况的变化等使运输费用大幅增加的货物，班轮公司为弥补损失而额外加收的费用。它的种类很多，而且随着客观情况的变化而变化。常见的附加费主要有超重附加费（Over Weight Surcharge），超长附加费（Over Length Surcharge），燃油附加费（Bunker Adjustment Factor，BAF/Bunker Surcharge，BS），港口附加费（Port Surcharge），港口拥挤附加费（Port Congestion Surcharge），货币贬值附加费（Currency Adjustment Factor，CAF），绕航附加费（Deviation Surcharge），转船附加费（Transshipment Surcharge），直航附加费（Direct Additional），选卸货港附加费（Optional Additional），变更卸货港附加费（Additional for Alteration of Destination），洗舱费（Cleaning Charge），熏蒸费（Fumigation Charge），冰冻附加费（Ice Surcharge）等。

附加费的主要计算方法有两种：一种是用绝对数表示，即每运费吨增加若干金额；另一种是用百分比表示，即在基本费率的基础上增加一个百分比，多数情况下，附加费按这种方法计算。

第四，班轮运费的计算方法。其计算公式为：

班轮运费额=基本运费＋n项附加费之和 (5.2)

班轮运费的计算方法分为以下五步：①审查托运人提供的货物名称、重量、尺码（是否超重、超长）、装卸港口、是否需要转船以及卸货港的选择等；②根据货物名称，从运价表中查出该货物的计费标准及运价等级；③查找所属航线的等级费率，找出该等级货物的基本费率；④查出各附加费的费率及计算方法；⑤根据上述各项内容，按班轮运费计算公式进行计算。

运费的支付方式有预付、到付、部分到付和部分预付相结合三种。对于低值货、易腐货、舱面货、活动物和目的港没有船代理的货物，一般不实行到付。

2）租船运输

租船运输（Shipping by Chartering）是租船人向船东租赁船舶用于运输货物的一种运输方式。其特点与班轮运输正好相反，即航线、装卸港口、船期、运费都不固定。这种方式主要适合运输大宗货物。租船主要有定程租船（Voyage Charter）、定期租船（Time Charter）和光船租船（Bareboat Charter）三种方式。

（1）定程租船。它又称航次租船，是以船程为基础的租船运输方式。定程租船的特点包括：①船方负责船舶的航行、驾驶、管理、货物运输以及船舶在航行中的一切费用开支；②运费一般按所运货物数量计算，租船人按约定支付运费；③规定一定的航线和装运的货物种类、名称、数量以及装卸港口；④规定一定的装卸期限或装卸率，并计算滞期费、速遣费；⑤船租双方的权利与义务以定程租船合同为准。

定程租船按运输形式可分为以下几种：①单程租船。它是指所租船舶只装运一个航次，航程结束时租船合同即告终止。②来回程租船。它是指所租船舶在完成一个航次任务后，回程时再接着装运货物的运输方式。③连续单程租船。它是指所租船舶在同一去向的航线上连续完成几个单航次运输。船舶必须是一程运货，一程空放，船东不能利用空船揽载其他货物。这种方式一般适合航程较近的运输。④包运合同租船。它是指船东在约定的期限内，派若干条船，将规定的一批货物，按照同样的租船条件进行运输，航次不作具体规定。

定程租船合同常用的条款有：①船舶说明的规定；②“解约日”的规定；③装货港和卸货港的规定；④运载货物的种类、数量和包装的规定；⑤关于装货、卸货和装卸时间的规定；⑥滞期费与速遣费的规定；⑦出租人责任的规定；⑧承租人责任终止和出租人留置权的规定；⑨运费与装卸费的规定。

（2）定期租船。它又称期租船，是以租期为基础的租船运输方式。定期租船有以下一些特点：①租赁期间，船舶的经营管理由租船人负责；②船方负责船舶的维护、修理和机器的正常运转，并负责船员的配备和给养供应；③不规定船舶航线和装卸港口，只规定船舶航行区域；④除特别规定外，可以装运各种合法货物；⑤不规定装卸期间和装卸率，不计算滞期费、速遣费；⑥租金按租期每月或每载重吨（DWT）若干金额计算；⑦船租双方的权利与义务以定期租船合同为准。

目前，国际上常用的定期租船合同范本有三种，即纽约土产交易所定期租船合同（New York Produce Exchange Time Charter）、统一定期租船合同（Uniform Time Charter）、中国定期租船合同标准格式（China National Chartering Corporation Time Charter Party）。

期租合同的主要内容有：①船舶说明；②船舶租期；③船舶装货范围和航行区域；④交船和还船；⑤起租、停租时验船；⑥船东负责事项；⑦租船人负责事项；⑧租金支付；⑨停租；⑩转租。

（3）光船租船。它也是租船的一种形式，与一般租船不同的是，此种形式船东不负责提供船员，只是将船交给租方使用，由租方自行配备船员，负责船舶的经营管理和航行等各项事宜。对于这种租船方式，船东会心存疑虑，租船人也感到工作繁重复杂，双方都不是很感兴趣，因此近年来在租船市场上较少采用。

【教学互动5-1】

互动问题：上海A公司按FOB条件从美国B公司购买一批大宗商品，双方约定的装运期为8月份，后因A公司租船困难，接运货物的船舶不能按时到港接货，出现了较长时间的货等船情况，B公司以此为由撤销了合同，并要求A公司赔偿。你认为B公司的做法是否合理？为什么？

互动要求：同“教学互动1-1”的“互动要求”。

3）海运单据

海运单据主要包括海运提单、海运单和电子提单。

（1）**海运提单**。它是货物的承运人或其代理人在收到货物后签发给托运人的一种证明。海运提单既是承运人收到货物后发给托运人的货物收据，也是所载货物的物权凭证。取得提单的人有权支配该货物，一般情况下，其合法持有人可在载货船舶到达目的港前进行背书转让，也可凭单向银行办理抵押贷款，以及在目的港从轮船公司提取货物。同时，它又是承运人与托运人之间运输契约的书面证明，双方的权利、义务都列明在提单之内，是双方执行合同的依据。

提单通常有正本（Original）和副本（Copy）之分。由船方签发的提单正本通常有2～3份，有时可达4份；副本份数不限，船方不签字。提货人凭正本提单提货，一份正本提单提货后，其余各份自动失效。

海运提单是由各国轮船公司自己制定的，是一种具有涉外性质的法律文件。每个公司都有自己的提单格式，但其基本内容大致相同，一般都包括正面的记载事项和背面印刷的运输条款。

提单正面的内容主要有：承运人名称；托运人名称；收货人名称；被通知人名称及地址；船名和船次；装运港；目的港；货物品名、标志、件数、重量和体积；运费和其他费用；提单签发地点、日期、份数；承运人或其代理人签字。

提单背面的内容主要有：法律诉讼条款；承运人责任条款；免责条款；有关改航、换装、改卸目的港、甲板货物、危险货物、冷藏货物、装货、卸货、交货、共同海损等的条款；赔偿条款；运费条款；留置权条款等。

有关提单的重要国际公约有1924年签订的《海牙规则》(The Hague Rules，即《统一提单的若干法律规定的国际公约》)，1968年签署的《维斯比规则》(The Visby Rules，即《1968年布鲁塞尔议定书》) 和1978年签署的《汉堡规则》(The Hamburg Rules，即《1978年联合国海上货物运输公约》)。由于各国对这些公约的态度不一，因此，各船务公司签发的提单背面条款就有所差异。

海运提单的格式见表5-1。

表5-1 **海运提单**

<table>
<tr><td>托运人
Shipper</td><td></td><td rowspan="4">CHINA OCEAN SHIPPING COMPANY
总公司HEAD OFFICE：北京BEIJING
广州CANTON
分公司 BRANCH OFFICE：上海 SHANGHAI
天津TIENTSIN
电报挂号CABLE ADDRESS，“COSCO”
提单BILL OF LADING　正本ORIGINAL
直运或转船
DIRECT OR WITH TRANSSHIPMENT
装货单号S/O No.　提单号B/L No.</td></tr>
<tr><td>收货人
Consignee</td><td>或让受人
or Assigns</td></tr>
<tr><td>通知
Notify</td><td></td></tr>
<tr><td>船名
Vessel</td><td>航次
Voyage</td></tr>
<tr><td colspan="2">装货港
Port of Loading</td><td>卸货港
Port of Discharge</td></tr>
<tr><td>国籍
Nationality</td><td>中华人民共和国
THE PEOPLE’S REPUBLIC OF CHINA</td><td>运费在____支付
Freight Payable at</td></tr>
</table>

托运人所提供的详细情况
Particulars Furnished by Shipper

标志和号数 Marks and Numbers	件数 No.of Packages	货名 Description of Goods	毛重 Gross Weight	尺码 Measurement

续表

<table>
<tr><td colspan="2">合计件数（大写）
Total Packages（in words）</td></tr>
<tr><td colspan="2">上述外表情况良好的货物（另有说明者除外）已装在上述船上，并应在上述卸货港或该船所能安全到达并保持浮泊的附近地点卸货。
Shipped on board of the vessel named above in apparent good order and condition（unless otherwise indicated）the goods or packages specified herein and to be discharged at the above mentioned port of discharge or as near there to as the vessel may safely get and be always afloat.
重量、尺码、标志、号数、品质、内容和价值是托运人所提供的，承运人在装船时并不核对。
The weight，measurement，marks，numbers，quality，contents and value，being particularly furnished by the Shipper are not checked by the Carrier on loading.
托运人、收货人和本提单的持有人兹明白表示接受并同意本提单和它背面所载的一切印刷、书写或打印的规定、免责事项和条件。
The Shipper，Consignee and the Holder of this Bill of Lading hereby expressly accept and agree to all printed，written or stamped provisions，exceptions and conditions of this Bill of Lading，including those on the back hereof.</td></tr>
<tr><td>运费和其他费用
Freight and Charges</td><td>为证明以上各节，承运人或其代理人已签署本提单一式____份，其中一份经完成提货手续后，其余各份失效。
In witness whereof，the Carrier or his Agent has signed number of Bills of Lading indicated below all of this tenor and date，one of which being accomplished，the others to stand void.</td></tr>
<tr><td>请托运人特别注意本提单内与该货物保险效力有关的免责事项和条件。
Shippers are requested to note particularly the exceptions and conditions of this Bill of Lading with reference to the validity of the insurance upon their goods.</td><td>签单日期
Dated ……………………at…………………………
船　　长
…………………For the Master</td></tr>
</table>

海运提单从不同的角度分类，主要有以下几种：

第一，根据货物是否已装船分为已装船提单和备运提单。已装船提单（On Board B/L）是承运人将货物装上指定船舶后所签发的提单。其特点是提单上有载货船舶名称和装船日期。备运提单（Received for Shipment B/L）又称收讫待运提单，是承运人收到托运货物等待装船期间签发给托运人的提单。其特点是提单上没有具体船名和装船日期。

第二，根据提单上对货物表面状况有无不良批注分为清洁提单和不清洁提单。清洁提单（Clean B/L）是货物装船时表面状况良好，承运人签发提单时未加注任何货损、包装不良或其他有碍结汇的批注的提单。不清洁提单（Unclean/Foul B/L）是承运人在提单上加注了货物表面状况不良或货物存在缺陷和包装破损的提单。在信用证支付方式下，银行一般不接受不清洁提单。因此，出口商或托运人常常出具保函换取清洁提单。

第三，根据收货人抬头不同分为记名提单、不记名提单和指示提单。记名提单（Straight B/L）是指提单上的收货人栏内填明特定收货人的名称，只能由该特定收货人提货。它一般不能通过背书转让，因而在国际贸易中很少使用。通常，国际上只对价值很高的货物或特殊用途的货物采用记名提单。不记名提单（Bearer B/L）是指提单上的收货人栏内没有指明任何收货人，谁持有提单，谁就可以提货。这种提单无须任何背书手续就可转让，如发生遗失或被窃，极易引起纠纷，由于不安全，故在国际贸易中很少采用。指示提单（Order B/L）是在收货人栏内只填写“凭指示”（To Order）或“凭某人指示”（To the Order of...）字样的一种提单。这种提单可以通过背书转让。背书可分为空白背书和记名背书两种。空白背书在提单背面仅有转让人签章，不注明被背书人的名称，可以继续背书转让；记名背书在提单背面既有转让人签章，又注明被背书人的名称。目前，在实际业务中，多采用“空白抬头、空白背书”提单。

第四，根据运输方式不同分为直达提单、转船提单和联运提单。直达提单（Direct B/L）是在装运港装货后，中间不经换船直接驶往指定目的港所签发的提单。转船提单（Transshipment B/L）是在装运港装货后，需在中途港换装另外船舶所签发的提单。这种提单上应注明“转船”或“在某港转船”字样。转船提单往往由第一程船的承运人签发。联运提单（Through B/L）是采用海运与其他运输方式联运时第一承运人签发的包括全程运输手续及运费在内的提单。第一承运人会在提单上载明只负自己承运区段的责任。

第五，根据船舶营运方式的不同分为班轮提单和租船提单。班轮提单（Liner B/L）是经营班轮运输的船运公司或其代理人出具的提单。提单上有详细的条款。租船提单（Charter Party B/L）是船方根据租船合同签发的一种提单。提单上通常批注“根据某租船公司合同成立”或注明“一切条件、条款和免责事项按某年某月某日的租船合同”字样。因此，租船提单要受租船合同的约束，不能成为一个完整、独立的文本。银行或买方在接受这种提单时，往往要求卖方提供租船合同副本，以了解提单和租船合同的全部情况。

第六，根据提单内容的繁简分为全式提单和略式提单。全式提单（Long Form B/L）是既有正面内容，又在背面列有承运人和托运人权利、义务详细条款的提单，在实际业务中应用较多。略式提单（Short Form B/L）是省略背面条款的提单。提单副本和租船合同项下签发的提单通常都是略式提单。

其他提单还有集装箱提单、舱面提单、过期提单、倒签提单和预借提单等。集装箱提单（Container B/L）是用集装箱运输货物时签发的提单。舱面提单（On Deck B/L）又称甲板提单，是针对甲板上的货物签发的提单。承运人对舱面货的损坏或灭失不负责任，但采用集装箱运输时除外。过期提单（Stale B/L）是错过规定的交单日期或晚于货物到达目的港的提单。前者期限为21天，即提单签发日后21天才向银行提交，银行通常拒收；后者一般在订立条款后向银行提交，银行通常会接受。

【小资料5-1】

晚于货物到达目的港的过期提单

晚于货物到达目的港的过期提单指由于航线短或银行转递提单较慢，以致船舶到达目的港时，收货人尚未收到提单。这种过期提单在短途海运中经常出现。如我国向日本出口货物，船舶3～4天即到日本，而提单通过审核、办理议付，再航寄到开证行，经开证行核对后转给收货人，需要8～9天。所以我国对日本以及韩国的海运提单多为过期提单，在此情况下，买卖双方一般都在信用证中订立“过期提单可以接受”（Stale B/L is acceptable）条款。

资料来源　作者根据相关资料整理.

倒签提单（Anti-dated B/L）是承运人应托运人的请求，签发提单日期早于实际装船日期的提单，以符合信用证对装船日期的规定，便于结汇。这是一种违法行为。

【同步案例5-1】

倒签提单案

背景与情境：我国某公司与瑞士某公司签订了一份出售某农产品3 500公吨的合同，每公吨CIF鹿特丹24英镑，总值84 000英镑。装船日期为当年12月至次年1月，对方以不可撤销的即期信用证进行支付。我方公司在租船装运时，因原订货船突然损坏，在国外修理，不能在预定时间到达我国口岸装货，船公司临时改派我国香港某公司期租船装运，但又因连日风雪，直到2月11日才装完货，2月13日开航。我方公司为了取得符合信用证规定的装船日期（202×年12月1日至次年1月31日）的提单，要求外轮代理公司按202×年1月31日签发提单，并以此提单向我国银行办理议付。货物到达鹿特丹后，买方聘请律师上船查阅航行日志，查实提单的签发日期是伪造的，立即凭此向当地法院起诉，并由法院发出扣船通知。而后该船由外轮公司以30 000英镑担保放行。我方经4个月的谈判，共赔偿20 600英镑，买方才撤回上诉而结案。我方既损失了外汇，又对外造成了不良影响。

问题：从上例中我方得到了哪些教训？

分析提示：倒签提单是一种违法行为，不可采用，还是应该以诚信为本。俗话说：“纸包不住火。”签发提单日是1月31日，实际开航日是2月13日，相差13天，极易引起买方的怀疑。买方律师通过查阅航行日志发现了我公司的违法行为，说明买方很有航运经验，而我方的航运经验与其相比相差甚远。其实我方可以不可抗力条款为依据，及时向买方提出推迟装货和改证的要求，是完全可以商量的。

预借提单（Advanced B/L）又称无货提单，是信用证规定的装运日期和议付日期已到，货物已由承运人接管，但因故未能及时装船或装船完毕，托运人出具保函，要求承运人签发的已装船提单。这也是一种违法行为。

由于倒签提单和预借提单都是违法行为，所以绝不可用。

（2）海运单。自从公元1500年提单问世后，海运中货物权利的转移就一直是通过提单的转让来实现的。提单成了国际海运的唯一凭证。但是，500多年的实践已将利用提单在目的港交货的不便和风险全部暴露出来：其一，如按正本提单放货，当货到而提单未到收货地或收货人还未经承兑或付款取得正本时，就会出现货等提单而导致延迟卸货或码头拥挤；其二，由于海运提单是所载货物的物权凭证，取得提单的人有权支配该货物，如果第三者非法得到或捡到提单，就可以取货，因此提单对收货人来说就存在着一定的风险。要解决这两个问题，可以在不必使用提单的情况下，尽量使用海运单（Sea Waybill），使货物一到目的港，就能及时卸交。1990年6月，国际海事委员会第34届大会满票通过了《1990年国际海事委员会海运单统一规则》。

第一，海运单的性质及作用。海运单是发货人和承运人之间（签订的）货物运输合同的凭证，是一种物流单证，不是货物的物权凭证，故不得转让。

海运单具有三个基本作用：①是承运人收到由其照管的货物的收据；②是运输契约的证明；③在解决经济纠纷时作为货物担保的基础。

第二，海运单的使用。海运单作为契约证明，应根据承托双方一致同意的条件来签发，通常只签发一份正本运单。但是，如经托运人请求，也可以签发两份或两份以上正本运单。

海运单流转的程序是：租船公司签发运单给托运人；租船公司在船舶到卸货港前约一个星期向运单上标明的具体收货人发出到货通知；收货人签署到货通知，并退还给船代理；船代理据以签发提货单给收货人；船抵港后，收货人凭提货单提货。

（3）电子提单。最近几年，国际货物运输领域已开始利用现代化的计算机技术，通过电子数据交换系统来实现运输途中货物支配权的转移。电子提单在逐渐替代传统的提单，这无疑是一场深刻的革命。

第一，电子提单概述。电子提单是一种利用EDI（Electronic Data Interchange，电子数据交换）系统对海运途中的货物支配权进行转让的程序。

这种程序的特点是：卖方、发货人、银行、买方和收货人均以承运人（或船舶）为中心，通过专有计算机密码通告运输途中货物支配权的转移时间和对象；在货物运输过程中，通常情况下不出现任何书面文件；收货人提货，只要出示有效证件证明身份，由船舶代理验明即可。

电子提单的优点是：可快速、准确地实现货物支配权的转移；方便海运单的使用，当海上运输航程较短时，可避免传统提单因为邮寄较慢而可能出现的船到而提单尚未寄到的现象；由于整个过程的高度保密性，可防冒领和避免误交，大大减少提单欺诈案件的发生。

第二，电子提单的运用。假设卖方与买方签订了一份CIF合同，根据EDI系统，上述合同履行的过程如下：①卖方向承运人订舱，承运人根据双方都同意的条款进行确认。②卖方提供货物的详细说明，承运人确认承运这批货物，卖方同时向承运人指明银行。③卖方将货物交给承运人，承运人向卖方发送一份收到该批货物（但同时可做某些保留）的电讯。这里所讲的“保留”是诸如“货物的品质、数量是由卖方提供的，承运人对具体情况不明”之类的保留。在电讯中，承运人会给卖方一个密码，卖方在此后与承运人的电讯往来中可用此密码，以保证对电讯内容的鉴定和完整。④承运人将货物装上船后通知卖方和银行。⑤卖方凭信用证即可取款，货物支配权由卖方转移给银行。这时承运人即销毁与卖方之间的电讯密码，并向银行确认，给银行一个新的密码。⑥卖方告诉银行谁是买主。⑦买方支付货款并获得货物支配权后，银行则通知承运人货物权利的转移。承运人即销毁与银行之间的密码，向买方确认其对货物的控制权，并给买方一个新的密码。⑧船舶抵达目的港后，承运人通知买方。买方指定一个收货人，否则自己就是收货人。⑨收货人实际接收货物后通知承运人，买方对货物的支配权终止。此时，承运人销毁与买方之间的密码。

第三，使用电子提单必须具备的条件。EDI系统的使用对世界航运界来说是一个新的课题。使用EDI系统必须具备一定的条件，主要有：在硬件方面，涉及机型的配套和联网等一系列技术问题，计算机的应用需具有世界普遍性；在软件方面，要培训既懂国际贸易与运输，又懂计算机业务，并通晓外语及EDI系统操作规程的专门人才；各国在航运体制和管理水平方面必须先进，为EDI系统的采用开绿灯。

5.1.2 铁路、航空运输

1）铁路运输

铁路运输（Rail Transport）是现代运输业中的主要运输方式之一。在国际货物运输中，铁路运输具有运载量大、运行速度快、成本低、运输准确性和连续性强、受气候和自然条件影响小等优势。因此，它是一种仅次于海洋运输的运输方式，特别是在内陆接壤国家间的贸易中起着更为重要的作用。铁路运输在我国国民经济中占有重要地位，在我国对外贸易中更是起着非同一般的作用，具体表现在：

第一，通过铁路把欧亚大陆连成一片，从而为发展我国与亚洲其他国家、欧洲各国之间的经贸联系提供了十分有利的条件。我国与朝鲜、蒙古、越南等国之间的进出口货物，绝大部分是通过铁路来运输的；我国与东欧、西欧、北欧和中东地区的一些国家之间，也通过国际铁路联运或西伯利亚大陆桥等运输方式来运送进出口货物。

第二，铁路运输也是我国内地与港澳地区进行贸易的重要运输方式。随着双方贸易额的不断扩大，经由铁路运输的货运量正在逐年增加。中国香港作为国际贸易自由港，有通往世界各地的海、空定期航线，交通运输业非常发达。这一优势有利于我国在香港地区进行转口贸易，开展陆空联运和陆海联运。

第三，铁路运输在进出口货物的集散、省与省之间外贸物资的调集方面起着重要作用。

总之，在我国的对外贸易中，从进出口货物的运量来看，铁路运输仅次于海运而位居第二位。铁路运输可分为国际铁路货物联运和国内铁路货物运输两种。

【小资料5-2】

“陆海新通道”——铁海联运

2019年4月10日上午，首列“陆海新通道”铁海联运出口印度专列在重庆顺利发车，这是一班“定制化”的专列。该专列满载25个集装箱大柜（货值超过800万元人民币的汽车零配件），从重庆团结村中心站鸣笛出发，运至广西钦州港后换装海运货轮抵达印度。

这是“陆海新通道”铁海联运平台公共性的延伸——在服务广大市场运营主体小批量订舱外，能够满足客户“定制化”专列发运的需求，提供更多元的一体化陆海联运服务。

这趟专列两天后抵达钦州，再无缝连接海船出海运至印度，全程需要20天左右，较江海联运节省14天时间。可以预计的是，未来还会有更多的中国商品以专列的形式发往全球各地。

据了解，快速发展的汽车整车及零配件物流，使中国的汽车企业与“陆海新通道”铁海联运建立了比较稳固的合作关系。这种高效便捷的运输模式同样可以“复制”到其他行业和领域，从而推动越来越多的“中国制造”走出去，使越来越多的中国企业提高物流效率，降低生产成本，促进产业转型升级。

从目的地来看，“陆海新通道”目前已经覆盖全球6大洲71个国家和地区的166个港口。

资料来源 陈翔. 不到一个月 铁海联运迎来两个“首次”[EB/OL].［2019-04-16］. http://cq.cqnews.net/html/2019-04/16/content_50402522.html.引文经过改编.

（1）**国际铁路货物联运**。它是使用一份统一的国际联运票据，由铁路当局负责经过两国或两国以上铁路的全程运送，在由一国铁路向另一国铁路移交货物时，无须收发货人参加的一种运输方式。

国际铁路货物联运的主要单据是国际铁路货物联运运单。该运单是参加国际铁路货物联运的铁路当局与发货人、收货人之间缔结的运输合同。它体现了参加联运的各国铁路当局和发货人、收货人之间在货物运送上的权利、义务、责任及其豁免，对铁路当局和发货人、收货人都具有法律效力。

国际铁路货物联运运单由正本、副本、运行报单、货物交付单和货物到达通知单等组成。联运运单由铁路局签发，运单中所列各栏由发货人和铁路局按照要求分别填写清楚，从始发站随同货物附送至终点站并交给收货人。运单副本经发站铁路局加盖戳记，证明货物已被承运和承运日期，发货人可凭此副本到银行办理结汇。

国际铁路货物联运运费的计算和核收，必须遵循《国际铁路货物联运协定》、《统一货价》和中华人民共和国国家铁路集团有限公司《铁路货物运价规则》的规定。联运运费包括货物运费、押运人乘车费、杂费和其他费用。国际铁路货物联运国内段运费的计算公式为：

$$\text{运费}=\left.\begin{matrix}\text{运价里程}\\\text{货物运价号}\end{matrix}\right\}\times\left.\begin{matrix}\text{货物运价率}\\\text{计费重量}\end{matrix}\right\} \tag{5.3}$$

国际铁路货物联运过境运费的计算公式为：

$$\text{运费}=\left.\begin{matrix}\text{过境里程}\\\text{运价等级}\end{matrix}\right\}\times\left.\begin{matrix}\text{货物运价率}\\\text{计费重量}\end{matrix}\right\}=\text{基本运费额}\times\text{加成率} \tag{5.4}$$

【课程思政5-1】

中老铁路

背景与情境：中老昆万铁路，即“中老国际铁路通道”，简称“中老铁路”，是一条连接中国云南省昆明市与老挝万象市的电气化铁路，由中国按国铁Ⅰ级标准建设，是第一条以中方为主投资建设、双方共同运营并与中国铁路网直接连通的跨国铁路。

2010年5月21日，中老昆万铁路昆玉先开段开工建设；2015年12月2日，中老昆万铁路磨万段举行开工奠基仪式；2016年4月19日，中老昆万铁路玉磨段开工建设；2016年12月25日，中老昆万铁路举行全线开工仪式；2021年12月3日，中老昆万铁路全线通车运营。

老挝北邻我国云南，是一个内陆农业国家，由于历史上法国的殖民掠夺和越南的军事入侵，经济发展受阻，加上落后的基础设施建设和高山高原的地理条件，工业和贸易难以发展。随着中老铁路的全线通车，两国间人才交流、经济往来、文化沟通必将日益密切，交流成本也会大幅度降低，无疑为加强两国间的深厚友谊创造了更加有利的环境。

资料来源　根据百度百科等新闻内容整理.

问题：中老铁路的开通有何意义？

研判提示：中老铁路的全线通车，不仅向世界展示了中国铁路建设的速度、标准和质量，同时也向全世界展示了中国与周边国家共同发展的坚定战略与决心。中老昆万铁路是两国互利合作的旗舰项目，是高质量共建“一带一路”的标志性工程，是老挝现代化基础设施建设的一个重要里程碑。中老昆万铁路将带动老挝经济社会发展，提高当地的运输效率和水平，并为老挝创造大量的就业机会，也将为中国西南地区的经济发展注入新的动力。中老昆万铁路未来还将连接泰国乃至马来西亚等国家的铁路。中老昆万铁路是中老合作的标杆项目，对实现老挝“陆锁国变陆联国”发展战略、深入对接“一带一路”、深化中老务实合作具有重要意义。

（2）国内铁路货物运输。它包括两种情况：一种是我国进出口货物铁路运输，即我国进口货物卸船后经铁路转运至全国各地和全国各地的出口货物经铁路运至各港口装船；另一种是内地供应港澳地区的货物的铁路运输，即货物在内地各始发站装车后，运到深圳北站，再由设在深圳的外贸机构通过原车直接过轨至香港九龙车站（是向香港地区输送货物的主要方式）；或将货物从内地通过铁路运至深圳北站，卸车后再转装汽车经文锦渡公路口岸运至香港；或货物从内地通过铁路运至广州南站，再用驳船转运至香港。

内地与澳门之间没有铁路直通，内地各地运往澳门的货物，先由铁路运至广州南站，然后再转水路或公路运至澳门。

国内铁路货物运输主要使用国内铁路运单，其不能作为对外结算的凭证。在对港澳地区的铁路运输中，也采用承运货物收据这种特定性质和格式的单据。这种单据相当于海运提单或联运运单，既代表货物的所有权，又是收货人的提货证明，也是货运双方的运输契约和承运货物收据。

对香港地区的铁路运输分两段来完成，因此，运费按内地铁路运费和香港地区铁路运费分别计算。内地段铁路运送费用包括铁路运费、深圳过轨租车费、货物装卸费、货运代理劳务费等，以上各项费用均按人民币计算。内地段铁路运费的计算公式为：

运费=货物运价率×计费重量 （5.5）

港段铁路运送费用包括铁路运费、港段终点调车费、卸车费及港段劳务费等，以上各项费用均按港币计算。港段铁路运费的计算公式为：

运费=等级运价率×车皮标重（吨） （5.6）

【同步思考 5-1】

我国内地段铁路运输和港段铁路运输存在差异的原因是什么？

理解要点：香港是我国的特别行政区，按照《中华人民共和国香港特别行政区基本法》的规定，内地与香港之间的经贸活动参照国际惯例进行。双方货物及相应物品的往来进出都需要经过海关。

2）航空运输

航空运输是利用飞机通过空中飞行在航空港之间运送客货的运输方式。它具有速度快，不受地面条件限制，安全准时，节省包装、保险、利息等费用的优点，因此特别适合那些急需、贵重、时令性、鲜活的货物运输。当然，航空运输也有它的局限性，主要表现为飞机的舱容有限、运费高、飞行易受恶劣气候的影响等，因此不适合低值货物、大件货物或大批量货物的运输。

中国的各大航空公司一般只负责空中运输，空运进出口货物的报关、托运、提货和中转运输等工作由中国对外贸易运输（集团）总公司（简称外运公司）负责安排。外运公司既是中国民航的代理，也是各进出口公司的代理。

（1）国际航空货物运输的方式。其主要包括：

第一，班机运输（Scheduled Airline）。班机是指在固定航线上定期航行、运送客货的航班。班机运输一般具有固定的时间、航线、始发站、经停站和终点站等特点。按照业务对象的不同，它可分为客运航班和货运航班，以及以客为主的客货混合航班。

班机运输由于具有上述“五固定”等特点，收发货人能确切地掌握班机起运和到达的时间，故适宜运送急需品、鲜活易腐及时令性商品。由于能确保合同按期履行，便于跨国公司分拨产品、半成品，班机运输正成为众多贸易商和跨国公司的首选运输方式。

第二，包机运输（Chartered Carrier Transport）。包机可分为整机包机和部分包机两种。包机运输因受到各国政府的限制，因此目前使用包机业务的地区较少。

第三，集中托运（Consolidation）。它是集中托运人将若干批单独发运的货物组成一整批，向航空公司办理托运，采用一份航空总运单集中发运货物到同一目的站，由集中托运人在目的地的指定代理收货，再根据集中托运人签发的航空分运单分拨给各实际收货人的运输方式。这是航空货物运输的主要方式，也是航空货运代理的主要业务之一。

集中托运人在运输中扮演双重角色：在与单独货物托运人的关系中，他是货物的承运人；在与航空公司的关系中，他是一整批货物的托运人。

第四，航空快递（Air Express）。它是指具有独立法人资格的企业将进出境货物或物品从发件人所在地通过自身或代理网络，利用空运快速送达给收件人的运输方式。航空快递的收件范围主要有文件和包裹两大类。其主要业务形式有：门/桌到门/桌（Door/Desk to Door/Desk）、门/桌到机场（Door/Desk to Airport）和专人派送（Courier on Board）。

（2）航空运单（Air Waybill）。它是托运人与航空承运人之间的运输合同，是承运人签发的已接收货物的证明，是承运人据以核收运费的账单，是报关单证之一，可作为保险证书，也是承运人处理内部业务的依据。但航空运单不可转让。

（3）国际航空货物运费的计算。国际航空货物运输中与运费有关的各项规章制度、运费标准都是由国际航空运输协会统一协调、制定的。

第一，计费重量（Chargeable Weight）。它是据以计算运费的货物的重量，有重货（High Density Cargo）、轻货（Low Density Cargo）和多件货物之分。

第二，公布的直达航空运价。它是指航空公司在运价本上直接注明的承运人对由甲地运至乙地的货物收取的一定金额。直达航空运价又分为四种，即特种货物运价（Specific Commodity Rate，SCR），等级货物运价（Commodity Classification Rate，CCR），普通货物运价（General Cargo Rate，GCR）和起码费（Minimum Charge，MC）。

第三，非公布的直达航空运价。如果甲地至乙地没有可适用的公布的直达航空运价，就实行非公布的直达航空运价。它包括比例运价（Construction Rate）和分段相加运价（Combination of Rate）。

第四，航空附加费。它主要包括声明价值附加费（Valuation Charge）、制单费、货到付款附加费、提货费等。

【同步案例 5-2】

空运出口受骗

背景与情境：某年，某裘皮进出口公司（卖方）与德国一家公司在交易会上订立了一份裘皮服装买卖合同，价值20万美元。价格术语为CIF法兰克福，运输方式为空运，支付方式为不可撤销信用证。合同签订后，买方按时开来了信用证。国内卖方接证后，按合同规定发运了货物，将信用证要求的各种单据提交给国内银行，并办理议付手续。看来一切顺利，不料，国内银行在将有关索汇单据寄给德国开证行后第七天即收到开证行的拒付通知，理由是单证不符。卖方马上与货物承运人某国际航空公司联系，被告知，货物早已被空运单上写明的人（实际上就是买方）提走。再与买方联系，已杳无音讯。后经查证，该公司经理以不同公司的名义、同样的手段，已从国内数家企业手中“提货”，价值近百万美元。3个月后，国内银行以单证不符、开证行拒付为由，收回议付款，并加收利息，卖方落得货款两空。

问题：买方的骗术是什么？卖方应如何避免？

分析提示：买方的贸易动机就是骗取货物，买方行骗时利用了空运方式的特点：在空运方式下，空运单不同于海运提单，它不是货物所有权的凭证。由于空运速度比较快，因此，业务上的一般做法是，收货人凭承运人的到货通知和有关身份证明提货，提货时在随货同行的空运单上签收即可，而不要求收货人凭空运单提货。卖方避免受骗的办法是将价格术语CIF改为CIP，这样更为保险。因为在此价格术语下，卖方只要在规定的时间和地点将货物交付承运人保管，其后货物的费用和风险就由买方承担了。

5.1.3 集装箱运输

集装箱运输（Container Transport）是以集装箱作为运输单位进行货物组成运输的一种现代化、先进的运输方式，适用于海洋运输、铁路运输及国际多式联运等。

1）集装箱运输的特点

集装箱运输是一种先进的货物组成运输方式。与传统的货物运输方式相比，它有利于提高运输速度和运输质量，能减少货损货差，有利于节省各项费用，降低运输成本，也有利于简化货运手续等。

2）集装箱的种类

集装箱按其用途不同，可分为杂货集装箱（Dry Cargo Container）、冷藏集装箱（Refrigerated Container）、散货集装箱（Solid Bulk Container）、开顶集装箱（Open Top Container）、框架集装箱（Flat Rack Container）、罐装集装箱（Tank Container）和特种专用集装箱等。

3）集装箱运输的关系人

随着集装箱运输的逐步发展和成熟，与之相适应的运输管理方法和工作机构也逐步发展起来，形成了一套适应集装箱运输特点的运输体系。其中的关系人有：经营集装箱货物运输的实际承运人、无船承运人、集装箱租赁公司、联运保赔协会、集装箱码头（堆场）经营人、集装箱货运站和货主。

4）集装箱运输方式

根据当前国际上集装箱业务的通常做法，集装箱运输方式有以下三种：

（1）集装箱货物装箱方式。根据集装箱货物装箱数量和方式的不同，它分为：①整箱货（Full Container Load，FCL），是指货方在海关人员的监管下，自行将货物装满箱，加锁、铅封后，以箱为单位托运。这种方式通常在货主有足够货源能装满一个或数个整箱时采用。②拼箱货（Less than Container Load，LCL），是指承运人（或代理人）接受货主托运的数量不足整箱的小票货物后，根据货物的性质和目的地进行分类整理，把去往同一目的地的同类货物集中到一定的数量，拼装在一个集装箱内。

（2）集装箱货物交接方式。因集装箱货物装箱方式不同，货物在交接方式上也有所不同。根据当前国际上的普遍做法，其交接方式大致有以下四种：①整箱交，整箱接（FCL/FCL），即承运人在托运人和收货人之间以整箱为单位负责交接，货物的装箱和拆箱均由货方负责；②拼箱交，拆箱接（LCL/LCL），即承运人在小票货物托运人和收货人之间负责拼箱、装箱和拆箱，拆箱后，收货人凭单接货；③整箱交，拆箱接（FCL/LCL），即承运人在整箱交的货主与多个收货人之间负责接收整箱和拆箱，各收货人凭单接货；④拼箱交，整箱接（LCL/FCL），即承运人在多个小票货物货主与同一收货人之间负责拼装和以整箱交接。

（3）集装箱货物交接地点。它一般可分为：①门到门（Door to Door），即从发货人工厂或仓库至收货人工厂或仓库；②门到场（Door to CY），即从发货人工厂或仓库至目的地或卸箱港的集装箱堆场；③门到站（Door to CFS），即从发货人仓库或工厂至目的地或卸箱港的集装箱货运站；④场到门（CY to Door），即从起运地或装箱港的集装箱堆场至收货人工厂或仓库；⑤场到场（CY to CY），即从起运地或装箱港的集装箱堆场至目的地或卸箱港的集装箱堆场；⑥场到站（CY to CFS），即从起运地或装箱港的集装箱堆场至目的地或卸箱港的集装箱货运站；⑦站到门（CFS to Door），即从起运地或装箱港的集装箱货运站至收货人工厂或仓库；⑧站到场（CFS to CY），即从起运地或装箱港的集装箱货运站至目的地或卸箱港的集装箱堆场；⑨站到站（CFS to CFS），即从起运地或装箱港的集装箱货运站至目的地或卸箱港的集装箱货运站。

以上九种交接地点，进一步可归纳为四种：①门到门，适宜于整箱交、整箱接；②门到场，适宜于整箱交、拆箱接；③场到门，适宜于拼箱交、整箱接；④场到场，适宜于拼箱交、拆箱接。

5）集装箱运输的运费计算

对于集装箱运输的基本运费，根据商品等级的不同规定有不同的费率，在最低运费和最高运费的计算方面有其特殊规定。

（1）最低运费的计算。其包括：①拼箱货的最低运费。在每一航线上，各规定一个最低运费额，任何一批货物的运费金额低于规定的最低运费额时，需按最低运费金额计算。②整箱货的最低运费。其计费标准不是金额，而是运费吨。对不同规格的集装箱分别规定最低应计收的运费重量吨和尺码吨，如实际运费低于最低运费，则运费按最低运费标准计算。但各船运公司或公会对最低运费标准的规定又各不相同。

（2）最高运费的计算。最高运费是针对一个集装箱内装有几种货物、其计费等级和费率又不相同的情况，为计算这部分货物的运费而规定的。最高运费的计收标准是运费吨（主要是尺码吨）。

目前，国际上对最高计费吨的规定，一般是20英尺集装箱为31立方米，40英尺集装箱为67立方米。如果所装货物尺码低于上述规定，按上述最低规定计收运费；超过上述规定的部分，则可免计运费。

在整箱货运的情况下，如托运人仅提供部分货物的计费资料，这部分货物即按规定等级的费率计算运费；其余未提供资料的货物，则按最高运费吨减去已提供资料的货物运费吨计算运费。如果这部分货物的计费等级或费率又有差异，则按其中的最高费率计算运费。

【同步思考5-2】

一个20英尺整箱货柜，内装有8级、9级、10级、11级4种货物，托运时，仅提供10级货物的尺码为16立方米，那么未提供资料的15立方米按哪级费率计算运费？

理解要点：应按11级费率来计算。

学习微平台

延伸阅读5-1

6）集装箱货运进出口程序

（1）集装箱货运出口程序：订舱⟶签发装货单⟶发送空箱⟶拼箱货装箱/整箱货装箱⟶集装箱货运交接⟶换取提单结汇⟶装船。

（2）集装箱货运进口程序：货运单证⟶到货通知⟶提单⟶提货单⟶提货（整箱交/拆箱交）。

5.1.4 大陆桥运输和国际多式联运

1）大陆桥运输

大陆桥运输（Land Bridge Transport），是指以横贯大陆的铁路、公路运输系统为中间桥梁，把大陆两端的海洋联结起来的运输方式，即海/陆/海运输方式。它能达到缩短运输里程、降低运输成本、加速货物运输的目的。

大陆桥运输一般都采用集装箱运输方式。这样在中途的多次装卸过程中，可大大简化卸货、搬运、储存、保管、理货和检验等操作环节，从而取得便捷、降低成本和保证商品质量的良好效果。大陆桥运输主要有以下几条路线：

（1）西伯利亚大陆桥。它以俄罗斯西伯利亚铁路作为陆地桥梁，把太平洋远东地区与波罗的海和黑海沿岸以及西欧大西洋口岸联结起来。

（2）新亚欧大陆桥。1990年9月11日，我国陇海—兰新铁路的最西段乌鲁木齐至阿拉山口的北疆铁路与苏联土西铁路接轨，第二条亚欧大陆桥运输线全线贯通，并于1992年9月正式通车。此条运输线东起我国连云港，西至荷兰鹿特丹，跨亚欧两大洲，联结太平洋和大西洋，穿越中国、哈萨克斯坦、俄罗斯，与第一条运输线重合，经白俄罗斯、波兰、德国到荷兰，辐射20多个国家和地区，全长1.09万千米，在我国境内全长4 131千米。这条运输线与第一条运输线相比，总运距缩短了2 000 ~ 2 500千米，可缩短运输时间5天，减少运费10%以上。这条大陆桥东端和南端的桥头堡较多，可多线承运，且东南端的桥头堡为不冻港，可以全年使用，因此其利用价值极高。新亚欧大陆桥对我国的西部大开发起到了巨大作用。

（3）北美大陆桥。它是指从日本港口海运至太平洋沿岸港口卸货，再用铁路将货物从美、加西部港口运至美、加东部大西洋沿岸港口，然后经由海运至欧洲各地。有时也将其分别称为加拿大大陆桥和美国大陆桥，其中美国大陆桥的作用更为突出。美国有两条大陆桥运输线：一条是从西部太平洋口岸至东部大西洋口岸的铁路（公路）运输系统，全长约3 200千米；另一条是从西部太平洋口岸至南部墨西哥湾口岸的铁路（公路）运输系统，全长500 ~ 1 000千米。

（4）美国OCP运输方式。OCP（Overland Common Points）意为“内陆公共点”，是

指货运目的地为美国内陆的一个区域，是海运货物卸在沿海港口后再陆运到内陆运输可达的地点（或反向）。根据美国运费率的规定，内陆地区是指美国洛基山脉以东的地区，其范围约占美国大陆的2/3。OCP的运费率比其他运费率低。凡以OCP方式运输的货物，不仅可享受美国内陆运输的优惠费率（比一般费率低3%～5%），还可享受OCP海运的优惠费率（比一般正常海运运费每吨低3～5美元）。出口方在采用OCP运输方式时，应注意下列问题：①货物最终目的地必须是OCP地区；②货物必须经美国西海岸港口中转；③装货单、提单、唛头上必须注明“OCP”字样，并加注内陆区域城市名称。

2）国际多式联运

（1）国际多式联运的概念。**国际多式联运**（International Multimodal/Combined Transport）*是以集装箱为媒介，把传统单一的陆、海、空运输方式结合起来，形成统一的有机体，加以有效综合利用而构成的一种国际性的连贯运输方式*。1980年5月24日，在联合国国际联运会议上通过的《联合国国际货物多式联运公约》把国际多式联运定义为：“按照多式联运合同，以至少两种不同的运输方式，由多式联运经营人将货物从一国境内接管货物的地点运至另一国境内指定交付货物的地点。”根据上述定义，国际多式联运应具备以下基本特征：①必须有一份多式联运合同；②必须有一个多式联运经营人对全程负责；③必须使用一份包括全程的多式联运单据；④必须对货主实行全程单一运费费率；⑤必须是至少有两种不同运输方式的连贯运输；⑥必须是国际货物运输。

（2）国际多式联运的优势。其主要体现为手续简便、安全准确、运送迅速、节省包装、提早收汇和合理运输。

（3）国际多式联运的一般程序。其包括：①宣传揽货；②接受委托，安排作业；③装箱及运送；④报关；⑤办理保险；⑥订舱；⑦签发多式联运单据；⑧单证寄送。

（4）开展国际多式联运应注意的事项。国际多式联运是一项十分复杂的业务。开展此项业务应注意以下事项：①要制定路程最短、时间最省、效益最明显的最佳组合的多式联运路线；②要建立国外业务关系网；③制作联运单证；④明确多式联运单一运费费率；⑤在业务和管理上要有必要的硬件和软件；⑥要懂得运输法规，特别是要懂得有关国际多式联运法规及其适用原则。

（5）多式联运单据。根据《联合国国际货物多式联运公约》的规定，多式联运单据（Multimodal Transport Documents，MTD）应载明：①货物类别、识别货物所必需的主要标志；②货物外表状况；③多式联运经营人的名称和主要营业场所；④发货人名称；⑤如指定收货人，收货人的名称；⑥多式联运经营人接管货物的地点和日期；⑦交货地点；⑧如经双方明确，在交付地点交货的日期或期限；⑨表示该单据可转让或不可转让的声明；⑩多式联运单据的签发地点和日期；⑪多式联运经营人或其授权人的签字；⑫有关运费的说明；⑬预期经过的路线、运输方式和转运地点。

（6）我国开展国际多式联运的路线。其包括：①我国内地—我国港口—日本港口—日本内地（包括相反方向）；②我国内地—我国港口—科威特—伊拉克；③我国内地—我国港口（包括香港）—美国港口—美国内地（包括相反方向）；④我国港口—肯尼亚港口—乌干达内地；⑤我国内地—我国港口（包括香港）—德国港口或比利时港口—西欧内地（包括相反方向）；⑥我国东北地区—图们—朝鲜清津港—日本港口（包括相反方向）；⑦我国港口—日本港口—澳洲港口—澳洲内地。除了已开设的上述路线外，我国还在不断地开辟新的路线。

5.1.5 合同中的装运条款

在国际贸易中，装运条款是进出口合同的重要条款之一，它直接关系到货物的运送和买卖双方的风险，是进出口合同顺利履行的重要保证。装运条款的性质和内容及其具体订立，与运输方式密切相关，其中以海上装运条款最为常用。目前，我国的进出口货物大部分都是通过海运进出口的，也大都以FOB、CFR、CIF术语交易，即大都是装运港交货合同。这种合同的装运条款应订明装运时间、装运港、目的港、转船、分批装运、装运通知、装卸期限、速遣、滞期等内容，现将这些内容介绍如下：

1）装运时间

装运时间（Time of Shipment）又称装运期，在装运港交货的条件下，是指卖方履行交货义务的时间。如卖方未在装运期内将货物实际装上船，则属于违约，买方有权撤销合同并提出索赔。

（1）装运时间的规定方法。其包括：①明确规定具体的装运时间，即规定具体的装运月份或季度，如某年某月装运，或于某年某月某日前装运，或某年某两个月、三个月或几个月装运等。这种规定方法，由于含义明确，不易产生误解，故在国际贸易中被普遍采用。②规定在收到信用证后的一定时间内装运。对于某些进口管制较严的国家和地区，或专为买方制造的特定商品，或一旦买方拒绝履约就难以转售的商品，或对买方资信了解不够等，为防止对方不履约而自身遭受损失，可采用这种规定方法。在采用此方法时，必须同时规定有关信用证的开到日期或开出日期。为促使买方开证，通常在合同中加订约束性条款，如“买方如不按合同规定开证，卖方有权按买方违约提出索赔”。③收到信汇、票汇或电汇后若干天装运。④笼统规定近期装运，如“立即装运”“即期装运”“尽快装运”“有船即装”等。由于各国、各地区、各行业对这类术语的解释不尽相同，因此容易产生分歧，除非买卖双方对上述术语已取得一致的理解，否则不宜采用。

（2）规定装运时间应注意的事项。在规定装运时间时，应充分考虑货源、船源、商品的性质与季节的选择、港口的季节性特点、装运期与信用证开出日期的衔接等情况，以确定合适的装运时间。

2）装运港和目的港

装运港即装货港，是指货物开始装运的地点，通常是由卖方根据便利货物的装运而提出，经买方同意后确定的。目的港即卸货港，是指国际贸易合同中规定的最后卸货港口，通常是由买方根据使用或销售货物的需要而提出，经卖方同意后确定的。

（1）装运港和目的港的规定方法。其包括：①只分别确定一个装运港和目的港，如装运港青岛、卸货港伦敦等。②规定两个以上的港口作为装运港或卸货港，如装运港为大连/天津/青岛，卸货港为伦敦/汉堡/鹿特丹。采用这种方法时，应在合同中订明增加的运费、附加费由谁负担。③规定选择港，即从某几个港口中任选一个或规定将某一航区中的任一港口作为装卸港。

（2）在规定装卸港时应注意的问题。其包括：①装卸港必须是进出口国政府许可往来的港口；②装卸港的规定必须明确；③采用选择港时，备选港口不宜超过三个，而且必须是同一航区、同一航线比较靠近的港口；④不可将内陆城市作为装卸港；⑤必须注意装卸港的具体运输和装卸条件；⑥必须考虑装卸港货物运输成本的合理性；⑦对于同名的外国装卸港，应在其港名前面冠以国家或地区名称。

3）分批装运和转船

（1）分批装运（Partial Shipment）。它是指一笔成交的货物分若干批装运。根据《跟单信用证统一惯例》的规定，只要货物使用同一运输工具（如同一船只），经同一航次运输，运输单据注明的是同一目的地，即使在不同的时间、不同的港口装运货物，都不属于分批装运。

买卖双方应根据交货数量、运输条件和市场需要等因素，在进出口合同中订明是否允许分批装运。若双方同意分批装运，在进出口合同中应进一步订明每批装运的具体时间和数量。

在合同或信用证规定了分批装运的条件下，卖方应严格执行约定的分批装运条款。根据国际惯例，如果其中任何一批未按规定的时间和数量装运，则该批和以后各批均视为无效，可作违约论处。因此，在出口合同中，一笔货物在很短的时间内不宜规定分若干批装运，以免船只安排困难而影响合同的正常履行。

【同步案例5-3】

关于分批装运

背景与情境：某国际贸易公司向A公司出口花生仁，总量为500吨。信用证通过开证行在出口地的办事处转给该国际贸易公司。信用证规定："分5个月装运，3月份80吨，4月份120吨，5月份140吨，6月份110吨，7月份50吨，每月不许分批装运，从中国港口至伦敦。"

该国际贸易公司接到信用证后，根据信用证的规定，3月份和4月份都在青岛港如数装运了货物。5月份同样品质的货物，在青岛港装了70吨，在烟台港装了64吨。该国际贸易公司向议付行办理议付手续时，提交了上述两套提单。单据寄到开证行后被认为单证不符而遭拒。所列不符点如下：①5月份在青岛和烟台分不同时间两次装货，属于分批装货，不符合信用证要求不许分批装运的规定；②5月份装货量为134吨，与信用证规定的140吨不符。A公司据此提出索赔，最终该国际贸易公司被迫答应了A公司的索赔要求而结案。

问题：该国际贸易公司5月份的两次两地装货是否属于分批装运？A公司拒付款并提出索赔的行为合理吗？

分析提示：国际贸易公司5月份分两时两地装货不属于分批装运，A公司拒付款并提起索赔是不合理的。该国际贸易公司应及时据理力争，甘愿赔款是错误的。

（2）转船（Transshipment）。它是指货物装运后允许在中途换其他船舶转运至目的港。在出口业务中，凡至目的港没有直达船，或虽有直达船但船期不定或航次间隔时间太长，以及成交量大而港口条件差或拥挤严重的，为便于装运，均应在合同中加订"允许转船"条款。除上述情况之外，由于转船既耽误时间，又增加费用，也容易产生货损货差，因此买方往往在合同中要求加订"限制转船"条款。

4）装运通知

装运通知（Shipping Advice）是在租船运输大宗进出口货物的情况下，买卖双方为使相互间的配合默契，共同做好船货衔接工作，在合同中订立的旨在明确双方责任的条款。装运通知主要有：

（1）卖方向买方发出的“货已备妥”通知。按照国际贸易的一般做法，在按FOB条件成交时，卖方应在约定的装运期开始前若干天（一般为30天或45天）向买方发出“货已备妥”通知，以便买方及时安排船只接货。

（2）买方向卖方发出的船舶到港受载日期通知。买方收到卖方的“货已备妥”通知后，应按照约定的时间，将船名、船舶到港受载日期等通知卖方，以便卖方及时安排货物出运和准备装船。

（3）卖方在货物装船后及时电告买方。在货物装船后（包括CFR、CIF条件），卖方应在约定时间，将合同号、货物品名、重量、件数、发票金额、船名及装船日期等项内容电告买方，以便买方及时办理保险，做好接、卸货准备，并及时办理进口报关手续。

5）装卸期限和滞期、速遣

在国际贸易中，大宗货物大多采用程租船的运输方式。在这种方式下，船方核算航次运费时已将船舶在港停泊时间（包括装、卸时间）和在港停泊期间的费用，作为成本要素包括在内。为缩短船舶在港的停泊时间，减少费用，降低成本，提高船舶的周转率，增加船方的营运收入，在程租船合同中，船方都要求规定装卸期限，并规定延误装卸和提前完成装卸任务的罚款与奖励办法。买卖双方为了约束对方按时完成装卸任务，并与租船合同相衔接，通常在买卖合同中也规定上述内容。

（1）装卸时间的规定。装卸时间（Lay Time）是指完成装卸任务所规定的时间。

第一，装卸时间的规定方法。其包括：①规定装卸货物的定额标准或装卸率，即每船或每个舱口每个工作日装卸货物的数量；②规定固定的装卸天数；③按港口习惯快速装卸（Customary Quick Despatch，C.Q.D.）。这种方法由于不规定确切的装卸期限，容易引起争议。前两种方法都涉及工作日的计算方法问题，关于装卸时间的计算方法，必须在合同中加以明确。

第二，装卸时间的计算方法。其包括：

① 日（Days）或连续日（Running/Consecutive Days）。它是指时钟连续走过24小时的时间。这种计算方法把实际上不可能进行装卸作业的时间也都计入装卸时间内，很受船方欢迎，一般只用于矿石、石油等少数合同。

② 连续24小时的好天气工作时间（Weather Working Days of 24 Consecutive Hours）。它是指在好天气情况下，连续24小时算一个工作日，如中间因坏天气影响而不能作业，则将这一段时间扣除。这种方法适合昼夜作业的港口。由于该条款比较合理，船方、租方都可以接受，目前在国际贸易中采用较多。我国一般也采用这种方法。在使用该条款时，一般还应具体订明如何扣除星期日、节假日和因受坏天气影响而不能作业的时间。通常，扣除有以下两种方法：A.在工作日之后加订“星期日和节假日除外”（Sundays and Holidays Excepted）。B.如果在除外的时间（星期日和节假日）实际上进行了作业，有两种订法：一种是不用不算，用了要算；另一种是用了也不算。

计算装卸时间还应明确其起算和止算问题。各国法律和习惯对起算时间的规定不完全一致，一般规定在船长向承租人或代理人递交了“装卸准备就绪通知书”若干时间后开始计算，以货物装卸完毕的时间作为装卸期间的止算时间。

（2）滞期和速遣。滞期是指在规定的装卸期间内，租船人未能完成作业，耽误了船期的时间；滞期费是指由于货物未在合同约定的装卸期间内装卸完毕，租船方向船方支付的罚款。速遣是指在合同约定的装卸期间内，租船人提前完成了作业；速遣费是租船人因提前完成了作业船方给予的奖励。

滞期费和速遣费一般都订为每天若干金额，不足一天的，按比例计算。速遣费通常为滞期费的一半。

（3）订立装卸期限、滞期、速遣条款应注意的主要问题。其包括：①滞期时间的计算。一般是在船舶滞期这段时间里，原按合同规定可扣除的时间也不再扣除，仍作滞期时间处理。②买卖合同中的滞期、速遣条款应注意与租船合同中的滞期、速遣条款相衔接。③注意工作日中“好天气”与“许可天气”的区别。“好天气”是指只要天气不好就可以扣除，不管有无其他原因；“许可天气”是指如果租船方认为某日的天气不能装卸，必须提供证据加以证明。④装卸时间的计算。通常两者是分开的，但装卸时间也可以约定合并计算。从经济角度看，装卸时间合并计算对租方有利。

5.2 国际货物运输保险

国际贸易中的货物往往需要长途运输，可能会遇到各种风险，从而使货物遭受损失。为保障货物受损后能得到补偿，货主通常都要投保货物运输保险。

国际货物运输保险是以运输过程中的各种货物作为标的，在被保险人支付了一定保费的前提下，保险人对保险标的在运输过程中所发生的约定范围内的损失给予被保险人以经济上补偿的一种经济业务。它属于财产保险的一种。

国际货物运输的方式主要有海上运输、陆上运输（包括铁路和公路）、航空运输和邮包运输；与此相适应，国际货物运输保险也有海上货物运输保险、陆上货物运输保险、航空货物运输保险和邮包运输保险。由于海上货物运输保险形成得最早、应用得最多，也比较完善，所以其他货物运输保险都是以它为基础，并结合自身运输方式的特点，作某些调整而发展起来的。本节主要介绍海上货物运输保险，其他货物运输保险只略作介绍。

5.2.1 海上货物运输保险的范围

海上货物运输保险承保的范围包括风险、损失和费用。

1）风险

在保险业务中，风险主要分为海上风险和外来风险两类。

（1）**海上风险**（Perils of Sea）。它又称海难，是指被保险货物及船舶在海运途中所发生的风险。一般来讲，海上风险只包括自然灾害和意外事故，不包括海上发生的一切其他风险。

自然灾害（Natural Calamities）是指人力难以抗拒的自然界破坏力量所造成的灾害，

一般包括恶劣气候（Heavy Weather，主要指海上暴雨、飓风、大浪），雷电（Lightning），海啸（Tsunami），地震或火山爆发（Earthquake or Volcanic Eruption）。意外事故一般是指偶然的、难以预料的原因造成的事故，主要包括搁浅（Grounded）、触礁（Strike a Reef）、沉没（Sunk）、碰撞（Collision）、失踪（Missing）、失火（Fire）、爆炸（Explosion）。

（2）**外来风险**（Extraneous Risk）。它一般指海上风险以外的其他意外的、难以预料的、不是必然发生的外来原因造成的风险。

外来风险可分为三种情况：①一般外来风险。它是指被保险货物在运输途中由于被偷窃、淡水雨淋、短量、渗漏、玷污、破碎、受潮受热、串味、生锈、钩损、提货不着等外来原因产生的风险。②特别外来风险。它是指由于交货不到、进口关税、黄曲霉素、舱面货物损失、拒收、出口货物到港澳存仓着火等外来原因产生的风险。③特殊外来风险。它是指运输过程中由于军事、政治、国家政策、法令及行政措施等外来原因产生的风险，主要包括战争、敌对行为和罢工等。

2）损失

海上损失是指海运途中因遭受海上风险所产生的任何损失。根据损失的程度不同，海上损失可分为全部损失和部分损失。

（1）全部损失（Total Loss）。它又称全损，是指运输中的整批货物或不可分割的一批货物的全部灭失或损坏。全损又可分为实际全损和推定全损两种。

实际全损（Actual Total Loss）是指保险标的物完全灭失，或标的物所有权丧失已无法挽回，或标的物已丧失商业价值或失去原有使用价值，或载货船舶失踪（4～6个月音讯全无）。当被保险货物受损后的实际全损已无法避免，或者为避免实际全损而支出的恢复、修理、施救、收回及运送货物到原目的地的费用之和超过修复或收回货物的价值，即可推定为全损。但推定全损只有在被保险人向保险人提出委付并经保险人同意的情况下，才能被确认，才能按推定全损赔付。委付（Abandonment）是指在推定全损的情况下，被保险人将保险标的物的一切权利包括所有权转让给保险人，而要求保险人按实际全损的赔偿额予以补偿。

（2）部分损失（Partial Loss）。它是指保险标的物的部分损坏或灭失。按其损失的性质不同，部分损失可分为共同海损和单独海损。

共同海损（General Average，G.A.）是指载货船舶在海运途中遭受自然灾害或意外事故，船长为解除船与货的共同危险或为使航程得以继续，有意而合理地做出的特殊牺牲，或采取合理救难措施而引起的特殊损失和合理的额外费用。

构成共同海损应具备的条件有：①船舶确实遭遇危及船、货安全的自然灾害或意外事故；②采取的措施必须是合理和有意识的；③牺牲和费用支出是非常性质的；④其损失必须是共同海损的直接结果；⑤共同海损的牺牲或支付的费用必须以船、货被获救的效果为前提。

共同海损的牺牲和费用支出的目的是使船舶、货物和运费三方都免于遭受全部损失。因此，共同海损的牺牲和支出的费用应按最后获救价值的比例，由三方分摊。

单独海损（Particular Average）是指由承保风险直接导致的船或货的部分损失，是仅由各受损者单方面负担的一种损失。

【同步案例5-4】

海损案

背景与情境：有一载货海轮，在舱面上载有1 000台拖拉机，在航行中遇到恶劣气候，海浪已将450台拖拉机卷入海中，从而使海轮在巨浪中出现严重倾斜，如不立即采取措施，海轮随时有倾覆的危险。危急关头，船长下令将其余的550台拖拉机全部抛入海中，从而避免了翻船。

问题：在上述情况下，前450台拖拉机和后550台拖拉机的损失，在海损中是否都属于共同海损？

资料来源 作者根据相关资料整理.

分析提示：前450台拖拉机的损失属于单独海损，后550台拖拉机的损失属于共同海损。

3）费用

海上费用是海上风险造成的由保险人承保的费用损失。它包括施救费用和救助费用。

（1）施救费用（Sue and Labour Charges）。它又称单独海损费用，是指被保险货物在遭受保险责任范围内的自然灾害和意外事故时，被保险人或其代理人、雇佣人员和受让人等为抢救、保护、清理被保险货物，防止损失继续扩大而采取措施所支付的合理费用。这种费用由保险公司负责赔偿。

（2）救助费用（Salvage Charges）。它是指保险标的物在运输途中遭遇到承保范围内的灾害事故时，由保险人和被保险人以外的无契约关系的第三者采取救助行动而向其支付的报酬。海上救助合同有两种：一种是雇佣性救助合同，这种合同不论救助是否有效，均按约定的付费标准支付救助费用；另一种为“无效果，无报酬”（No Cure, No Pay）合同，目前国际上较多国家采用这种方式。救助费用往往属于共同海损费用，这种费用由保险人负责赔偿。

5.2.2 我国海洋货物运输保险的险别

保险险别是保险人对风险、损失的承保责任范围，也是承保人责任、义务大小及被保险人缴付保费数额的依据。根据我国现行的《海洋货物运输保险条款》的规定，海洋货物运输保险可分为基本险和附加险两大类。

1）基本险

基本险主要包括平安险、水渍险和一切险。

（1）平安险（Free from Particular Average, F.P.A.）。它的责任范围包括：①货物在海运途中遇到自然灾害，造成被保险货物的全部损失，包括实际全损和推定全损；②在海运途中，运输船舶遭遇意外事故造成的被保险货物的全部或部分损失；③运输船舶在运输途中遭遇意外事故，意外事故前后又遇到自然灾害造成的被保险货物的部分损失；④保险标的物在装卸、转船的过程中，一件或数件落海所造成的全部或部分损失；⑤被保险人在保险标的物遭受承保责任范围内的风险时，为对其进行抢救而采取防止或减少货损的措施而支付的合理费用，以不超过保险标的物的保险金额为限；⑥船舶遭遇自然灾害或意外事故，在中途港或避难港停靠而引起的装卸、存仓等特别费用损失；⑦发生共同海损的牺牲、分摊费和救助费用；⑧运输契约订有“船舶互撞条款”，按规定应由货方偿还的损失。

（2）**水渍险**（With Particular Average，W.P.A.）。除包括平安险的各项责任外，它还负责被保险货物由于各种自然灾害所造成的部分损失。水渍险的责任范围大于平安险。

（3）**一切险**（All Risks，A.R.）。除包括平安险和水渍险的各项责任外，它还包括被保险货物在运输途中由于一般外来风险所造成的全部或部分损失，但不包括特别附加险和特殊附加险。一切险的责任范围大于平安险和水渍险。

基本险别也叫主险别，可以单独投保，因此投保人可根据货运特点在上述三种险别中选择一种进行投保。由于上述三种险别承保责任的范围大小有别，因此它们的保费也有多少之分。

2）附加险

附加险可分为一般附加险、特别附加险和特殊附加险。

（1）一般附加险。它与一般外来风险包括的内容相对应，包括偷窃、提货不着险（Theft，Pilferage and Non-Delivery，T.P.N.D.），淡水雨淋险（Fresh Water Rain Damage，F. W. R. D.），短量险（Risk of Shortage），混杂、玷污险（Risk of Intermixture & Contamination），碰损、破碎险（Risk of Clash & Breakage），渗漏险（Risk of Leakage），串味险（Risk of Odour），受潮受热险（Sweating and Heating Risks），钩损险（Hook Damage），包装破裂险（Loss or Damage Caused by Breakage of Packing），锈损险（Risks of Rust）共11种。

（2）特别附加险。它与特别外来风险包括的内容相对应，包括交货不到险（Failure to Delivery Risk）、进口关税险（Import Duty Risk）、舱面险（On Deck Risk）、拒收险（Rejection Risk）、黄曲霉素险（Aflatoxin Risk）和出口货物到香港（包括九龙在内）或澳门存仓火险责任扩展条款（Fire Risk Extension Clause for Storage of Cargo at Destination Hong Kong，Including Kowloon or Macao）6种。

（3）特殊附加险。它与特殊外来风险包括的内容相对应，包括战争险（War Risk）和罢工险（Strikes Risk）两种。

附加险不能单独投保，必须在投保基本险后，再加投附加险。由于一切险的承保责任范围已包含了一般附加险，故在投保一切险时，不必加保一般附加险。现把风险、损失、险别归纳一下，见表5-2。此外，还有一种可独立投保的“卖方利益险”，是在无证托收支付方式下，以FOB或CFR条件成交，买方如不赎单付款，为卖方货物途中可能受损而投保的险别。

3）除外责任

除外责任是保险公司明确规定不予承保的损失和费用。它能起到划清保险人、被保险人和发货人各自应负责任的作用。

对于下列损失，海洋货物运输保险不负赔偿责任：①被保险人的故意行为或过失所造成的损失；②属于发货人责任所造成的损失；③在保险责任开始以前，被保险货物已存在的品质不良或数量短差所造成的损失；④被保险货物本身的特性或缺点、潜在的缺点造成的损失；⑤被保险货物的自然损耗造成的损失；⑥市价涨跌、运输延迟所造成的损失和费用；⑦海洋货物运输战争险条款和罢工险条款规定的除外责任。

表5-2 **风险-损失-险别**

<table>
<tr><th>风险种类</th><th>风险的内容</th><th colspan="5">损失种类</th><th>险别种类</th></tr>
<tr><td rowspan="5">海上风险</td><td rowspan="2">自然灾害：恶劣气候、雷电、海啸、地震、洪水等</td><td rowspan="3">海损</td><td rowspan="3">损失程度</td><td colspan="2">部分损失</td><td rowspan="2">基本险别</td><td rowspan="5">平安险</td></tr>
<tr><td rowspan="3">全部损失</td><td>实际全损</td></tr>
<tr><td rowspan="3">意外事故（Fortuitous Accidents）：搁浅、触礁、沉没、互撞、失火、爆炸等</td><td>推定全损</td><td>水渍险</td></tr>
<tr><td rowspan="2">一切险</td><td rowspan="2">损失性质</td><td colspan="2">共同海损</td></tr>
<tr><td colspan="2">单独海损</td><td></td></tr>
<tr><td rowspan="3">外来风险</td><td>一般原因：偷窃、雨淋、短量、锈损、玷污、渗漏、破裂、串味、受潮、钩损、碰损等</td><td rowspan="2">其他损失</td><td colspan="3">由一般外来原因引起</td><td rowspan="3">附加险别</td><td>一般附加险</td></tr>
<tr><td rowspan="2">特殊原因：战争、罢工、拒收、交货不到、黄曲霉素、存仓着火等</td><td colspan="3" rowspan="2">由特殊外来原因引起</td><td rowspan="2">特别附加险</td></tr>
<tr><td>特殊附加险</td></tr>
</table>

4）承保责任的起讫期限

（1）基本险责任的起讫期限。根据我国《海洋货物运输保险条款》的规定，在正常运输的情况下，基本险承保责任的起讫期限依照国际保险业中惯用的“仓至仓”（Warehouse to Warehouse）条款规定的办法处理。其规定是：货物保险的效力自被保险货物运离保险单所载明的起运地仓库或储存处所开始，包括正常运输过程中的海上、陆上、内河和驳船运输在内，直至该项货物到达保险单所载明的目的地收货人的最后仓库或储存处所或被保险人用做分配、分派或非正常运输的其他储存处所为止。如未抵达上述仓库或储存处所，则以被保险货物在最后卸载港全部卸离海轮后满60天为止。如在上述60天内被保险货物需转到非保单所载明的目的地，则在该项货物开始转运时，保险责任终止。

如果出现被保险人无法控制的运输延迟、被迫卸货、航程变更等意外情况，在被保险人及时通知保险人并加付保费的前提下，保险人可按“扩展责任条款”（Extended Cover Clause）办理，扩展保险期。

（2）战争险、罢工险的责任起讫期限。

第一，战争险的责任起讫期限。按照国际惯例，战争险的责任起讫以“水面危险”为限。其具体规定是：保险责任自被保险货物装上保险单所载起运港的海轮或驳船时开始，到卸离保险单所载目的港的海轮或驳船时为止。保险责任的最长期限以海轮到达目的港的当日午夜起算满15天为限。“到达目的港”是指海轮在该港区一个泊位或地点抛锚停靠或系缆。如没有这种停泊地点，则指海轮在原卸货港或附近第一次抛锚、停泊或系缆。

货物如果在中途港转船，不论在当地卸载与否，保险责任都以海轮到达该港或卸货地点的当日午夜起算满15天为止，等货物再装上续运海轮时方有效。

运输契约在保单所载明的目的地以外的地点终止时，该地即被视为保险目的地而终止责任。如需再运往原目的地或其他地方，被保险人必须在续运前通知保险人，并加缴保费，则自货物装上续运的海轮或驳船开始，保险继续有效。

如运输出现绕道、改变航程等情况，或承运人用运输契约赋予的权限做出任何航海上的改变，在被保险人及时将获知情况通知保险人并在必要时加缴保费的情况下，保险仍继续有效。

学习微平台

延伸阅读5-2

第二，罢工险的责任起讫期限。它也采用"仓至仓"条款，如货物运输已投保战争险，加保罢工险一般无须加缴保险费。

5.2.3 伦敦保险协会海运货物保险条款

凡由我国保险公司承保的货物或船舶，一般都采用中国人民保险公司的保险条款。但有时也接受国外客户或者国外开来的信用证要求使用的伦敦保险协会制定的"协会货物条款"。

伦敦保险协会海运货物保险条款最早制定于1912年，后经多次修订，现在世界上大多数国家办理海上保险业务所使用的"协会货物条款"是自1983年4月1日起实施的。

新修订的"协会货物条款"共有6种，其中3种为主险条款，即协会货物条款（A）（I.C.C.（A））、协会货物条款（B）（I.C.C.（B））、协会货物条款（C）（I.C.C.（C））。另外3种为附加险条款，即协会战争险条款（货物）（Institute War Clauses-Cargo）、协会罢工险条款（货物）（Institute Strike Clauses-Cargo）、恶意损害险条款（Malicious Damage Clauses）。

协会战争险条款（货物）、协会罢工险条款（货物）与我国的战争险、罢工险在内容上无实质性差别，在此不再重述。

恶意损害险条款是新订立的条款，由于I.C.C.（A）中包括这一责任，所以它只是适用于I.C.C.（B）和I.C.C.（C）的附加条款。加保恶意损害险后，保险人对由任何个人或数人非法行动故意损坏或故意破坏保险标的物或其任何部分的损失和费用负赔偿责任。I.C.C.（A）、I.C.C.（B）、I.C.C.（C）的承保范围和除外责任如下：

1）I.C.C.（A）的承保范围和除外责任

（1）承保范围。在该条款中，由于承保范围较广，不便把全部承保风险一一列出，故采用列出"除外责任"的方式，即除了除外责任外，其余风险、损失均予负责。

（2）除外责任。

第一，一般除外责任。其包括：①被保险人故意的不法行为造成的损失或费用；②保险标的物自然渗漏、重量或容量的自然损耗或自然磨损；③保险标的物的包装准备不足或不当造成的损失或费用；④保险标的物本质缺陷或特性造成的损失或费用；⑤直接由延迟引起的损失或费用，即使延迟是由承保的风险所引起的；⑥船舶所有人、经理人、租船人或经营人破产或不履行债务造成的损失或费用；⑦使用任何原子或核子裂变和/或聚变或其他类似反应或放射性物质的武器造成的损失或费用。

第二，不适航和不适宜的除外责任。其包括：①船舶、运输工具、集装箱或大型海运箱不适宜安全运载保险标的物，如果保险标的物在装载时，被保险人或其受雇人知道这种不适航和不适宜的情况；②保险人放弃船舶必须适航和适宜将保险标的物运往目的地的默示保证，除非被保险人或其受雇人知道这种不适航或不适宜的情况。

（3）战争除外责任和罢工除外责任（略）。

2）I.C.C.（B）的承保范围和除外责任

（1）承保范围。其包括：火灾或爆炸，船舶或驳船搁浅、触礁、沉没或倾覆，陆上运输工具的倾覆或出轨，船舶、驳船或运输工具同除水以外的任何外界物体碰撞，在避难港卸货，地震、火山爆发或雷电，共同海损的牺牲，抛货或浪击落海，海水、湖水或河水进入船舶、驳船、运输工具、集装箱、大型海运箱或贮存处所，货物在船舶或驳船装卸时落海或跌落造成任何整体的全损。

（2）除外责任。I.C.C.（B）的除外责任是I.C.C.（A）的除外责任再加上I.C.C.（A）承保的“海盗行为险”与“恶意损害险”。

3）I.C.C.（C）的承保范围和除外责任

（1）承保范围。I.C.C.（C）的承保范围比I.C.C.（B）小。它只承保重大意外事故的风险，不承保I.C.C.（B）中的自然灾害（如地震、雷电、火山爆发等）和非重大事故（如装卸过程中的整件灭失等）的风险。

（2）除外责任。I.C.C.（C）的除外责任与I.C.C.（B）的除外责任相同。英国伦敦保险协会海运货物保险条款的保险期限与我国海运货物保险条款的相应规定大体相同，也是“仓至仓”。在我国海运货物保险的实际业务中，尤其是在CIF出口合同中，如果外商提出按“协会货物条款”投保，我们一般可以接受。I.C.C.（A）、I.C.C.（B）、I.C.C.（C）险别的责任范围可用表5-3来说明。

表5-3　　I.C.C.（A）、I.C.C.（B）、I.C.C.（C）险别的承保范围对照表

承保范围	I.C.C.（A）	I.C.C.（B）	I.C.C.（C）
火灾或爆炸	√	√	√
船舶或驳船搁浅、触礁、沉没或倾覆	√	√	√
陆上运输工具的倾覆或出轨	√	√	√
在避难港卸货	√	√	√
抛货	√	√	√
共同海损的牺牲	√	√	√
船舶、驳船或其他运输工具同除水以外的任何外界物体碰撞或接触	√	√	√
地震、火山爆发或雷电	√	√	
浪击落海	√	√	
海水、湖水或河水进入船舶、驳船、运输工具、集装箱、大型海运箱或贮存处所	√	√	

5.2.4 投保手续、保险单证和保险索赔

国际货运保险业务可分为投保业务和索赔业务。

1）投保手续

（1）订立正式保险合同。投保时，投保人首先应向保险公司索取空白投保单，据实填写其中的有关项目，并附上有关单据（如信用证、提单等），一并交予保险公司；保险公司核对同意后，即可订立正式保险合同。

保险人接受投保是以投保人填写的投保单为依据的，因此投保人必须填好每一项内容。所填内容如有不实，往往会在货物受损后直接影响被保险人的利益。填写投保单时应注意以下事项：①必须遵循最大诚信原则；②投保单上的投保险别应与贸易合同及信用证规定的险别相同；③投保单中填写的内容如有遗漏、错误或变更，投保人应及时申请批改。

（2）修改保险单。如果在保险公司出具保险单后，投保人需更改险别、运输工具、航程、保险期限和保险金额等，应向保险公司提出修改申请。保险公司如接受了该类申请，则应立即出具批单，作为保险单的组成部分附在保险单上。保险公司将按批改后的内容承担保险责任。

（3）缴纳保险费。投保人填交投保单后，保险公司按投保金额的一定百分比收取保险费，这是保险合同生效的重要条件。保险费的计算公式为：

$$保险费=保险金额\times保险费率 \tag{5.7}$$

保险费率是在货物损失率和赔付率的基础上，根据不同的运输工具、目的地、货物和险别制定出来的。我国各大保险公司承保的货物保险，分别按出口货物和进口货物制作不同的费率表，计收保险费。

其一，我国出口货物保险费率。它分为一般货物费率和指明货物费率两大类。前者是指对所有出口货物投保基本险别的收费标准；后者是指对一些在运输途中易造成破碎、短少、霉烂等损失的货物单独列明，除按照一般货物费率收取保险费外，还按一种附加费率加收保险费。此外，在指明货物中还对一部分货物规定有免赔率。

其二，我国进口货物保险费率。它也分为两种，即特约费率和进口货物费率。特约费率适用于同中国人民保险公司签订有预约保险合同的外贸企业。它对每一类商品，不分国别和地区，甚至有时也不分货物和险别，只确定一个费率，是一种优惠的平均费率。

进口货物费率适用于非专业外贸单位。它又分为一般货物费率和特价费率。前者适用于除特价费率表中列明的货物以外的一切货物，是不分货物品种，按照不同的运输方式、地区和险别来确定的；后者是对一些指明货物投保一切险时采用的费率。

2）保险单证

保险单证是保险公司和投保人之间订立的保险合同，是保险公司对投保人的承保证明，也是保险人与被保险人之间订立的有关权利和义务关系的法律文件。一旦发生承保范围内的损失，保险单证是被保险人凭以向保险公司索赔的依据。目前，我国进出口业务中使用的保险单证主要有以下几种：

（1）保险单（Insurance Policy）。它又称大保单或正式保险单，除了载明投保单的

各项内容外，还列有保险公司的责任范围及双方的权利与义务。

（2）保险凭证（Insurance Certificate）。它简化了保险单对双方权利、义务条款的叙述，其余内容与保险单相同，且与保险单具有同等的法律效力。保险凭证又称小保单，其中未列明的内容以保险单的内容为准；但如有抵触，以保险凭证为准。

（3）联合凭证（Combined Certificate）。它是一种比保险凭证更为简化的保险单据，由保险公司在货物发票上加注承保险别、保险金额和保险编号，其他条件均以发票上所列的内容为准。联合凭证仅适用于对港澳地区部分华商和少部分新马地区的出口业务。

【小资料 5-3】

保险凭证样本

中国人民保险公司

The People's Insurance Company of China

总公司设于北京 Head Office：BEIJING 1949 年创立 Established in 1949

保险凭证

CERTIFICATE OF INSURANCE

凭证号次 Certificate No.

被保险人：

Insured ____________________

兹依照本公司正式运输保险单内所载全部条款及本承保凭证所订之条款，承保下列货物保险，如保险单之条款与本凭证所订条款有抵触，以本凭证所订条款为准。

We have this day noted a risk as hereunder mentioned subject to all clauses and conditions of the Company's printed form of Policy and to the terms outlined herein（which latter shall override the policy terms in so far as they may be inconsistent therewith）.

保险货物项目及数量 Description of Goods　保险金额 Amount Insured　标记 Marks & Nos.

总保险金额

Total Amount Insured____________________

保费　装载运输工具

Premium as Arranged　Per Conveyance S.S.___________

开行日期 Sailing on or about　自 From　至 To

承保险别

Conditions &/or Special Coverage

所保货物，如遇出险，本公司凭本凭证及有关证件给付赔款。

Claims，if any，payable to the Holder of the appertaining documents and on surrender of this Certificate.

所保货物，如发生损失事故，应立即通知本公司下述代理人查勘。

In the event of accident whereby loss or damage may result in a claim under this Certificate immediate notice applying for survey must be given to the Company's Agent as mentioned hereunder.

赔款偿付地点

Claim Payable at____________________

出证公司地址_____________日期_____________于_____________

Address of_____________Date_____________at_____________

Issuing Office____________________

（4）预约保险单（Open Policy）。它是承保一定时间内发运的一切货物的保险单。其保险期限既可以为定期，也可以为长期。但订约一方要取消保险，必须事先通知对方。费率分为统一费率和不同费率两种。预约保险单目前在我国仅用于按 FOB 或 CFR 条件进口的货物和出口展卖的展卖品。

3）保险索赔

保险索赔（Insurance Claim）也称提赔，是当被保险货物遭受承保范围内的损失时，被保险人依据保险合同向保险人要求赔偿的行为。

（1）索赔的前提。其包括两点：①可保权益。它是指投保人对保险标的物所拥有的某种合法的经济利益。国际货物运输保险不要求在订立保险合同时被保险人拥有保险利益，但就保险标的物提出索赔时被保险人必须拥有保险利益。这是保险的基本原则之一。②近因。一起事件的发生，原因可能多种多样，有过去的、现在的、将来的，也有直接的和间接的。保险业中的惯例是：一起事件发生时，只注意造成这一事件的即时和直接原因，即近因。只有造成损失的近因在保险责任范围内，保险人才会针对被保险人的索赔进行理赔。

【同步思考 5-3】

一批投保战争险的货物运往某战争地区，船到港时该地区已停战。但由于战后民不聊生，工人对政府没有重建经济不满而罢工，致使船到港后长期无法卸货，货物在船舱中因闷热而损坏大半。试分析保险公司对损坏的货物是按战争险赔偿还是以罢工险赔偿。

理解要点：战争是过去的间接原因，罢工是即时的直接原因。

（2）索赔程序。保险标的物发生损失后，被保险人向保险人提起索赔时，一般应遵循以下程序：①应立即向保险公司发出损失通知，并申请检验；②向承运人或其他有关责任方索取货损货差证明，以作为向保险人索取赔款的证明；③采取必要的施救措施，防止损失扩大；④提交索赔的全部单证，主要包括保险单或保险凭证正本、运输契约、发票、装箱单、码单、检验报告、海事报告摘录或海事申明书、货损货差证明、索赔清单。

（3）索赔、理赔中应注意的几个问题。

第一，索赔程度。货物保险一般为定值保险，当货物发生全损时，保险人应赔偿全部保险金额；如为部分损失，则应正确计算，合理确定赔偿比例；某些易碎、易断货物，应事先确定免赔率。免赔率分为相对免赔率和绝对免赔率：若货物损失额超过免赔率，前者不扣除免赔率，全部赔偿；后者则扣除免赔率，只赔偿超过的部分。中国人民保险公司采用绝对免赔率的做法。如果不计免赔率，保险公司要加收保险费。

第二，代位追偿权。它是保险人向被保险人支付赔款后，取代被保险人向第三者索赔的权利。当货物遭受承保范围内的损失，而损失应由第三者负责时，被保险人在取得保险赔偿后，应将向第三者追偿的权利转让给保险人，以使其取得代位权（包括货物代位权和权利代位权）。

第三，推定全损赔偿。如果被保险货物遭受严重损失，要求按推定全损赔偿时，必须将货物及其一切权利委付给保险人；否则，保险人只按部分损失赔偿。保险人对委付可接受，也可不接受。

第四，索赔时效。索赔必须在规定时间内提出方为有效，否则，保险公司可不予受理。我国保险的索赔提出时效为两年。如果已向保险人发出货损通知，即表明索赔行为已开始，可不再受索赔时效的限制。

5.2.5 合同中的保险条款

保险条款是国际货物买卖合同的重要组成部分，必须订得明确合理。它主要包括：

（1）投保责任的归属。它是与国际货物买卖合同的贸易术语相联系的。例如，以FOB、CFR、FCA、CPT条件对外成交的，货物在运输途中的风险及投保责任均由买方负责，可订明“由买方负责投保”；若买方委托卖方代为投保，则应订明“由买方委托卖方按发票金额的×%代为投保×××险，保险费由买方负担”；按CIF或CIP条件成交的货物，可订明“由卖方负责投保”等。

（2）保险条款的选择。不同的保险条款，其责任有所不同。一般情况下，我国对外出口的CIF及CIP合同按照中国人民保险公司制定的有关货物运输保险条款来办理投保，但有时外国商人要求采用伦敦保险协会条款时，一般也可接受。

（3）保险险别的确定。不同的险别，承保的责任范围不同，保险费率也不同，货物出险后得到的赔偿也不同。因此，在险别的选择上，既要考虑能获得足够的经济保障，又要考虑节省不必要的保险费支出，做到该保的不漏保，不该保的不多保。选择保险险别主要应考虑：①货物的种类、性质和特点；②货物运输工具、运输路线及起讫港口的情况；③国际上政治、经济形势的变化；④货物的残损规律等。被保险人应分析和预测在整个运输过程中可能会遇到哪些风险、会造成哪些损失，再根据损失的性质和类型决定投保险别，这样才能做到既经济又保险。

（4）保险金额。它又称投保金额，是指被保险人对保险标的物的实际投保额，是保险公司负担损失赔偿或支付约定给付金额给被保险人及计收保险费的基础。

在国际贸易中，货物的保险金额一般是以发票价值为基础确定的。按照国际贸易的习惯做法，保险金额是按CIF或CIP的发票价加10%计算的，即以发票金额的110%作为保险金额。由于受各种因素的影响，买方可能会提出超过10%的加成幅度，一般来说卖方可接受。但增加的费用由买方负责。当买方要求加成超过30%时，要事先征得保险公司同意后，卖方才可接受。

目前，保险金额是以CIF或CIP为基础计算的，如需将CFR或CPT折算为CIF或CIP，有如下两种方法：

其一是运用换算公式计算，即：

$$\text{CIF（或CIP）}=\text{CFR（或CPT）}\div(1-\text{保险费率}\times(1+\text{投保加成率})) \tag{5.8}$$

其二是使用中国人民保险公司制定的常用“保险费率表”。只要将CFR或CPT价直接乘以表内所列常数，即可算得CIF或CIP价。

上述内容确定后，即可在合同中订明。例如，“由卖方按发票金额的110%投保水渍险和战争险，按照1981年1月1日中国人民保险公司海运货物保险及战争险条款投保”。

5.2.6 其他运输方式的货物保险

其他运输方式的货物保险主要包括陆上货物运输保险、航空货物运输保险和邮包保险。

（1）陆上货物运输保险。其基本险别有陆运险和陆运一切险，附加险也分为一般附加险、特别附加险和特殊附加险。

第一，陆运险的承保范围。在陆运险下，保险公司负责被保险货物在运输途中遭受自然灾害或由于陆上运输工具（火车和汽车）及驳船在运输途中遭受意外事故所造成的全部或部分损失。此外，被保险人对遭受承保责任范围内的风险的货物采取抢救、防止或减少货损的措施而支付的合理费用，以不超过该批被救助货物的保险金额为限。陆运险与海运“水渍险”相似。

第二，陆运一切险的责任范围。除上述陆运险的责任范围之外，陆运一切险还负责货物在运输途中由于外来原因造成的全部或部分损失，即包括了一般附加险。陆运一切险的承保范围类似于海运保险中的“一切险”。此外，冷藏货物险也具有基本险的性质，其承保范围除包括陆运险的责任外，还负责赔偿由于冷藏设备在运输途中损坏而导致货物变质的损失。

第三，陆上货物运输保险的责任期限。它采用“仓至仓”条款。投保陆运一切险时，如果加保战争险，则仅以铁路运输为限，其责任起讫不是“仓至仓”，而是以货物置于运输工具上为限。

（2）航空货物运输保险。根据中国人民保险公司的规定，航空货物运输保险也包括航空运输险和航空运输一切险两种基本险别，以及各种附加险。其基本险的承保范围分别类似于海运的“水渍险”与“一切险”。

航空货物运输保险的责任起讫也采用“仓至仓”条款。与海运、陆运货物保险的“仓至仓”条款不同的是：如果货物运达保险单所载明的目的地，而未运抵收货人仓库或储存处所，则以被保险货物在最后卸离飞机满30天时责任终止。如在上述30天内被保险货物需转送到非保险单所载明的目的地，则自该项货物开始转运时责任终止。

（3）邮包保险。它有邮包险和邮包一切险两种基本险，其承保范围与前述两种货运保险相同。

5.3 国际货物交易货款收付条件

在国际货物交易中，货款的收付是一个非常重要的环节，直接关系到卖方的利益，也会影响买方的利益。因此，买方在何时、何地、以何种方式付款就成了买卖双方共同关心的问题。在合同磋商过程中，必须就以上问题取得一致意见，并做出明确规定，形成合同中的支付条款。本节主要就支付工具、支付方式、合同中的支付条款等内容进行较详细的介绍。

5.3.1 支付工具

国际贸易中的货款结算有记账结算和现汇结算两类方法，现汇结算又分为现金结算和票据结算两种。现代国际贸易已很少采用记账结算和现金直接结算，大都采用票据结算。

票据是国际通行的结算工具和信用工具，是可以流通转让的债权凭证，是以无条件支付一定金额为目的的有价证券。国际贸易中常见的票据有汇票、本票和支票，其中以汇票的使用最为广泛。

1）汇票

汇票（Bill of Exchange/Draft）是一个人向另一个人签发的，要求即期或定期或在可以确定的某一将来时间，对某人或其指定人或持票人支付一定金额的无条件支付命令。

（1）汇票的内容。各国票据法对汇票内容的规定不尽相同，但一般都包括：①注明“汇票”字样，通常以“Exchange”或“Draft”表示。②无条件支付命令。③一定金额的货币。④受票人（Drawee）。它是接受汇票支付命令的人，即付款人（Payer）。在国际贸易中，往往是进口商或其往来银行。⑤受款人（Payee）。它是指有权凭汇票取得规定金额的人。在国际贸易中，受款人往往是出口商或其往来银行。受款人一般有三种具体的记载方法，即限制性抬头、指示性抬头和持票来人抬头。⑥出票人（Drawer）签字。汇票只有经有权签发的人签字才生效。⑦付款日期或期限。常见的有即期付款、定期付款和延期付款。⑧出票日期与出票地点。⑨付款地点。一般就是付款人所在地。

汇票的上述基本内容必须齐全，否则受票人有权拒付。汇票是最典型的异地支付工具，出票人签发汇票的依据是他与受票人已经确立的债权债务关系，在货物买卖中，这种依据就是买卖合同。

（2）汇票的种类。根据汇票的不同特征，汇票可分为以下几种：

第一，商业汇票和银行汇票。按出票人的不同，汇票可分为商业汇票和银行汇票。前者由工商企业签发，常用于托收和信用证业务；后者由银行签发，主要用于银行的票汇业务。其格式分别见表5-4和表5-5。

表5-4　　**商业汇票**

凭 Drawn under____________________信用证 L/C　　No.

日期

Dated____________________支取 Payable with interest @____________%

____________按____________息____________付款

号码 No.________汇票金额 Exchange for______________上海 Shanghai________

见票__________日后（本汇票之副本未付）付交

At____sight of this FIRST of Exchange（Second of Exchange being unpaid）

pay to the order of BANK of CHINA

the sum of

款已收讫 Value received

此致

To　　　　　　　　　　　　　　　　　　DEPT.MANAGER

表5-5　**中国银行上海分行签发的银行汇票**

中国银行	BANK OF CHINA　　号码 本汇票有效期为一年　　No.30007611 This draft is valid for one year from the date of issue. AMOUNT金额 致________________________________ TO 请付________________________________ PAY TO 金额________________________________ THE SUM OF 请凭本汇票付款划我行账户 PAY AGAINST THIS DRAFT TO THE　DEBIT OF OUR ACCOUNT. 中国银行上海分行BANK OF CHINA SHANGHAI BRANCH

第二，光票和跟单汇票。按是否随附货运单据，汇票可分为光票和跟单汇票。光票是不附提单等货运单据的汇票，一般只用于向对方收取佣金、劳务费或货款尾数等。银行汇票多是光票。跟单汇票是附有提单等货运单据的汇票。商业汇票一般为跟单汇票。在国际贸易结算中，较多地使用跟单汇票。在托收和信用证业务中也经常使用跟单汇票。

第三，即期汇票和远期汇票。按付款时间的不同，汇票可分为即期汇票和远期汇票。前者是见票立即付款的汇票。后者是规定付款人于将来的指定日期或可以确定的日期付款的汇票，具体规定方法一般有：见票后若干天付款（At××Days after Sight）；出票后若干天付款（At××Days after Date）；汇票载明的日期后若干天付款（At××Days after a Stated Date）；在固定的将来日期付款，即在汇票上明确规定到期日，也叫“按期付款”（At a Fixed Date）。

第四，商业承兑汇票和银行承兑汇票。按照承兑人的不同，远期汇票又分为商业承兑汇票和银行承兑汇票。前者是由工商企业履行承兑手续的远期汇票，后者是由银行进行承兑的远期汇票。

一张汇票可以同时具有几种属性。如一张远期的商业跟单汇票，可以同时又是银行承兑汇票。

（3）汇票的使用和流通程序。因其是即期汇票还是远期汇票而有所不同，即期汇票的基本使用和流通程序只有出票、提示、付款三步，一般不转让；远期汇票的基本使用和流通程序则为：出票、提示、承兑、付款，一般可以在承兑后至付款日前进行流通转让。

第一，出票（Issue）。它是指出票人在汇票上填写付款人、付款金额、付款日期和地点以及受款人名称等内容并签字后交给受款人的行为。

第二，提示（Presentation）。它是指持票人向付款人提交汇票，要求其承兑或付款的行为，分为承兑提示和付款提示。

第三，承兑（Acceptance）。它是指远期汇票的付款人在汇票上签字，承诺将按出票人的命令，在汇票到期时履行付款责任的行为。承兑的手续是由付款人在汇票正面写上“承兑”（Accepted）字样，加注承兑日期并签名。付款人在承兑汇票后便成为承兑人，他不得以任何理由否认汇票的效力、拒绝对该汇票付款。履行承兑的日期就是见票日期。

第四，付款（Payment）。它是指当持票人作付款提示时，付款人立即把与票面金额相等的款项付给受款人的行为。付款后，汇票上的一切债务即告终止，汇票的使用也告终结。

第五，转让（Transfer）和背书（Endorsement）。远期汇票在付款人承兑后至付款到期日之前，可以在票据市场上流通转让。持票人转让汇票的目的是提前得到票款。能转让的远期汇票分为指示性抬头汇票和来人抬头汇票：前者转让时需经受款人背书；后者转让时则无须背书。

背书是指汇票的受款人在汇票背面签名，有时还注明受让人名称，然后将汇票交于受让人的行为。承兑的远期汇票经背书转让，具有“贴现”的性质。汇票可经过背书不断地转让下去。

在汇票经背书不断转让的过程中，对受让人来说，所有在他之前的背书人及原出票人都是他的“前手”；而对背书人（出让人）来说，所有在他之后的受让人都是他的“后手”。前手对后手负有担保汇票一定被付款的责任，万一汇票遭到拒付，他就保证偿还票款。

常见的汇票背书有：①特别背书（Special Endorsement），又称记名背书。背书时，背书人先作被背书人记载，如“付ABC公司或其指定人”，然后再签上背书人的姓名。经记名背书的汇票，被背书人可以再作背书进行转让。②空白背书（Endorsement in Blank），又称无记名背书。空白背书的背书人仅在汇票背面签名，而不记载谁是被背书人。指示性抬头汇票作了空白背书后就成为来人抬头汇票，受让人可仅凭交付来转让票据权利。③限制性背书（Restrictive Endorsement），即限制它不能再继续转让的背书，如“只能付ABC公司”，或“付ABC公司，不可转让”。

第六，拒付（Dishonour）。它是指持票人向付款人提示汇票要求其承兑或付款时遭到拒绝，或是由于付款人破产、死亡等原因使承兑或付款实际上成为不可能。

一旦汇票在合理时间内提示时遭到拒付，持票人应立即向付款地的公证人或法院、银行、公会等依法有权做出证书的机构申请办理拒绝证书，并以此作为法律依据向其所有前手行使追索权，追索票款及有关费用。持票人行使追索权的法定期限为一年，自做成拒绝证书之日起算。对出票人来说，汇票遭到拒付，他不应根据汇票本身而应根据原有合同与付款人交涉。

商业汇票一般开立一式两份分别寄发，以防遗失。但付款人只对其中一份承兑或付款。因此，汇票上都分别注明“付一不付二”和“付二不付一”字样。

2）本票

本票（Promissory Note）是出票人对受款人承诺无条件支付一定金额的票据。

（1）本票的内容。本票没有固定的格式，其内容一般包括：在票面上注明“本票”字样，写出无条件支付一定金额的承诺，受款人名称或其指定人，付款期限与付款地点，出票日期和地点，出票人签字。本票的一般格式见表5-6。

表5-6 本票的一般格式

(1) PROMISSORY NOTE

(5)

£ 10 000.00　　　　London, 25th March, 2022

(6)　　　　(2)

On the 25th June, 2022 fixed by the Promissory Note　　We promise to pay

(3)　　　　(8)

London Export Corporation, London or order at London the sum of

(7)

Pounds Sterling Ten Thousand Only

(4) For and on behalf of

Johnson Trading Company London

Signed

（2）本票的种类。按出票人不同，本票可分为商业本票和银行本票。凡由工商企业签发的本票称为商业本票或一般本票；凡由银行签发的本票称为银行本票。商业本票有即期和远期之分，银行本票都是即期的。在国际贸易结算中使用的本票，大部分是银行本票。商业本票和银行本票分别见表5-7、表5-8。

表5-7 一般本票（商业本票）

£ 60 000.00　　　　London, May 15, 2022

Three months after date I promise to pay John Tracy or order the sum of SIXTY THOUSAND POUNDS for value received.

William Taylor

表5-8 银行本票

ASIA INTERNATIONAL BANK, LTD.

18 Queen's Road, Hong Kong

CASHIER'S ORDER

Hong Kong, Aug.8, 2021

Pay to the order of Dockfield Co.________________the sum of Hong Kong Dollars Eighty Thousand and Eight Hundred Only

For Asia International Bank, Ltd.

HK $ 80 800.00

Manager

（3）本票的特点。与汇票相比，本票具有以下特点：①从性质上看，本票允诺由自己付款，而不是命令他人付款；②本票只有出票人与受款人两个当事人；③由于本票的出票人与付款人是同一人，所以远期本票无须承兑；④本票只能开出一张；⑤本票的出票人始终是本票的主债务人，承担在规定期限内付款的责任。

【同步思考5-4】

本票与汇票的区别表现在哪些方面？

理解要点：本票与汇票的区别见表5-9。

表5-9 **本票与汇票的区别**

本　　票	汇　　票
1.无条件支付承诺	1.无条件支付命令
2.有两个当事人，即出票人和受款人	2.有三个当事人，即出票人、付款人、受款人
3.在任何情况下，出票人都是主债务人	3.承兑前，出票人是主债务人；承兑后，承兑人是主债务人
4.只能开出一张	4.可以开出一式两份或一套几张
5.《英国票据法》规定，外国本票退票时，无须做成拒绝证书	5.外国汇票退票时必须做成拒绝证书

3）支票

支票（Check/Cheque）是存款人向其开户银行开出的，要求该银行即期支付一定金额的货币给特定人或其指定人或持票人的无条件付款命令。支票的一般格式见表5-10。

表5-10 **支票的一般格式**

（1）Cheque No.________	（5）London，1st Jan.，2022
（2）（7）	（9）
Pay to the order of British Trading Company	the sum of
（8）	
Pounds Sterling Five Thousand Only	
（3）TO：National Westminster Bank Ltd.（4）For London	£ 5 000.00
（6）London　（Signed）	

（1）支票的内容。其包括：①写明“支票”字样；②无条件支付一定金额的命令；③付款银行名称、地址；④出票人签字；⑤出票日期和地点；⑥付款地点；⑦必须写明“即付”字样（如未写明，视为即期支付）；⑧支票金额；⑨受款人或其指定人。

（2）支票的种类。支票可分为：①一般支票（Uncrossed Check）。它是指既可以通过银行收款入账，也可以提取现金的支票。②划线支票（Crossed Check）。它是指只能通过银行收款入账，不能提取现金的支票。③保付支票（Certified Check）。它是指付款银行在支票上加盖“保付”戳记，保证在提取时支付票款的支票。④银行支票（Banker's Check）。它是指由银行签发并由其付款的支票，是银行的即期支票。⑤旅行支票（Traveller's Cheque）。它是银行或旅行社针对旅游者发行的一种固定金额的支付工具。旅行支票没有指定的付款人和付款地点，可在发行银行或旅行社的国外分支机构或代办点取款，金额较小，较为方便。旅游者购买旅行支票需当着发行银行的面在支票上签字（初签）作为印鉴，到国外取款时仍需在支票上签字（复签）。初签与复签核对相符后方可取款，故这种支票较为安全。

（3）支票的特点。支票与汇票相比，具有以下特点：①支票的出票人一定是银行存款客户，付款人一定是其开户行；②支票都是即期的，不需要经过承兑；③银行对支票可以保付；④出票人可以向付款银行发出办理支票止付手续的通知；⑤支票的主债务人是出票人；⑥支票只能开出一张。

（4）空头支票。它是指出票人签发的票面金额大于其在该银行存款额的支票。空头支票会遭到银行的拒付，开出空头支票的人要负法律上的责任。

【同步思考5-5】

支票与汇票之间的区别表现在哪些方面？

理解要点：支票与汇票之间的区别见表5-11。

表5-11 支票与汇票之间的区别

支票	汇票
1.支票是存款人对银行签发的无条件支付命令	1.汇票是出票人对付款人签发的无条件支付命令
2.支票的付款人必须是银行	2.汇票的付款人既可以是个人、企业，也可以是银行
3.支票的用途是结算	3.汇票的用途既可以是结算，也可以是融资
4.支票是即期付款，流通期极短，不需要承兑手续	4.汇票既有即期付款，也有远期付款；远期汇票必须办理承兑，流通期限也较长
5.《英国票据法》规定，出票人可以止付	5.汇票无止付的规定

5.3.2 支付方式

国际贸易的支付方式有汇付、托收、信用证和银行保证书等。

1）汇付方式

汇付（Remittance）又称汇款，是指付款人主动将款项通过银行汇交收款人的支付方式。它属于顺汇。

（1）汇付方式的当事人。其包括：①汇款人（Remitter）。它是指汇出款项的人，通常为进口人（买方）。②收款人（Payee）。它是指收取款项的人，通常是出口人（卖方）。③汇出行（Remitting Bank）。它是指受汇款人的委托，汇出款项的银行，通常为进口地的银行。④汇入行（Paying Bank）。它是指受汇出行委托解付汇款的银行，通常为出口地的银行。

（2）汇付的种类。汇付根据采用的支付工具不同，可分为三种：①电汇（Telegraphic Transfer，T/T）。它是汇款人要求汇出行用电报或电传通知收款人所在地银行付款给收款人的方式。电汇方式的优点是收款人可迅速收到汇款，但费用较高。②信汇（Mail Transfer，M/T）。它是汇款人将款项交给汇出行，由该银行用信件委托收款人所在地银行付款给收款人的方式。信汇方式的优点是费用较低，但收款人收到汇款的时间较迟。③票汇（Demand Draft，D/D）。它是汇款人要求汇出行开立以其分行或代理行为付款人的银行汇票，交由汇款人由其自行携带或邮寄给国外收款人的方式。

(3) 汇付的作用。汇付在国际贸易中通常用于预付货款或货到付款、分期付款、延期付款，也可用于支付佣金、样品费、索赔款等。

(4) 汇付业务的程序。

第一，电汇、信汇业务的程序（如图5-1所示）。

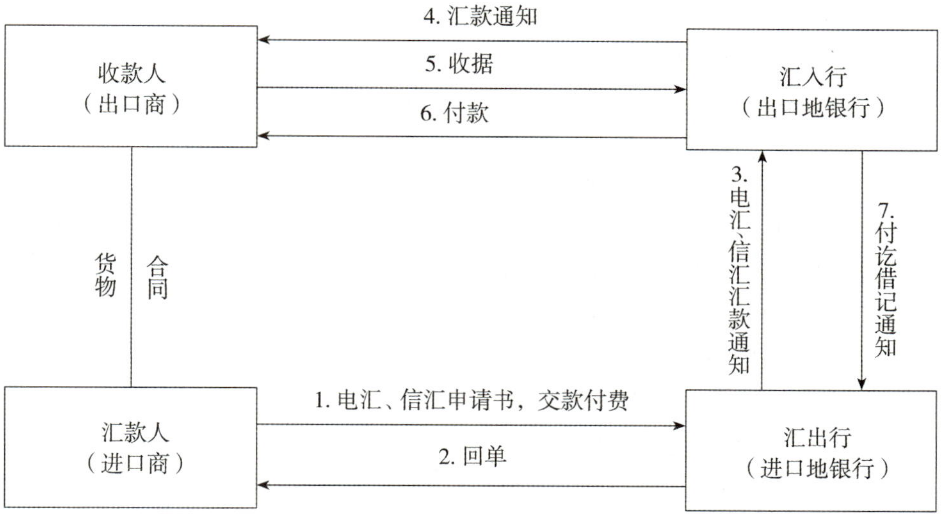

图5-1 电汇、信汇业务的程序

第二，票汇业务的程序（如图5-2所示）。

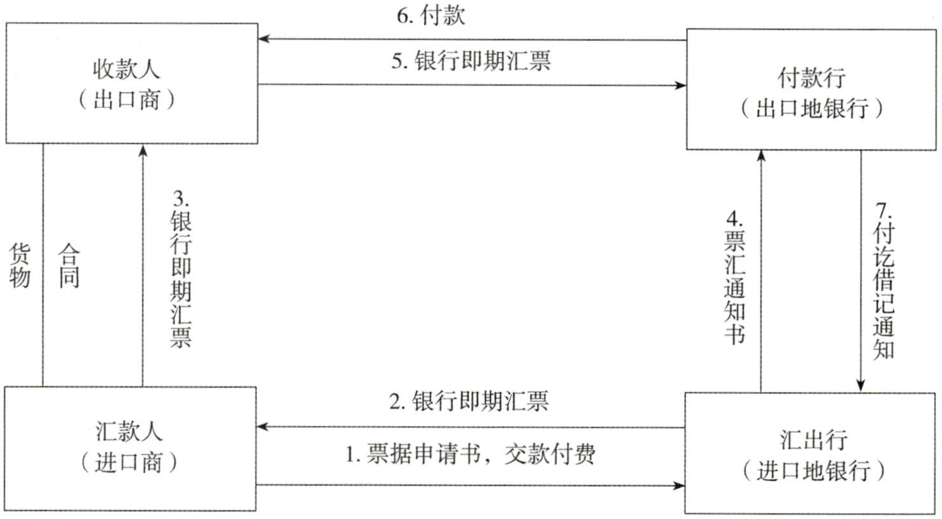

图5-2 票汇业务的程序

2) 托收方式

托收（Collection）是出口商为了收取货款，出具以进口商为付款人的汇票，委托当地银行通过它的国外分支或代理行向进口商收取货款的方式。托收一般都通过银行办理，故又称为银行托收。

(1) 托收方式的当事人。其包括：①委托人（Principal）。它是指委托银行办理托收业务的客户，通常为出口商。②托收银行（Collecting Bank）。它是指接受委托人的委托办理托收业务的银行，通常为出口地银行。③代收银行。它是指接受托收银行的委托向付款人收取票款的银行，通常是进口地的银行。④付款人（Payer）。它是指出口商出具汇票的受票人，通常是进口商。

托收方式当事人之间的关系是：委托人与托收银行之间、托收银行与代收银行之间都是委托代理关系；代收银行与付款人之间不存在任何合同关系，付款人向代收银行付款基于其与出口商签订的买卖合同。如果付款人拒付，代收银行除将拒付情况通知托收银行，并由托收银行通知委托人外，不负付款责任。

（2）托收方式的种类。托收根据使用汇票的不同，可分为：①光票托收（Clean Bill for Collection）。它是出口商将不附带任何单据的汇票交托收银行代收票款的托收方式。在国际贸易支付中，光票托收一般用于收取佣金、样品费及贸易从属费用等。②跟单托收（Documentary Bill for Collection）。它是出口商将汇票连同货运单据（包括提单、发票、保险单等）一并交给托收银行委托其代收票款的托收方式。国际贸易货款的托收大多采用跟单托收这种方式。在跟单托收方式下，依据交单条件的不同，又可分为付款交单、承兑交单和付款交单凭信托收据借单三种。

付款交单（Documents against Payment，D/P）。它是指出口商在委托托收银行代收票款时指示，只有付款人付清票款后才可交出货运单据。按付款时间的不同，付款交单又有即期付款交单和远期付款交单两种情况：前者即立即付款赎单；后者是付款人先承兑汇票，待汇票到期再付款赎单。总之，对于付款交单方式，付款是交单的前提条件，进口商只有付清全部货款，才能取得代表货物所有权的货运单据，因此这对出口商来说比较安全。

承兑交单（Documents against Acceptance，D/A）。它是指出口商在货物装运以后，开具远期跟单汇票交托收银行并委托其代收票款，代收行收到汇票后向进口商提示，进口商承兑远期汇票后，即可取得装运单据，提取货物，待汇票到期后再付清货款。这种方式对出口商来说，收取货款的风险很大，采用时应谨慎。

付款交单凭信托收据借单（D.P.T.R.）。它是指在远期付款交单的情况下，买方承兑汇票后，可凭信托收据借取货运单据，先行提货，待汇票到期时再付款。信托收据（Trust Receipt，T/R）是买方借单时向银行提供的一种书面担保文件，以表示愿意以代收行的受托人身份代为提货、报关、存仓、保险、出售并承认货物的所有权仍属银行，货物出售所得的货款，应交付银行。

在实际业务中，这种方式包括两种情况：其一，卖方认可并指示代收行可凭信托收据把单据借给买方。在这种情况下，若日后遇到买方在汇票到期日拒付的风险，应由卖方自己承担责任，与银行无关。其二，如果银行把凭信托收据借单作为其通常业务，允许一些资信较好的买方凭信托收据借单，则这种做法与卖方无关，那么银行要承担日后汇票到期时买方拒付的风险。

（3）托收的业务程序。

其一，即期付款交单的业务程序（如图5-3所示）。

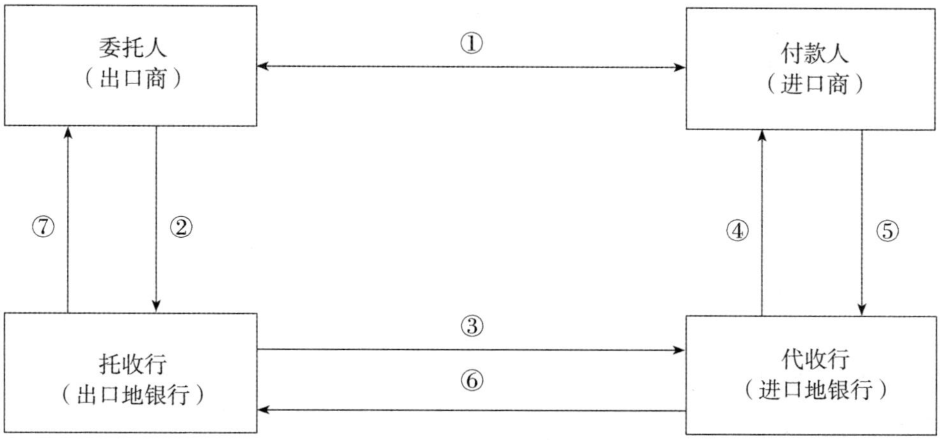

图5-3 即期付款交单的业务程序

说明：①贸易双方约定，采用即期付款交单方式支付货款；②出口商按合同规定装运货物后，开具即期汇票，并填写托收委托书，连同全套货运单据交托收行代收票款；③托收行将汇票连同货运单据寄交代收行；④代收行收到汇票及货运单据后，向进口商做出付款提示；⑤进口商审核单据后，付清货款赎取单据；⑥代收行通知托收行，货款已收妥转账；⑦托收行将货款结汇给出口商。

其二，远期付款交单的业务程序（如图5-4所示）。

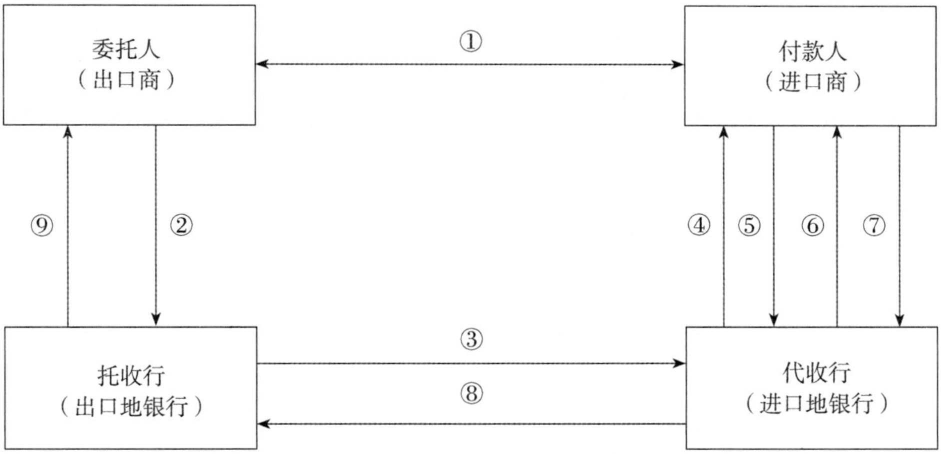

图5-4 远期付款交单的业务程序

说明：①贸易双方约定，采用远期付款交单的方式支付货款；②出口商按合同规定装运货物后，开具远期汇票，并填写托收委托书，连同全套货运单据交托收行代收票款；③托收行将汇票连同货运单据寄交代收行；④代收行收到汇票及货运单据后，向进口商做出承兑提示；⑤进口商在远期汇票上做出承兑表示，代收行收回汇票及全套货物单据；⑥在远期汇票到期日，代收行向进口商做出付款提示；⑦进口商付清货款赎取单据；⑧代收行通知托收行，货款已收妥转账；⑨托收行将货款结汇给出口商。

其三，承兑交单的业务程序（如图5-5所示）。

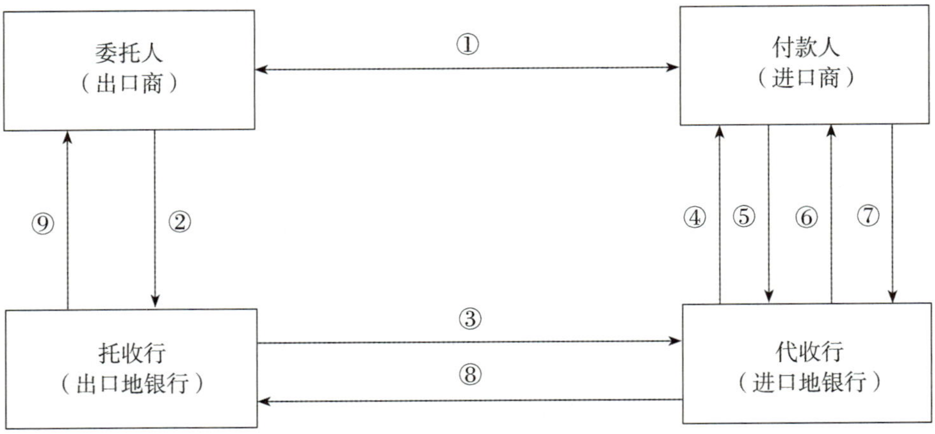

图5-5　承兑交单的业务程序

说明：①贸易双方在合同中约定，采用承兑交单的方式支付货款；②出口商按合同规定装运货物后，开具远期汇票，并填写托收委托书，声明“承兑交单”，连同全套货运单据交托收行代收票款；③托收行将汇票连同全套货运单据寄交代收行；④代收行收到汇票及货运单据后，向进口商做出承兑提示；⑤进口商承兑远期汇票后，取得全套货运单据，代收行保留承兑后的汇票；⑥在远期汇票到期日，代收行向进口商做出付款提示；⑦进口商付清货款；⑧代收行通知托收行，货款已收妥转账；⑨托收行将货款结汇给出口商。

（4）托收的国际贸易惯例。国际商会曾于1958年草拟了一套《商业单据托收统一规则》，经1967年和1978年的两次修订和补充，最终命名为《托收统一规则》，于1979年1月1日正式生效和实施。1995年规则再次修订，称为《托收统一规则》国际商会第522号出版物（简称《URC522》），于1996年1月1日实施。该规则共7部分、26条，包括总则及定义、托收的形式和结构，提示方式，义务与责任，付款，利息、手续费及其他费用，其他规定。我国银行在进出口贸易中使用托收方式进行结算时，也参照这个规则的原则和解释办理。

（5）托收的性质及业务中需注意的问题。托收具有商业信用的性质。在国际贸易中采用托收方式时，银行只是接受卖方的委托向买方收款，并不承担买方必然付款的义务，至于卖方能否收到货款，则完全取决于买方的信用。

托收对出口商来说，有一定的风险，但如果运用得当，可以增强外销商品的竞争力，扩大出口。为避免风险的发生，使用托收时必须注意以下问题：①必须了解买方的资信情况和经营作风，据此因人制宜。②要了解进口国外汇管制和贸易管制方面的规定以及当地的商业习惯，据此因国制宜。③为避免托收方式下货款遭拒付时货物无人照料，卖方可在托收申请书中预先指定一个忠实、可靠的进口地代理人，即“需要时的代理”。④出口托收方式下，应尽量争取以CIF或CIP条件成交，自办出口保险，以避免由买方办理货运保险而带来的风险；如不采用CIF条件，应投保卖方利益险。⑤办理托收业务，要定期检查，及时了解情况，催收清理，以避免或减少可能发生的损失。

学习微平台

延伸阅读5-3

3）信用证方式

国际贸易中存在着买卖双方互不信任的情形，因此，建立在商业信用基础上的汇付和托收方式就存在较大的局限性，不能很好地适应国际贸易的发展。随着银行加入国际贸易货款的结算过程中，一种信用度更高的银行保证付款的支付方式出现了，即信用证方式。

信用证（Letter of Credit，L/C）是由开证银行根据申请人的请求和指示做出的在满足信用证要求的条件下，凭规定的单据向第三人付款的一项约定，或者说是银行开立的有条件的承诺付款的一种书面文件。

【小资料5-4】

开立不可撤销跟单信用证申请书

合同编号：
外汇种类：
日　　期：
使用单位：
货　　名：

中国银行××分行：

请你行按背面所列条款以航邮/简电/全电开立一份不可撤销跟单信用证。

我公司保证向你行提供偿付该证项下货款、手续费、费用及利息等所需的外汇。我公司保证在单证表面相符的条件下对外付款/承兑，并自接到信用证规定的全套单据日起三个工作日内通知你行办理对外付款/承兑。如因单证不符拒绝付款/承兑，当在三个工作日内将全套单据如数退回你行并注明拒付理由，请你行按国际惯例确定能否对外拒付。如经你行确定不属单证不符，不能对外拒付，你行有权办理对外付款/承兑，并自我公司账户项下扣款。

该信用证如因邮寄、电传发生遗失、延误、错漏，你行概不负责。

该信用证如需修改，由我公司书面通知你行办理。

银行审核意见　　　　　　　　申请公司签名盖章

信用证属于银行信用。采用信用证方式，对出口商来说，安全收汇较有保障；对进口商来说，可避免预付货款的风险，从而解决了买卖双方互不信任的问题。正因为如此，自19世纪80年代在英国出现第一张信用证以来，信用证支付方式已在国际贸易中得到广泛应用，成为至今最常用的支付方式。

（1）信用证方式的当事人。其包括：①开证申请人（Applicant）。它是指向银行申请开立信用证的人，一般为进口商。②开证银行（Issuing Bank）。它是指接受开证申请人的委托，开立信用证的银行，一般为进口商所在地银行。③通知银行（Advising Bank）。它是指接受开证银行的委托，将信用证转交给出口商的银行，一般为出口商所在地银行。④受益人（Beneficiary）。它是指有权享有信用证利益的人，一般为出口商。⑤付款银行（Paying Bank）。它是指信用证上指定的付款银行，通常是开证银行，也可以是其他银行，根据信用证条款的规定而定。⑥议付银行（Negotiating Bank）。它是指愿意买入或贴现受益人提交的符合信用证规定的单据的银行。受益人通常愿意选择通知银行作为议付银行，有时也选择其他非指定银行。⑦保兑行（Confirming Bank）。它是指接受开证银行的请求，在信用证上加具保兑的银行。它承担与开证银行相同的付款责任，一般由通知银行兼任。

以上前4个当事人是每一份信用证必然涉及的基本当事人。各当事人之间的关系是：①开证申请人与受益人之间是买卖合同关系；②开证申请人与开证银行之间的关系是在开证申请书的基础上建立的，开证银行严格按申请书的内容办理开证事宜并对信用证单独负责；③开证银行与通知银行之间是一种委托代理关系，这种关系受委托代理合同的约束，通知银行只负责转递信用证；④开证银行与议付银行之间是以信用证来确定关系的，议付银行承担议付或代付责任；⑤通知银行与受益人及开证申请人之间不存在合同关系；⑥开证银行与受益人之间的关系是在开证银行开立信用证而受益人接受后确定的，双方都受信用证条款的约束。

（2）信用证的种类。

第一，光票信用证和跟单信用证。光票信用证是受益人根据信用证的要求，仅凭汇票本身即可向银行索取货款的信用证；跟单信用证是受益人根据信用证的要求，凭汇票及货运单据向银行索取货款的信用证。

SWIFT（Society for Worldwide Interbank Financial Telecommunication）是环球银行金融电信协会的简称。该协会成立于1973年，目前已有包括我国在内的众多国家和地区的1.1万多家银行参加该协会，并采用该协会电信业务的信息系统，使用时必须依照SWIFT使用手册规定的标准，否则会被拒绝。通过SWIFT开立或通知的信用证即SWIFT信用证，现已被西欧、北美和亚洲等地的国家和地区的银行广泛使用。在我国的电开信用证或收到的信用证电开本中，SWIFT信用证占很大比重，其样例见表5-12。

表5-12 SWIFT信用证

HONGKONG & SHANGHAI BANKING CORP.
Incorporated in Hong Kong with limited liability
P.O.Box 085-151
185 YuanMingYuan Road，Shanghai

CHINA ARTEX SHANGHAI IMPORT AND EXPORT CORPORATION
18 XIZANG NORTH ROAD SHANGHAI，CHINA

Our ref：464311
24 Nov.，2021

Dear Sirs，

IRREVOCABLE DOCUMENTARY CREDIT NO.A 53915

In accordance with the terms of Article 7a of UCP600 we advise，without any engagement on our part，having received the following teletransmission dated 24 Nov.，2021

from ISRAEL DISCOUNT BANK OF NEW YORK
NEW YORK BRANCH

40A	FORM OF DC.：IRREVOCABLE
20	DC. NO.：A53915
31C	DATE OF ISSUE：23NOV21
31D	EXPIRY DATE AND PLACE：30JAN22 CHINA
50	APPLICANT：THE ABCDE GROUP，INC. 445 KENNEDY DRIVE SAYREVILLE，NEW JERSEY
59	BENEFICIARY：CHINA ARTEX SHANGHAI IMPORT AND EXPORT CORPORATION 18 XIZANG NORTH ROAD SHANGHAI，CHINA
32B	DC. AMT：USD44 202.4
41D	AVAILABLE WITH/BY：ANY BANK IN CHINA BY NEGOTIATION
42D	DRAFTS AT：SIGHT
42D	DRAWEE：OURSELVES FOR 100PCT INVOICE VALUE
43P	PARTIAL SHIPMENT：ALLOWED
43T	TRANSSHIPMENT：ALLOWED
44A	LOADING/DISPATCH AT/FROM：CHINA
44B	FOR TRANSPORTATION TO：NEW YORK

44C　LATEST DATE OF SHIPMENT：10JAN22
45A　GOODS：ALL COTTON CUSHIONS WITH MACHINE EMBROIDERY，
FULLY STUFFED FACE—100 PERCENT COTTON，
BACK—100 PERCENT COTTON，
FILLING—100 PERCENT POLYESTER FIBER UNDER SALES CONTRACT
94/MC205 PART
TERMS CIF
46B　DOCUMENTS REQUIRED：
Incorporated in Hong Kong with limited liability
P.O.Box 085-151
185 YuanMingYuan Road，Shanghai
Our ref：464311
IRREVOCABLE DOCUMENTARY CREDIT NUMBER：A53915
—COMMERCIAL INVOICE IN QUINTUPLICATE
—PACKING LIST IN TRIPLICATE
—CERTIFICATE OF ORIGIN IN TRIPLICATE
—WEIGHT LIST IN TRIPLICATE
—TEXTILE EXPORT LICENSE
—INSURANCE POLICY AND/OR CERTIFICATE IN NEGOTIABLE FORM
—FULL SET OF ON BOARD MARINE BILLS OF LADING TO ORDER OF ISRAEL DISCOUNT BANK OF NEW YORK N.Y.L/C A53915 MARKED NOTIFY APPLICANT
49　CONFIRMATION INSTRUCTION：WITHOUT
78　INFO TO PRESENTING BK.：
ALL DOCUMENTS ARE TO BE DISPATCHED TO US AT 511 FIFTH AVENUE NEW YORK，NY10017 IN ONE LOT BY AIRMAIL.
47B　ADDITIONAL CONDITIONS：
COMMERCIAL INVOICE ALSO INCLUDES A 4.5 PERCENT BUYING COMMISSION

EACH SET OF DISCREPANT DOCUMENTS WILL BE ASSESSED USD70.00 REPRESENTING OUR FEES FOR HANDLING DISCREPANCIES.

THESE FEES ARE FOR THE BENEFICIARY'S ACCOUNT AND WILL BE AUTOMATICALLY DEDUCTED FROM THE PROCEEDS OF THE PAYMENT WHEN EFFECTED.

ALL DRAFTS MUST BE MARKED "DRAWN UNDER ISRAEL DISCOUNT BANK OF NEW YORK，STATING THE DOCUMENTARY CREDIT NUMBER AND THE DATE OF THIS CREDIT".

THIS DOCUMENTARY CREDIT IS SUBJECT TO THE UCP，ICC PUBLICATION NO.600.

Here ends the foregoing teletransmission. This advice constitutes a documentary credit issued by the above bank and must be presented with the documents/drafts for negotiation/payment. The amount of each drawing must be endorsed by the negotiating bank on the reverse hereof.

James C.M.Wong（0687）　　Rapheal Z.F.Yin　（431）

Except so far as otherwise expressly stated，this documentary credit is subject to the Uniform Customs and Practice for Documentary Credits（2007 Revision），International Chamber of Commerce Publication No.600.

第二，可撤销信用证和不可撤销信用证。前者是指开证银行在不征得受益人及有关当事人同意的情况下，可以单方面随时撤销或修改的信用证。出口商一般不接受这种信用证。后者是指一经开立，在有效期内，未经受益人及有关当事人的同意，开证银行不得单方面修改或撤销的信用证。这种信用证在国际贸易中使用得最多。《UCP500》第6条C款规定：凡无明确表示是否为可撤销信用证的，应“视为不可撤销”；《UCP600》第3条重申：“信用证是不可撤销的，即使未如此表明。”

第三，保兑信用证和不保兑信用证。前者是指开证银行开出的信用证，由另一银行保证对符合信用证条款的单据履行付款义务。这种信用证对受益人来说就有了双重的付款保障，收取货款没有问题，但需要付出双重的费用。后者是指未经另外一家银行加以保证兑付的信用证。开证银行资信可靠或成交金额不大时，多采用这种信用证。

第四，即期信用证和远期信用证。前者是指开证银行或付款银行收到符合信用证条款的单据和汇票后，立即履行付款义务的信用证。国际贸易中经常使用的多为不可撤销即期信用证。后者是指开证银行或付款银行收到符合信用证条款的单据后不立即付款，而要等到远期汇票到期时再履行付款责任的信用证。国际贸易中使用的远期信用证主要有银行承兑的远期信用证、进口商承兑的远期信用证和延期付款信用证。

第五，可转让信用证和不可转让信用证。前者是指受益人有权将来证转让给第三者使用的信用证。这种信用证的第一受益人一般为中间商，第二受益人则为实际供货者。唯有开证银行在信用证中注明“可转让”字样，信用证方可转让。可转让信用证只能转让一次。后者是指不能将信用证的权利转让给他人的信用证。开证银行开出的信用证如未注明“可转让”字样，该信用证就被视为不可转让信用证。

第六，循环信用证。它是指受益人在规定的利用次数或总金额限度内，可以循环重复使用的信用证。当买卖双方约定在某一期间内，就同一种类的货物分批进行多次交易时，为简化手续、节省费用，进口商往往开立循环信用证。循环信用证通常有三种：自动循环、半自动循环和非自动循环信用证。

第七，预支信用证。它是指受益人在办理货物交单手续之前预先支取并使用（信用证）部分或全部金额的信用证。预支款一般供受益人收购及包装货物所用。预支信用证条款一般在信用证中用红字书写，以示提醒注意。

第八，对开信用证。它是指进出口双方为进行对等贸易而相互向对方开立的信用证。这种信用证一般用于来料加工、补偿贸易或易货贸易。

第九，对背信用证。它是指进出口贸易中的中间商在收到进口商开来的信用证后，要求该信用证的通知银行或其他银行以该信用证作保证，并在此基础上向实际供货商重新开出的信用证。

第十，付款、承兑、议付信用证。付款信用证是指以开证银行自身或指定通知银行或通知银行以外的银行作为付款银行的信用证；承兑信用证是指规定受益人出具远期汇票，指定开证银行或通知银行或通知银行以外的银行作为承兑银行，待汇票到期再付款的信用证；议付信用证是指规定由某一银行或任何银行都可议付的信用证。

第十一，备用信用证。它是指开证银行根据开证申请人的请求对受益人开立的承诺承担某种义务的凭证，即开证银行保证在开证申请人未能履行其应履行的义务时，受益人即可凭备用信用证及有关证明文件，要求开证银行付款。

（3）信用证的主要内容。其包括：①信用证的性质和种类。这是对信用证本身的说明，如不可撤销即期信用证等。②信用证的有关当事人。③信用证的金额、有效期限及到期地点。④对货物的要求，包括货物的名称、品质、数量（重量）、包装和价格等。⑤对运输的要求，包括装运期、装运港、目的港、运输方式、可否分批装运和转运等。⑥对单据的要求。单据主要有三类：货物单据（包括发票、装箱单、重量证明、产地证等）、运输单据（主要是提单）和保险单据。⑦特殊条款。这要根据每笔具体业务的需要而定。⑧开证银行的保证条款，即开证银行对受益人及信用证持有人保证付款的责任文句。

（4）信用证的形式。其包括：①信开本。它是开证银行采用印就的信函格式开立的信用证，开证后以航空挂号信的方式寄送至通知银行。②电开本。它是指开证银行使用电报、电传、计算机等方式将信用证传递给通知银行。电开本又分为简电本和全电本两种形式。国际贸易中开出的信用证多为全电本。

（5）信用证的性质、特点及作用。信用证的性质和特点主要有：①信用证属于银行信用。银行信用优于商业信用。②信用证是一种自足文件。信用证的开立既基于买卖合同，又独立于买卖合同之外。③信用证业务是一种单据买卖。其付款原则为“凭单付款”。银行审单时要求受益人提交的单据不仅要做到“单证一致”，而且要做到“单单一致”。

信用证这种单据买卖的特点，给某些不法分子利用信用证伪造单据进行诈骗提供了机会。预防信用证诈骗的方法很多，如进口采用FOB贸易术语等。

信用证在国际贸易中之所以被广泛使用，是因为它有以下一些积极作用：①信用证用银行信用取代了商业信用，基本解决了买卖双方互不信任的矛盾；②信用证便利买卖双方向银行融通资金；③信用证促进和保证了国际贸易的发展。

（6）信用证的业务程序。采用信用证方式结算货款要经过许多环节，办理各种手续。其基本业务程序如图5-6所示。

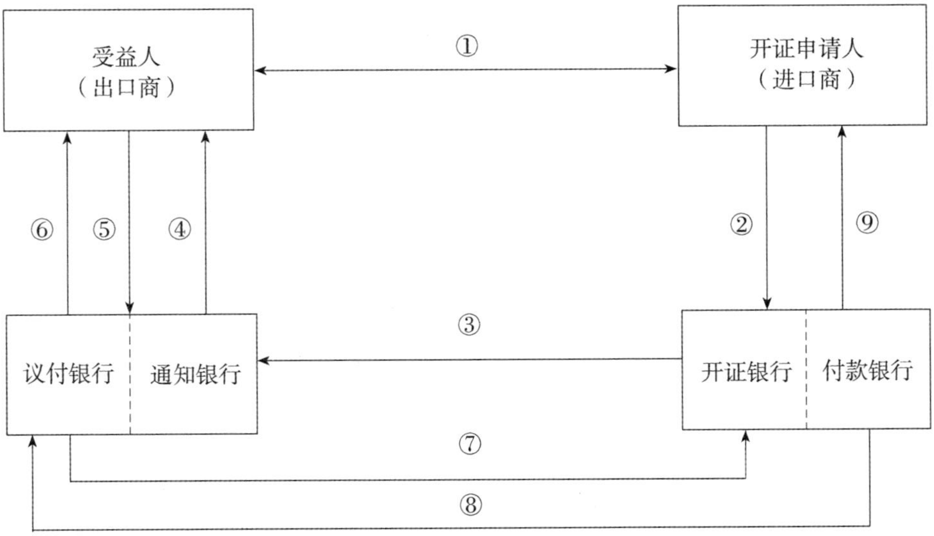

图5-6　信用证的业务程序

说明：①贸易双方在合同中约定，采用信用证方式支付货款；②进口商向当地银行申请，填写开证申请书，并交纳若干押金和手续费请求开证；③开证银行接受申请，并根据申请书的内容开具信用证，寄交出口地通知银行；④通知银行接到信用证审核无误后转交受益人；⑤受益人审核信用证无误后，按信用证规定条件装运货物，并备齐各种货运单据，开具汇票，在信用证有效期内向议付银行交单请求议付；⑥议付银行按信用证条款审核无误后，按汇票金额，扣除押汇利息，把货款垫付给出口商；⑦议付银行将汇票和货运单据寄交开证银行（或其指定的付款银行）索偿；⑧开证银行（或其指定的付款银行）核对单据无误后，付款给议付银行；⑨开证银行（或其指定的付款银行）通知开证申请人付款赎取单据。

（7）《跟单信用证统一惯例》。虽然信用证一出现，就立即得到了广泛应用，但由于当时信用证各当事人的权利、责任以及有关条款和术语等在国际上缺乏统一的解释和公认的准则，各国银行只能按各自的利益和习惯、规定办理，因此经常造成信用证各有关当事人之间的纠纷，以至于引起司法诉讼。为解决这一问题，国际商会于1930年首次拟定了一套《商业跟单信用证统一惯例》，并于1933年正式公布，建议各国银行采用。之后随着国际贸易的发展和变化，国际商会于1951年、1962年、1974年、1983年、1993年和2006年又对这一惯例进行了6次修订，并最终更名为《跟单信用证统一惯例》。2006年的修订本作为国际商会第600号出版物出版发行，并自2007年7月1日起实施。

学习微平台

延伸阅读5-4

该惯例自诞生至今，已被世界各国银行广泛采用，成为一种国际惯例。当然，作为一种惯例，它不是法律，故只有在信用证中注明按该惯例办理时，信用证才受其约束。我国在进出口业务中也采用这一惯例。《跟单信用证统一惯例》（2006年修订本，国际商会第600号出版物，简称《UCP600》）乃一套规则，适用于所有其文本中明确受本惯例约束的跟单信用证（以下简称信用证）（在其适用的范围内，包括备用信用证）。除非信用证明确可修改或删除，本惯例各条文对信用证所有当事人均有约束力。

【同步思考5-6】

对汇付、跟单托收、跟单信用证三种主要支付方式在手续、银行收费、买卖双方的资金占用以及买卖双方的风险等方面进行比较，看其有哪些不同？

理解要点：它们之间的比较见表5-13。

表5-13 **三种主要支付方式的比较**

结算方式		手续	银行收费	买卖双方的资金占用	买方风险	卖方风险
汇付	预付货款	简单	最少	不平衡	卖方不交货；卖方不按时交货；货物与合同规定不符	买方不按时汇款
	货到付款	简单	最少	不平衡	卖方不按合同规定交货	买方不收货；买方收货后不付款；买方拖延付款；买方要求降价
跟单托收	付款交单（D/P）	稍繁	稍多	不平衡	收到的货物与单据不符	买方不付款赎单；买方要求降价后才付款赎单；进口国政治、经济形势恶化；代收银行改按承兑交单（D/A）处理，导致钱货两空
	承兑交单（D/A）	稍繁	稍多	不平衡	收到的货物与单据不符	买方不承兑；买方要求降价后才承兑收货；买方承兑收货后不付款；买方承兑后要求降价才付款
跟单信用证		最繁	最多	较平衡	付押金后，开证银行倒闭，卖主伪造单据；收到的货物与单据不符	买方不开证或不按期开证；开证银行失去偿付能力；信用证规定有卖方无法做到的或不能接受的“软条款”；开证行、开证人对单据无理挑剔，借口拒付，伪造信用证

4）银行保证书方式

银行保证书（Letter of Guarantee，L.G.）是银行应委托人的申请向受益人开立的担保委托人履行某项义务的书面文件。它属于银行信用。一般来说，银行一旦开出保证书，即承担保证付款或在委托人不履行某项义务时赔偿的责任。银行保证书应用较广，涉及货物买卖、招投标、国际工程承包、借贷等业务。

（1）银行保证书的当事人。其主要有三个：①委托人，即要求银行开立保证书的一方；②受益人，即收到保证书并凭以向银行索偿的一方；③保证人，即开立保证书的银行。非银行保证书也可由担保公司、保险公司、个人等开立。

（2）银行保证书的主要内容。其包括：①有关当事人。保证书中应列明主要当事人的名称和地址。②责任条款，即说明保证人应承担的责任。③保证书的有效期限，即受益人把索偿要求送达保证人的有效期限。④保证书的到期日，即保证书失效的日期。若保证人在到期日仍未接到受益人的索偿要求，则保证书自动失效；若在此之前发生了索偿，则受益人在按保证书规定应享有的一切权利得到满足时，保证书即告终止。受益人应将终止后的保证书立即退还保证人注销。⑤保证书的修改。保证人对保证书条款所作的任何修改，都必须经委托人和受益人同意才能生效。

（3）银行保证书的种类。业务中常用的有以下三种：

第一，履约保证书（Performance Guarantee）。它是银行（保证人）应货物买卖、劳务合作或其他经济合同当事人（委托人）的申请向合同一方当事人（受益人）发出的保证书。履约保证书保证如委托人未及时按合同条款履行其义务，保证人向受益人支付一定金额限度以内的款项或根据保证书条款履行合同义务。

第二，投标保证书（Tender Guarantee）。它是银行（保证人）应投标人（委托人）的申请向招标人（受益人）发出的保证书。它保证投标人在开标前不中途撤标或片面修改投标条件、中标后不拒绝签约及不拒绝交付履约保证金等；否则，银行负责赔偿招标人的损失。

第三，还款保证书（Repayment Guarantee）。它是银行（保证人）应货物买卖、劳务合作、资金借贷或其他经济合同当事人（委托人）的申请向合同另一方当事人（受益人）发出的保证书。它保证如委托人不按其与受益人订立的合同的规定将受益人预付、支付或贷放给委托人的任何金额的款项退还，亦未按其他方式还款，由银行向受益人支付一定金额限度内的款项。

关于银行保证书的性质问题，即保证人的付款责任是第一性的还是第二性的，取决于保证书中的索偿条件。过去大都采用银行承担第二性责任的做法，但易引起争议，故目前已倾向于由银行承担第一性的付款责任。

5）综合支付方式

根据国际贸易的不同情况，进出口业务有时只选择某一种支付方式，有时又将各种支付方式结合在一起，采用综合支付方式。

综合支付方式主要有以下几种：①汇付与托收相结合。以汇付方式支付定金，以付款交单的托收方式支付大部分货款。②汇付与信用证相结合。以信用证支付大部分货款，以汇付方式支付货款余额。这适合粮食、矿砂等散装货物的交易。③汇付与银行保证书或备用信用证相结合。进口方以汇付方式支付定金及每期货款与利息，同时以银行保证书或备用信用证为出口方的收款提供可靠保证。这适合大型机械、成套设备的交易。④托收与信用证相结合。它是指部分货款通过光票信用证收取，部分货款通过跟单托收方式收取。其具体手续为：买方开立的不可撤销信用证中规定受益人开立两张汇票，属于信用证部分的货款凭光票支付，而全套货运单据附在托收部分的汇票项下，按即期或远期付款交单的方式付款。⑤托收与银行保证书或备用信用证相结合。它是指货款以托收方式收取，同时进口方可开立银行保证书或备用信用证，为出口方的收款提供保证。

6）国际保付代理（保理）

信用证属于银行信用，目前是一种较为安全的支付方式，因而受到出口方的欢迎，尤其是在我国对外贸易中使用最多。但是，这种方式也有它的缺陷，如买方在申请开证时要交纳手续费，往往还要提供押金或其他担保。信用证从开立到最终付款通常需要相当长的一段时间，这就造成了进口方相当数量的资金被占用，影响其资金周转和正常经营。

为克服信用证的上述缺陷，近年来，在国际贸易结算中出现了一种更为灵活的付款方式，这就是国际保理（International Factoring）业务。

（1）国际保理业务的基本程序。在国际保理业务下，保理公司为出口方承担100%的买方信用风险，提供应收账款管理及追收服务，同时提供资金融通服务。其基本程序如图5-7所示。

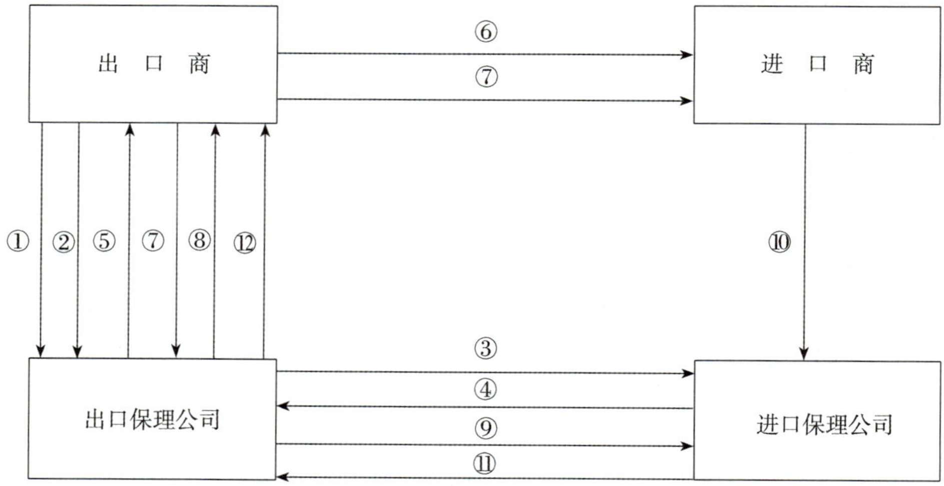

图5-7 国际保理业务的基本程序

说明：①出口商与出口保理公司签订保理协议。②出口商将进口商的有关情况及交易资料提交给出口保理公司。③出口保理公司将资料整理好后转送至进口商所在国经选定的进口保理公司。④进口保理公司对进口商的资信进行调查和评估，确定进口商的商业信用额度，并将调查结果及提供信用额度的建议通知出口保理公司。⑤出口保理公司通知出口商。如果该进口商资信可靠，则出口保理公司对进出口双方间的交易加以确认。⑥进出口双方签订以国际保理方式结算的贸易合同。⑦出口商按合同规定备货装船后，将发票及有关货运单据送交进口商；同时将一份发票副本交给出口保理公司。⑧出口保理公司按出口商的要求，预付80%～90%的货款，或采用买断票据形式，即按票面金额扣除利息等各项费用后，将货款余额无追索权地付给出口商。⑨出口保理公司随即将发票及单据副本转寄进口保理公司，进行财务管理及催收货款。⑩发票、汇票到期后，进口商按票面金额付款给进口保理公司。⑪进口保理公司将货款划付给出口保理公司。⑫出口保理公司在扣除预付货款、佣金、银行转账费用及其他费用后，将货款交给出口商；如果是买断的，结账即可，这笔交易就告完成。

（2）保理方式的国际惯例。其主要有：①保理公司承担信用额度内的风险担保；②因货物质量、数量及交货期不符合合同规定等违约行为引起的拒付、少付，保理公司不予担保；③保理业务的收费标准，按国际保理商联合会（Factors Chain International，FCI）的规定，费用率占货物价值的1%左右，买卖双方可协商支付。

1992年3月，中国银行北京分行与国际保理商联合会的成员美国国民保理公司和英国鹰狮保理公司分别签署了国际保理协议，正式以出口保理商的身份开办保理业务；1992年7月，加入国际保理商联合会。继北京分行之后，又有几家分行与英国、德国等国的保理公司签署了保理协议，使我国保理业务进一步规范化、国际化。

【同步业务5-1】

模拟不同支付方式的业务程序。

业务分析： 通过角色扮演的方式，亲身体验不同支付方式的业务办理程序。

业务程序： 根据信用证、汇付、托收等不同支付方式的需要将学生分组。每组根据分配到的支付方式准备相应的单据，扮演不同业务主体，模拟支付方式的业务流程。

5.3.3 合同中的支付条款

现按不同的支付方式将合同中支付条款内容的表述举例说明如下：

1）汇付方式

采用汇付方式时，应在合同中明确规定汇付的种类、时间和金额等。

合同中的汇付条款

买方应不迟于12月15日将100%的货款用汇票预付并抵达卖方（The buyers shall pay 100% of the sales proceeds in advance by Demand Draft to reach the sellers not later than Dec.15.）。

2）托收方式

采用托收方式时，应在合同中明确规定托收的种类、汇票的付款时间等。

即期付款交单

买方应凭卖方开具的即期跟单汇票，于见票时立即付款，付款后交单（Upon first presentation the Buyers shall pay against documentary draft drawn by the sellers at sight.The shipping documents are to be delivered against payment only.）。

远期付款交单

买方对卖方开具的见票后××天付款的跟单汇票，于提示时应立即承兑，并应于汇票到期日即予付款，付款后交单（The Buyers shall duly accept the documentary draft drawn by the sellers at ×× days sight upon first presentation and make payment on its maturity.The shipping documents are to be delivered against payment only.）。

承兑交单

买方对卖方开具的见票后××天付款的跟单汇票，于提示时应立即承兑，并应于汇票到期日即予付款，承兑后交单（The Buyers shall duly accept the documentary draft drawn by the sellers at ×× days sight upon first presentation and make payment on its maturity.The shipping documents are to be delivered against acceptance.）。

3）信用证方式

采用信用证方式时，应在合同中明确规定开证时间、开证银行、信用证种类、信用证金额、装运期、有效期和到期地点等内容。

即期信用证付款

买方应通过卖方可接受的银行于装运月份前××天开立不可撤销即期信用证并送达卖方，有效期至装运日后第15天，在中国议付（The Buyers shall open through a bank acceptable to the Sellers an Irrevocable Sight Letter of Credit to reach the Sellers ×× days before the month of shipment，valid for negotiation in China until the 15th day after the date of shipment.）。

远期信用证付款

买方应通过可为卖方所接受的银行于装运月份前××天开立不可撤销见票后30天付款的信用证并送达卖方，有效期至装运日后第15天在上海议付（The Buyers shall open through a bank acceptable to the Sellers an Irrevocable Letter of Credit at 30 days after sight to reach the Sellers ×× days before the month of shipment，valid for negotiation in Shanghai until the 15th day after the date of shipment.）。

4）综合支付方式

综合支付方式

买方需在装运月份前××天送达卖方不可撤销信用证，规定××%发票金额凭即期光票支付，其余××%金额用即期跟单托收方式付款交单。全套货运单据附于托收项下，在买方付清发票的全部金额后交单；如买方不能付清全部发票金额，则货运单据需由开证行掌握，凭卖方指示处理（Payment by Irrevocable Letter of Credit to reach the Sellers ×× days before the month of shipment stipulating that ××% of the invoice value available against clean draft，while the remaining ××% against the draft at sight on collection basis.The full set of shipping documents shall accompany the collection draft and shall only be released after full payment of the invoice value.If the Buyers fail to pay the full invoice value，the shipping documents shall be held by the issuing bank at the Seller's disposal.）。

汇付与托收相结合

凭以电汇汇给卖方总金额××的预付货款装运，汇款时列明合同号×××，其余部分货款以托收方式即期付款，付款后交单（Shipment to be made subject to an advanced payment amounting ×× to be remitted in favour of sellers by telegraphic transfer with indication of S/C No.××× and the remaining part on collection basis.Document will be released against payment at sight.）。

【同步案例5-5】

单证不符和信用证有效期已过遭银行拒付案

背景与情境：我国A公司以CIF贸易术语向加拿大B公司出口一批货物，合同规定4月份装运。B公司于4月10日开来不可撤销信用证，此证按《UCP600》的规定办理。信用证规定：装运期不得晚于4月15日。此时我方已来不及租船订舱，于是立即要求B

公司将装运期延至5月15日。随后B公司来电称：同意展延船期，有效期也顺延一个月。A公司于5月10日装船，提单签发日为5月10日，并于5月14日将全套符合信用证规定的单据交银行办理议付。

问题： A公司能否顺利结汇？为什么？

分析提示： A公司不能顺利结汇，理由是：（1）根据《UCP600》的规定，只要受益人提供的单据符合信用证的规定，开证行必须履行付款义务。本案中A公司提出的信用证装运期的延期要求仅得到B公司的允诺，并未由银行开出修改通知书，所以B公司同意修改是无效的。（2）信用证中规定装运期“不得晚于4月15日”，而A公司所交提单的签发日为5月10日，与信用证的规定不符，即单证不符，银行可以拒付。

■ 本章概要

□ 内容提要

● 本章主要介绍了国际贸易中的货物运输条件、国际货物运输保险和货款收付条件。

● 国际贸易货物运输有海洋运输、铁路运输、航空运输、集装箱运输、大陆桥运输和国际多式联运等方式。在实际业务中，贸易各方应根据进出口货物的特点、货运量大小、距离远近、运费高低、风险大小、交通条件和装卸港的具体情况等的不同，选择合理的运输方式。

● 海运提单是货物的承运人或其代理人在收到货物后签发给托运人的一种证明。它既是承运人收到货物后发给托运人的货物收据，也是所载货物的物权凭证。

● 国际货物运输保险是以运输过程中的各种货物作为标的，在被保险人支付了一定保费的前提下，保险人对保险标的在运输过程中所发生的约定范围内的损失给予被保险人以经济上补偿的一种经济业务。海上货物运输保险承保的范围包括风险、损失和费用。海洋货物运输保险可分为基本险和附加险两大类。

● 国际贸易中常见的票据有汇票、本票和支票，其中以汇票的使用最为广泛。

● 国际贸易的支付方式有汇付、托收、信用证和银行保证书等。

□ 主要概念和观念

▲ 主要概念

海洋运输　班轮运输　租船运输　海运提单　国际铁路货物联运　国际多式联运　海上风险　外来风险　海上损失　海上费用　水渍险　一切险　保险索赔　汇票　本票　信用证　银行保证书

▲ 主要观念

海洋运输　海运提单　信用证业务

□ 重点实务

国际货物运输费用的计算

■ 基本训练

□ 知识训练

▲ 简答题

1）海运提单有哪些种类？

2）集装箱货物装箱有哪几种方式？

3）国际大陆桥运输主要有哪几条路线？

4）海上货物运输保险承保的范围有哪些？

5）即期汇票和远期汇票的使用程序各是什么？

6）信用证主要包括哪些内容？

▲ 填空题

1）海运提单根据运输方式不同可分为（　　）、（　　）和（　　）。

2）（　　）是货物的承运人或其代理人在收到货物后签发给托运人的一种证明。

3）托收根据使用汇票的不同，可分为（　　）和（　　）。

4）（　　）是以集装箱为媒介，把传统单一的陆、海、空运输方式结合起来，形成统一的有机体，加以有效综合利用而构成的一种国际的连贯运输方式。

▲ 单项选择题

1）当采用CIF贸易术语时，海运提单对运费的表示应为（　　）。

A. Freight Prepaid　　B.Freight Collect

C. Freight Pre-payable　　D.Freight Unpaid

2）必须经背书才能进行转让的提单是（　　）。

A.记名提单　　B.不记名提单　　C.指示提单　　D.海运单

3）签发国际多式联运提单的承运人的责任是（　　）。

A.只对第一程运输负责　　B.必须对全程运输负责

C.对运输不负责　　D.只对最后一程运输负责

4）我国某公司出口稻谷一批，因保险事故被海水浸泡多时而丧失其原有用途，货到目的港后只能低价出售，这种损失属于（　　）。

A.单独损失　　B.共同损失　　C.实际全损　　D.推定全损

5）使用D/P、D/A和L/C三种结算方式，对卖方而言，风险由大到小依次为（　　）。

A.D/A、D/P、L/C　　B.L/C、D/P、D/A

C.D/P、D/A、L/C　　D.D/A、L/C、D/P

▲ 多项选择题

1）汇付业务中所涉及的当事人主要有（　　）。

A.汇款人　　B.汇出行　　C.汇入行

D.收款人　　E.议付行

2）信用证支付方式的特点有（　　）。

A.信用证是一种商业信用　　B.信用证是一种银行信用

C.信用证是一种单据的买卖　　D.信用证是一种自足的文件

3）我国海上货物运输保险的基本险种包括（　　）。

A.平安险　　B.战争险　　C.水渍险　　D.一切险

▲ 讨论题

1）我国为什么要加快海洋运输业的发展？

2）散装货物交易适宜采用哪种支付方式？

□ 能力训练

▲ 案例分析

苏伊士运河堵船事件

背景与情境： 2021年3月23日，长荣海运（Evergreen Marine Corp）旗下的超大型货柜轮“长赐”号（Ever Given）在苏伊士运河搁浅，造成运河双向航道堵塞。直到3月30日，搁浅在苏伊士运河中的重型货轮才完全移动至正常航道并驶离搁浅位置，苏伊士运河航道恢复通行。

苏伊士运河是世界上最繁忙的贸易路线之一，约有12%的全球贸易量经过此地，包括全球贸易中5%～10%的液化天然气、原油和成品油等能源商品，其他还包括服装、家具、汽车零部件等大宗消费品。据世界最大船级社——英国劳氏船级社估算，运河西行方向的贸易额约为每天51亿美元，东行方向则约为每天45亿美元，苏伊士运河“堵船”后，给世界贸易造成的损失达到每小时4亿美元。

由于对苏伊士运河海运渠道依赖度较高，欧洲市场已明显感受到物流受阻带来的不便。多家欧洲家居、家电零售商均表示有货物堵在运河中，将导致延迟交付。一旦情况迟迟得不到缓解，可能导致物价上涨。苏伊士运河的“堵船”除了堵住了载满商品的集装箱外，还影响到了空闲集装箱的调度。中国的工厂已经从疫情的影响中恢复，接到了世界多地的订单，正在为出口贸易开足马力生产，需要大量空闲集装箱。美国的进口商品也受到影响，既包括商场里的消费品，也包括制造业零部件。

资料来源 作者根据中国新闻网、《环球时报》、光明网等新闻资料整理.

问题：

1）查找资料，了解苏伊士运河堵船事件的原因及过程。

2）苏伊士运河堵船事件给世界航运业带来了什么启示？

分析要求： 同第1章“基本训练”中本题型的“分析要求”。

▲ 自主学习

自主学习-3

【训练步骤】

1）将班级同学组成若干“自主学习”训练团队，每队确定一人负责。

2）各团队根据训练项目需要进行角色分工。

3）通过院资料室、校图书馆和互联网，查阅“文献综述格式、范文及书写规范要求”和近三年关于“国际贸易支付方式的选择及风险”的学术文献资料。

4）综合和整理“国际贸易支付方式的选择及风险”最新学术文献资料，依照“文献综述格式、范文及书写规范要求”，撰写《“国际贸易支付方式的选择及风险”最新文献综述》。

5）在班级交流各团队的《“国际贸易支付方式的选择及风险”最新文献综述》。

6）在校园网的本课程平台上展出经过修订并附有教师点评的各组《“国际贸易支付方式的选择及风险”最新文献综述》，供学生相互借鉴。

□ 课程思政

中欧班列

背景与情境： 自2020年新冠肺炎疫情暴发以来，海运价格水涨船高，甚至出现了

“一箱难求”的局面。再加上2021年海外疫情反弹、苏伊士运河拥堵事件等，海运问题的雪球越滚越大。面对疫情挑战，中欧班列成为中欧抗疫合作的“生命通道”，为维护国际产业链供应链稳定畅通提供了重要支撑。

中欧班列是按照固定车次、线路等条件开行，往来于中国与欧洲及“一带一路”沿线各国的集装箱国际铁路联运班列。2011年3月19日，首列中欧班列（重庆—杜伊斯堡，渝新欧国际铁路）成功开行以来，开行量逐年攀升。经过10多年来的前行发展，中欧班列辐射30个国家和地区的130座城市，货物涵盖高档衣帽、陶瓷用品、汽车整车、医疗器械、食品生鲜等。

中欧班列以其独特的物流优势、强大的运输体系为稳定全球产业链供应链、促进世界经济复苏提供了动能。中欧班列是与“一带一路”沿线国家联系最为紧密的路径，给“一带一路”沿线国家带来了巨大发展机遇，其所秉持的和平合作、开放包容、互学互鉴、互利共赢的丝路精神得到了越来越多的认同和支持。

中欧、中亚班列正扩大为欧洲与中亚、东亚、东南亚的海陆联运通道网络，中国不仅是全球最大的制造业基地、消费市场，也将成为全球最大的货运网络枢纽。

资料来源　根据腾讯网、新华网等新闻整理.

问题：

1）查找资料，了解现已开通哪些中欧班列线路?

2）分析中欧班列给我国带来了哪些贸易利益。

3）试分析中欧班列对我国有哪些战略意义。

研判要求：同第1章“基本训练”中本题型的“研判要求”。

第6章 国际货物交易条件（三）

学习微平台

第6章
思维导图

◆ 学习目标

通过本章的学习，应该达到以下目标：

职业知识：学习和把握货物检验、违约索赔、不可抗力、仲裁、世贸组织贸易争端解决机制的目标和原则、世贸组织贸易争端解决程序等方面的理论与实务知识；能用其指导本章"基本训练"中"知识训练"各题型的认知活动，正确解答其相关问题。

职业能力：运用本章知识研究相关案例，培养在特定业务情境中分析问题与决策设计的能力；通过"模拟外贸商品质量检验"实训操练，训练学生的专业操作技能。

课程思政：结合本章教学内容，研判"课程思政"案例，引导学生认识维护国家正当贸易利益的重要性，树立正确的国家利益观。

【引例】

严格执行检验条款，防止争议

背景与情境： 我国某省进出口公司于某年11月9日与澳大利亚某公司签订了一份由我方公司出口化工产品的合同。合同规定的品质规格是，T_iO_2含量最低为98%，重量17.50公吨，价格为CIF悉尼每公吨1 130美元，总价款为19 775美元，以信用证方式付款，装运期为12月31日之前。检验条款规定："商品的品质、数量、重量以中国进出口商品检验证书为最后依据。"我方收到信用证后，按要求出运货物并提交了单据，其中商检证书由我国某省进出口商品检验机构出具，检验结果为T_iO_2含量为98.53%，其他各项也符合规定。

次年3月，澳方公司来电反映我方所交货物质量有问题，并提出索赔。5月2日，澳方公司再次提出索赔，并将澳大利亚商检部门SGS出具的抽样与化验报告副本传真给我方。SGS检验报告称根据抽样调查，货物颜色有点发黄，有可见的杂质，T_iO_2的含量是92.95%。

6月，我方公司对澳方公司的索赔作了答复，指出货物完全符合合同规定，我方有合同规定的商检机构出具的商检证书。但澳方认为，我方货物未能达到合同规定的标准，理由是：

(1) 经用户和SGS的化验，证明货物与合同规定"完全不符"。

(2) 出口商出具的检验证书不是合同规定的商检机构出具的，并且检验结果与实际不符。

后来，经我国驻悉尼领事馆经济商务处及贸促会驻澳代表处从中协调，由我方公司向澳方赔偿相当一部分损失后结案。

资料来源 作者根据相关资料整理.

本章在第4章和第5章的基础上，着重对货物的检验、违约索赔、不可抗力和贸易争端解决等内容进行阐述。

6.1 货物的检验

在国际贸易中，买卖双方要证实商品在品质、数量和包装等方面是否符合合同规定，就必须进行商品检验。买卖双方在履行合同时，如一方违约给另一方造成经济损失，除不可抗力之外，受损失的一方有权向违约的一方提出赔偿损失的要求，即索赔。如果买卖双方就违约行为难以和解而产生争议，可采取仲裁的方法来解决。如果WTO成员间发生贸易争端，可以通过WTO贸易争端解决机制来解决。为维护买卖双方的合法权益，买卖双方在签订合同时，要在合同中订立检验、索赔、不可抗力和仲裁等条款。

6.1.1 货物检验的内容和作用

货物检验是对外贸易业务中一个不可或缺的环节。出口商不仅要按时、按地点交货，而且要按合同中规定的品质、数量和包装交货。买卖双方要证实所交货物在品质、数量和包装方面是否符合合同规定，就必须进行货物检验。**货物检验**，是指在国际货物买卖过程中，由权威的专业性商检机构对出口方交付的货物按照合同的规定进行品质、数量和包装等方面的鉴定；同时，对某些货物，根据相关国家的法律或政府法令的规定进行安全、卫生、环境保护和劳动保护等方面的检验，以及动植物病虫害的检疫。

【小资料6-1】

有关国家法律和国际公约对商品检验的规定

我国《进出口商品检验法》规定：商检机构和依法设立的检验机构，依法对进出口商品实施检验。

英国《1893年货物买卖法案》（1979年修订）规定：当货物交付买方时，除另有协议外，买方有权要求有合理的机会检验货物，以便确定它们是否与合同的规定相符。

《联合国国际货物销售合同公约》规定：买方必须在按情况实际可行的最短时间内检验货物或由他人检验货物，如果合同涉及货物运输，检验可推迟到货物到达目的地后进行。

上述各种规定说明，无论是一个国家的法规还是有关国际公约，都承认和规定买方有权对卖方交付的货物进行检验。但是，必须指出，若买方没有利用合理的机会检验货物，那么也就等于放弃了检验权，从而也就丧失了拒收货物的权利。鉴于货物的检验权问题直接关系到买卖双方在货物交接方面的权利和义务，而在实际业务中又存在着各种不同的做法，为了慎重起见，买卖双方应在合同中就买方是否行使以及如何行使检验权的问题做出明确规定。

1）商品检验的主要内容

商品检验的主要内容包括：品质检验、数量和重量检验、包装检验、残损检验和卫生检验（主要是对肉类罐头食品、奶制品、禽蛋及蛋制品、水果等商品是否无菌、无寄生虫等进行检验）。

【同步案例6-1】

进口希腊原棉严重霉烂残损案

背景与情境：某年，浙江省纺织品进出口公司通过中国香港华润纺织原料有限公司从希腊进口原棉3 930.65公吨，计17 869包，货物总价值6 689 152美元，由萨洛尼卡港装“鲁西加”轮于当年7月26日运抵上海。卸货时，进口方发现原棉严重水湿、霉烂、破损、脏污、锈迹、油污，便立即停卸，并向检验检疫机构申请商检事宜。

问题：此案例给我们哪些启示?

分析提示：第一，使我们认识到了商检工作的重要性；第二，分析原因和区分责任要以事实为依据；第三，损失率的确定要有依据和科学性等。

商品检验除上述内容外，还包括船舱检验、监视装载、鉴封样品、签发产地证书和价值证书、委托检验等项内容。

2）商品检验的作用

结合我国进出口业务来看，商品检验的作用主要表现在：

（1）从我国商品出口的角度看，通过商品检验，可以确定出口商品的数量、质量、包装等与买卖合同的规定是否相符，杜绝或制止假冒伪劣商品出口，以维护合同的严肃性，提高产品的美誉度、企业的信誉度和国家的声誉度；同时，也可以保障买方的利益，促进商品买卖业务的顺利进行。另外，通过商品检验，可以发现出口商品存在的缺陷和不足，通过分析找出存在问题的原因，提出补救和改进的对策，不断提高出口商品的生产技术水平和管理水平，从而推动出口贸易的发展。

（2）从我国商品进口的角度看，在进口中，做好商品检验工作，严把进口商品的数量和质量关，可以防止国外不法商人在履约交货时短缺数量、以次充好、以旧冒新、以假当真，维护我国进口商、用户单位和广大消费者的合法权益，促进国际贸易的健康发展。

可见，商品检验及合同中的检验条款，对维护买卖双方的合法权益、促进进出口业务的顺利进行，起着积极的不可或缺的作用。

【同步案例 6-2】

中国海关抽检出加拿大输华猪肉含莱克多巴胺（瘦肉精）残留

背景与情境：南京海关2019年6月3日在加拿大Fnigo Royal公司输华的猪肉产品中检出莱克多巴胺残留。海关已暂停受理该企业输华猪肉的进口申请，暂停接受签字的兽医官签发的加拿大输华“肉类兽医卫生证书”，并通知加拿大农业部进行调查。加方政府经调查发现，该批输华猪肉随附的官方兽医卫生证书系伪造，并发现共有188份伪造证书，加方认为，该事件系刑事犯罪。这些伪造的兽医卫生证书通过加官方证书通报渠道发往中国监管部门，反映出加方输华肉类监管体系存在明显的安全隐患。为保障中国消费者的安全，中方采取预防性措施，要求加政府自2019年6月25日起自主暂停签发对华出口肉类证书。

资料来源　根据佚名. 加拿大输华猪肉产品检出“瘦肉精”莱克多巴胺！海关总署发布警示通报[EB/OL]. [2019-06-19]. https://www.sohu.com/a/321737209_299363.等有关资料整理.

问题：加拿大媒体对中国暂停所有加拿大肉类对华出口进行了广泛报道，且指责这是中国对加拿大的报复，如何看待这一事件？

分析提示：加拿大媒体的报道丧失了作为媒体的专业性和客观性，并且毫无根据。保障中国消费者的安全、维护中国食品安全是中国政府的职责所在。这些伪造的肉类兽医卫生证书通过加官方证书通报渠道发往中国监管部门，反映出加方输华肉类监管体系存在明显的安全隐患。

【课程思政 6-1】

多种进口产品抽检不合格

背景与情境：服装鞋帽纸尿裤、玩具娃娃滑板车……近年来，中国家长们在婴童类消费品方面的选择越来越多，不少人给孩子选购进口货，很多商品的确质量可靠。不过，2021年3月15日，海关总署商品检验司司长林建田在记者通报会上公布了一组数据：2020年度，海关对进口婴童类消费品实施监督抽查817批，检出安全不合格252批，不合格率30.8%。这些数据给宝爸宝妈们提了个醒：买进口婴童类商品要多当心。

海关数据显示，2020年海关对1 273批跨境电商零售进口商品开展了质量安全风险监测，商品类别涵盖童装、童鞋、童车、玩具等儿童用品以及与食品接触产品、家用电器、仿真饰品等。海关发现150批商品存在安全、卫生、环保、质量问题，占比

11.78%。其中，不符合我国强制性标准的达132批，不符合进口国标准的为51批，有33批次商品同时不符合我国及进口国标准中的安全、卫生、环保要求。

每个月海关总署都会发布全国未准入境食品、化妆品信息。如2021年12月，海关总署发布信息称，2021年11月全国海关在口岸监管环节检出安全卫生项目不合格并未准入境的食品399批次，其中涉及多款境外乳制品、饮料、饼干、巧克力等产品，涉及维他奶国际集团、可口可乐、费列罗、联合利华等企业。未准入境食品不合格原因涉及未获检验检疫准入、污秽腐败、包装不合格、标签不合格、超过保质期、感官检验不合格、货证不符、食品添加剂使用问题、营养强化剂使用问题、微生物污染问题、产品霉变、未按要求提供证书或合格证明材料等。另外，还有部分食品检出氟化物含量不符合国家标准要求、含有未获检疫准入的动物源成分、含有杂质、挥发性盐基氮超标、甲醛超标、检出动物疫病、境外企业未获得在华注册资格、镍超标、水分超标等其他问题。

资料来源　作者根据网络相关资料整理改编.

问题：在经济全球化的今天，如何更好地维护中国消费者的权益？

研判提示：对国外的产品不要盲目相信，要有自己的坚守及价值判断；要选择正规渠道进口符合国家相关检验检疫要求的产品；国货崛起。

学习微平台

延伸阅读6-1

6.1.2　我国进出口商品实施检验的范围

我国进出口商品检验的范围主要包括以下几方面：

（1）列入《出入境检验检疫机构实施检验检疫的进出境商品目录》中的商品。

（2）我国《食品安全法》和《进出境动植物检疫法》规定的商品。对出口的食品需要实施卫生检验；对出口的动物产品需要实施品质等级、有害物质含量的检验和对病虫害的检疫等。目前，需实施卫生检验和检疫的出口商品主要包括：家禽、家畜及其产品，水产品，野生动物肉和野禽类肉等；对进出境的植物、水果，则检疫其有无危害性病虫、杂草以及其他有害生物等。

（3）船舱与集装箱检验。根据我国《进出口商品检验法》的规定，对装运出口易腐烂、变质食品（如粮油食品、冷冻品）等的船舱和集装箱实施强制性检验。从事货物运输的承运人和装箱部门于装运前需向商检机构申请检验，经检验符合装运技术条件要求的，发给合格证书后方准装运。

（4）海运出口危险品的包装检验。根据我国《进出口商品检验法》的规定，参照《国际海运危险货物规则》（以下简称《规则》），对海运出口危险货物的包装容器实施性能鉴定和使用鉴定。为出口危险货物生产包装容器的企业必须向商检机构申请包装容器性能鉴定；而生产出口危险货物的企业则必须向商检机构申请包装容器使用鉴定。使用未经检验合格的包装容器的危险货物，不准出口。港口装卸部门需凭商检机构出具的上述两项证书安排危险货物的装运工作。

另外，有些国外港口除要求危险货物的包装必须符合《规则》的规定外，危险货物的包装标志等也必须符合要求，并加印在危险货物的外包装上，否则不能卸货或处以罚款。

（5）对外贸易合同规定由商检机构实施检验的进出口商品。对外贸易合同中规定的商品检验条款，双方必须严格执行，商检机构根据当事人的申请，按照合同规定对货物实施检验并出具检验证书。该项检验证书是法律所承认的合法证件。

我国对进出口商品实施检验的范围除以上所列外，根据《进出口商品检验法》的规定，凡其他法律、行政法规规定需经商检机构或由其他检验机构实施检验的进口商品或检验项目，也属进出口商品实施检验的范围。

6.1.3 检验的时间和地点

确定商品检验的时间和地点，实际上就是确定买卖双方中哪一方行使对货物的检验权问题。如前所述，国际上一般都承认买方在接受货物之前有权检验货物。但是，买方在何时、何地检验货物，各国法律并无统一规定。不过，检验的时间、地点往往与合同所使用的贸易术语、商品及其包装的性质、行业惯例、国家法令等有着密切的关系。为使交易顺利进行，防止产生争议，买卖双方应将检验时间与地点在合同的检验条款中具体订明。在国际贸易中，检验时间和地点的确定有以下三种方式：

（1）在出口国检验。这种检验方法又可分为产地检验或工厂检验、装船前或装船时在装运港检验。

第一，工厂检验。此种检验方法是指由出口国生产工厂的检验人员或按照合同规定由出口国生产工厂的检验人员会同买方验收人员于货物在工厂发运前进行检验。卖方承担货物离厂前的责任；买方承担货物运输途中出现的品质、数量等方面的风险。这是国际贸易中的习惯做法。我国在进口重要商品和生产线等一类设备时一般都采取工厂检验，即在出口国发货前于工厂进行安装运转测试，凡发现有质量问题的，由供货厂家立即解决。此种做法已为我国《进出口商品检验法》所确认。

第二，装船前或装船时在装运港检验。出口货物在装运港装船前，以双方确认的商检机构验货后出具的品质、质量和包装等检验证明，作为确定商品品质和重量（也叫作离岸品质和离岸重量，Shipping Quality and Shipping Weight）的最后依据。所谓最后依据，是指卖方在取得商检机构出具的各项检验证书时，就意味着所交货物的品质和重量与合同的规定相符，买方对此无权提出任何异议，从而否定了买方对货物的复验权，除非买方能证明，货到目的地时变质或短量是由卖方未能履行合同要求的品质、数量、包装等条款，或因货物固有的瑕疵而引起的。离岸品质和离岸重量所代表的是风险转移时的品质和重量，至于风险转移后货物在运输途中所发生的货损，买方仍然有权向有关责任方索赔。

装船时检验，是指对于用传送带或机械操作的办法进行装船的散装货，在装船的过程中进行抽样检验或衡量。这与装船前检验一样，也属于离岸品质和离岸重量。

（2）在进口国检验。它是指在进口国目的港、买方营业处所或最终用户所在地进行的检验。进口国目的港检验，是指货至目的港卸船后，由双方约定的目的港商检机构验货并出具品质、重量等检验证明作为最后依据。这叫作到岸品质和到岸重量（Landed Quality and Landed Weight）。

对于密封包装或规格复杂、精密度高的货物，由于不能在使用之前开拆包装检验，或需要具备一定的检验条件和检验设备才能检验时，可将货物运至买方营业处所或最终用户所在地进行检验，以这里的检验机构出具的品质、质量等证明作为最后依据。

在上述检验中，如发现货物的品质或重量等与合同规定不符而责任属于卖方，买方可向其提出索赔或按双方事先的约定处理。

（3）出口国检验和进口国检验相结合。它又分为出口国装运港检验、进口国目的港复验相结合，以及装运港检验重量、目的港检验品质相结合两种做法。

出口国装运港检验、进口国目的港复验，是指出口国装运港的商检机构验货后出具的检验证明，作为卖方向银行议付货款的单据之一，而不作为最后依据；货到目的港后由双方约定的检验机构在规定的时间内复验，如发现货物的品质、重量等与合同规定不符而责任属于卖方，买方可根据检验机构出具的复验证明向卖方提出异议，并作为索赔的依据。这种检验办法比较公平合理，对双方都有好处，因而在国际贸易中被广泛应用。

装运港检验重量、目的港检验品质，是以装运港检验机构验货后出具的重量检验证书、目的港检验机构出具的品质检验证书作为最后依据，这叫作离岸重量、到岸品质（Shipping Weight and Landed Quality）。这种做法多应用于大宗商品交易的检验，以调和买卖双方在检验问题上存在的矛盾。

6.1.4 货物检验机构

国际贸易中有关商品检验的工作，一般是由专业性的部门或企业来负责的。这些部门或企业的名称多种多样，如公证鉴定人、宣誓衡量人或实验室等。尽管这些部门的名称不一，但从它们的工作性质来说，统称为商检机构。

（1）国际贸易中商品检验机构的种类。其大致包括：①官方机构，即由国家设立的检验机构；②非官方机构，即由私人或同业协会等开设的检验机构，如公证人、公证行；③工厂企业、用货单位设立的化验室、检测室等。

在实际交易中，选用上述哪类检验机构检验商品，取决于各国的规章制度、商品性质及交易条件等。

检验机构国别的选定一般是与检验时间和地点联系在一起的。在出口国工厂或装运港检验时，一般由出口国的检验机构检验；在目的港或买方营业处所检验时，一般由进口国的检验机构检验。当然，对于某些商品，双方也可以约定由买方派人到供货的工厂或出口地检验，或由双方派人实施联合检验。

（2）国际上的检验机构。目前，国际上比较著名的商检机构有：美国粮谷检验署、美国食品药品监督管理局、法国国家实验室检测中心、日本通商产业检查所等官方设立的检验机构，以及瑞士日内瓦通用公证行、美国保险商实验室、英国劳合氏公证行、日本海事检定协会、中国香港天祥公证行等民间或社团检验机构。

（3）我国的检验机构。我国的进出口商品检验工作主要由海关总署及其分支机构承担。此外，还有专门从事动植物、食品、药品、船舶、计量器具等检验的官方检验机构。

【小资料6-2】

国家规定部分产品可免办3C认证

根据国家强制性产品认证（以下简称“3C认证”）有关文件的规定，自2003年5月1日起，列入第一批实施强制性3C认证目录内的19类132种产品如未获得3C认证证书或未加施3C标志，不得出厂销售、进口和在经营性活动中使用。但针对生产、进口和经营性活动中的特殊情况，国家认证认可监督管理委员会又发布了2002年第8号公告，规定部分产品可申请免办3C认证。这部分产品包括：①为科研、测试需要进口和生产的产品；②以整机全数出口为目的而用进料或来料加工方式进口的零部件；③根据外贸合同，专供出口的产品（不包括该产品有部分返销国内或内销的）；④为考核技术引进生产线需要进口的零部件；⑤直接为最终用户维修目的而进口和生产的产品；⑥为已停止生产的产品提供的维修零部件；⑦其他特殊情况下的产品。

对于可免于办理3C认证的产品，生产厂商、销售商或其代理人应向国家认证认可监督管理委员会提出申请，并提交符合免办条件的证明材料、责任担保书、产品符合性声明（包括形式试验报告）等，经批准获得“免办3C认证证明”后，可出厂销售、进口和在经营性活动中使用。“免办3C认证证明”自2003年5月1日起开始办理并生效。另外，国家认证认可监督管理委员会还规定，对于上述免办3C认证的产品范围是第2条、第3条的产品，国内组装厂或生产厂可依据自身条件向所在地国家直属的检验检疫机构或国家认证认可监督管理委员会申请办理免办证明。

2019年3月，根据《市场监管总局 海关总署关于免予办理强制性产品认证工作有关安排的公告》（市场监管总局、海关总署公告2019年13号）的要求，各地市场监管部门自2019年4月1日起承接免予办理强制性产品认证（以下简称3C免办）相关工作。市场监管总局负责强制性产品认证制度的组织实施和监督管理工作。海关总署负责涉及强制性产品认证进口产品的验证工作。市场监管总局和海关总署建立强制性产品认证证书或证明性文件等信息的联网核查、通报和协作机制。符合3C免办条件的主要分为六大类，具体为：（一）为科研、测试和认证检测所需的产品和样品；（二）直接为最终用户维修目的所需的零部件/产品；（三）工厂生产线/成套生产线配套所需的设备/零部件（不含办公用品）；（四）仅用于商业展示但不销售的产品；（五）以整机全数出口为目的进口的零部件；（六）其他因特殊用途免予办理强制性产品认证的情形。

学习微平台
延伸阅读6-2

资料来源　作者根据相关资料整理.

监督管理是商检机构对进出口商品执行检验把关的另一种重要方式，也是商检机构的基本任务之一。监督管理主要是对出口商品的生产、经营单位和进口商品的收货、用货单位，以及指定或认可的检验机构的进出口商品检验工作进行监督检查和管理指导，使专检与群检相结合，是实现统一管理进出口商品检验工作的有效手段。根据我国《进出口商品检验法》的规定，对于列入“种类表”的出口商品，商检机构可以派出检验人员，参与出口商品出厂前的质量检验工作；对重要的进出口商品及其生产企业实行质量许可制度。同时，对于检验合格的进出口商品，可以加施商检标志或者封识，全面把好进出口商品质量关，以促使出口商品符合外销合同规定，并防止次劣商品进口。

鉴定业务与法定检验不同，鉴定不是强制性检验，而是根据对外贸易关系人（包括买卖合同、运输合同、保险合同的当事人，以及收购单位、用货单位和供货部门等）的申请或外国检验机构的委托，以公正的态度办理对外贸易公证鉴定业务和国外商品检验业务，并签发各种鉴定证书，作为对外贸易关系人办理进出口商品交接、结算、计费、理算、报关、纳税和处理索赔争议的有效凭证。公证鉴定的业务范围较广，主要包括：进出口商品质量、数量、重量和包装的鉴定，货载衡量，车辆、船舱、集装箱等运输工具的清洁、密固和冷藏效能等装运技术的检验，监视装载、积载鉴定、舱口监视、监视卸载以及货物残损、海损鉴定等。通过检验、鉴定得出结论和结果，提供有关数据，签发检验、鉴定证书或其他有关证明。

6.1.5 检验证书及其作用

1）检验证书

检验证书是进出口商品经商检机构检验、鉴定后出具的证明文件。在国际贸易中，经买卖双方同意，也可由出口商品的生产单位或进口商品的使用单位出具证明，该项证明也起检验证书的作用。常见的检验证书有：

（1）品质检验证书（Inspection Certificate of Quality）。它是运用各种检测手段，对进出口商品的质量、规格、等级进行检验后出具的书面证明。

（2）重量检验证书（Inspection Certificate of Weight）。它根据不同的计重方式证明进出口商品的重量。

（3）数量检验证书（Inspection Certificate of Quantity）。它根据不同的计量单位证明商品的数量。

（4）兽医检验证书（Veterinary Inspection Certificate）。其证明动物产品在出口前经过兽医检验，符合检疫要求（如冻畜肉、皮张、毛类、绒类、猪鬃及肠衣等商品），经检验后出具此证书。

（5）卫生检验证书（Inspection Certificate of Health）。出口食用动物产品，如肠衣、罐头食品、蛋制品、乳制品等，经检验后出具此种证书。

（6）消毒检验证书（Disinfection Inspection Certificate）。出口动物产品经过消毒后，出具此种证书，如猪鬃、马尾、羽毛、人发等商品。

（7）产地检验证书（Inspection Certificate of Origin）。证明出口产品的产地时使用此种证书。

（8）价值检验证书（Inspection Certificate of Value）。需要证明产品的价值时使用此种证书。

（9）验残检验证书（Inspection Certificate on Damaged Cargo）。它是证明进口商品的残损情况、估定残损贬值程度、判断残损原因、供索赔时使用的一种书面文件。

除上述各种检验证书之外，还有证明其他检验、鉴定工作的检验证书，如验舱证书（Inspection Certificate on Tank/Hold）、货载衡量检验证书（Inspection Certificate on Cargo Weight or Measurement）等。

在国际货物贸易中，出口方究竟提供何种检验证书，要视成交货物的种类、性质、有关法律和贸易习惯以及政府的涉外经济贸易政策而定。例如，在我国出口冻禽、冻兔、皮张、毛类、猪鬃及肠衣等货物时，除规定出具品质检验证书、质量检验证书外，往往还需要出具兽医检验证书。又如，出口罐头食品、蛋制品、乳制品、冻鱼等，除提供品质检验证书、重量检验证书外，还需要提供卫生检验证书。因此，为了明确要求、分清责任，在检验条款中应订明所需证书的类别。

2）检验证书的作用

在国际贸易中，商品检验证书有如下作用：

（1）作为证明卖方所交货物的品质、重量、包装以及卫生条件等符合合同规定的依据。

（2）当买方对品质、重量、包装等条件提出异议、拒收货物、要求索赔时，作为解决争议的凭证。

（3）作为银行议付货款的一种单据。如果检验证书中所列的项目与信用证中的规定不符，银行可以拒绝议付货款。

（4）作为通关验关的有效证件。凡列入“种类表”中及其他法律、行政法规规定实施强制性检验的进出口商品，由商检机构予以检验出证，作为经营进出口业务的检验申请人据以向海关报关验收的有效法律证件。

（5）作为证明货物装卸、运输中的实际情况，明确责任归属的依据。货物在流通过程中，往往因装卸、搬运或其他原因而出现短量、残损或变质等情形，其责任究竟由发货人、承运人、保险人中的哪一方承担，往往难以确定，商检机构签发的有关证件，如监视装载、监视卸载、舱口监视等证书，就是证明货物装卸时的状况、明确责任界限和处理货损货差责任事故的有效凭证。

6.1.6 进出口商品的检验程序

进出口商品的检验工作，无论是进出口商品的收货人、发货人和其他关系人办理检验，还是商检机构实施检验，都必须按照一定的程序进行。我国进出口商品检验的程序一般分三个阶段：申请检验、实施检验、签发证书。

1）申请检验

申请检验阶段又分为报验和商检机构受理检验两个环节。

（1）报验。报验人办理报验要填制检验申请单。申请单是报验人提出检验鉴定申请和商检机构受理申请、实施检验鉴定的凭证。申请单上要求填写的各个项目是检验、鉴定的重要依据之一。在实际工作中，对出口商品和进口商品报验有不同的要求。

第一，出口商品报验。首先要填写“出口检验申请单”，填明申请检验、鉴定项目的要求，并提供合同、信用证、来往函电等有关证件。报验的时间一般在发运前7～10天，鲜货则应在发运前3～10天；如申请单位不在商检部门所在地，则报验的时间应为发运前的10～15天。

第二，进口商品报验。首先要填写“进口检验申请单”，填明申请检验、鉴定项目的要求，并附合同、发票、铁路或航空运单、海运提单、品质证书、装箱单、外运通知单；接货和用货部门已验收的，应附验收记录等资料。进口商品的报验时间，最长不得长于对外索赔有效期限的1/3。如货物有残损、缺少，还需附理货公司与轮船大副共同签署的货物残损报告单、大副批注或铁路商务记录等有关证明材料。

（2）受理。商检机构在收到进出口商品的报验申请后，受理报验的人员需对申请单上所填的内容逐项审核，并对所需随附的有关单证逐一核对。在审核无误的基础上，对报验申请单进行登记编号，受理报验。之后，将全套单证移送有关检验部门，安排检验。

2）实施检验

实施检验阶段分为现场抽样、检验或鉴定两个环节。

（1）现场抽样。抽样就是按照规定的标准和方法，从整批商品中抽取一定数量的代表性样品。为使样品能代表整批货物的质量，一般采用随机抽样的方法。

（2）检验或鉴定。检验就是按照合同或技术标准的规定，对样品的有关特性进行检查、试验、测量或计量；鉴定是指对外贸易公证鉴定业务。

3）签发证书

对于出口商品，经商检机构检验合格后，签发“放行单”，或在“出口货物报关单”上加盖放行章。如合同、信用证规定由商检机构检验出证，或国外要求签发商检证书的，应根据规定签发所需证书。海关凭商检机构签发的检验证书、放行单或报关单上加盖的印章验放。

对于进口商品，经检验后签发“检验结果通知单”或“检验证书”。凡由收、用货单位自行验收的进口商品，如发现问题，应及时向商检机构申请复验。如复验不合格，签发商检证书，供对外索赔用。

学习微平台

延伸阅读6-3

我国《进出口商品检验法》规定，违反本法规定，将必须经商检机构检验的进口商品未报经检验而擅自销售或者使用的，或者将必须经商检机构检验的出口商品未报经检验合格而擅自出口的，由商检机构没收违法所得，并处货值金额百分之五以上百分之二十以下的罚款；构成犯罪的，依法追究刑事责任。

【同步业务6-1】

了解出入境货物报检单。

业务分析：报检是指出口前产品的生产、经营部门或进口商品的收货、用货或代理部门按照《进出口商品检验法实施条例》的规定，向商检机构申请办理检验、鉴定手续。在实际工作中，对出口商品报验和进口商品报验有不同的要求。

业务程序：了解出境货物报检单与入境货物报检单的样式及填制要求，根据给定合同填制报检单。

6.1.7 合同中的商检条款

商检条款是对外贸易合同中的重要内容，直接或间接地关系到交易的成败、经济的得失和信誉的好坏。因此，合同一方必须在平等互利的基础上与对方协商订立检验条款，以利于进出口工作的顺利开展。

1）出口合同的商检条款

（1）以装运港检验证书为最后依据，如“双方同意以装运港中国进出口商品检验机构所签发的品质/数量检验证书为最后依据，对双方具有约束力”。

（2）以装运港检验证书为议付货款的依据，货到目的港后买方有权复验。目前，在我国的出口贸易中，一般采用出口国检验、进口国复验的办法，即货物在装船前由我国出口口岸商检机构进行检验，并签发检验证书，作为向银行议付货款的依据；货到目的港后允许买方复验，目的港商检机构验货后出具的检验证明可作为买方索赔的依据。具体规定如：“双方同意以装运港中国进出口商品检验机构签发的品质和数（重）量检验证书作为信用证项下议付单据的一部分。买方有权对货物的品质、数（重）量进行复验。复验费用由买方负担。如发现品质和/或数（重）量与合同不符，买方有权向卖方索赔。索赔期限为货到目的港××天内。”

2）进口合同的商检条款

在进口业务中，我方处于买方的地位。因此，合同中商检条款的订立应持慎重态度。根据不同情况，进口合同中的商检条款有以下三种规定办法：

（1）双方同意以商品制造厂商出具的品质及数量或重量检验证书作为有关信用证项下付款的单据之一。货物的品质及数量或重量检验应按下列规定办理：货到目的港××天内，经中国进出口商品检验机构复验，如发现品质、数量或重量与本合同规定不符，除属保险公司或船公司的责任外，买方凭中国进出口商品检验机构出具的检验证书，向卖方提出退货或索赔。因退货或索赔引起的一切费用（包括检验费）及损失，均由卖方负担。在此情况下，凡货物适于抽样者，买方可应卖方的要求，将货物的样品寄交卖方。

（2）双方同意以买方国家的商检机构或公证行出具的品质、数量或重量检验证书以及买方派人监造、监运、监装的证明书共同作为检验议付单据。具体做法是：货到目的港××天内经中国进出口商品检验机构复验，如发现品质、数量或重量与合同规定不符，买方可凭中国进出口商品检验机构出具的检验证书，向除卖方之外的有关当事人索赔。

（3）根据我国《进口商品质量监督管理办法》的规定，对于某些重要的进口货物，可以根据合同规定，到出口国进行货物装运前的事先检验、监造或监装，最后应当以到货后的检验为准。

卖方收到买方的索赔通知后，如在30天内未予答复，则应视为同意买方提出的一切索赔条件。

3）订立检验条款应注意的问题

（1）检验条款应与合同中的其他条款相衔接。

（2）品质条款应订得明确、具体，不能含糊其词、模棱两可，致使检验工作失去确切依据而无法进行，或只能按照不利于出口人的最严格的质量标准进行检验。

（3）应明确规定复验的地点、复验期限和机构。

（4）凡用地名、牌名、商标表示品质时，卖方所交货物既要符合传统优质的要求，又要有确切的质量指标说明，为检验提供依据；凡按样品成交的出口商品，交货的品质应与样品一致；样品与文字说明并用时，应明确二者的关系，说明以何者为准，使检验工作有据可循，还应将一份样品报送商检机构，以便凭以验货出证。

（5）应明确规定检验标准和方法。

（6）应明确规定商品包装的结构、方法以及所使用的材料。

【小资料6-3】

《国家标准化发展纲要》

2021年10月，中共中央、国务院印发了《国家标准化发展纲要》，并发出通知，要求各地区各部门结合实际认真贯彻落实。

纲要第二十三条规定：强化贸易便利化标准支撑。持续开展重点领域标准比对分析，积极采用国际标准，大力推进中外标准互认，提高我国标准与国际标准的一致性程度。推出中国标准多语种版本，加快大宗贸易商品、对外承包工程等中国标准外文版编译。研究制定服务贸易标准，完善数字金融、国际贸易单一窗口等标准。促进内外贸质量标准、检验检疫、认证认可等相衔接，推进同线同标同质。创新标准化工作机制，支撑构建面向全球的高标准自由贸易区网络。

纲要强调，要以习近平新时代中国特色社会主义思想为指导，加快构建推动高质量发展的标准体系，到2025年，实现标准供给由政府主导向政府与市场并重转变，标准运用由产业与贸易为主向经济社会全域转变，标准化工作由国内驱动向国内国际相互促进转变，标准化发展由数量规模型向质量效益型转变。标准化更加有效推动国家综合竞争力提升，促进经济社会高质量发展，在构建新发展格局中发挥更大作用。

6.2 索赔

国际货物贸易的索赔一般有三种，即货物买卖索赔、运输索赔和保险索赔。本节只讨论货物买卖索赔。

1）争议

争议（Disputes）是指买方或卖方认为另一方未能全部或部分履行合同规定的义务所引起的纠纷。从争议由买卖哪方引起的来看，可分为以下三种情况：

（1）卖方违约。如未按合同规定的时间、品质、数量、包装交货，或所提供的货运单据种类不齐、份数不足等。

（2）买方违约。如在按信用证支付方式成交的条件下，未按合同规定按期开出信用证或不开信用证；未按合同规定付款赎单，无理由拒收货物；在FOB条件下，未按合同规定如期派船接货等。

（3）买卖双方均有违约责任。如合同条款规定不明确，致使双方理解或解释不统一，造成一方违约，引起纠纷；或在履约中，双方均有违约行为。

从违约的性质看，争议产生的原因包括：一是当事人一方的故意行为导致违约而引起争议；二是由当事人的疏忽、过失或业务生疏导致违约而引起争议；三是对合同义务的重视不足而引起争议。

2）索赔与理赔

索赔（Claim），是指受损失的一方向违约的一方提出赔偿损失的要求。**理赔**是指违反合同的一方受理受损方提出的赔偿要求的表示。索赔和理赔是一个问题的两个方面。

《联合国国际货物销售合同公约》把违约区分为根本性违约（Fundamental Breach）和非根本性违约（Non-Fundamental Breach）两类。根本性违约是指“一方当事人违反合同的结果，如使另一方当事人蒙受损害，以致实际上剥夺了他根据合同规定有权期待得到的东西，即为根本性违反合同”。这种根本性违反合同是由当事人的主观行为造成的，以致给另一方当事人造成实质性损害，如卖方完全不交付货物，或买方无理由拒收货物、拒付货款。如果由于当事人不能预知，而且处于相同情况下换另外一个人也不能预知会发生这种结果，也就是说不是当事人的主观行为造成的，那么就不构成根本性违约。《联合国国际货物销售合同公约》规定，如果一方当事人根本性违约，另一方当事人可以宣告合同无效，并要求损害赔偿；如果是非根本性违约，则不能解除合同，只能要求损害赔偿。

3）合同中的索赔条款

进出口合同对索赔条款有两种规定方式：一种是异议和索赔条款；另一种是罚金条款。在一般的货物买卖合同中，多数是只订异议和索赔条款；但在大宗货物买卖和机械设备购置的合同中，还需另订罚金条款。

（1）异议与索赔条款。它是买卖合同中关于处理索赔和违约责任的规定。其内容除规定一方违反合同，另一方有权索赔外，还包括索赔依据、索赔期限、索赔办法和索赔金额等。

其一，索赔依据。其主要是规定索赔所需的证据以及出证机构。索赔时必须按规定提供齐全有效的证据。若证据不全、不清，出证机构不符合要求，对方可能会拒赔。因此，在规定索赔依据时，要与检验条款规定的内容相一致。索赔依据包括法律依据和事实依据两方面。法律依据是指贸易合同和有关国家的法律规定；事实依据是指违约的事实真相及其书面证明（以证实违约的真实性）。

其二，索赔期限。其主要是规定索赔一方向违约一方提出索赔要求的有效期限。如逾期提出索赔，违约方可不予理赔。因此，关于索赔期限，必须根据不同种类的商品做出合理安排。对于易变质的商品，索赔期限应尽量订得短一些；而对于机器设备之类的货物，索赔期限则可订得长一些，特别是应对机器设备的质量订有保证期限的合同，索赔期限可规定为一年或一年以上。总之，在进出口合同中，索赔期限要视商品的性质及检验所需时间的长短等因素而定。除一些性能特殊的货物（如机器设备等）外，索赔期限一般不宜过长或过短。

规定索赔期限时，还需对索赔期限的起算时间做出具体规定，通常有以下几种方法：①货物到达目的港后××天内提出；②货物到达目的港卸离海轮后××天内提出；③货物到达买方营业处所或用户所在地后××天内提出；④货物经检验后××天内提出。

在我国的出口合同中，关于异议与索赔条款的规定大致如下：买方对装运货物的任何索赔，必须于货到提单规定的目的地后××天内提出，并需提供经卖方同意的公证机构出具的检验报告。

其三，索赔办法和索赔金额。关于索赔办法，除个别情况外，一般不作具体规定，而只在合同中作笼统的注明。由于违约原因复杂多样，在订立合同时难以预计。

关于索赔金额，《联合国国际货物销售合同公约》第74条明确规定："一方当事人违反合同规定应承担的损害赔偿额，应与另一方当事人因此而遭受的包括利润在内的损失额相等。"在实际业务中，损失额有时比较容易确定，有时却相当模糊，作为受损方，要本着实事求是、公平合理的原则来计算索赔金额，切不可漫天要价。索赔金额的计算有以下几种方法：

第一，索赔金额应为在合同被宣告无效的一段合理时间内，合同价格与替代货物的交易价格或转卖价格之间的差额。

【同步案例6-3】

索赔金额多少合理？

背景与情境：某种植园主按产地交货条件出售一批新鲜荔枝，总值40万美元，合同规定买方必须在当年5月25日至31日间派冷藏集装箱到产地接运货物。5月末6月初，卖方两次催促买方接货，但至6月6日买方仍未提货，也无处理货物的指示，于是卖方在6月8日降价25%将货物转卖给另一买主。由于买方的违约给卖方造成10万美元以上的损失。

问题：卖方向买方索赔多少违约金额比较合理？

分析提示：10万美元基本上是合理的索赔金额。

第二，如果合同被宣告无效，而货物又有时价，索赔金额则是合同规定的价格与宣告合同无效时的时价之间的差额，而不能是合理时间之外转售或他购时的价格。

【同步案例6-4】

索赔金额多少合理？

背景与情境：我国某外贸公司同日本商人A签订贸易合同购买一批机器，总值50万美元，年底交货。合同签订后，日商A认为交货时的价格一定会远远高于合同价格，便宣告合同无效。这是一种“预期违反合同”的行为，我方公司当即提出保留索赔权。同时，我方公司询价日商B，各种交易条件都和A相同。日商B要价56万美元，但我公司未及时成交，至年底才以66万美元购进。

问题：我公司向日商A索赔多少合理？

分析提示：我公司向日商A索赔6万美元比较合理，而不是16万美元。

第三，如果卖方延迟交货，而恰值该货市价下跌，则合同规定交货时的交货地价格与实际交货时的交货地价格之差，连同由此给买方造成的实际损失，为索赔金额。

第四，如果卖方所交货物的品质、包装不符合合同规定，那么，实际交付的货物价格与符合合同规定的货物时价之间的差额为索赔金额。

第五，如果买方延迟派船接货，卖方同意保留合同，那么卖方因买方延迟派船而增加的仓租、利息、保险费就是合理的索赔金额。

第六，如果买方在接收货物之后宣告合同无效，则以接收日的时价与合同价格之间的差额为索赔金额，而不是以宣告日的时价为准。

这里应该强调的是，买卖双方都有保全货物的责任，如果对方违约在先，自己又不采取措施保全货物，则索赔金额就不能是货物的全部损失金额。

（2）罚金条款。它是指合同中规定，如一方未履约或未完全履约，应向对方支付一定数量的约定金额。此条款一般适用于卖方延期交货，或者买方迟延开立信用证或延期接货等情形。罚金数额的大小与违约的时间长短相关，并应该规定最高限额。

罚金的起算日期有两种计算方法：一种是合同规定的交货期或开证期终止后立即起算；另一种则是规定优惠期，即在合同规定的有关期限终止后再宽限一段时间，在优惠期内免予罚款，待优惠期届满后起算罚金。一方支付罚金后并不能解除继续履行合同的义务。

关于合同中的罚金条款，各国在法律上有不同的解释和规定，在外贸工作中应分国别进行研究和掌握。例如，英国的法律把合同中的固定赔偿金额条款按其性质分为两种：一是“固定的损害赔偿金额”，这种赔偿金额是买卖双方在订立合同时，根据预计未来违约造成的损失而估定的；二是“罚款”，这种罚款则是当事人为了保证合同的履行而对违约方收取的罚金。

【小资料6-4】

我国《民法典》第五百八十五条规定："当事人可以约定一方违约时应当根据违约情况向对方支付一定数额的违约金，也可以约定因违约产生的损失赔偿额的计算方法。"同时还规定："约定的违约金低于造成的损失的，当事人可以请求人民法院或者仲裁机构予以增加；约定的违约金过分高于造成的损失的，当事人可以请求人民法院或者仲裁机构予以适当减少。"

【同步案例6-5】

出口产品质量不合格遭索赔

背景与情境：出口商甲与进口商乙订立买卖合同并提供样品，由乙开出以甲为抬头的信用证。甲又与厂商丙订立与此买卖契约内容完全相同的合同，厂商丙接受订货后自行包装交货。由于甲与乙、丙签订的合同都注明"以制造厂检验为最后标准"，同时，甲与丙签订的合同也订明如与样品的规格、品质不符，由丙负责调换或赔偿，所以乙方没有另外选择检验机构。货物到达国外后，进口商乙发现货物的品质、规格皆不符合要求而提出赔偿。

问题：甲是否应负完全赔偿责任？或可否将责任推给丙？乙能否直接控告丙？或必须先告甲再由甲告丙？如仲裁，赔款应由何方负担？

分析提示：丙忽视了合同中关于"如与样品的规格、品质不符，由丙负责调换或赔偿"的条款。因此，在乙方索赔的问题上，丙有推脱不掉的责任。一般来说，其责任关系应是乙找甲，甲找丙。

6.3 不可抗力

1）不可抗力的概念

不可抗力是指在合同签订之后，签订合同的一方遇到了人力所不能控制的意外事故，以致不能履行合同或不能如期履行合同。

因不可抗力造成违约时，有关当事人可根据合同或法律的规定免除不履行合同或不能按期履行合同一方的责任，另一方也无权要求其履行合同或赔偿损失。

不可抗力事故通常分为两种情况：一种是由自然力作用引起的，如风灾、水灾、旱灾、雪灾、地震等；另一种是由社会原因引起的，如战争、政府封锁、禁运等。

对于自然力作用引起的各种灾害，各国在解释上都比较一致；而对社会原因引起的意外事故，各国在解释上经常发生分歧。其原因是：一方面，由于社会问题比较复杂，解释起来有一定困难；另一方面，由于不可抗力是一项免责条款，买卖双方（特别是卖方）都企图扩大不可抗力的范围，以减少自己的履约责任。在社会原因引起的不可抗力的范围方面，有些卖方把生产制作过程中的意外事故、战争预兆、罢工、怠工、货物集运中的事故、原材料匮乏、能源危机、原配件供应不及时，以及航运机构的怠慢、未按预定日期出航等，统统归为不可抗力的范围。因此，在签订不可抗力条款时，应认真分析，区别不同情况做出不同处理，不能盲目接受。对于一些含义不清或根本不属于不可抗力范围的事件，则不应列入；如属于政治性事件，买卖双方可在事件发生时根据具体情况协商解决。

不可抗力不仅是对外贸易合同中的一项条款，也是一项法律原则。在国际贸易中，不同的法律、法规等对不可抗力都有相关规定。例如，《联合国国际货物销售合同公约》在其免责一节中规定："当事人对不履行义务不负责任，如果他能证明此种不履行义务，是由于某种非他所能控制的障碍，而且对这种障碍没有理由预期他在订立合同时能考虑到或能避免或克服它或它的后果。"又如，在英美国家的法律中有"合同落空"原则的规定，在大陆法系国家也有"情势变迁"或"契约失效"原则的规定。这些叫法尽管不同，但其精神大体上是相同的。其主要包括以下三点：①意外事故必须发生在合同签订以后；②不是因合同当事人双方自身的过失或疏忽而导致的；③意外事故是当事人双方所不能控制、无能为力的。

2）合同中的不可抗力条款

（1）在国际货物买卖合同中订明不可抗力条款的必要性。在国际货物买卖合同签订后发生的当事人双方无法控制的意外事故能否构成不可抗力，国际上并无统一的解释，因而容易导致当事人之间出现意见分歧，产生纠纷。为了避免这种现象的出现，防止一方当事人任意扩大或缩小对不可抗力事故进行解释的范围，或在不可抗力事故发生后在履约方面提出不合理要求，在国际货物买卖合同中订明不可抗力条款是非常重要和必要的。

（2）国际货物买卖合同中不可抗力条款的一般内容。其包括：

第一，不可抗力事故的范围。哪些意外事故构成不可抗力，哪些则不能构成，买卖双方在磋商交易时应取得一致意见；同时，要符合有关国家方针政策的要求，不能把政策不允许的内容列入不可抗力的范围中，以防止一方当事人用扩大不可抗力范围的办法来推卸责任。另外，对不可抗力条款的表述应明确具体，防止笼统含糊，从而造成解释上的分歧，产生不必要的麻烦或损失。

第二，不可抗力的后果。它包括两种，即中止履行合同（也称延期执行合同）和解除合同。不可抗力事故发生后，是中止合同还是解除合同，一般应看不可抗力事故对履行合同影响的程度。如果不可抗力只是暂时或一定期限内阻碍合同的履行，可以中止合同，待不可抗力事故消除后，有关各方仍需履行合同；如果不可抗力事故发生后，已影响到履行合同的根本基础，使履约已成为不可能，在这种情况下，可以解除合同。总之，在什么情况下解除合同，在什么情况下延期履行合同，要看所发生的事故的原因、性质、规模及对履行合同所产生的影响程度，并在合同中明确地加以规定。

第三，发生事故后通知对方的期限和方式。按照国际惯例，当发生不可抗力事故影响合同履行时，当事人必须及时通知对方，对方接到通知后也应及时答复，如有异议也应及时提出。尽管如此，买卖双方为明确责任，一般在不可抗力条款中还应规定一方发生事故后通知对方的期限和方式。例如，"一方遭受不可抗力事故后，应以电报通知对方，并应在15天内以航空挂号信提供事故的详情及影响合同履行程度的证明文件"。

【同步案例6-6】

意外发生时的通知

背景与情境：有一份合同，卖方A工厂出售一批原料给买方B工厂，合同规定6月份交货。但5月10日A工厂失火，生产设备及仓库全部被烧毁。到7月1日B未见来货，便向A查问，并催促其交货。这时A才把失火的情况通知B，并以不可抗力为由撤销合同。B由于急需原料生产，于是立即从市场补进替代物。市场价格资料显示：5月15日至6月15日的时价与合同接近，以后市场价格逐步上升，至7月1日，市场价格相比合同价上涨40%。

资料来源 作者根据相关资料整理.

问题：买方在补进替代品后，能否要求A赔偿损失？如赔偿的话，赔偿多少合理？

分析提示：A未能及时将工厂失火不能履约的情况电告B，至7月1日在B的查问下才告之，并以不可抗力为由撤销合同，因失去了时效性，撤销合同不成立。B完全有理由要求A赔偿损失。A应赔偿市场价格上涨的40%部分。

第四，证明文件及出具证明的机构。在国际贸易中，当一方援引不可抗力条款要求免责时，必须向对方提交一定机构出具的证明文件，作为发生不可抗力的证据。出具证明的机构，在国外，一般是当地商会或合法的公证机构；在我国，是中国国际贸易促进委员会或其设在口岸的贸促分会。

第五，不可抗力条款的规定方法。

A.概括式规定，即在合同中不具体订明不可抗力事故的范围。如“凡是出口商力所不及的一切因素发生时，出口商可以免除履行合同的责任”。这种规定过于笼统、空泛，缺乏确定含义，任意性较大，容易被违约方利用而产生纠纷，不利于问题的正确解决，一般不宜采用。

B.列举式规定，即将买卖双方共同认为可作为不可抗力的事故一一列入合同中。如“由于战争、地震、水灾、火灾、暴风雨、雪灾等原因，致使卖方不能全部或部分装运或延迟装运合同货物，卖方对这种不能装运或延迟装运本合同货物不承担责任”。此种规定具体明确，便于条款的执行。但由于不可抗力事故很多，在合同中很难列全，当发生了未经列举而又属于不可抗力性质的事故时，就容易产生纠纷。

C.综合式规定，即将列举式规定和概括式规定相结合的方式，除列举一些属于不可抗力的具体事故外，同时再注明“以及其他力所不及的事故”。如“因战争、地震、水灾、火灾、暴风雨、雪灾或其他不可抗力的原因，致使卖方不能部分或全部装船或延迟装船，卖方对这种不能装运、延迟装运或不能履行合同的情形均不负有责任”。条款中加列“其他不可抗力的原因”，便于将来发生合同中未列明的意外事故时，由双方当事人共同磋商确定是否作为不可抗力事故。由于这种规定方法既明确具体，又有一定的灵活性，比较科学实用，因此在我国的贸易实践中多采用这种规定方法。

3）援引不可抗力条款应注意的事项

（1）按照合同规定严格审查对方的免责要求。在我国的进出口业务中，当交易的对方援引不可抗力条款要求免责时，我方应按照合同规定严格进行审查，以便确定其援引的内容是否属于不可抗力条款规定的范围。凡不属于该范围又无“双方同意的其他不可抗力事故”规定时，不能按不可抗力事故处理。即使有此规定，也应由双方协商。一方不同意时，不能算作不可抗力事故。

（2）实事求是地确定不可抗力的后果。援引不可抗力条款时，应本着实事求是的原则，弄清情况，确定影响履约的程度，以此来断定是解除履约责任还是延期履行合同。

【同步案例6-7】

台风致使延迟装船

背景与情境：某外贸公司接到国外开来的信用证，证内规定“数量共6 000箱，1—6月份分6批装运，每月装运1 000箱”。该外贸公司1—3月每月装运1 000箱，银行已分批议付了货款；第四批货物原定于4月25日装船出运，但由于台风登陆，该批货物延迟至5月1日才装船。当该公司凭5月1日的装船提单向银行交单议付时，却遭到银行拒绝。

问题：在上述情况下，开证银行有无拒付的权利？该外贸公司能否引用不可抗力条款要求银行付款？

分析提示：本案中，受益人提交的单据与信用证不符，开证银行有权拒收单据和拒付货款。至于出口人是否能引用“不可抗力”条款，获得继续交货的权利，与银行无关，这属于买卖双方之间的问题。外贸公司应将台风登陆影响装运而延期的情况及时告知买方。另外，媒体都会提前预报台风登陆，在可能的情况下，卖方应提前安排装运，以免发生合同纠纷。

6.4 仲裁

1）仲裁的概念及特点

（1）仲裁的概念。从事国际贸易的买卖双方，当交易达成后，在履约的过程中，由于自然因素和社会因素的变化或影响，所签订的合同有时不能全面履行，从而引起这样或那样的争议；当争议通过相互协商或由第三者出面进行调解不成时，往往通过仲裁的方式来解决。

仲裁（Arbitration）又称公断，是买卖双方在争议发生之前或发生之后，签订书面协议，自愿将争议提交双方所同意的第三者进行裁决，以解决争议的一种方式。由于仲裁依照法律所规定的仲裁程序裁定争议，因而仲裁裁决是最终裁决，具有法律约束力，当事人双方必须遵照执行。

（2）仲裁的特点。在国际贸易中，解决交易双方所发生的争议的方式有：当事双方自行友好协商处理、由第三者出面调解、仲裁或交司法机关审理。仲裁既不同于友好协商和调解，又不同于司法诉讼。仲裁与司法诉讼具有完全不同的特点：

司法诉讼的特点是：受理争议案件的法院是国家政权机关，具有法定管辖权；当事人一方有权按照一定的司法程序，单方面向法院提起诉讼，而无须事先征得另一方的同意；法官由法定程序任命或选举；诉讼程序比较烦琐，处理问题比较慢；诉讼费用比较高；一次裁决也可能不是终局性的。

仲裁的特点是：受理争议的仲裁机构是社会性民间团体所设立的组织，不具有强制管辖权；对争议案件的受理，以当事人自愿为基础；当事双方通过仲裁解决争议时，必须先签订仲裁协议；双方均有在仲裁机构中推选仲裁员以裁定争议的自由；仲裁程序简单，处理问题比较迅速及时，而且费用也比较低廉；仲裁机构的裁决一般是终局性的，对双方当事人均有约束力。

2）仲裁协议的形式及作用

（1）仲裁协议的形式。仲裁协议是双方当事人表示愿意把他们之间的争议交付仲裁解决的一种书面协议。它是仲裁机构或仲裁员受理争议案件的依据。仲裁协议有两种形式：①争议发生前，在买卖合同中订立的仲裁条款。②争议发生后，双方当事人订立的仲裁协议。这是由双方当事人在争议发生之后订立的、表示同意把已经发生的争议交付仲裁的协议。此种协议既可以是双方以正式书面文件形式订立的，也可以是通过来往函件、电报或电传达成的（协议）。

这两种仲裁协议的形式虽然不同，其法律作用与效力是相同的。大多数国家都认为，如果合同中已订有仲裁条款，争议发生后提交仲裁时不需要再订立仲裁协议了。但也有少数国家认为，即使有仲裁条款，双方当事人在将争议提交仲裁之前，还得签订仲裁协议。

（2）仲裁协议的作用。根据多数国家仲裁法的规定，仲裁协议的作用具体体现在以下三个方面：①它表明双方当事人是自愿提起仲裁的，从而约束双方当事人只能以仲裁方式解决争议，不得再向法院起诉。②它是仲裁机构和仲裁员取得对有关争议案件的管辖权的依据，同时排除法院对有关案件的管辖权。绝大多数国家的法律都规定法院不受理争议双方订有仲裁协议的案件。③申请执行文件。仲裁裁决做出之后，如果一方不执行裁决，另一方当事人便可申请由法院强制执行。申请执行方除向法院提供裁决书外，还必须提供带有仲裁条款的贸易合同或纠纷发生后达成的仲裁协议的正本或副本（副本必须经合法的公证机关正式证明）。

3）合同中仲裁条款的主要内容

对外贸易合同中的仲裁条款主要包括仲裁地点、仲裁机构、仲裁规则、仲裁效力和仲裁费用等内容。

（1）仲裁地点。它是仲裁条款的重要内容，通常是指在哪个国家仲裁。这是争议双方最为关心的问题。因为仲裁地点与仲裁时所适用的该国的有关仲裁规则或法律有密切关系，规定在哪个国家仲裁，往往就要适用哪国的有关仲裁规则或法律。因此，争议双方一般都希望并力争将仲裁地点定在本国。因为当事人对本国法律和仲裁的做法都比较了解，也比较信任。适用不同国家的法律，往往会使仲裁得出不同的结果。在这个问题上，双方都不会轻易妥协或让步。

在我国的进出口买卖合同中，关于仲裁地点的规定主要有三种方式：①规定在我国仲裁；②规定在被诉方所在国仲裁；③规定在双方同意的第三国仲裁。

（2）仲裁机构的选择。国际贸易中的仲裁，可由双方当事人在仲裁协议中规定在常设的仲裁机构进行，也可由当事双方共同指定仲裁员组成临时仲裁庭进行。

（3）仲裁规则的适用。在进出口买卖合同的仲裁条款中，应订明采用哪个国家（地区）和哪个仲裁机构的仲裁规则进行仲裁。适用我国的仲裁规则，是指适用《中国国际经济贸易仲裁委员会仲裁规则》。其他国家的仲裁机构也都有自己的仲裁规则。按照国际仲裁的一般做法，原则上采用仲裁所在地的仲裁规则，但在法律上也允许采用仲裁机构的仲裁规则进行仲裁。

（4）仲裁裁决的效力。它是指仲裁裁决是否具有终局性，对争议双方当事人有无约束力，能否向法院起诉等。我国对外贸易合同中的仲裁条款一般都规定仲裁裁决是终局性的，对争议双方都有约束力，任何一方都不能再向法院提起诉讼。但是有些国家则允许向上一级仲裁庭或法院上诉。即使向法院提起诉讼，法院一般也只是审查程序，即仲裁裁决在法律手续上是否完备，而不审查裁决本身是否正确。如果法院查出裁决在程序上有问题，才有权宣布裁决无效。尽管如此，为了明确仲裁裁决的效力，承认与执行裁决，签订仲裁条款时仍应规定：仲裁裁决是终局性的，对双方都有约束力。

（5）仲裁费用的负担。在仲裁条款中一般都明确规定仲裁费用由败诉方承担，也有的规定为由仲裁庭酌情决定。

4）仲裁条款的格式

中国国际经济贸易仲裁委员会针对在中国仲裁、在被诉方所在国仲裁和在第三国仲裁三种不同情况，提出了以下三类仲裁条款的格式供当事各方选择使用：

（1）在我国仲裁的条款：由于本合同或者由于违背本合同、终止本合同或者本合同无效而发生的或与此有关的任何争端、争议或要求，双方应通过友好协商解决；如协商不能解决，应提交中国国际经济贸易仲裁委员会，根据其仲裁规则进行仲裁。仲裁裁决是终局性的，对双方都有约束力。

（2）在被诉方所在国仲裁的条款：由于本合同或者由于违背本合同、终止本合同或者本合同无效而发生的或与此相关的任何争端、争议或要求，双方应通过友好协商解决；如果协商不能解决，应提交仲裁。仲裁在被诉方所在国进行。如在中国，由中国国际经济贸易仲裁委员会根据其仲裁规则进行仲裁；如在……（对方所在国名称），由……（对方所在国仲裁机构的名称）根据该仲裁机构的仲裁规则进行仲裁。仲裁裁决是终局性的，对双方都有约束力。

（3）在第三国仲裁的条款：由于本合同或者由于违背本合同、终止本合同或者本合同无效而发生的或与此有关的任何争端、争议或要求，双方应通过友好协商解决；如果协商不能解决，应提交……（某第三国某地名称及仲裁机构），根据该仲裁机构的仲裁规则进行仲裁。仲裁裁决是终局性的，对双方都有约束力。

5）仲裁程序

仲裁程序（Arbitration Procedure）是指双方当事人将所发生的争议根据仲裁协议的规定提交仲裁时应办理的各项手续。仲裁程序的主要内容大致如下：

学习微平台

延伸阅读6-4

（1）提出仲裁申请。这是仲裁的首要手续。各国法律对申请的规定并不一致。《中国国际经济贸易仲裁委员会仲裁规则》规定：当事人一方申请仲裁时，应向该委员会提交签名申请书。该申请书应包括下列内容：①申诉人和被诉人的名称、地址；②申诉人所依据的仲裁协议；③申诉人的要求及所依据的事实和证据。

（2）组织仲裁庭。

（3）审理案件。仲裁案件的审理一般要做以下几项工作：调解、开庭审理、搜集证据和保全措施的裁定。

（4）做出裁决。

【同步思考6-1】

我国某企业与瑞士某手表公司谈判一个独家经销项目，拟与该公司签订10年独家经销合同。该瑞士公司要求合同受瑞士法律管辖，仲裁地点在瑞士，此条件可以接受吗？

理解要点：一般而言，在哪个国家仲裁，就适用哪个国家的法律和仲裁法规。仲裁地点不同，所适用的法律可能不同，对双方的权利、义务的解释也会有所差异。合同双方当事人在协商仲裁地点时，应力争在自己国家或了解和信任的地方仲裁。

6.5 世贸组织成员间贸易争端解决机制

“乌拉圭回合”改进并完善了关贸总协定的贸易争端解决机制，达成了《关于争端解决规则与程序的谅解》（以下称《谅解》）和《关于争端解决规则与程序的谅解实施和审查的决议》。其中，《谅解》即争端解决的协议，它明确了争端解决的目标、程序及监督机制。

6.5.1 世贸组织争端解决机制的目标

世贸组织在《谅解》中声明，争端解决机制的目标在于维护世贸组织成员的权利与义务，争端解决机构的裁决，不能增加或减少这一权利与义务。各种有关争端的解决办法，包括仲裁，不能有悖于“乌拉圭回合”达成的协议，也不能取消或损害世贸组织成员的利益或妨碍世贸组织目标的实现。

关于争端的解决，最为可取的当然是各方都愿意接受且又与“乌拉圭回合”协议相一致的解决办法；若没有，则各成员的首要目标是废除那些与“乌拉圭回合”协议不相符的措施，只有在立刻中止这些措施的情况下，最后的考虑才是使用补偿或中止义务的救济方法。

该程序还强调要解决各成员利益的丧失和损害问题。即使某一成员采取的某种措施并未违反世贸组织的有关协议，但只要影响了成员间权利、义务既有的平衡，使另一成员的利益正在丧失或受到损害，则争端解决机构有权建议该成员调整措施。

6.5.2 世贸组织争端解决机制的原则

《谅解》指出，世贸组织的争端解决机制是保障多边贸易体系的可靠性和可预见性的核心因素，是世贸组织强化机制的一个重要举措。其基本原则包括：

（1）多边原则。世贸组织成员承诺，不针对其认为违反贸易规则的事件采取单边行动，而是诉诸多边争端解决机制，并遵守其规则与裁决。世贸组织鼓励各成员在发生争端时尽量采用多边机制来解决。

（2）统一程序原则。世贸组织的争端解决机制规定了统一的争端解决程序，凡是有关《建立世界贸易组织协定》《多边货物贸易协议》《服务贸易总协定》《与贸易有关的知识产权协定》《谅解》等的争端，都适用统一的争端解决程序，其中关于诸边协议的争端还要适用诸边协议各方通过的决定。

（3）协商解决争端原则。世贸组织争端解决机制也鼓励争议双方尽量采取友好协商的办法来解决争端。一般情况下，如果一方向另一方提出磋商的要求，接到要求的一方应该在10天内给予答复，并在30天之内进入磋商程序，以达成双方满意的结果。

（4）自愿调解与仲裁原则。调解程序和仲裁程序是建立在各方自愿的基础之上的。

调解程序包括斡旋、调停、调解。斡旋是第三方以各种方式促成当事各方进行谈判的行为；调停是第三方以中立身份直接参与有关当事方的谈判；调解是将争端提交给一个委员会或调解机构，调解机构的任务是阐明事实，提出解决争端的建议，设法使争端各方达成一致。

仲裁也是世贸组织争端解决机制的一项选择性手段。仲裁程序也是建立在当事双方自愿的基础之上的，应以双方达成一致的仲裁协议为基础。接受仲裁裁决的各当事方要受仲裁裁决的约束。

（5）授权救济原则。法律的根本特点之一在于具有强制执行力，但是国际法往往缺乏这种强制执行力。关贸总协定争端解决机制的裁决往往得不到执行，而世贸组织争端解决机制在这方面有所改善。

在世贸组织中，如果一方违反协议，给另一方造成了损失，或者阻碍了协议目标的实现，各方应优先考虑争端当事方一致同意的与各协议相一致的解决办法，如果无法达成满意的结果，申诉方可以通过争端解决机制获得救济。救济手段主要有三种：

第一，被诉方撤除与协议不相吻合的措施。这是世贸组织争端解决机制追求的首要和最终目标。只有在这种救济手段无效或不可能立即实施的情况下，才援引其他手段。并且，其他救济手段实施的主要目标之一，仍然在于促使违规一方撤除与协议不相符合的国内措施。

第二，补偿。在立刻撤除违规措施不太可能的情况下，才诉诸补偿手段，而且补偿手段应作为撤除与有关协议不一致的措施前的一项临时措施。

第三，中止减让或其他义务。这是世贸组织最具有特色的救济手段，也是最后的救济手段，即经过争端解决机构的授权，胜诉方有权中止有关协议下的减让或其他义务。如果在败诉的被诉方应该履行专家小组或上诉机构的建议和裁决的合理期限之后20天内，仍未达成令人满意的补偿办法，申诉方可以请求争端解决机构授权其中止对有关成员进行的减让或其他义务。

在中止减让或其他义务的时候，世贸组织还规定了“交叉报复”机制，即起诉方应该首先设法中止已经由专家小组和上诉机构确认存在违规、利益丧失与损害的相同部门的减让或其他义务；如果无效，而且情况十分严重，则起诉方可以设法中止另一有关协议项下的减让或其他各项义务。例如，如果一当事方在货物贸易方面存在利益丧失或损害，其可以在服务贸易领域采取报复措施，中止服务贸易中的开放承诺。

（6）法定时限原则。世贸组织争端解决机制在时限上既短又明确。如果一方在时限内没有行使权利，另一方可以立即推动程序进入下一阶段，或者程序将自动进入下一阶段。专家小组和上诉机构的审案时限也严格而具体。争端解决机构通过专家小组报告也有时间限制，如果不进入上诉程序，除非有“完全协商一致”的反对，它必须在专家小组提出报告之后60天内通过报告，否则报告在60天后自动通过。

（7）发展中国家程序特殊原则。针对发达国家提出的申诉，发展中国家可以援引关贸总协定1966年通过的《根据第23条的程序》。该程序为发展中国家提供了一些便利。此外，新机制对最不发达国家规定了进一步的特殊程序。

学习微平台

延伸阅读6-5

【教学互动6-1】

互动问题：甲、乙两国都属于WTO成员方，甲国为保护本国钢铁行业的利益，提高了从乙国进口钢材的关税税率，这一保护措施违反了WTO的有关规定。甲、乙两国因此事发生了贸易争端。贸易争端发生后，两国进行磋商未果，遂向WTO贸易争端解决机构提出申请，要求成立专家组进行调查和裁决。专家组成立后对此案进行调查得出的结论是：甲国的关税措施违反了WTO的有关规定。这一结论得到了争端解决机构的认可，并要求甲国立即停止其违规行为，如果立即停止不可能，那么必须给予乙国必要的损失补偿。如果甲国对WTO争端解决机构所采取的上述救济措施拒不执行，试问还有什么更有效的办法？

互动要求：同“教学互动1-1”的“互动要求”。

6.5.3 世贸组织争端解决的程序

世贸组织争端解决需依次经过以下几个程序：

1）磋商

这一阶段最长可达60天。在采取任何行动之前，争端国家都必须进行磋商，以寻求自行解决彼此间分歧的方案。如果磋商失败，它们也可以要求WTO总干事进行调解，或以其他任何方式提供帮助。

2）任命专家组

如果磋商失败，申请国可以要求任命专家组。通常，45天内任命专家组，专家组在6个月内得出结论。在“被告席”上的国家可以阻挠专家组的成立，但只能阻挠一次。在争端解决机构召开第二次会议时，任命就不能再被阻挠了，除非各方协商一致反对任命专家组。

专家组帮助争端解决机构做出裁决或提出建议，由于专家组的报告只有在协商一致的情况下才能在争端解决中被否决，因此其结论是很难被推翻的。专家组的结论必须依据报告中引用的协议。

专家组的报告通常应在6个月内提交给争端各方。在紧急案件中，包括那些与易腐商品有关的案件，期限通常缩短为3个月。协议详细规定了专家组如何开展工作，主要阶段包括：

（1）第一次听证前：争端各方以书面形式向专家组提交案情。

（2）第一次听证：申诉国（一个或多个）、被诉国以及宣布与争端有关的国家在专家组第一次听证会上陈述案情。

（3）反驳：在专家组第二次会议上，有关各国提交书面反驳并进行口头辩论。

（4）专家：如果一方提出科学的或其他技术性问题，专家组可以咨询专家或指定一专家准备咨询报告。

（5）第一稿草案：专家组将报告中的描述部分（事实与论据）提交给双方，并给出2周时间做出评论。这份报告不含调查结果和结论。

（6）中期报告：专家组随后向双方提交一份中期报告，包含调查结果和结论，并给出1周时间供双方提出进行审议的要求。

（7）审议：审议的时间不得超过2周。在此期间，专家组还可与双方举行另外的会议。

（8）最终报告：最终报告提交给双方，3周后发给全体WTO成员。如果专家组认为产生争端的贸易措施确实违反了WTO协议或一项义务，则会建议使该措施符合WTO的规则。专家组可以建议如何开展这一工作。

（9）报告成为裁决：报告在60天内成为争端解决机构的裁决或建议，除非各方协商一致否决报告。

3）上诉

任何一方均可就专家组的裁决提起上诉，有时双方都这样做。上诉必须依据法律或法律解释等，而不能重新审查现有证据或审查新的证据。每一起上诉都由7名成员组成的常设上诉机构中的3名成员审理，上诉机构由争端解决机构设立，广泛代表WTO的成员。其成员任期为4年，他们必须在法律和国际贸易领域具有公认地位，不隶属于任何政府。

上诉可以确认、修改或推翻专家组的法律调查结果和结论。一般情况下，上诉不应超过60天，最长不能超过90天。争端解决机构必须在30天内接受或否决上诉报告，而否决只能是协商一致才可以。

4）执行专家组报告

争端解决程序规定，贸易争端各方可以采用三种方式执行专家组报告：

（1）履行。违背其义务的一方必须立即履行专家组或上诉机构的建议。如果该方无法立即履行这些建议，争端解决机构可以根据请求给予一个合理的履行期限。

（2）提供补偿。若违背义务的一方在合理的履行期限内不履行建议，引用争端解决程序的一方可以要求补偿；或者，违背义务的一方可以主动提出给予补偿。

（3）授权报复。当违背义务的一方未能履行建议并拒绝提供补偿时，受侵害的一方可以要求争端解决机构授权其采取报复措施，中止协议项下的减让或其他义务。这意味着当一方违背其在1994年关贸总协定或一个有关协议项下的义务时，受侵害的一方在争端解决机构的授权下，可以提高违背义务的一方进口货物的关税，所涉及产品的贸易额应相当于被起诉的措施所带来的影响。

争端解决程序规定此类报复行为应由争端解决机构授权，并尽可能在专家小组或上诉机构判定在违背义务的关贸总协定、服务贸易总协定或知识产权协定的同一部门内采取。但当争端解决机构认为不可能时，则可以授权在同一协定项下的其他部门采取报复措施。只有在极个别的情况下，并且作为最后的办法，争端解决机构才能授权采取跨协定的报复行为。如对于违背服务贸易总协定或知识产权协定项下的义务，可授权采取提高货物关税的办法予以报复。

但是，提供补偿和由争端解决机构授权采取报复是临时性措施，最终的结果应是违背义务的一方履行建议。争端解决程序要求争端解决机构对案例进行审议，以确保建议的全面履行。

世界贸易组织争端解决程序如图6-1所示。

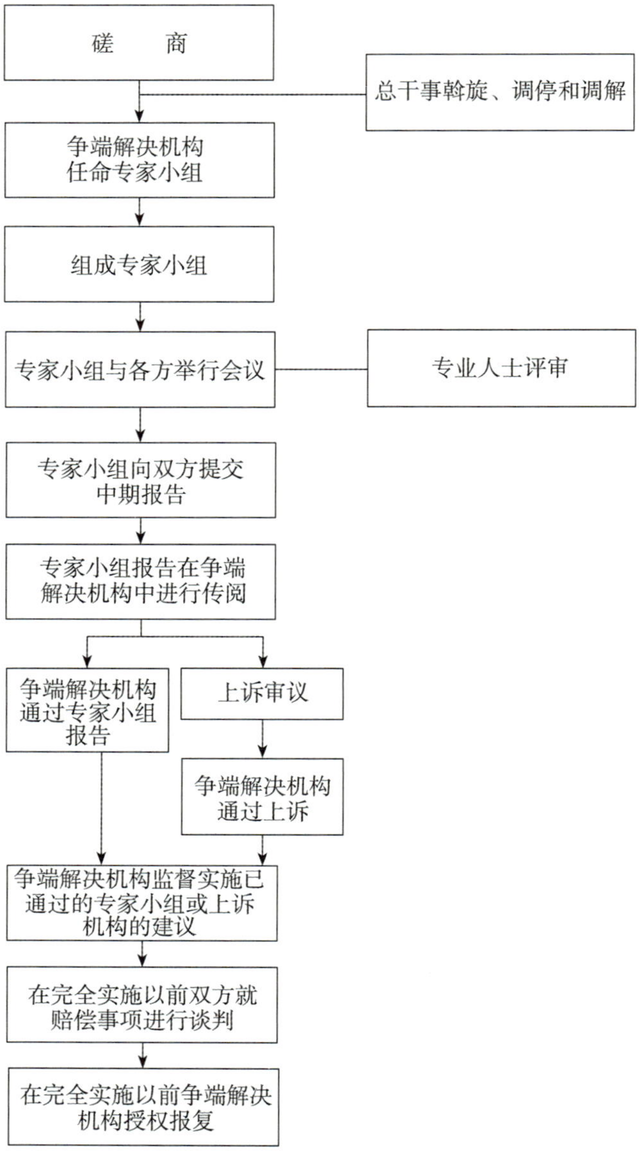

图6-1　世界贸易组织争端解决程序

【课程思政6-2】

对外经济贸易大学举办“中国参与WTO争端解决20周年论坛”

背景与情境：“回首奋斗路 扬帆新征程——中国参与WTO争端解决20周年论坛”于2021年12月6日在对外经济贸易大学举行。中国常驻世贸组织代表、特命全权大使李成钢在致辞中表示，入世是中国改革开放和现代化建设进程中的重要里程碑，积极运用WTO争端解决机制化解贸易争端，是中国深度参与全球经济治理、推动国际经贸规则发展完善的缩影，展现了中国坚定维护以WTO为基石的多边贸易体制、践行真正的多边主义的责任与担当。当前，外部世界正发生重要变化，在民粹主义和新冠肺炎疫情的多重冲击下，WTO陷入危机，争端解决机制因为上诉机构停摆而皇冠失色，中国在经贸领域正面临着更加复杂的风险和挑战。面对这些挑战，需要从历史实践中吸取经验和智慧，继续用好WTO争端解决机制，并推动它进一步完善发展。

关于中国入世20年争端解决的实践历程，李成钢指出，20年来，中国大大提升了运用世贸规则坚定捍卫自身合法权益的能力和水平，从旁观者、学习者逐渐成长为积极参与者和主要使用者，在应对心态、诉讼团队建设、敢于和善于斗争等方面取得显著进步。随着中国经济全球占比从“小个子”变成“大块头”，我们需要主动承担更大的国际责任，提供更多的公共产品。中国未来不仅要思考如何进一步用好该机制，维护中国利益，还应从更宏观的视角去思考、设计和推动该机制的改革，使其更加符合全体成员的利益。

资料来源　佚名. 贸大成功举办“回首奋斗路　扬帆新征程——中国参与WTO争端解决20周年论坛”[EB/OL]. [2021-12-06]. http://law.uibe.edu.cn/xwzx/xyxw/508f0832eb5f448e832c546f56e50fc0.htm.有删减.

问题：如何理解中国已成为WTO争端解决机制的主要运用者？

研判提示：中国在履行加入WTO承诺方面付出了诸多努力，为世界做出了巨大贡献，其广泛度与深入度其他国家无可比拟。中国在今后的争端解决机制改革和案件处理中，可以发挥更大的作用，展现中国智慧、中国方案。

■ 本章概要

□ 内容提要

● 本章主要介绍了货物检验、违约索赔、不可抗力、仲裁和世贸组织贸易争端解决程序方面的实务知识。

● 货物检验，是指在国际货物买卖过程中，由权威的专业性商检机构对出口方交付的货物按照合同的规定进行品质、数量和包装等方面的鉴定；同时，对某些货物，根据相关国家的法律或政府法令的规定进行安全、卫生、环境保护和劳动保护等方面的检验，以及动植物病虫害的检疫。

● 索赔，是指受损失的一方向违约的一方提出赔偿损失的要求。理赔是指违反合同的一方受理受损方提出的赔偿要求的表示。

● 不可抗力是指在合同签订之后，签订合同的一方遇到了人力所不能控制的意外事故，以致不能履行合同或不能如期履行合同。

● 仲裁又称公断，是买卖双方在争议发生之前或发生之后签订书面协议，自愿将争议提交双方所同意的第三者进行裁决，以解决争议的一种方式。

● 世贸组织的争端解决机制是保障多边贸易体系的可靠性和可预见性的核心因素，是世贸组织强化机制的一个重要举措。其基本原则包括：多边原则、统一程序原则、协商解决争端原则、自愿调解与仲裁原则、授权救济原则、法定时限原则、发展中国家程序特殊原则。

□ 主要概念和观念

▲ 主要概念

货物检验　索赔　理赔　不可抗力　仲裁

▲ 主要观念

进出口商品检验　WTO争端解决机制

□ 重点实务

进出口商品检验的程序

■ 基本训练

□ 知识训练

▲ 简答题

1）检验证书有哪些作用？

2）援引不可抗力条款应注意哪些事项？

3）订立检验条款应注意的问题有哪些？

4）仲裁的特点是什么？

5）WTO成员间贸易争端解决机制实施救济有哪几种手段？

6）世贸组织争端解决机制的原则有哪些？

▲ 填空题

1）买卖双方要证实所交货物在品质、数量和包装方面是否符合合同规定，就必须进行（　　）。

2）（　　）是根据国家有关法令的规定，对重点进出口商品实行的一种强制性检验。

3）国际货物买卖的索赔一般有三种，即（　　）、（　　）和（　　）。

4）（　　）是指在合同签订之后，签订合同的一方遇到了人力所不能控制的意外事故，以致不能履行合同或不能如期履行合同。

▲ 单项选择题

1）在国际贸易中，比较公平合理的商品检验办法是（　　）。

A.在出口国检验　　B.在进口国检验

C.出口国检验与进口国复验相结合　　D.在装运前后检验

2）以仲裁方式解决贸易争议的必要条件是（　　）。

A.双方当事人订有仲裁协议　　B.双方当事人订有合同

C.双方当事人无法以协商方式解决　　D.一方因诉讼无果而提出

3）短交在多数情况下，应该向（　　）索赔。

A.保险公司　　B.买方　　C.卖方　　D.承运人

4）发生（　　），违约方可援引不可抗力条款要求免责。

A.战争　　B.世界市场价格上涨

C.生产制作过程中的过失　　D.货币贬值

5）我国某公司与新加坡一家公司以CIF新加坡的条件出口一批土特产品，订约时，我国公司已知道该批货物要转销美国。该批货物到达新加坡后，立即转运美国。其后新加坡的买主凭美国商检机构签发的在美国检验的证明书，向我国公司提出索赔。请问美国的检验证书是否有效（　　）。

A.无效，应由我国的商检机构出具证明

B.无效，应要求新加坡商检机构出具证明

C.无效，应由合理第三国商检机构出具证明

D.有效

▲ 多项选择题

1）我国C公司与日本D公司签订了一份销售合同，其中仲裁条款规定在被诉人所在国仲裁。在履约过程中双方产生争议，日方为申诉人，可以在（　　）进行仲裁。

A.北京　　B.深圳　　C.东京　　D.大阪

2）在国际贸易中，解决争议的方法主要有（　　）。

A.友好协商　　B.调解　　C.仲裁　　D.诉讼

▲ 讨论题

1）A公司委托B公司进口机器一台，合同规定索赔期限为货到目的港后30天。货到目的港卸船后，B公司立即将货物转给A公司，因A公司厂房尚未建好，机器无法安装试车。半年后厂房完工，机器安装完毕进行试车，A公司发现机器不能正常运转。经过商检机构检验证明，该机器是旧货，于是A公司要求B公司对外索赔，但外商拒绝赔偿，A公司遭受了巨大经济损失。

请问：我们应从中吸取哪些教训？

2）中国某公司在国外承包一项工程，由于业主修改设计方案造成部分工程量增加、部分工程量减少，为此，该公司决定向业主索赔，在索赔内容上出现两种意见：第一种认为增加工程量部分应索赔，而减少工程量部分不应索赔，索赔费用仅限于直接费用部分；第二种认为增加和减少工程量都应索赔，索赔费用既应包括直接费用，也应包括间接费用。你认为哪种意见正确，为什么？

□ 能力训练

▲ 案例分析

不可抗力条款的争议案

背景与情境：某年6月，我国北方某粮油进出口公司（以下简称“我方公司”）与澳大利亚PM公司（以下简称“澳方公司”）签订了一份油炸花生米200公吨的出口合同，每公吨CFR悉尼400美元，总金额80 000美元，交货期为当年9—12月。合同规定，双方发生争议时先协商解决，如协商不能解决，提交仲裁机构解决，仲裁地点为中国，仲裁机构为中国国际经济贸易仲裁委员会。

签订合同后，我方公司开始组织货源，但由于供应商的加工能力有限，致使货源不足，我方公司当年只交了50公吨，剩余150公吨经双方协商，同意延长至下一年度内交货。

第二年，我国部分花生产地发生自然灾害，花生减产，加上供应商的加工工厂停止生产这种产品，我方公司无力组织货源，于是在当年9月26日致函澳方公司，以“不可抗力”为由，要求免除交货责任。

澳方公司于9月29日回电称，自然灾害并不能成为卖方免除交货责任的“不可抗力”理由，并称该商品市场价格已上涨，由于我方公司未交货已使其损失2万美元，因而要求我方公司无偿供应其他品种的同类食品抵偿其损失。

我方公司对此项要求不同意，坚持以“不可抗力”为不能交货的理由，不承担不能交货的责任，因而也无义务对澳方公司进行其他补偿。

问题：

1）你认为中方公司所称“不可抗力”的理由成立吗？

2）若澳方向中国提出仲裁，结果会如何呢？

分析要求：同第1章“基本训练”中本题型的“分析要求”。

▲ 实训操练

实训项目：模拟外贸商品质量检验

实训步骤：

1）将班级学生分成若干小组，每组确定一人负责。

2）各组学生结合操练项目，进行进口商、出口商、检验机构的角色分工。进口商和出口商制定合同商品品质、数量、包装等条款，检验机构用一定的检验方法对合同商品进行检验。

3）各组学生以本章“货物的检验”实务教学内容为业务规范，体验本项目模拟实训的全过程。

4）各组学生记录本次模拟实训的情境与步骤，总结实训操练的成功经验、存在的问题及解决的办法，在此基础上撰写《模拟外贸商品质量检验实训报告》。

5）在班级讨论交流、相互点评与修订各组的《模拟外贸商品质量检验实训报告》。

6）在校园网的本课程平台上展出经过修订并附有教师点评的各组《模拟外贸商品质量检验实训报告》，供学生相互借鉴。

□ 课程思政

收购乌克兰航空发动机企业反被制裁　中资公司申请海牙仲裁

背景与情境：2021年11月28日，北京天骄航空产业投资有限公司发布公告称，针对乌克兰方面过去5年以来对中国投资者的不公平待遇，目前已经按照规定程序如期向海牙常设仲裁法院 Motor Sich 案仲裁庭提交了“仲裁申请书”及相关证据材料，要求裁定乌克兰违反中乌双边投资协定，并向申请人充分补偿因此而造成的所有损失，金额超过45亿美元。

2021年1月29日，乌克兰总统泽连斯基签署命令，对北京天骄航空产业投资有限公司等4家中国公司以及3名中国公民实施制裁，包括冻结资产、限制贸易、限制入境、限制撤资与增资、限制证券交易等。相关企业和个人都是乌克兰航空发动机生产企业马达西奇的投资方，乌政府此举被认为是响应美国施压、阻挠中企收购这家企业的最新举动。

乌克兰 Apostrophe 新闻网发表评论员文章，批评泽连斯基“卷入美中马达西奇之争”，是其对美妥协政策的延续，“没有明显的好处，但有显而易见的损失”。文章称，马达西奇是世界航空领域主要的发动机生产商之一。2014年后，中国企业成为该公司主要的战略合作伙伴。2016年，天骄公司向马达西奇的所有人博古斯拉耶夫提出收购其56%的股份。“这笔交易看起来很美丽：中国可以为自己填补一个重要领域的空白，而乌克兰可以重启自己的企业。然而，乌克兰反垄断委员会对该笔交易产生了兴趣，随后乌国家安全局展开刑事调查，2018年乌克兰法院阻止了马达西奇公司任何股权的流通。”

天骄公司在2021年1月31日的声明中说，上述制裁措施生效后，天骄公司作为乌克兰马达西奇公司股东的法定权利、责任和义务被非法剥夺，同时将被迫中断与马达西奇公司的正常商业往来。

在乌克兰政府推出制裁措施之后，中国外交部发言人汪文斌在2021年2月1日外交部例行记者发布会上回应，中方一贯反对外国政府对中国企业进行单边制裁，同时也一直要求中国企业在海外合法经营，希望乌方依法维护中方企业和投资者的合法权益。

在2021年11月28日的最新公告中，北京天骄航空产业投资有限公司提到，由于乌克兰方面过去5年以来针对中国投资者的不公平待遇，以及持续实施的非法措施，致使中国投资者在乌克兰及中国国内均蒙受了重大损失。根据1992年10月31日生效的《乌克兰政府和中华人民共和国政府关于促进和相互保护投资的协定》，中国投资者要求裁定乌克兰违反中乌双边投资协定，并向申请人充分补偿因此而造成的所有损失，金额超过45亿美元。同时，相关中国投资者不排除继续追加和补充损失申请的可能。

资料来源　范凌志. 收购乌克兰航空发动机企业反被制裁，中资公司申请海牙仲裁：要求乌补偿超45亿美元损失［EB/OL］.［2021-11-29］. https://baijiahao.baidu.com/s?id=1717727861543003501&wfr=spider&for=pc.

问题：

1）原本是双赢合作，乌克兰为何要阻止这一合作？

2）中资企业应如何维护自身的合法权益？

研判要求：同第1章“基本训练”中本题型的“研判要求”。

第7章 国际货物交易的一般工作程序（一）

学习微平台

第7章
思维导图

◆ 学习目标

通过本章的学习，应该达到以下目标：

职业知识： 学习和把握国际货物交易前的准备工作、国际货物交易的洽商和国际货物贸易合同的签订等理论与实务知识；能用其指导或规范本章认知活动和技能活动，正确解答“基本训练”中“知识训练”各题型的问题。

职业能力： 运用本章知识研究相关案例，培养在特定业务情境中分析问题与决策设计的能力；通过搜集、整理与综合“国际贸易合同风险防范”的前沿知识，撰写、讨论与交流《“国际贸易合同风险防范”最新文献综述》，培养学生“自主学习”的通用能力。

课程思政： 结合本章教学内容，研判“课程思政”案例，引导学生认识维护国家正当贸易利益的重要性，抵制抹黑，相信中国产品的质量标准，树立民族自信。

【引例】

没有表示接受就开立信用证

背景与情境：某月18日，我方向德国进口商发盘："可供一级红枣100吨，每吨500美元CIF汉堡，适合海运包装。订约后装船，付款方式为不可撤销即期L/C，请速复电。"德方立即电复："你方18日电我方接受，用麻袋包装，内加一层塑料袋。"我方收到复电后便着手备货，数日后，一级红枣的国际市场价格猛跌，德方来电："我方对包装条件做了变更，你方未确认，合同未成立。"我方坚持合同已成立，因为根据《联合国国际货物销售合同公约》的规定，涉及货物包装方式的变更，除非双方合同中另有约定，属于非实质性变更，只要原发盘人没有马上表示反对，接受就是有效的。本例中合同成立。

资料来源 作者根据相关资料整理.

为使国际货物买卖行为获得法律保障，买卖双方必须签订货物买卖合同。而在签订合同之前，买卖双方必须就买卖货物的有关条件进行磋商，并达成一致。为使贸易磋商顺利进行并减少失误，在磋商前必须做好各方面的准备工作。为订立好国际货物买卖合同，必须了解和掌握在合同磋商前应做好哪些准备工作、合同磋商的一般程序及应注意的问题、合同成立和书面合同签订方面的有关业务知识。

7.1 国际货物交易前的准备工作

对外货物贸易情况复杂，要想做到知己知彼，在竞争中取胜，减少失误，就必须充分做好交易前的准备工作。交易前的准备工作是指在对世界市场进行调查研究的基础上，选择好客户，进行出口商品的广告宣传，制订进口商品经营方案，做好对外贸易谈判准备工作等。

1）国际市场调查

国际市场调查的内容很广，大致包括国别（地区）调查、商品市场调查、商品销售调查。

（1）国别（地区）调查。进行国别（地区）调查，主要目的是贯彻国别政策，选择适宜的市场，创造有利条件发展贸易关系。这方面调查的主要内容有：①一般概况调查；②政治情况调查；③经济情况调查；④对外贸易情况调查；⑤运输条件调查，包括港口及其设备、港口惯例、对外航线等。

（2）商品市场调查。调查的目的是摸清市场情况，使商品销售在有利的条件下进行。这方面调查的主要内容有：①市场适销商品调查；②市场竞争情况调查；③市场消费特点调查。

（3）商品销售调查。调查的目的是掌握做生意的技巧，运用有效的推销手段，扩大商品出口。这方面调查的主要内容有：①产品销售渠道的调查；②广告宣传的调查；③选择计价货币的调查；④售前、售后服务的调查；⑤制定产品发展规划的调查。

总之，国际市场调查的目的就是选择适当的商品，制定适当的价格，采用适当的手段将商品推销到适当的市场上，扩大出口。

在进行国际市场调查时，搜集国际市场行情资料的途径归纳起来包括以下几个：

①利用国外通讯社和报纸、图书的资料，了解和掌握国际市场行情；②利用国外的推销网络和客户渠道，通过各项业务活动收集和积累有关国际市场行情的资料；③利用国内外综合的和各种专业的交易会，有目的地进行调查研究；④通过出口推销、考察小组，结合业务需要进行实地调查，收集当地市场以及其他有关国际市场行情方面的资料；⑤利用参加各种国际性会议的机会，有针对性地收集有关资料，进行调查研究；⑥与国际经济组织及国外商业情报机构、研究机构、咨询公司、数据库建立经常性联系，获得有关资料；⑦通过驻外商务机构和企业收集有关资料；⑧与国内企业和科技单位建立多种形式的联系，获得有关资料；⑨利用互联网获得相关信息。

发展对外贸易，经济信息是极其重要的。在收集和运用经济信息时，应注意信息的时间性、准确性、全面性、区域性和代表性。

2）国际客户的调查和选择

开展对外贸易，就必须与国际客户打交道。为了使交易建立在可靠的基础上，必须根据业务需要对国际客户进行调查和选择。

（1）对国际客户的调查。其包括：①政治态度，包括客户的政治背景和对我国的政治态度；②社会地位，包括客户在社会、政治、经济组织中的头衔和地位；③经营能力，包括企业历史、企业规模（推销人员、办公设施、仓库、销售网点）、经营技能和经验、业务往来关系户等；④资信情况，包括注册资本的大小、经营额的大小、资产负债情况、客户品德、经营作风、经营范围、企业性质等；⑤ 客户与我国的贸易往来情况。

【同步案例 7-1】

"反客为主"拿订单

背景与情境：中方某公司向韩国某公司出口丁苯橡胶已一年，第二年中方又向韩方报价，欲继续供货。中方公司根据国际市场行情，将价格从前一年的成交价每吨1 200美元下调到了每吨1 080美元，韩方感觉可以接受，建议中方到韩国签约。中方一行二人到了首尔该公司的总部，双方谈了不到20分钟，韩方说："贵方价格仍太高，请贵方看看韩国市场的价格，3天以后再谈。"中方人员回到饭店后感觉被戏弄了，很生气，但人已来到首尔，谈判必须进行。中方人员通过有关协会收集到了韩国海关丁苯橡胶的进口统计资料，发现从哥伦比亚、比利时、南非等国的进口量较大，从中国的进口量也不小，中方公司是占份额较大的一家。哥伦比亚、比利时同类产品的价格均高于南非的价格，南非的价格高于中国的价格。在对韩国市场进行调查后发现，丁苯橡胶的批发和零售价均高出中方公司的现报价30%～40%，市场价虽呈降势，但中方公司的报价是目前世界市场的最低价。那么为什么韩国人员还说中方的报价高呢？

中方人员分析，对手以为中方人员既然来到了首尔，肯定急于拿合同回国，可以借此机会再压中方一手。那么韩方会不会不急于订货而找理由呢？中方人员分析，若不急于订货，为什么邀请中方人员来首尔？再说，韩方人员过去与中方人员打过交道，双方签订过合同，且执行顺利，韩方对中方的工作很满意，这些人会突然不信任中方人员吗？从态度上看不像，他们来机场接中方人员，且晚上一起喝了酒，氛围一直很好。根据分析，中方人员认为：韩方意在利用中方人员身在异国的心理压价。由此，经过商量，中方人员决定在价格条件上做文章：首先，态度应强硬（因为来之前对方已表示同意中方的报价），不怕空手而归；其次，价格还要涨回原市场水平（即1 200美元/吨）；最后，不必等到3天后给韩方通知。

在一天半之后，中方人员电话告知韩方："调查已结束，得到的结论是我方来首尔前的报价低了，应涨回去年成交的价位，但顾及老朋友的交情，每吨可以下调20美元，而不再是120美元。请贵方研究，有结果请通知我们。若我们不在饭店，则请留言。"韩方人员接到电话后一个小时，即回电约中方人员到其公司会谈。韩方认为：中方不应把过去的价再往上调。中方认为：这是韩方给的权利。中方按韩方的要求进行了市场调查，结果是应该涨价。韩方希望中方多少降些价，中方认为原报价已降到底。经过几个回合的讨论，双方同意按中方来首尔前的报价成交。最终，中方成功地使韩方放弃了压价的想法，按计划拿回了合同。

问题：

（1）中方的决策是否正确？为什么？

（2）中方是运用何种程序、何种方式做出决策的？其决策属于什么类型？

（3）中方是如何实施决策的？

（4）在双方的谈判中，韩方使用了什么决策？

（5）韩方决策的过程和实施情况如何？

分析提示：

（1）正确，因为按原计划拿到了合同。

（2）中方运用了信息收集、信息分析、方案假设、方案论证和方案选取五步，以小范围形式确定，属于战略性决策。

（3）中方分梯次捍卫决策的实施，先电话后面谈；同时，运用时间效益加强执行力度，把原本3天回复对方的期限缩短为一天半，态度变得更强硬。

（4）韩方使用了战略性决策。韩方在根本条件和总体策略上做了改变，使成交价格更低，让中方坐冷板凳。

（5）韩方的决策过程较短，仅以压价为目标，能压就压，不能压再谈，所以实施时，一碰硬就软了。

（2）国际客户的几种类型。国际客户按其经营业务的特点来划分，可分为以下几种：

第一，综合性大企业。这种企业大多是在某个市场经营某些大宗商品进出口业务的垄断商。其业务范围很广，在防止被其垄断的情况下，可与这种企业保持一定的买卖关系。

第二，进出口商，即专门从事进出口业务、自买自卖的商人。这些进出口商和当地的批发商、代销户有一定的关系，和国外的出口商或厂商也有一定的关系。其业务以专业传统商品进出口为主，也兼营其他商品。进出口商是我们出口业务中的主要往来对象之一。

第三，零售商。它主要是指自己进口的大百货公司、超级市场和连锁商店、购物中心。它们的销售额相当大，占市场零售量的比重也很大。这些零售商是我们出口业务中需要沟通的重要客户之一。

第四，经纪商。它是从事进出口业务的代客买卖或从中撮合收取佣金的中间商。一般来说，它们的经营能力薄弱，当新商品初进入市场时，可通过它们促成交易，商品量逐渐增大后，经纪商也就无能力包揽了。

第五，制造商。它主要是指自己进口一些原料用于生产的厂商。制造商是我们的初级产品出口的实际用户。

第六，批发商。它不是我们出口业务的主要对象，但在某些情况下，利用批发商打开销路还是可取的。

（3）和国外客户建立关系的主要途径和了解客户的渠道。和国外客户建立关系的途径主要有：①由我驻国外商务机构或贸易小组介绍；②由原来的老客户介绍；③以国外出版的商行名录、进出口手册等为线索和客户联系；④由贸易促进会和国外商会介绍；⑤客户主动前来联系等。其中，第一种方式最为可靠。

了解国外客户的一般渠道有：我驻国外商务机构和贸易小组、中国银行国外分行或往来银行、与其有业务往来的其他公司、国外咨询公司或商会等社会团体、专业信用调查机构、本公司的分支机构、代理销售代表等。

【同步思考 7-1】

由于国内服务器垃圾邮件泛滥，很多邮件直接被国外的 Anti-spam（反垃圾邮件）过滤，所以国外客户收不到。同样，国内邮箱也经常阻止国外邮件。请问：有何解决办法？

理解要点：注重邮件质量，有目的地发送邮件；尽可能使用本公司企业邮箱发送，不要使用一些国内免费邮箱；发送完毕后，48 小时内给对方公司打电话确认并跟踪；将对方邮件域名加入安全列表，以免对方邮件被阻止。

（4）对客户的选择。在全面、详细了解上述相关内容的基础上，便可选择客户，一般要选择具有法律资格、资信好、经济实力强的大客户做我们的经销、包销或代理商。必须注意，在签订协议后还要经常了解客户的相关情况；针对客户要建立档案、积累资料，以便经常考察、了解。

3）商标注册和广告宣传

（1）商标注册。商标一经注册，注册人即取得对该商标的专用权，受国家法律保护。为维护我国出口商品的声誉，谨防假冒，对有条件注册或应注册的商品商标，应抓紧办理国内外商标注册工作，尤其是国家规定必须使用注册商标的商品，必须申请注册，否则不得在市场上销售。使用注册商标应当标明“注册商标”字样，也可以在内销商品的商标上加注标识，在外销商品上加引号。

关于商标权的取得，各国的法律有不同的规定，可归纳为以下几类：①注册在先原则。②使用在先原则。③原则上以首先注册为准，但首先使用者可在一定期限内提出指控，请求撤销注册人的商标权。如在法定期限内无人提出指控，则该商标的首先注册人就可取得无可辩驳的专用权。④在确认商品注册人有权取得商标权的同时，也允许首先使用该商标但未办理注册手续的人继续使用该商标。德国、日本、法国、意大利、比利时、卢森堡、荷兰、希腊、伊朗、埃及和墨西哥、秘鲁等大多数拉美国家以及俄罗斯等一些东欧国家采用第一种办法来确定商标权的取得。美国、加拿大、澳大利亚、新西兰、印度、巴基斯坦、奥地利、西班牙、叙利亚、科威特等国家采用第三种办法来确定商标权的取得。英国、斯里兰卡、沙特阿拉伯、冰岛等国家采用第四种办法来确定商标权的取得。我国确定商标权取得的办法是："经商标局核准注册的商标为注册商标，商标注册人享有商标专用权，受法律保护。"

我国企业在国外注册商标一般可委托中国国际贸易促进委员会（以下简称"贸促会"）办理。贸促会承办商标代理业务，办理我国企业在外国申请商标注册和涉外商标转让、许可及假冒、侵权等事项。

出口商品的商标，在设计上要符合各销往国的风俗习惯，要结合产品的性质，要容易记忆，要考虑到译名的感情色彩和心理作用及效果；在国外已经成为众所周知的译名不应随意变动。

（2）广告宣传。

第一，出口商品广告的种类。出口商品广告大致可分为四类：①倡导广告；②竞争广告；③提示广告；④公司声誉广告。

【同步案例 7-2】

有创意的泰国广告

背景与情境：不管是追剧、刷抖音还是刷微博，广告总是见缝插针地跳出来，打扰正常浏览。

在这个信息爆炸、快节奏的时代，如果你在看视频的时候不跳广告，要么没有VIP，要么是广告上有你的Idol。然而，泰国的广告总是例外，它总是神乎其神地一次次惊艳大众。

例如，有一则"只有你可以改变自己"的减肥广告，这则广告讲述了一个胖女孩因为被嘲笑而苦恼。奶奶告诉她，村后方的山丘上有口枯井，有一个传说，用水把枯井填满，就能看到上帝，会帮她实现一个愿望……胖女孩日复一日地往枯井中倒水，即使被旁人嘲讽，即使风吹日晒，她一直在坚持，但是上帝却迟迟没有出现。当她绝望之时，她看到了水中自己的影子，意外地发现她已经变为身材纤细的美女。这则减肥广告硬生生地拍成了励志大片。人生从来都没有白走的路，每一步都算数！你所吃的苦，只会让你变成更好的自己！

泰国的广告大多都不按套路出牌，不看到最后一秒，观众根本就不知道广告主是谁。品牌显露少，增强了泰国广告的可看性；超长的故事铺垫，让观众在不知不觉中被情节吸引，然后突然植入的品牌，有些猝不及防却又让人会心一笑。泰国广告的演员一般都是大众脸，是我们身边的普通人，是我们容易忽视却又藏着故事的人。没有妆容精致、魅力无限的超级大明星，也没有炫酷的特效，泰国广告用走心的方式做营销，用一个个简单而有新意的小故事感染消费者。平凡人的暖心小故事，内容言传身教，情感流露更加真实动人，勾起消费者和品牌的情感共鸣，使品牌深入消费者的内心。据《曼谷邮报》报道，泰国广告中使用平民的商业广告占到85.25%，而使用明星与社会知名人士的仅占3.12%。

但也有人认为，部分泰国广告虽然有创意，但由于前面的故事情节铺垫太长，往往喧宾夺主，让人忘记了自己看的是什么品牌的广告。

资料来源　作者根据相关资料整理.

问题：如何借鉴泰国广告？

分析提示：广告内容与本土文化相辅相成；广告制作更加用心，更加精细化；与时俱进，切入最新的热点。

第二，出口商品广告的策略。一般来说，出口商品广告的策略有两种，即标准化策略和个性化策略。

第三，出口商品广告的媒介。广告效果的大小，在很大程度上取决于广告媒介的选择适当与否。广告媒介主要有报纸、电视、互联网、无线广播、杂志、户外广告牌等。各种媒介都有其优劣势，因此应在比较中权衡选择。选择广告媒介，在考虑上述媒介特点的同时，还要特别注意媒介的可获性、法律限制、适应性和成本等。

【课程思政7-1】

东西方审美的碰撞

背景与情境：2021年年末，某品牌拍摄于2019年的一支疑似故意“眯眯眼”的广告被翻出来，引发热议。有人觉得中国古画里也有很多仕女单眼皮小眼睛，这就是典型的中国女人长相，现在抵制“眯眯眼”是自卑的表现；有人则认为中国女人内双居多，自古以来的审美就是丹凤眼，跟“眯眯眼”完全不是一回事。无论是《VOGUE》杂志起用的中国模特“有着很宽的山根、远距离的眼距和细长的眼睛”，还是西班牙时装品牌“Zara”的广告模特脸上有明显的雀斑，由相貌引发的讨论一直存在。在《环球时报》常驻法国记者看来，从西方观众认定巩俐、刘玉玲等电影明星很美，到法国时尚杂志《ELLE》捧红吕燕等亚洲女性模特，某种程度上确实反映了西方人的审美观，他们认为亚洲人特有的细长眼睛、单眼皮、平板脸型、厚厚的嘴唇等很有魅力。

法国人J.贝尔尼曾出版专著《如何在中国获得成功》，专门谈到中国人的审美观——喜欢白皮肤、高鼻梁、瘦脸蛋、大眼睛、双眼皮、细腿、瘦体型的女性等。“这与我们的审美观有很大差异”，他告诫去中国的人：不要以为中国人也喜欢女性晒黑的皮肤、有特征的脸，以免造成误判；送中国女人化妆品要送美白的，送美黑的会适得其反。

尽管西方人的“亚洲审美”与亚洲人不同，但双方还是有共同之处的，那就是“黄金分割”原则。鉴于此，评判西方有没有歧视亚洲人，关键还是要看背景、动机。像“D&G事件”，设计师确实应该受到批评。2018年11月，意大利品牌杜嘉班纳推出的一则“起筷吃饭”广告，因存在歧视和丑化中国文化嫌疑而引发众怒。近年来，西方时尚界接连发生多起牵涉中国或亚洲形象的争议事件。

中国人民的觉醒，不会只局限在政治、经济、科技这些传统领域。当前，对西方倡导的“眯眯眼”这种病态的审美观的反对，其实就是中国人民“四个自信”在文化领域、在审美领域的一种具体表现形式。

资料来源　作者根据环球网、腾讯网等新闻资料整理.

问题：关于一些广告中审美的争议，你如何看待？

研判提示：无论是国外品牌在中国营销的广告，还是中国品牌走出国门的广告，都要突出产品特性，宣传品牌，适应消费者的需求；同时，我们还要注意抗击西方的文化霸权和审美霸权，去真正建立和践行中国的文化自信。

【教学互动7-1】

互动问题：当下，手机微信、电子杂志、在线视频等快速发展，我们的生活空间已完全被广告包围。哪些广告让你印象深刻而不反感？如何用新媒体做好广告营销？

互动要求：同“教学互动1-1”的“互动要求”。

4）制订进出口商品经营方案

（1）进口商品的经营方案。它是为了实现进口任务而制定的经营意图和各项具体措施。方案的主要内容如下：

第一，订购数量和时间安排。订购的数量和时间要根据用货部门需要的缓急，并结合国内外市场情况进行适当安排。在满足国内需要的情况下，既要争取有利的成交价格和良好的采购时机，又要合理安排，创造有利条件。

第二，采购国别（地区）的安排。其既要实行国别政策，也要注意经济效果。如果我国有贸易顺差，则应安排好从对方国家进口。在选择进口国（地区）时，注意不要过分集中在几个国家（地区），要按照统筹兼顾的原则，既要考虑比价上的有利因素，也要从政治、对外关系上考虑。

第三，交易客商的选择安排。对于交易客商，要优先考虑对我国友好、态度积极的外商，并调查其资信和经营能力，以使我方进口合同订立在比较可靠的基础上。另外，要根据不同类型的厂商和经营渠道，适当地加以利用。

第四，价格的掌握。价格是进口交易洽谈的主要内容。如对价格条件处理不当，将会带来不应有的损失。出价过低，完不成采购任务；出价过高，将导致利益的损失。进口商要根据国际市场价格的变动情况，参照近期的进口成交价格，并结合自身的采购意图，拟定出价格幅度，以此作为进口洽谈的依据。

第五，贸易方式和交易条件的掌握。采用哪种贸易方式、运用什么样的交易条件也是安排进口工作应注意的问题。进口商应结合不同商品的特点、交易地区和客户，根据进口计划的要求和经营意图，在经营方案中做出大体规定。对于各种交易条件的灵活运用，在经营方案中也可以提出一些原则性意见。

（2）出口商品的经营方案。它是根据对外贸易政策、原则，在对市场进行调查研究的基础上，按照出口计划的要求，对某种商品（或某一类商品）在一定时期内出口销售的设想、做法和全面安排，是开展出口业务的依据。出口商品经营方案的主要内容有：

其一，货源情况。它包括国内生产和供应的可能，出口商品的品种、规格、包装等情况，以及需要解决的其他问题。

其二，国内市场情况。它包括对当前市场的分析和对今后一定时期内发展趋势的预测等。

其三，出口经营情况。它包括对前一时期出口销售情况和存在问题的综合分析，并提出具体经营意见。

其四，推销计划安排。它包括分国别（地区），按品种、数量或金额列明的推销计划进度。

其五，计划采取的措施。它包括对客户的选择，对贸易方式、收汇方式的运用，对价格、佣金与折扣的掌握等。

一般情况下，对大宗商品或重点推销的商品应逐个制订出口经营方案；对其他商品可以按（商品）大类制订经营方案；对于一些中小品类商品，可以制订内容较简单的价格方案，仅对市场和价格提出分析意见，规定对各个地区的出口价格及其幅度。

经营方案应该是主观意图和客观实际的统一，但需要在实践中加以检验，如在执行中发现不符合或不完全符合实际的情况，应做出新的判断，并进行相应的修正。执行方案的过程，也是继续进行调查研究的过程。

5）做好对外贸易谈判准备

对外贸易谈判是国际有关各方当事人就某项贸易活动有待解决的重大问题进行的会谈。它是一场“不流血”的“金钱之战”，参与谈判的各方都希望能最大限度地满足自己的需求。所以谈判前一定要明确自己的目的，从技术、商务、法律等方面做好充分的准备，争取在谈判中处于有利的地位。准备得越充分，就越能在谈判中取得主动地位。

（1）谈判前要组织好谈判小组。谈判要有一个精干的谈判小组，其中包括管理、技术、商务、法律以及翻译人员。这样的谈判小组，从开始做可行性研究到签订合同，人员一定要相对稳定，使小组成员清楚地了解这笔交易要达到的目标，同时充分了解对方的情况。小组成员要有明确的分工，密切协作。有时，小组成员可分一线、二线，一线人员不宜过多，但必须精明强干，要给予他们一定的权限。

（2）谈判前要做好技术、商务、法律方面的准备。谈判的项目如果技术性较强，那么有关技术专家要对相关技术在国际上所达到的水平作充分的调查，掌握它的先进程度，做到心中有数，以便为技术和价格谈判做好准备。

谈判前做好商务准备，主要是对交易成本进行核算和对利润进行估算，以确定可以接受的最高支付金额和可以争取的最低价格；同时，根据相关目标，拟订上、中、下几个谈判方案，以便在谈判中进退回旋。此外，对合同中可能出现的一些不合理、限制性条款要有对策和打算。

谈判前要做好法律准备，这是因为贸易合同中的各项条款均应按双方法律明确规定下来，以免日后在解释上出现分歧，产生纠纷，或造成对己不利的局面。谈判小组中的法律人员在谈判前务必努力弄清楚双方国家的有关法律规定，这样才能按照双方国家的法律，商签合法有效的合同。谈判时法律人员也应参加，合同最好由法律人员来起草。

（3）谈判前要拟订好谈判方案。为做到不打无把握之仗，谈判前必须拟订好谈判方案。其包括谈判的总体设想、谈判策略、从开始谈判到计划成交的大体时间安排和具体步骤。谈判前对合同的主要条款既要有一个原则性意见，也要有具体意见，内定好准备争取的最高目标和必要时可以让步接受的最低要求，并针对一些重大问题预测对方的要求和自己的对策。有条件的话可以进行模拟谈判，拟订几套可供选择、能进能退的谈判方案。

7.2 国际货物交易的洽商

1）合同磋商的形式

国际贸易中合同磋商的形式包括口头、书面及行为三种。

（1）口头磋商形式。其主要包括在谈判桌上的面对面谈判和双方通过国际长途电话、互联网进行的交易磋商。面对面谈判的形式有参加各种交易会、洽谈会，以及贸易小组出访或邀请客户来华洽谈等。口头磋商由于是直接交流，便于及时了解对方的诚意和态度，以便有针对性地采取对策，并可根据进展情况及时调整谈判策略，争取达到预期的目的。谈判内容复杂、涉及问题多的交易尤其适合口头磋商。一场正规的对外贸易谈判一般要经过以下几个阶段：

第一，导入阶段。它主要是让参与谈判的人员通过介绍与对方认识。较理想的形式是自我介绍。通过相互介绍，可对参与谈判人员的基本情况有所了解。在该阶段，费时不宜过多，最好能营造一种轻松愉快的氛围。

第二，概述阶段。其目的是让对方了解自己的目标及想法，同时要隐藏不想让对方知道的有关详细内容。在该阶段，应给对方留下一个良好的“第一印象”。

第三，明示阶段。在该阶段，谈判双方必然会有一些不同意见，明智之举是及早提出相关问题，彻底解决。一般而言，该阶段主要有四种问题，即己方所求、对方所求、彼此相互之求及表面上看不出来的内蕴需求。因此，既要实现己方所求，也应适当地满足对方所求。

第四，交锋阶段。谈判的目的是获得自己想要的东西。谈判双方真正的对立状态在该阶段表现明显。由于双方都想获得利益或占有优势，彼此都能感受到如临大敌的紧张气氛。在该阶段，首先要坚定自己的立场，有充分的心理准备，随时回答对方的质问。在该阶段，双方都会列举事实，希望对方了解并且接受自己的意见。为此，最重要的是明确双方妥协的范围。

第五，妥协阶段。交锋结束，便是寻求妥协途径的时刻，妥协是谈判不可缺少的一部分。谁应先向对方妥协？有时这个问题比较棘手，要视具体情况而定。妥协往往是相互的，在某些问题上妥协，也可从另一方面得到补偿。如果得不到理想中的利益，最后必须让步的话，就不是成功的谈判了。

第六，协议阶段。经过交锋和妥协，双方认为已基本上达到自己的目的，便表示同意，然后由双方代表在协议书上签字，谈判至此基本告一段落。

（2）书面磋商形式。它是指通过信件、电报、电传、EDI等方式来洽谈交易。随着现代通信技术的发展，书面磋商越来越简便易行，而且费用与口头磋商相比要低廉得多。书面磋商是国际贸易中的通常做法。通过书面磋商，双方在交易条件方面达成协议后，即可制作正式的书面合同。

（3）行为磋商形式。它是指通过行为进行交易磋商，最典型的例子就是在市场上进行拍卖。

2）合同磋商的内容

合同磋商的内容，涉及签订买卖合同的各项条件，包括品名、品质、数量、包装、价格、装运、保险、支付以及商检、索赔、仲裁和不可抗力等条款。从理论上讲，上述条款都要逐一磋商，全部达成一致后，方可签订合同。然而，在实际业务中，并非每次磋商都需要把这些条款一一列出来逐条商讨。这是因为在普通的商品交易中，一般都使用固定格式的合同，而上述条款中的商检、索赔、仲裁、不可抗力等通常作为一般交易条件印在合同中，只要对方没有异议，就不必逐条重新协商。这些条件也就成为双方进行交易的基础。另外，在许多老客户之间，事先已就“一般交易条件”达成协议，或者双方在长期的交易过程中已经形成一些习惯做法，或者双方已订有长期的贸易协议。在这些情况下，也不需要在每笔交易中对各项条款逐一重新协商。

3）合同磋商的一般程序

国际货物买卖双方在签订合同之前，必须就买卖货物的有关条件进行磋商，并达成一致。合同磋商的一般程序可概括为询盘、发盘、还盘、接受（受盘）四个环节。其中，发盘和接受是每笔交易必不可少的两个基本环节。

（1）询盘（Inquiry）。它是交易的一方向另一方询问能否买进或卖出某种商品以及要求什么样的交易条件的口头或书面表示。询盘的内容涉及价格、品名、规格、数量、包装、交货期以及索取商品目录、价目单、样本或样品等，而多数是询问价格，因而询盘又常称为询价。询盘既可由买方发出，也可由卖方发出；既可采用口头方式，也可采用书面方式。书面方式包括书信、电报、电传、询价单等。电报、电传询盘由于传递速度快，在业务中采用较多；最现代化的是电子通信方式。

询盘按其询问内容的不同，可分为一般函询和具体询盘。一般函询是买方仅为了了解情况向卖方索要商品目录、价目单、样本或样品、作报价单用的形式发票等；具体询盘是买方或卖方有买卖的要求，指定商品要求对方报盘。一般函询应以简单、清楚和切题为原则，最好在信的开头就开门见山地写出想问的问题。如果内容很短，可以用明信片代替。向以前没有业务往来的出口商或供应商询价，称作首次询价。首次询价一般要说明：是如何得到对方商行的名称和地址的，写信人是经营什么业务的，对什么商品感兴趣，一般的经营方针是什么，要求对方提供些什么等。某些较大的商行对经常需要的数量较大的商品，会列表印制空白询价单，需要时填上被询问商行的名称、地址、所需数量等即可，这样可以节省人力和时间。询盘是一种内容不明确、不肯定、不全面或附有保留条件的建议。这种建议是邀约性质的，因此，对询盘人没有法律约束力，它只起到邀请对方发盘的作用。询盘可同时向几处发出或向广大公众发出，以便从答复中择优成交。

（2）**发盘**（Offer）。它是交易的一方向另一方提出具体的交易条件，并表示愿意按这些条件达成交易的一种行为。发盘在合同法中称为要约，因此，发盘对发盘人来说具有法律约束力。发盘可以是应对方的询盘做出的答复，也可以是在没有询盘的情况下直接发出的。发盘多由卖方发出，这种发盘称作售货发盘；也可以由买方发出，这种发盘称作购货发盘或递盘。从我国进出口业务的实践来看，发盘报价对磋商成败至关重要，对此我们必须做到慎之又慎。

（3）**还盘**（Counter-Offer）。它是指受盘人不同意或不完全同意发盘人在发盘中提出的条件，为了进一步协商，对发盘提出修改性意见。因此，还盘也可以理解为一项新的发盘。还盘可以采用口头形式或书面形式，一般与发盘采用的形式相同。还盘既可以针对价格，也可以针对品质、数量、交货时间及地点、检验、支付方式等重要条件提出修改意见。

在国际贸易谈判特别是大宗交易的谈判中，一方在发盘时提出的条件被对方无条件全部接受的情况是少有的；相反，一方在发盘时提出的条件不被对方完全接受的情况是经常发生的。因此，在实际业务中，还盘的情况是很多的，有时，一项交易需经多次还盘，即讨价还价，最后才能达成协议、订立合同。

需要注意的是，还盘是对发盘的拒绝。还盘一经做出，原发盘即失去效力，发盘人不再受其约束。一项还盘等于受盘人向原发盘人提出的一项新的发盘。还盘做出后，还盘的一方与原发盘方在地位上发生了换位，即还盘人由原来的受盘人变成了新发盘的发盘人，而原发盘人则变成了新发盘的受盘人。新受盘人有权针对还盘的内容进行考虑，决定接受、拒绝还是再还盘。

（4）**接受**（Acceptance）。它是受盘人接到对方的发盘或还盘后，无条件地、完全同意发盘人所提出的全部交易条件，并同意按这些条件订立合同的一种表示。接受同发盘一样，既属于商业行为，也属于法律行为。接受产生的重要法律后果是交易达成、合同成立。

询盘、发盘、还盘、接受

中国×××公司：

请报1 000辆永久牌自行车成本加运费至美国纽约港最低价，2022年年初装运，尽速电告。

美国×××公司

2021年11月10日

美国×××公司：

兹发1 000辆永久牌自行车成本加运费至美国纽约港70美元/辆，标准出口包装，2—4月装运（上海–纽约），以不可撤销信用证支付，即日起20日复到。

中国×××公司

2021年11月15日

中国×××公司：

你方15日电收悉，还盘价格67美元/辆，装运期2022年3月15日前，其他条件不变。

美国×××公司

2021年11月20日

美国×××公司：

贵公司20日电收悉，接受贵公司还盘。

中国×××公司

2021年11月25日

4）发盘和接受应注意的问题

（1）发盘应注意的问题。《联合国国际货物销售合同公约》（以下称《公约》）关于发盘的有关解释是：

A.发盘的构成要件。《公约》第14条第一款规定：“向一个或一个以上特定的人提出的订立合同的建议，如果十分确定，并且表明发盘人在得到接受时承受约束的意旨，即构成发盘。一个建议如果写明货物并且明示或暗示地规定数量和价格，或者规定如何确定数量和价格，即为十分确定。”从上述解释来看，构成一项发盘应具备五个条件：

第一，发盘必须是向特定的人发出的，即发盘必须指定受盘人。受盘人既可以是自然人，也可以是法人，但不能像商业广告那样泛指广大公众。这是发盘与询盘或邀请发盘在受盘人方面的区别。

第二，发盘必须是订立合同的建议。也就是说，只要受盘人完全接受发盘人在发盘中提出的条件，就可以订立合同。

第三，发盘的内容需十分确定，即十分明确和肯定。明确是指不能含糊不清或模棱两可；肯定是指必须列明交易的主要条件，如品名、规格、价格、数量、交货期、包装、付款方式等。这是我国在外贸业务中的一般要求。《公约》对“十分确定”的解释是：在发盘中明确货物，规定数量和价格。在规定数量和价格时，可以明示，也可以暗示，还可以规定确定数量和价格的方法。《公约》的这一解释是符合美国等国家有关合同法规定的。按美国有关合同法的规定，对于发盘中没有规定的其他事项，可以在合同成立之后按照《公约》中关于买卖双方权利和义务的有关规定来处理。

第四，发盘必须表明发盘人受其约束，即发盘人在发盘时向对方表示，在得到有效接受时双方即可按发盘的内容订立合同。

第五，发盘必须传达到受盘人才能生效。

B.发盘的有效期。发盘中通常都规定有效期，作为发盘人受约束的期限和受盘人接受的有效时限。如果发盘中没有明确规定有效期，受盘人应在合理时间内接受，否则无效。“合理时间”需视交易的具体情况而定，一般按惯例处理。发盘人在规定有效期时，要根据商品的特点和采用的通信方式来合理确定。一般来说，对于大宗交易且市场价格变化很快的商品，为避免发盘方蒙受很大损失，有效期限规定要短；反之，可以长一些。通信方式不同，有效期限的长短也应不同。如果采用电报、电传等方式联系，有效期限可规定得短一些；如果采用航空信件方式洽商，有效期则应稍长一些，要考虑到邮程的时间。

发盘人在规定有效期时最好明确具体，如果规定得不明确，在执行中可能会产生争议。例如，“本发盘有效期6天”。这6天从何时算起不清楚，因而无法确定它的截止日期。另外，也要避免用诸如“尽快答复”等含糊不定的字句。

在规定有效期时，最好明确写明到期的时间和地点，如“本发盘限5月10日发到我处有效”。明确有效期的到期时间和地点，在实践中具有重大意义。因为，当前世界上许多国家的法律对接受生效的时间和地点的规定不尽相同。有的国家主张投邮主义，即接受函电一经投邮立即生效；有的国家则实行送达主义，即接受函电只有传到发盘人时才能生效。为了避免由于各国法律规定不同而引起误解和争议，在发盘中明确规定到期的时间和地点很有必要。

C.发盘的生效和撤回。《公约》规定，“发盘于送达受盘人时生效”。也就是说，发盘虽已发出，但在到达受盘人之前并不产生对发盘人的约束力。因此，发盘发出之后，在其到达受盘人之前，发盘人可以改变主意将其撤回。《公约》第15条第2款规定：“一项发盘，即使是不可撤销的，也可以撤回，如果撤回的通知在发盘到达受盘人之前或同时到达受盘人。”但是，要做到这一点，发盘人必须以更快的通信方式使撤回的通知赶在发盘到达受盘人之前到达受盘人，或与之同时到达。如果发盘人做不到这一点，发盘的通知已先到达受盘人，发盘即已生效，对发盘人便产生了约束力。这时，发盘已无法撤回。发盘如采用传真和电子信息方式，就更难撤回了。

D.发盘的撤销。它是指发盘送达受盘人即已生效后，发盘人改变主意取消该发盘、解除其效力的行为。

对于发盘生效后能否再撤销的问题，各国合同法的规定有较大分歧。英美等国采用的普通法认为，发盘在原则上对发盘人没有约束力。在接受做出之前，发盘人可以随时撤销发盘或变更其内容。例外的情况是，受盘人给予了“对价”，或者发盘人以签字蜡封的特殊形式发盘。但《美国统一商法典》对上述原则作了修改，承认在一定条件下（发盘人是商人，以书面形式发盘，有效期不超过3个月）无对价的发盘亦不得撤销。大陆法中的德国法认为，发盘原则上对发盘人有约束力，除非他在发盘中已表明不受其约束；法国法虽然允许发盘人在有效期内撤销其发盘，但判例表明，他需承担损害赔偿的责任。

《公约》第16条规定："在订立合同之前，发盘可以撤销，如果撤销的通知于受盘人发出接受通知之前送达受盘人。"但在下列情况下，发盘不得撤销：发盘中写明了发盘的有效期或以其他方式表明发盘是不可撤销的；受盘人有理由信赖该发盘是不可撤销的，而且受盘人已本着对该发盘的信赖行事。

E.发盘的失效。它包括以下几种情况：①发盘人接到受盘人的拒绝通知后，原发盘即失效。《公约》第17条规定："一项发盘，即使是不可撤销的，于拒绝通知送达发盘人时终止。"②受盘人做出还盘。③发盘人在发盘到达受盘人之前撤回发盘。④发盘人依法撤销发盘。⑤发盘中规定的有效期届满。⑥人力不可抗拒的意外事故造成发盘的失效。⑦在发盘被接受之前，当事人丧失行为能力、死亡或法人破产等。

我国是《公约》的缔约国之一，我国政府在交存核准书时声明，对《公约》做出两项保留：一是不受《公约》第1条第1款（b）项的约束，《公约》仅适用于在缔约国当事人间订立的合同；二是对《公约》第11条、第29条及有关规定提出保留，即在合同形式上不承认口头形式，合同的订立、修改和终止，必须采用书面形式。除此之外，我国外贸企业与其他缔约国企业所签订的货物买卖合同，都适用该《公约》，除合同另有规定外。但鉴于当前世界各国对发盘的约束力存在较大的分歧，为了避免在这个问题上产生误解，引起不必要的纠纷，我国各进出口公司根据外贸业务的实践经验，把发盘分为实盘和虚盘两种：

A.**实盘**。它是指在一定时期内对发盘人具有约束力的发盘。实盘一经受盘人在有效期内无条件地接受，即构成对双方均有约束力的合同。实盘必须同时具备以下三个条件：①实盘的内容必须是完整和明确的。所谓完整，是指主要交易条件是完备的；所谓明确，是指实盘的内容清楚确切。②实盘的内容必须是肯定的，即发盘人愿意按照提出的各项交易条件同受盘人订立合同。③实盘必须规定有效期。在国际贸易中，实盘都有有效期，区别只在于有效期有明确规定和没有明确规定之分。不明确规定有效期的发盘，按惯例在合理时间内有效。

按照国际贸易习惯，对外发出实盘时应注明"实盘"字样。在实际工作中，判断一个发盘内容是否完整，不能只依据一函一电来看。有时，一个发盘在主要交易条件方面，从表面上看常常是不完整的，但实际上是完整的。这是因为：一是有的条件已包括在早被双方确认的"一般交易条件"中了；二是发盘中援引了以往的来往函电或合同，故省略了有些条款；三是老客户之间对一些交易条件已形成习惯做法，发盘中虽未说明，但已包括在其中了。

B.**虚盘**。它是发盘人有保留地愿意按一定条件达成交易的一种表示。虚盘对发盘人没有约束力，发盘人可以随时撤回或修改其内容，受盘人即使无条件接受，也不能达成交易，只有经发盘人最后确认后，才能构成对双方都有约束力的合同。虚盘的主要特点是：在发盘中附有保留条件，如注明"以我方最后确认为准""以未售出为准""仅供参考"等；不规定有效期。因此，虚盘在法律上常被称为"邀请要约"。其实它不是真正的发盘，而是一种询盘，目的是吸引对方递盘，或用以试探行情或对方的诚意。

（2）接受应注意的问题。在对外交易洽商的程序中，接受是最后一个环节，在实践中应注意以下两个问题：

第一，构成接受的条件。一项有效的接受，必须具备以下条件：

A. 接受必须由受盘人做出。这一条件是与发盘条件相呼应的。发盘必须向特定的人发出，因此，接受只能由受盘人做出才具有效力。受盘人包括其本人或其授权代理人。

B. 接受必须在发盘的有效期内做出。如果要约规定了有效期，则应在有效期内做出；如无有效期，则必须在“合理期限内”做出。如果接受的通知送达发盘人时已超过有效期，就叫迟到的接受或逾期的接受。对于迟到的接受，一般不构成有效接受，除非发盘人认为该项逾期接受有效。迟到的接受实际上相当于一个新的发盘。

C. 接受必须是完全同意发盘所提出的交易条件，即接受的内容必须与发盘的内容相一致。如果受盘人在接受的同时附加某些条件，或对发盘的内容加以扩充、限制或修改，从法律上来说，就不是真正的、有效的接受，而是还盘的一种形式。发盘一经还盘，就自动失效。

D. 接受的传递方式必须符合发盘的要求。如果发盘中规定必须以电报、电传做出接受，则受盘人在接受时必须按照规定的传递方法办理。如果发盘中未规定传递方式，则可按发盘所采用的或比其更为快捷的传递方式。

【同步案例 7-3】

不是真正接受，而是还盘

背景与情境：A 向 B 发盘：“供应 50 台拖拉机，100 匹马力，每台 CIF 香港 3 500 美元，订立合同后 2 个月装船，不可撤销信用证付款，请电复。”B 收到发盘后，立即电复：“接受你方的发盘，在订立合同后立即装船。”但 A 未作任何答复。

问题：双方的合同是否成立？为什么？

分析提示：双方的合同不成立。因为 B 的接受不是真正的接受，B 修改了 A 发盘的时间，所以，B 的接受实际上是一种还盘。B 还盘后，A 的发盘就自动失效。A 对 B 的还盘没有表示接受，因此，双方的合同不成立。

第二，接受的生效和撤回。关于接受的生效问题，国际上不同的法律体系存在着明显的分歧：英美法系实行的是“投邮生效原则”，又称“投邮主义”或“发送主义”。这是指在采用信件、电报等方式表示接受时，接受的函电一经投邮或发出立即生效，只要发出的时间是在有效期内，即使函电在邮途中延误或遗失，也不影响合同的成立。大陆法系中的德国法采用的是“到达生效原则”，即表示接受的函电需在规定时间内送达发盘人，接受才生效。因此，函电在邮途中延误或遗失，合同不能成立。

《公约》针对不同形式的发盘，相应地对接受的生效问题作了不同的规定：①针对以书面形式进行的发盘，《公约》采纳的是到达生效的原则。《公约》在其第 18 条中明确规定：“接受发盘于表示同意的通知送达发盘人时生效。”②如果双方以口头方式进行磋商，《公约》对接受生效的解释是：“对口头发盘必须立即接受，但情况有别者不在此限。”也就是说，受盘人如果同意对方的口头发盘，就马上表示同意，接受也随即生效。但如果发盘人有相反的规定，或双方另有约定，则不在此限。③如果受盘人以行动表示接受，《公约》对接受生效的说明是：“接受于该项行为做出时生效，但该项行为必须在上一款规定的期限内做出。”

关于接受的撤回问题，就书面形式的接受而言，由于《公约》采用的是到达生效原则，因而接受发出后在一定条件下是可以撤回的。《公约》第22条规定：“接受得予撤回，如果撤回的通知于接受原应生效之前或同时送达发盘人。”这一规定说明，受盘人发出了接受通知之后，如果反悔，他可以撤回其接受，但条件是他必须保证撤回的通知赶在接受到达发盘人之前传达到发盘人，或者二者同时到达。如果按照英美法系的投邮生效原则，接受一经投邮立即生效，合同就此成立，也就不存在接受的撤回问题了。

学习微平台

延伸阅读7-1

【同步案例7-4】

因不能履约否认合同

背景与情境：某年2月5日，加拿大A电子公司向我国H电子公司发盘：出售集成电路板20万块，每块FOB维多利亚港25美元。

H电子公司接到发盘后，于2月7日发电还盘，要求把集成电路板的数量减少至10万块，每块价格降至20美元，并要求对方即期装运。

2月10日，A电子公司同意把集成电路板的数量减少至10万块，保证即期装运，但每块的价格只能降至22美元。同时规定，新发盘的有效期为10天。

H电子公司接到新发盘后，多次开会研究，决定同意A电子公司的发盘，并于2月15日向A电子公司发出电传，表示接受新的发盘。

2月18日，A电子公司再次发来电传，告知H电子公司其已就集成电路板事宜与其他公司签约，现已无货可供，要求取消2月10日的发盘。

2月19日，H电子公司复电：不同意撤销2月10日的发盘，要求A电子公司执行合同。

两公司对合同是否成立产生了纠纷，最后以A电子公司同意给H电子公司一定的赔偿而不履约，使争议得到解决。

问题：A电子公司能否因不能履约而否认合同的成立？H电子公司能否要求A电子公司赔偿？

分析提示：H电子公司在有效的时间内接受了A电子公司的发盘，合同已生效。A电子公司因不能履约而否定合同成立的有效性，有失职业道德和企业伦理。H电子公司要求A电子公司赔偿是合理的。

7.3 国际货物贸易合同的签订

1）合同的有效成立

一方的发盘一经对方有效接受，合同即告成立。但合同是否具有法律效力，还要看其是否具备了一定的条件。不具有法律效力的合同是不受法律保护的。

一份具有法律效力的合同应具备哪些条件，各国的法律规定不尽相同。综合来看，主要应具备以下几项：

（1）当事人必须在自愿和真实的基础上达成协议。绝大多数国家的法律都做了这项规定。我国《民法典》规定，当事人必须就合同条款达成协议，合同方告成立；以欺诈、胁迫手段订立的合同无效。

（2）当事人必须具有订立合同的能力。不具有民事行为能力的人所签订的合同无效。

（3）合同必须有对价和合法的约因。“对价”（Consideration）是英美法系合同法中的一项制度，是指合同当事人之间所提供的“相互给付”（Counterpart），即双方互为有偿交换。例如，在国际货物买卖合同中，卖方交货是为了取得买方支付的货款，而买方支付货款是为了得到卖方提交的货物，这种买方支付货款和卖方提交货物就是买卖双方的“相互给付”，即买卖合同的“对价”。“约因”（Cause）是法国法所强调的，是指当事人签订合同所追求的直接目的。

国际货物买卖合同只有在有“对价”或“约因”的情况下，才具有法律效力。

（4）合同的标的和内容必须合法。各国的法律都要求当事人所订立合同的标的和内容必须合法，凡是违反法律、善良风俗与公共秩序的合同，一律无效。

（5）合同的形式必须符合法律规定的要求。对于国际货物买卖合同的形式，《公约》原则上不加以限制。无论是采用书面形式还是口头形式，均不影响合同的效力。《公约》第11条明确规定：“买卖合同无须以书面形式订立或证明，在形式方面不受任何其他条件的限制，买卖合同可以用包括人证在内的任何方法证明。”但《公约》允许缔约国对该条的规定提出声明予以保留。

我国在核准《公约》时，对这一条提出了保留，坚持订立国际货物买卖合同必须采用书面方式才具有法律效力。

一份合同只有符合了上述条件，才具有法律效力，才能得到法律的承认和受到法律的保护。因此，在与外商商订合同时，对此要严格遵守，善加运用。

【同步案例7-5】

无效逾期接受对受盘人不具有约束力

背景与情境：国外客商B向我方A公司询盘服装，A公司发盘，不久收到B方还盘，有效期至8月20日。A公司于8月22日电传表示接受，对方一直没有回讯。因该商品市场行情发生变化，价格上涨，9月24日对方突然来电要求我方必须在9月26日将货物发出，否则我方将承担违约责任。

问题：A公司是否应该发货？

分析提示：不应该发货。A公司是在还盘有效期之外接受的，构成逾期接受。在收到逾期接受时，要判断原因及有效性。根据《公约》的规定，逾期接受属于无效接受，除非发盘人马上通知受盘人逾期接受有效。本案中A接受后，B没有回讯，逾期接受属于无效接受，双方合同关系不成立。

2）书面合同的签订

从法律上讲，买卖双方经过磋商，一方的发盘被另一方有效接受，交易即达成，合同即告成立。但在实际业务中，按照一般习惯做法，买卖双方达成协议后，通常还要制作书面合同，将各自的权利和义务以书面条款的形式加以明确并签字，这就是书面合同的签订。

（1）签订书面合同的意义。

第一，书面合同是合同成立的有力证据。与口头合同相比，书面合同成立的证据更为有力。口头合同往往是“空口无凭”，而书面合同却起到“立字为据”的作用。

第二，书面合同便于合同的履行。在实际业务中，买卖双方各自享有哪些权利和应承担哪些义务，用书面的形式一条一条地规定下来，便于双方履行合同时对照执行。如果没有一份包括各项条款的书面合同，会给合同的履行带来诸多不便。

第三，书面合同是解决双方争议的重要依据。在履行合同的过程中，双方当事人一旦发生争议，将其提交仲裁或诉讼时，仲裁员或法官首先要求当事人提供证据，而书面合同就是最重要的证据。同时，书面合同又是仲裁员或法官裁决双方当事人谁是谁非的重要依据。如果没有书面合同，就会因证据不足或无据可依致使争议无法裁决。

第四，书面合同有时是合同生效的条件。例如，我国《民法典》规定：当事人采用信件、数据电文等形式订立合同要求签订确认书的，签订确认书时合同成立。在此种情况下，签订确认书就成为合同生效的条件。但该法典同时又规定："依照法律、行政法规的规定，合同应当办理批准等手续的，依照其规定。"此类合同的生效时间应为授权机构批准之日，而非双方当事人在合同上签字的日期。

（2）书面合同的形式。在国际上，对书面合同的形式没有具体的限制，买卖双方既可采用正式的合同、确认书、协议，也可采用备忘录等多种形式。在我国进出口业务中，书面合同主要采用两种形式，即正式合同和确认书。

第一，正式合同。如进口合同或购买合同以及出口合同或销售合同，都属于条款完备、内容全面的正式合同。条款完备表现为该种合同包括商品名称、品质、规格、单价、包装、装运港和目的港、交货期、付款方式、运输标志、商品检验、索赔、仲裁、不可抗力等条款；内容全面表现为对双方的权利和义务以及发生争议后如何处理均有全面的规定。由于该种合同具有上述特点，因此，大宗商品或成交金额较大的交易，多采用正式合同。

第二，确认书。其包括销售确认书和购买确认书等。确认书是一种简式合同，它所包括的条款较销售合同或购买合同简单。这种简式合同适用于金额不大、批数较多的小土特产品和轻工产品，或者已订有代理、包销等长期协议的交易。

上述两种形式的合同虽然在条款项目和内容的繁简上有所不同，但在法律上具有同等效力，对买卖双方均有约束力。

在我国货物进出口业务中，各进出口企业都有固定格式的进出口合同或成交确认书，由我方签署后，一般将正本一式两份送交国外另一方签署并退回一份，以备存查，作为履行合同的依据。

（3）书面合同的结构和内容。一份完整的国际货物买卖合同一般包括三部分，即约首、主文和约尾。

第一，约首。这部分主要载明合同的名称、编号、买方和卖方的名称、地址、传真号码、合同签订的时间和地点。除此之外，在合同序言部分常常写明双方订立的意愿和执行合同的保证。合同序言对双方均具有约束力。因此，在规定序言时，应慎重考虑。

第二，主文。这是合同的主体部分，具体列明各项交易的条件或条款，以体现双方当事人的权利和义务。合同中的条款主要包括品名、品质、数量、价格、包装、运输、保险、支付方式、检验、索赔、不可抗力、仲裁等。这些条款在前面各章分别作了详细介绍，为使我们有一个整体认识，在这里只将这些条款简要地归纳概括如下：

● 商品品名条款。在国际货物买卖合同中，都列有商品名称这一栏。在这一栏中，应列明缔约双方同意买卖的商品的准确名称。

● 商品品质条款。该条款是国际货物买卖合同的重要条款之一，是构成商品说明的重要组成部分，又是买卖双方交接货物时对货物品质进行评价的依据，也是买卖双方容易产生争议的焦点。在国际贸易中，不同种类的商品有不同的表示品质的方法，常用的有：①以样品为依据；②以规格、等级或标准为依据；③以牌名或商标为依据；④以说明书为依据。

● 商品数量条款。该条款主要是规定卖方交货的数量和计算单位。数量一经确定，卖方就有义务按合同规定的数量交货。国际货物买卖合同中的数量可以用重量、体积、容积、长度、面积、个数等单位来表示。

● 商品价格条款。该条款是国际货物买卖合同的核心内容，买卖双方所承担的责任、风险和费用都要在价格条款中反映出来。价格条款一般包括计价单位、贸易术语、价格总额、计价货币等内容。其中，计价货币和贸易术语是国际货物买卖合同所特有的。

● 商品包装条款。进入国际流通领域的货物一般都要经过长途运输，许多货物还要经过多次转装和储存，因此，对出口货物包装的要求必然比国内贸易严格，有的国家还通过法律形式对包装的用料、尺寸、重量做出具体规定。买卖双方在签订合同时，除不需要包装的散货、裸装货外，一般都要针对包装做出具体规定。合同中的包装条款一般包括：包装的种类、包装材料、包装方式、包装费用、运输标志等。包装种类又分运输包装和销售包装两种。

● 商品装运条款。按照各国法律，交货是国际货物买卖合同中卖方的基本义务，在装运港交货的条件下，卖方必须按约定的时间和地点，将符合合同要求的货物装船以运交买方。因此，合同中的装运条款就成为合同的主要条款。装运条款主要规定装运时间、装运港与目的港以及装运通知等事项。

● 商品保险条款。其主要内容包括由谁负责投保和支付保险费，以及保险的险别与金额等。保险条款的内容与合同所采用的贸易术语有密切关联。对于FOB和CFR合同，由于货物保险由买方负责，货价中不含保险费，因此，保险条款一般只简略地规定保险由买方自理；对于CIF合同，由于保险由卖方负责，货价中含有保险费，保险条款就要订得明确、具体。

● 支付条款。支付货款是国际货物买卖合同中买方的基本义务，按什么条件支付货款，包括付款时间、方式和支付货币的种类，与双方的利益相关，在订立合同时，应尽量明确。在国际贸易中，支付方式有很多，主要有汇付、托收、信用证、分期付款、延期付款等。其中，信用证是当今国际贸易中最常用、最有效的支付方式。

● 检验条款。其与品质条款、数量条款及包装条款的关系密切。检验条款的作用之一就是通过检验来判定卖方所交的货物是否符合合同的有关规定。检验条款一般涉及检验货物的时间、地点、检验机构、检验内容和方法等问题。

● 索赔条款。索赔作为独立条款时，一般应规定索赔期限和索赔依据等内容。按照国际贸易惯例，合同当事人就对方违约提出的索赔，必须在一定期限内进行；逾期提出，对方有权拒绝。按照各国法律，合同当事人对提出索赔负有举证责任，一般应提供合同和法律的依据以及事实根据。

● 不可抗力条款。该条款是国际货物买卖合同中普遍采用的免责条款。它的作用是在合同订立之后，如果发生了不可抗力事故，以致不能履行合同或不能如期履行合同，遭受事故的一方可免除履行合同的责任或推迟履行合同，另一方无权要求其履行合同或赔偿损失。不可抗力条款包括不可抗力事故的含义、范围以及所引起的法律后果。

● 仲裁条款。仲裁是解决国际贸易争议的一种习惯做法。仲裁条款一般包括仲裁机构、仲裁程序和规则、仲裁效力等内容。

学习微平台

延伸阅读 7-2

第三，约尾。其一般列明合同的份数、使用的文字及其效力、订约的时间和地点及生效的时间。有时，有的合同将“订约时间和地点”放在约首订明。最后由具有法律资格的双方当事人在合同上签字。

3）签订合同应注意的问题

签订合同应注意以下一些问题：①签订合同的双方当事人必须具有法律资格；②合同的内容必须符合法律要求；③双方当事人的意思表示必须完全一致和真实；④合同签订的内容与洽商时达成协议的内容要一致，并明确双方的权利和义务等；⑤合同的各项条款必须协调一致。

【小资料 7-1】

正　本（ORIGINAL）合　同　　CONTRACT No.　　Date:

卖　方　　中国矿产进出口公司

The Sellers　CHINA NATIONAL MINERALS IMPORT & EXPORT CORPORATION

北京二里沟　　电报挂号

Erh Li Kou, Beijing　　Cable Address:　MINMETALS BEIJING

22773 MIMENT CN 22241 MIMET CN

Telex:　22774 MIMET CN 22190 MINET CN

Fax: 88315079

买　方

Telex:

Cable Address:

Fax:

双方同意按下列条款由卖方出售、买方购进下列货物：

The Sellers agree to sell and the Buyers agree to buy the undermentioned goods on the terms and conditions stated below:

（1）货物名称、规格、包装及唛头 Name of Commodity, Specifications, Packing Term and Shipping Marks	（2）数量 Quantity	（3）单价 Unit Price	（4）总值 Total Amount
检验：以中国商品检验机构出具的品质、重量证书作为付款依据 Inspection: The certificates of Quality and Weight issued by the China commodity inspection institution are to be taken as the basis for effecting payment.			

	卖方有权在 Shipment ____%内多装或少装 ____% more or less at Seller' s option

（5）装运期限：

Time of Shipment:

（6）装运口岸：

Port of Loading:

（7）目的口岸：

Port of Destination:

（8）保险：由卖方按发票金额的110%投保

Insurance: To be effected by the Sellers for 110% of invoice value covering

（9）付款条件：凭保兑的、不可撤销的、可转让的、可分割的即期信用证在中国见单付款。信用证以卖方为受益人，并允许分批装运和转船。该信用证必须在装运月____天前开到卖方，并在装船后在上述装运港继续有效15天；否则，卖方无须通知即有权取消本销售合同，并向买方索赔因此而产生的一切损失。

Terms of Payment: By confirmed, irrevocable, transferable and divisible Letter of Credit in favour of the Sellers payable at sight against presentation of shipping documents in China, with partial shipments and transshipment allowed. The covering Letter of Credit must reach the Sellers __ days before the contracted month of shipment and remain valid in the above loading port until the 15th day after shipment, failing which the Sellers reserve the right to cancel the contract without further notice and to claim against the Buyers for the loss resulting therefor.

（10）单据：卖方应向议付银行提供已装船清洁提单、发票、商品检验机构或工厂出具的品质证明、数/质量鉴定书；如果本合同按CIF条件成交，应再提供可转让的保险单或保险凭证。

Documents: The Sellers shall present to the negotiating bank, Clean on Board Bill of Lading, Invoice, Quality Certificate issued by the commodity inspection institution or the Manufacturers, Survey Report on Quantity/Quality issued by the commodity inspection institution, and Transferable Insurance Policy or Insurance Certificate when this Contract is made on CIF basis.

（11）装运条件：

Terms of Shipment:

A.装运船只由卖方安排，允许分批装运并允许转船。

The carrying vessel shall be provided by the Sellers. Partial shipments and transshipment are allowed.

B.卖方于货物装船后将合同号码、品名、数量、船名、装船日期以电报形式通知买方。

After loading is completed, the Sellers shall notify the Buyers by cable of the contract number, name of commodity, quantity, name of the carrying vessel and date of shipment.

（12）品质/数量/重量的异议与索赔：货到目的口岸后，买方如发现货物品质及/或数/重量与合同规定不符，除属于保险公司及/或船公司的责任外，买方可以凭双方同意的检验机构出具的检验证书向卖方提出异议；品质异议需自货到目的口岸之日起30天内提出，数/重量异议需自货到目的口岸之日起15天内提出。卖方应于收到异议后30天内答复买方。

Quality/Quantity/Weight Discrepancy and Claim：In case the quality and/or quantity/weight are found by the Buyers to be not in conformity with the Contract after arrival of the goods at the port of destination，the Buyers may lodge claim with the Sellers supported by survey report issued by an inspection organization agreed upon by both parties，with the exception，however，of those claims for which the insurance company and/or the shipping company are to be held responsible. Claim for quality discrepancy should be filed by the Buyers within 30 days after arrival of the goods at the port of destination，while for quantity/weight discrepancy claim should be filed by the Buyers within 15 days after arrival of the goods at the port of destination. The Sellers shall，within 30 days after receipt of the notification of the claim，send reply to the Buyers.

（13）不可抗力：由于人力不可抗拒事故，使卖方不能在本合同规定的期限内交货或者不能交货，卖方不负责任。但卖方必须立即以电报形式通知买方。如买方提出要求，卖方应以挂号函向买方提供由中国国际贸易促进委员会或有关机构出具的发生事故的证明文件。

Force Majeure：In case of Force Majeure，the Sellers shall not be held responsible for late delivery or non-delivery of the goods，but shall notify the Buyers by cable. The Sellers shall deliver to the Buyers by registered mail，if so requested by the Buyers，a certificate issued by the China Council for the Promotion of International Trade or and competent authorities.

（14）仲裁：凡因执行本合同或与本合同有关事项所发生的一切争执，应由双方通过友好方式协商解决。如果不能达成协议，则在被告国根据被告仲裁机构的仲裁程序和规则进行仲裁。仲裁决定是终局的，对双方具有同等的约束力。仲裁费用除仲裁机构另有决定外，均由败诉一方负担。

Arbitration：All disputes in connection with the Contract or the execution thereof shall be settled by negotiation between two parties.If no settlement can be reached，the case in dispute shall then be submitted for arbitration in accordance with the arbitration regulations of the arbitration organization of the defendant country. The decision made by the arbitration organization shall be taken as final and binding upon both parties. The arbitration expenses shall be borne by the losing party unless otherwise awarded by the arbitration organization.

（15）备注：

Remarks：

卖方：Sellers：　　　　买方：Buyers：

中国矿产进出口公司

CHINA NATIONAL MINERALS

IMPORT & EXPORT CORPORATION

【小资料 7-2】

中国粮油食品进出口公司安徽省分公司

CHINA NATIONAL CEREALS, OILS & FOODSTUFFS IMPORT & EXPORT CORPORATION, ANHUI BRANCH

销货合约

SALES CONTRACT　号码 Number________

日期 Date___________

中国粮油食品进出口公司安徽省分公司（以下简称卖方）与____________________（以下简称买方）同意按下列条款成交：

The China National Cereals, Oils and Foodstuffs Import & Export Corporation, Anhui Branch (hereinafter called the Sellers) and ____________________ (hereinafter called the Buyers) agree to close the following transaction according to the terms and conditions stipulated below:

1. 商品名称：

Name of Commodity:

2. 规格：

Specifications:

3. 包装：

Packing:

4. 数量：

Quantity:

（卖方在装运时，可溢/短装合同数量____%，此溢/短装部分，按本合同单价结算。）

(Sellers have the option to deliver____% more or less of the quantity contracted, such excess or deficiency to be settled at the contracted price.)

5. 单价：

Unit Price:

6. 总值：

Total Value:

7. 装船日期：

Time of Shipment:

8. 唛头：

Shipping Mark:

9. 保险：

Insurance:

10. 付款条件：由买方通过为卖方所同意的银行开立中国银行保兑的、不可撤销的、可以转让并可以分割的、以卖方为受益人、有电报索汇条款的即期信用证。信用证必须于____前到达____。该信用证议付有效期至上述有关装运期后15天在中国到期。信用证中必须注明允许转船与分批装运，以及准许金额及数量增减____%由卖方确定。

Terms of Payment: The Buyers shall establish, through a bank acceptable to the Sellers a confirmed, irrevocable, transferable and divisible letter of credit with T.T. reimbursement clause in favour of the Sellers, to the Bank of China, to be available by sight draft (s). The letter of credit must reach____ before ____ and is to remain valid for negotiation in China until the 15th day after the date of shipment. The L/C must specify that transshipment and partial shipments are allowed and the____ % more or less both on amount and quantity at Sellers' option is permitted.

备注：本合同背面的一般条款是本合同的不可分割部分，对双方具有同等约束力。

Remarks: The General Terms and Conditions of this Contract on the back page constitute an inseparable part to this Contract and shall be equally binding upon both parties.

卖方 Sellers　　　　　　　　　　买方 Buyers

中国粮油食品进出口公司安徽省分公司

CHINA NATIONAL CEREALS, OILS & FOODSTUFFS

IMPORT & EXPORT CORPORATION ANHUI BRANCH

Address: Imp.& Exp.Bldg, Jinzhai Rd. Hefei　　　　Address:

Cable: "CEROILFOOD" Hefei　　　　Cable:

Telex: 90010 AHLYS CN　　　　Telex:

【小资料 7-3】

售货确认书

SALES CONFIRMATION NO.

商号日期

MESSRS DATE____________

签约地点

SIGNED AT____________

去函　　　去电

OUR LETTER (S) /CABLE (S)

去函　　　去电

DEAR SIRS YOUR LETTER (S) /CABLE (S)

兹确认按下列条件售予你方下述货物：

WE HEREBY CONFIRM HAVING SOLD TO YOU THE FOLLOWING GOODS ON TERMS AND CONDITIONS AS SET FORTH BELOW.

货名：

COMMODITY:

规格：

SPECIFICATION:

数量：

QUANTITY:

单价：

UNIT PRICE:

总值：

TOTAL VALUE:

装运期：

SHIPMENT DATE:

付款条件：保兑、不可撤销、全部发票金额之即期汇票信用证，在天津议付，有效期需延至装运日期后第15天在中国到期。该信用证不得迟于______开抵卖方。

TERMS OF PAYMENT：BY CONFIRMED AND IRREVOCABLE L/C FOR FULL INVOICE VALUE. AVAILABLE BY DRAFT AT SIGHT，NEGOTIABLE IN TIENTSIN. VALID IN CHINA UNTIL THE 15TH (FIFTEENTH) DAY AFTER DATE OF SHIPMENT. THE L/C SHALL BE OPENED TO THE SELLERS NOT LATER THAN__________.

包装：

PACKING：

唛头：

MARKS & NOS.：

保险：

INSURANCE：

备注：

REMARKS：

1.装运重量及品质，以天津商品检验机构出具之检验证书为证明并作为最后依据。

SHIPPING WEIGHT AND QUALITY TO BE CERTIFIED BY AND SUBJECT TO THE INSPECTION CERTIFICATE ISSUED BY TIENTSIN COMMODITY INSPECTION INSTITUTION.

2.许可较所订数量溢短装5%依成交价格计算。

DELIVERY OF 5% MORE OR LESS THAN THE TOTAL CONTRACT QUANTITY SHALL BE ALLOWED AND SETTLED AT THE CONTRACT PRICE.

3.全部交易条款以本售货确认书内所规定者为最后依据，信用证内规定之条款及词句必须与此确认书所规定者相符。

ALL THE TERMS CONTAINED IN THIS S/C ARE TO BE DEEMED AS FINAL AND THE END TERMS AS WELL AS WORDINGS.TO BE SPECIFIED IN THE L/C SHALL BE STRICTLY IN CONFORMITY WITH THOSE AS DESIGNATED IN THIS SALES CONFIRMATION.

【同步业务7-1】

模拟合同洽谈过程

业务分析：该同步业务旨在帮助学生掌握询盘、发盘、还盘、接受方面的知识和方法，提高在这些方面处理问题的能力。

业务程序：

1）学生分组，分配进口商、出口商的角色。

2）选定一种商品，进口商、出口商之间通过询盘、发盘、还盘、接受商谈进出口业务。

3）按洽谈内容签订合同。

■ 本章概要

□ 内容提要

● 本章主要介绍了国际货物交易一般工作程序中的三个重要环节——国际货物交易前的准备工作、国际货物交易的洽商和国际货物贸易合同的签订。

● 交易前的准备工作是指在对世界市场进行调查研究的基础上，选择好客户，进行出口商品的广告宣传，制订进口商品经营方案，做好对外贸易谈判准备工作等。

● 国际贸易中合同磋商的形式包括口头、书面及行为三种。

● 合同磋商的内容，涉及签订买卖合同的各项条件，包括品名、品质、数量、包装、价格、装运、保险、支付以及商检、索赔、仲裁和不可抗力等条款。

● 合同磋商的一般程序可概括为询盘、发盘、还盘、接受（受盘）四个环节。

● 签订合同应注意以下一些问题：①签订合同的双方当事人必须具有法律资格；②合同的内容必须符合法律要求；③双方当事人的意思表示必须完全一致和真实；④合同签订的内容与洽商时达成协议的内容要一致，并明确双方的权利和义务等；⑤合同的各项条款必须协商一致。

□ 主要概念和观念

▲ 主要概念

发盘　还盘　接受　实盘　虚盘

▲ 主要观念

国际货物交易的洽商

□ 重点实务

国际货物交易合同的签订

■ 基本训练

□ 知识训练

▲ 简答题

1）对国外客户的调查主要包括哪些方面？

2）合同磋商的一般程序是什么？

3）一份具有法律效力的合同应具备哪些条件？

4）国际货物买卖合同的正文一般包括哪些条款？

5）构成一项有效的接受必须具备哪些条件？

6）发盘效力的终止有哪些情况？

▲ 填空题

1）（　　）和（　　）是每笔交易必不可少的两个基本环节。

2）（　　）是发盘人有保留地愿意按一定条件达成交易的一种表示。

3）一份完整的国际货物买卖合同一般包括三部分，即（　　）、（　　）和（　　）。

4）（　　）条款是国际货物买卖合同中普遍采用的免责条款。

▲ 单项选择题

1）按《公约》的规定，一项发盘在送达受盘人之前是可以阻止其生效的，这叫发盘的（　　）。

A. 撤回　　B. 撤销　　C. 还盘　　D. 接受

2）我方6月10日向国外某客商发盘，限6月15日复到有效，6月13日接到对方复电“你方10日电接受，以获得进口许可证为准”。该接受（　　）。

A.相当于还盘

B.在我方缄默的情况下，则视为接受

C.属于有效的接受

D.属于一份非实质性变更发盘条件的接受

3）根据《公约》的规定，发盘和接受的生效采取（　　）。

A.投邮生效原则　　B.签订书面合约原则

C.口头协商原则　　D.到达生效原则

4）我公司星期一对外发盘，限星期五复到有效，客户于星期二回电还盘并邀我方电复。此时，国际市场上该商品价格上涨，故我方未予答复。客户又于星期三来电表示接受我方星期一的发盘。在上述情况下，（　　）。

A.接受有效　　B.接受无效

C.如我方未提出异议，则合同成立　　D.属有条件的接受

5）A公司5月18日向B公司发盘，限5月25日复到有效。A公司向B公司发盘的第二天，收到B公司5月17日发出的、内容与A公司发盘内容完全相同的交叉发盘，此时（　　）。

A.合同即告成立

B.合同无效

C.A公司向B公司或B公司向A公司表示接受，当接受送达对方时，合同成立

D.必须是A公司向B公司表示接受，当接受送达B公司时，合同成立

▲ 多项选择题

1）一项发盘应具备的条件有（　　）。

A.向一个或特定的几个人发出　　B.内容必须十分确定

C.表明愿意接受约束　　D.必须规定有效期

2）下列选项中，属于实质性变更发盘内容的有（　　）。

A.货物的价格　　B.货物的数量

C.交货的时间、地点　　D.货物的品质

▲ 讨论题

1）参与对外贸易谈判的人员应具备哪些素质？

2）发盘一　A向B发盘，其内容是："供应100台拖拉机，100匹马力，每台CIF香港4 500美元，订立合同后2个月装船，不可撤销信用证付款，以未售出为准，请电复。"

发盘二　A向B发盘，其内容是："供应100台拖拉机，100匹马力，每台CIF香港4 500美元，订立合同后2个月装船，不可撤销信用证付款，请电复。"

这两份发盘哪一份是虚盘，哪一份是实盘，为什么？

□ 能力训练

▲ 案例分析

查清逾期接受的原因

背景与情境：3月15日，A公司向新加坡客户G公司发盘："报童装兔毛衫200打，货号CM034，每打CIF新加坡100美元，8月份装运，即期信用证付款，25日复到有

效。”3月22日，A公司收到G公司的如下答复：“你方15日发盘收到。你方报价过高，若降至每打90美元可接受。”A公司次日复电：“我方报价已是最低价，降价之事歉难考虑。”3月26日，G公司又要求A公司航邮一份样品以供参考。3月29日，A公司寄出样品，并函告对方：“4月8日前复到有效。”4月3日，G公司回函表示接受发盘的全部内容，函件于4月10日送达A公司。经办人员视其为逾期接受，故未作任何表示。

7月6日，A公司收到G公司开来的信用证，并请求按尽可能早的航班出运。此时因原料价格上涨，A公司已将价格调整至每打110美元，故于7月8日回复称：“我公司与你方此前未达成任何协议，你方虽曾对我方发盘表示接受，但我方4月10日才收到，此乃逾期接受，无效。请恕我方不能发货。信用证已请银行退回。如你方有意成交，我方重新报价每打CIF新加坡110美元，9月份交货，其他条件不变。”7月12日，G公司来电：“我方曾于4月3日接受你方发盘，虽然如你方所言，4月10日才送达你方，但因你我两地之邮程需3天时间，尽管我方接受在传递过程中出现了失误，但你我两国均为《联合国国际货物销售合同公约》的缔约国，按公约第21条第2款的规定，你方在收到我方逾期接受后未作任何表示，就意味着合同已经成立。请确认你方将履行合同，否则一切后果将由你方承担。”

资料来源　作者根据相关资料整理.

问题：

1）这次的逾期接受有效吗？

2）从本案中你得到了哪些启示？

分析要求：同第1章“基本训练”中本题型的“分析要求”。

▲ 自主学习

自主学习-4

【训练步骤】

1）将班级同学组成若干“自主学习”训练团队，每队确定一人负责。

2）各团队根据训练项目的需要进行角色分工。

3）通过院资料室、校图书馆和互联网，查阅“文献综述格式、范文及书写规范要求”和近三年关于“国际贸易合同风险防范”的学术文献资料。

4）综合和整理“国际贸易合同风险防范”最新学术文献资料，依照“文献综述格式、范文及书写规范要求”，撰写《“国际贸易合同风险防范”最新文献综述》。

5）在班级交流各团队的《“国际贸易合同风险防范”最新文献综述》。

6）在校园网的本课程平台上展出经过修订并附有教师点评的各组《“国际贸易合同风险防范”最新文献综述》，供学生相互借鉴。

□ 课程思政

我支持新疆棉花

背景与情境：2020年4月，非政府组织“全球法律行动网络”向英国海关提交报告，污蔑中国新疆棉花产业存在对维吾尔族人的强迫劳动，要求英国禁止进口相关商品。2021年3月，H&M发表声明表示，H&M不与位于新疆的任何服装制造工厂合作，也不从该地区采购产品/原材料。随后，有网友发现，近些年发表过“抵制新疆棉花”相关言论的国外企业还有不少，其中包括阿迪达斯、耐克、优衣库、巴宝莉等。根据央视的报道，2020年以来，新疆一些企业已经签好的棉产品出口订单突然间全部被取消，企业经营出现了一定问题。

对此，中国外交部发言人赵立坚表示，所谓新疆存在“强迫劳动”“强制绝育”等“侵犯人权行为”，是个别别有用心的所谓学者和机构蓄意编造和散布的弥天大谎，违背公理良知，中国人民表示强烈愤慨。对此，任何愿意尊重和了解中国、不对新疆抱有恶意和偏见的人都应该予以警惕和抵制。中国外交部发言人华春莹表示，这件事情本身就是对中国进行造谣污蔑和诋毁，她还拿出了两张照片予以回击，分别是在美国黑奴被强迫在棉花地里采摘和中国新疆超过70%的棉花田都已经进行机械化采摘的情景。华春莹表示：新疆地区的棉花是世界上最好的棉花之一，不用是相关企业的损失。中国光明磊落，中国人民友善开放。但中国民意不可欺、不可违。

2022年1月14日，中国外交部发言人汪文斌在例行记者会上用了10分钟的时间揭批美国反华势力炮制的涉疆谎言：

（1）涉疆谎言制造者经常给自己披上三件外衣：第一件是“学术”外衣，就是以学者或者学术机构的名义来散布谣言，如澳大利亚战略政策研究所。第二件是“受害者”外衣，就是以“亲历者”或者目击者的身份编造谎言，这样的假证人可谓比比皆是。第三件是“法律”外衣，即打着法律的幌子兜售谎言，其代表就是所谓的“维吾尔特别法庭”。这个“法庭”跟法律没有任何的关系，完全是欺世盗名，进行反华操弄。

（2）炮制涉疆谎言的人看似彼此孤立，实则紧密相联，背后都受同一个“主子”的指使和操控。涉疆谎言真正的炮制者和受益者正是美国的一些反华势力。美国的前高官威尔克森早在2018年就毫不掩饰地承认，美国想破坏中国稳定，最好的办法就是制造动荡，煽动维吾尔族“从内部搞乱中国”，编造涉疆谎言，抹黑中国形象，破坏中国稳定。遏制中国发展就是美国反华势力“以疆制华”战略的一步。

（3）时移世易。美国当年拿一瓶白色的粉末（也有说是“洗衣粉”的）作为证据，指责伊拉克拥有大规模杀伤性武器并发动伊拉克战争。近20年后，美国又根据一帮蹩脚“演员”的“证词”和剧本指控新疆“种族灭绝”“强迫劳动”，并出台对华制裁措施和法案，对中国进行打压，两者的手法如出一辙。只不过，这一次栽赃陷害的工具变成了新疆的棉花。但是，时代在进步，世界在发展，世人的鉴别力在提高。美国反华势力炮制的涉疆谎言破坏不了新疆安定团结、和谐发展、人民幸福的大好局面，掩盖不住国际社会支持中国的正义之声，只会将撒谎者、阴谋家的真实面目清晰暴露在世人的面前。

汪文斌最后强调，乌云遮不住太阳，只会让人更加欣赏背后的蓝天。反华势力挖空心思抹黑、打压中国，过去没有得逞，现在和将来更不会得逞，世纪谎言的制造者必将被牢牢地钉在历史的耻辱柱上。

新疆棉事件表面上是棉花问题，背后是利益问题。过去，美国是世界第一棉花生产国。但这些年，新疆棉花大力发展，目前，全球有20%～30%的原棉都来自中国，而中国80%的原棉都来自新疆。相比普通棉花，新疆的长绒棉因为日照充足，品质优异。而中国棉花产量的上涨或将影响美国的纺织业。所谓的强迫劳动只是借口，目的还是打压中国的纺织业。抹黑污蔑只会让中国给予一次强有力的回击，也给了国货一次崛起的机会，展示了国货长久积累的雄厚实力。

资料来源 根据佚名. 外交部揭露涉疆谎言制造者常披的三件“外衣”[EB/OL]. [2022-01-15]. https://baijiahao.baidu.com/s?id=1721995431405698120&wfr=spider&for=pc.等新闻资料整理改编.有删减.

问题：

1）查找资料，了解BCI组织的相关情况。

2）思考中国企业应如何破局。

研判要求：同第1章“基本训练”中本题型的“研判要求”。

第8章 国际货物交易的一般工作程序（二）

学习微平台

第8章
思维导图

◆ 学习目标

通过本章的学习，应该达到以下目标：

职业知识：学习和把握国际货物交易中出口合同、进口合同的一般履行程序和相关单证等方面的理论与实务知识；能用其指导本章“基本训练”中“知识训练”各题型的认知活动，正确解答相关问题。

职业能力：运用本章知识研究相关案例，培养在特定业务情境中分析问题与决策设计的能力；通过“模拟进出口货物通关程序”实训操练，训练学生的专业操作技能。

课程思政：结合本章教学内容，研判“课程思政”案例，使学生认识到在国际贸易履约过程中用专业的业务知识和法律知识维护自身权益的重要性。

【引例】

国际货物运输承运人的责任

背景与情境：某年10月，某粮油食品进出口公司（买方）从某国进口了3 000箱冻鸡，委托某航运公司“东方”轮运输。“东方”轮在迪拜港装上全部冻鸡后，经过35天航行，到达上海港交货。买方在港口检查时，发现冻鸡全部解冻变质。经相关部门鉴定，认为不适宜人类食用，买方损失66 000美元。

买方随后诉至法院提出索赔，诉称承运人对自己运输的货物管理不当，保管未尽其责，对由此而发生的货损应负全责。承运人辩称货物在装船之前冷藏舱设备已由当地船检局检查，在船只开往上海港的整个过程中，温度一直保持在−17℃～−12℃，机器正常没有损坏。货损原因是冷却器冻塞，冷气打不进冷藏舱，是管船过失所致。根据《海牙规则》，对因船长、船员或承运人的雇佣人员在驾驶和管理船舶方面的行为疏忽所致的货损，承运人可以免责，所以承运人拒不承担赔偿责任。后经查明，冻鸡变质的原因确是冷藏机的冷却器冻塞，冷气打不进去，造成冷藏舱内温度过高，导致货物变质。法院审理认为，承运人拒赔理由不成立，最后判决承运人赔偿买方经济损失66 000美元而结案。

本章在第7章的基础上，着重阐述国际货物交易中进出口合同的履行程序。

8.1　国际货物出口合同的履行

国际货物出口合同的履行主要是指在国际贸易中，出口商为履行合同规定的义务而依据合同实施的行为。在履行出口合同时，卖方必须全面地按照合同的规定交付货物，移交一切与货物有关的单据并转移货物所有权。这是卖方的基本义务。

我国的出口贸易除大宗交易有时采用FOB贸易术语外，多数采用CIF和CFR贸易术语。以采用CIF、CFR贸易术语且凭信用证支付的交易为例，其一般涉及备货、催证、审证、改证、报验、报关、投保、装船和制单结汇等环节的工作。其中，货（备货）、证（催证、审证、改证）、船（租船、订舱）、款（制单结汇）四个基本环节对合同完全和及时地履行具有非常重要的作用，任何一个环节出了问题，都将产生难以预测的后果。因此，外贸企业必须加强对出口合同的管理，切实建立起能反映出口合同执行情况的管理制度，做好“四排队”“三平衡”工作。所谓**四排队**，*是指以买卖合同为对象，根据合同要求的货物是否备妥、信用证是否落实，按四种情况——“有证有货”“有证无货”“无证有货”“无证无货”进行分析排队。通过排队，摸清货、证的实际情况，及时发现问题，采取措施，解决问题。***三平衡***是指以信用证为依据，根据信用证规定的装运期和到期日的远近，结合货源和运输能力的具体情况，分清轻重缓急，力求做到“货、证、船”三方面的有效衔接，保证按时装运和交付货物，从而保证出口合同得以顺利履行。*

8.1.1　备货和报验

备货和报验是卖方全面履行出口合同的首要工作环节。

1）备货

备货是出口方为保证按时、按质、按量地履行出口合同规定的交货义务，按照合同和信用证规定的品质、包装、数量和交货时间而进行的货物准备工作。备货工作的内容主要包括安排货源、加工及包装。出口方在备货过程中，应注意以下三个问题：

（1）货物的数量必须符合合同规定。出口商品的数量应留有余地，以备装运时可能发生的调换和适应舱容之用。

（2）货物的品质和包装要符合合同规定。货物的品质要严格遵守合同的规定，如发现包装不良或损坏，应及时进行整修或换装。唛头（运输标志）应严格按合同规定的式样刷制。

（3）要严格按照合同规定的时间交货。

【同步思考8-1】

出口商什么时候开始备货？

理解要点：根据支付方式的不同，出口商收到订金或收到信用证并审核后再备货更稳妥。

2）报验

对凡属法定检验或出口合同约定必须经出入境检验检疫机构检验的出口商品，在货物备齐后，应持买卖合同等有关单证向出入境检验检疫机构申请检验，只有取得出入境检验检疫机构发给的合格的检验证书之后，海关才准予放行。凡检验不合格的货物，一律不得出口。

非法定检验、出口合同也未规定由商检机构出证的商品，则应视不同情况，委托商检机构、生产部门或供货部门进行检验，或由外贸企业自行检验，合格后装运出口。

凡属危险货物，其包装容器应由生产该容器的企业向商检机构申请包装容器的性能鉴定。包装容器经商检机构鉴定合格并取得性能鉴定证书后，方可用于包装危险货物。使用未经鉴定合格的包装容器的危险货物不准出口。

经出入境检验检疫机构检验合格的出口商品，发货人应当自检验证书或者放行单签发之日起60天内报运出关。逾期报运出关的，必须重新向商检机构报验，取得合格证书后方可出口。

8.1.2 催证、审证、改证

在凭信用证支付的合同中，落实信用证是履行出口合同不可缺少的重要环节。落实信用证工作直接关系到我国对外贸易政策的贯彻和收汇的安全。其通常包括催证、审证和改证三项内容。

1）催证

催证是催开信用证的简称，是指在凭信用证支付的出口合同中，通过信件、电报、电传或传真催促国外进口商及时办理开立信用证的手续并将信用证送达我方，以便我方及时装运货物出口，履行合同义务。通常，在下列情况下有必要进行催开信用证：

（1）如出口合同规定的装运期限较长（如6个月），买方应在我方装运期前的一定时日（如20天）开立信用证，则我方应在通知对方预计装运期的同时，催请对方开证。

（2）如买方在出口合同规定的期限内未开立信用证，我方可根据合同规定向对方要求损害赔偿或宣告合同无效。但如不需要立即采取这一行动，仍可催促对方开证。

（3）如果我方根据备货和承运船舶的情况可以提前装运，则可商请对方提前开证。

（4）开证限期未到，但发现客户资信不好，或者市场情况有变，也可催促对方开证。

催证的方法一般是直接向国外客户发函电通知，必要时还可商请银行或我驻外机构或代理等给予协助和配合，代为催证。

2）审证

信用证是开证银行根据开证人（进口人）的申请书开立的，而申请书是根据买卖合同填写的，所以受益人（出口人）收到的信用证，其内容应当与买卖合同完全一致。但是，在实际业务中，经常发现国外来证的内容并不完全符合买卖合同的规定，有的甚至大相径庭。出现这种情况的原因很多，如开证人或开证行工作上的疏忽和差错、不同国家贸易习惯的不同、电文传递的错误、国外客户故意在信用证内加列一些不合理的条款甚至在申请开证时故设陷阱等。因此，为确保收汇安全和合同顺利履行，防止我方产生不应有的损失，我们应对不同国家、不同地区以及不同银行的来证，根据合同进行认真的审核。对信用证内容的审核，大体包括以下几点：

（1）从政策上审核。来证的各项内容必须符合我国有关方面的方针政策。

（2）对开证行资信的审核。凡是政策规定不能与之往来的银行开来的信用证，均应拒绝接受。对于资信较差的开证行，可采取适当措施（如要求银行加具保兑等），以保证我方收汇的安全。

（3）对信用证不可撤销性的审核。我方能够接受的国外来证必须是不可撤销的。有的来证虽然注明“不可撤销”，但是开证行对其应负责任方面却附加了一些与“不可撤销”相矛盾的条款，使“不可撤销”名不副实，对此，均需要求对方按一般做法改正。

（4）对有无保留或限制性条款的审核。在信用证中规定有保留或限制性条款的情况，在实际业务中比较常见。受益人对此应当特别注意，提高警惕。

上述四点，是银行审证的要点，进出口公司只作复核性审查。

（5）对支付货币及信用证金额的审查。信用证规定的支付货币应与合同规定的相同；否则，原则上应要求开证人改证。信用证金额一般应与合同金额相符。信用证上金额总值的阿拉伯数字和大写文字必须一致，若两者不一致，应要求改证。

（6）对有效期、交单期和最迟装运期的审查。未规定有效期的信用证是无效信用证，不能使用。凡晚于有效期提交的单据，银行有权拒收。此外，信用证还应规定一个运输单据出单日期后必须向信用证指定的银行提交单据要求付款、承兑或议付的特定期限，即“交单期”。如信用证未规定交单期，按惯例，银行有权拒收迟于运输单据日期21天后提交的单据，但无论如何，单据也不得迟于信用证到期日提交。如信用证规定的交单期距装运期过近（运输单据出单日期后两三天），则应提前交运货物，或要求开证人修改信用证，推迟交单期限，以保证能在装运货物后如期向银行交单。

最迟装运期是指卖方将货物装上运输工具或交付给承运人接管的最迟日期。如国外来证晚，无法按期装运，应及时电请国外买方延展装运期限。信用证的到期日同最迟装运期应有一定的间隔，以便装运货物后能有足够的时间制单、交单、议付等。

（7）对开证申请人和受益人的审查。开证申请人大都是买卖合同的对方当事人（买方），但也有可能是对方的客户（实际买主或第二买主）；受益人通常是我方出口企业，是买卖合同的卖方。

（8）对付款期限及转运和分批装运的审查。信用证中的付款期限及转运和分批装运条款必须与买卖合同的规定一致。

（9）对商品的名称、规格、包装、数量等的审查。对信用证中关于商品的名称、规格、包装、数量、价格（包括佣金、折扣）、保险金额、保险险别、单据种类和份数及填制方法等，均需作全面审查，必须与合同相符。

上述是审证的要点。在实际工作中，还应按照买卖合同条款，参照国际商会《跟单信用证统一惯例》的规定和解释，逐条对照，详细审核。有时来证中会加列许多特殊条款（Special Conditions），如指定船公司、船籍、船龄、船级等买卖合同规定之外的条款，对此应格外认真并仔细地进行审查，必要时还应与有关部门联系、研究以后决定是否接受。

3）改证

在实际业务中，出口企业在对信用证进行了全面细致的审核以后，对于发现的问题，应区分不同的性质，必要时同银行、运输、保险、商检等有关部门共同研究，做出适当、妥善的决策。一般说来，凡属于不符合我国对外贸易方针政策、影响合同履行和收汇安全的问题，必须要求国外客户通过开证行修改，并坚持在收到银行修改信用证通知书后才装运货物；对于可改可不改，或经过适当努力可以做到的，则可酌情处理或不作修改，按信用证的规定办理。同时，对于收到的任何信用证修改通知书，都要认真进行审核，如发现修改的内容有误或我方不能同意的，我方有权拒绝接受，但应及时做出拒绝接受的通知送交通知银行，以免影响合同的顺利履行。

关于信用证的修改规则，《跟单信用证统一惯例》（国际商会第600号出版物）第10条有详细和具体的规定：

（1）凡未经开证行、保兑行（如有）及受益人同意，信用证既不能修改也不能撤销。

（2）开证行自发出信用证修改书之时起，就不可撤销地受其约束。保兑行可将其保兑承诺扩展至修改内容，并自通知该修改之时起，即不可撤销地受该修改的约束。然而，保兑行可选择仅将修改通知受益人而不对其加具保兑，但必须不延误地将此情况通知开证行和受益人。

（3）在受益人向通知修改的银行表示接受该修改内容之前，原信用证（或包含先前已被接受修改的信用证）中的条款和条件对受益人仍然有效。受益人应发出接受或拒绝接受修改的通知。如受益人未提供上述通知，当其提交至被指定银行或开证行的单据与信用证以及尚未表示接受的修改的要求一致时，即视为受益人已做出接受修改的通知，并从此时起，该信用证已被修改。

（4）通知修改的银行应当向发出修改书的银行发出任何有关接受或拒绝接受修改的通知。

（5）不允许部分接受修改，部分接受修改将被视为拒绝接受修改的通知。

（6）修改书中做出的“除非受益人在某一时间内拒绝接受修改，否则修改将开始生效”条款将被不予置理。

【同步案例8-1】

合同与信用证不符

背景与情境：某国际贸易公司出口一批花生仁，合同规定数量600吨，3—8月每月各装运100吨，不可撤销即期信用证付款，装运月份开始前20天买方负责将信用证开至卖方。买方按约如期于2月8日将信用证开给卖方，经审查，信用证中的总量与总金额以及其他条款均与合同规定一致，但装运条款仅规定“允许分批”和“最后装运日期为8月31日”。由于出口企业备有库存现货，为争取早出口、早收汇，遂先后于3月10日和6月12日将货物分两批各300吨装运出口，由于提交的单据符合信用证条款的规定，付款行及时履行了付款义务。但事后不久，收到国外买方的电传，声称我出口企业违反了合同，并提出索赔。

问题：对此，你认为应如何处理？

分析提示：当合同与信用证不符时，卖方应参照信用证的条件交单，因为银行付款的条件是“单单一致、单证一致”。在此案例中，由于对方首先在信用证中更改了合同的条件，我方只是默认后依照规定交单而已，责任不在我方，因此不应赔偿。

8.1.3　租船、订舱、装运

在备货和落实信用证以后，出口企业应按买卖合同和信用证的规定，安排租船、订舱事宜，办理投保、报关等手续。

1）租船、订舱

在货、证备齐以后，出口企业要办理租船、订舱手续。如果出口货物的数量较大，需要整船载运，则需要办理租船手续；若出口货物的数量不大，不需要整船装运，可洽订班轮或租订部分舱位运输。在履行CIF或CFR合同时，出口企业办理租船、订舱手续的步骤大致如下：

（1）填写出口托运单。出口企业在备妥货物，收到国外开来的信用证经审核无误后，就应根据买卖合同和信用证条款的规定填制海运出口托运单。所谓海运出口托运单，又称订舱委托书（Booking Note），是出口企业向外运机构提供的出运货物的必要文件，亦是外运机构向船公司订舱配载的依据。待海运出口托运单妥善填制完成后，应在规定日期送交外运机构，委托其订舱。海运出口托运单的一般格式见表8-1，海运出口货物订舱委托书的一般格式见表8-2。

表8-1

海运出口托运单

托运人

Shipper____________

编号 No.__________________ 船名 S/S________________ 目的港 For______________

<table>
<tr><td colspan="2" rowspan="2">标记及号码
Marks & Nos.</td><td colspan="2" rowspan="2">件数
Quantity</td><td rowspan="2">货名
Description of Goods</td><td colspan="3">重量（千克）
Weight（Kilos）</td></tr>
<tr><td colspan="2">净
Net</td><td>毛
Gross</td></tr>
<tr><td colspan="5" rowspan="2"></td><td colspan="2"></td><td></td></tr>
<tr><td colspan="3">运费支付方式</td></tr>
<tr><td colspan="5">共计件数（大写）
Total Number of Packages（in Words）</td><td colspan="3"></td></tr>
<tr><td rowspan="2">运费计算</td><td rowspan="2"></td><td colspan="3">尺码
Measurement</td><td colspan="3"></td></tr>
<tr><td colspan="3"></td><td colspan="3"></td></tr>
<tr><td>备注</td><td colspan="7"></td></tr>
<tr><td>抬头</td><td>Order of</td><td>可否转船</td><td></td><td>可否分批</td><td colspan="3"></td></tr>
<tr><td rowspan="2">通知</td><td rowspan="2"></td><td>装期</td><td></td><td>效期</td><td></td><td>提单
张数</td><td></td></tr>
<tr><td>金额</td><td colspan="5"></td></tr>
<tr><td>收货人</td><td></td><td>银行编号</td><td></td><td>信用证号</td><td colspan="3"></td></tr>
</table>

制单　　　　月　　日

表8-2

海运出口货物订舱委托书

年　月　日

预配船名：________ 委托编号：____

合同号：__________ 船名：________

信用证号：________ 提单号：______

<table>
<tr><td colspan="2">标记及号码</td><td>件数</td><td>货物及规格</td><td colspan="2">重量</td><td>体积（英制）及规格</td></tr>
<tr><td colspan="2"></td><td></td><td></td><td>全重</td><td></td><td></td></tr>
<tr><td colspan="2"></td><td></td><td></td><td>货物</td><td></td><td></td></tr>
<tr><td colspan="4">发货单位名称：</td><td colspan="3">装船日期　　月　　日</td></tr>
<tr><td colspan="4">提单抬头：To Order</td><td colspan="3">结汇日期　　月　　日</td></tr>
<tr><td colspan="4">起运港：　　目的港：　　转运港：</td><td colspan="3">可否转船</td></tr>
<tr><td colspan="4">被通知人（正本）</td><td colspan="3">可否分批</td></tr>
<tr><td colspan="4">详细地址（副本）</td><td colspan="3">提单份数　　正　　副</td></tr>
<tr><td colspan="4">特殊条款：</td><td colspan="3">运费支付</td></tr>
<tr><td colspan="4">其他事项：</td><td colspan="3">货证情况</td></tr>
<tr><td colspan="7">外运记载事项：</td></tr>
</table>

委托单位　　　　　　　　复核　　　　　　　　制单

（2）船公司或其代理人签发装货单。装货单（Shipping Order）又称关单，俗称"下货纸"，是船公司或其代理人签发给货物托运人的一种通知船方装货的凭证。其作用有三点：①意味着运输合同已经订立，船公司已接受这批货物的承运。装货单一经签发，承运、托运双方均受其约束。如货物因船方的责任装不上船而被退关造成损失，船公司要承担赔偿责任。②海关凭此查验出口货物，如准予出口，即在装货单上加盖海关放行章。这也就是它被称作关单的由来。③通知船方装货，装货单是船公司或其代理人发给船方的装货通知和指令。装货单的一般格式见表8-3。

表8-3 **装货单**

中国外轮代理公司

CHINA OCEAN SHIPPING AGENCY

装货单

SHIPPING ORDER

船名 S/S________ 目的港 For________ S/O No.________

托运人

Shipper________

兹将下列完好状况之货物装船后希签署收货单：

Received on board the undermentioned goods apparent in good order and condition and sign the accompanying receipt for the same:

标记及号码 Marks & Nos.	件　数 Quantity	货　名 Description of Goods	毛重（千克） Gross Weight（in Kilos）

共计件数（大写）

Total Number of Packages（in Words）

日期 Date________ 时间 Time________

装入何舱

Stowed________

实　收

Received________

理货员签名 Tallied by________ 经办员 Approved by________

2）装运

出口企业或外运机构根据有关方面的要求，将出口清关的货物存放于指定仓库，待轮船抵港装运完毕，即由船长或大副根据装货的实际情况，签发收货单（大副收据），表明货物已装妥。收货单的一般格式见表8-4。出口企业或外运机构可凭收货单向船公司或其代理换取海运提单。如装船货物外表不良或包装有缺陷，船长或大副就会在大副收据上加以批注，即所谓"不良批注"，以分清船货双方的责任。如这时出口企业或外运机构向船公司或其代理换取提单，就只能凭此单据换取不清洁提单，从而在结汇时出现麻烦。此时，出口企业或外运机构通常的做法是：及时更换货物，以获取清洁提单。

表8-4 **收货单**

中国外轮代理公司

CHINA OCEAN SHIPPING AGENCY

收货单

MATE'S RECEIPT

船名 S/S________________ 目的港 For________________ S/O No.________________

托运人

Shipper____

下列完好状况之货物已收妥无损：

Received on board the following goods apparent in good order and condition:

标记及号码 Marks & Nos.	件　数 Quantity	货　名 Description of Goods	毛重（千克） Gross Weight（in Kilos）
共计件数（大写） Total Number of Packages（in Words）			

日期 Date________________ 时间 Time________________

装入何舱

Stowed__________________________________

实　收

Received__________________________________

理货员签名 Tallied by________________ 经办员 Approved by________________

8.1.4 投保与报关

（1）投保。对于CIF出口合同，卖方在装船前，应按照买卖合同和信用证的规定，向保险公司办理投保手续，填制投保单。在办理投保手续时，通常应填写国外运输险投保单，列明投保人名称、货物名称、标记、运输路线、船名或装运工具、开航日期、航程、投保险别、保险金额、投保日期、赔款地点等。保险公司接受投保后，即签发保险单据。

（2）报关。它有出口和进口之分。出口报关是指出口货物的发货人或其代理人向海关申报交验有关单据、证件，申请验关并办理货物通关出境的手续。《中华人民共和国海关法》规定：进出境运输工具、货物、物品，必须通过设立海关的地点进境或者出境。在特殊情况下，需要经过未设立海关的地点临时进境或者出境的，必须经国务院或者国务院授权的机关批准，并依照本法规定办理海关手续。

出口报关时，发货人或其代理人必须妥善录入出口货物报关单，必要时还应提供出口合同副本、发票、装货单或重量单、商品检验证书、出口许可证以及其他有关证件，向货物出境地海关办理报关手续。我国海关出口货物报关单格式见表8-5。

表8-5　　　　　　　　　　**中华人民共和国海关出口货物报关单**

预录入编号：　　　　　　　　　　　海关编号：

<table>
<tr><td colspan="3">出口口岸</td><td>备案号</td><td colspan="3">出口日期</td><td colspan="4">申报日期</td></tr>
<tr><td colspan="3">经营单位</td><td>运输方式</td><td colspan="3">运输工具名称</td><td colspan="4">提运单号</td></tr>
<tr><td colspan="3">发货单位</td><td>贸易方式</td><td colspan="3">征免性质</td><td colspan="4">结汇方式</td></tr>
<tr><td colspan="3">许可证号</td><td>运抵国</td><td colspan="3">指运港</td><td colspan="4">境内货源地</td></tr>
<tr><td colspan="3">批准文号</td><td>成交方式</td><td colspan="2">运费</td><td colspan="3">保费</td><td colspan="2">杂费</td></tr>
<tr><td colspan="3">合同协议号</td><td>件数</td><td colspan="2">包装种类</td><td colspan="3">毛重（千克）</td><td colspan="2">净重（千克）</td></tr>
<tr><td colspan="3">集装箱号</td><td colspan="6">随附单据</td><td colspan="2">生产厂家</td></tr>
<tr><td colspan="11">标记、唛码及备注</td></tr>
<tr><td>项号</td><td>商品编号</td><td>商品名称</td><td>规格型号</td><td>数量及单位</td><td colspan="2">最终目的国（地区）</td><td>单价</td><td>总价</td><td>币制</td><td>征免</td></tr>
<tr><td></td><td></td><td></td><td></td><td></td><td colspan="2"></td><td></td><td></td><td></td><td></td></tr>
<tr><td></td><td></td><td></td><td></td><td></td><td colspan="2"></td><td></td><td></td><td></td><td></td></tr>
<tr><td></td><td></td><td></td><td></td><td></td><td colspan="2"></td><td></td><td></td><td></td><td></td></tr>
<tr><td></td><td></td><td></td><td></td><td></td><td colspan="2"></td><td></td><td></td><td></td><td></td></tr>
<tr><td></td><td></td><td></td><td></td><td></td><td colspan="2"></td><td></td><td></td><td></td><td></td></tr>
<tr><td colspan="11">税费征收情况</td></tr>
<tr><td colspan="3">录入员　录入单位</td><td colspan="3">兹声明以上申报无讹并承担法律责任</td><td colspan="5">海关审单批注及放行日期（签章）</td></tr>
<tr><td colspan="6" rowspan="3">报关员
申报单位（盖章）
单位地址
邮编　电话　填制日期</td><td colspan="3">审单</td><td colspan="2">审价</td></tr>
<tr><td colspan="3">征税</td><td colspan="2">统计</td></tr>
<tr><td colspan="3">查验</td><td colspan="2">放行</td></tr>
</table>

【课程思政8-1】

骗取出口退税

背景与情境：为刺激出口，国家在某年内曾两次提高一般贸易出口货物的退税率。深圳口岸各海关发现，服装、陶瓷、电子产品等高退税率商品的出口报关数量骤增。发现此现象后，各口岸海关立即采取严格审核单证、逐票查验等措施，发现部分出口企业采取多报少出、以产品质量问题退货等非法手段骗取出口退税款项。通过调查，犯罪分子虚开增值税发票金额达323亿元，骗税42亿元，涉税犯罪团伙约150个。法院对骗取退税的个人和单位做出了公开判决。

问题：骗取国家退税款项、钻国家优惠政策的空子道德吗？应该怎样制止？

研判提示：国家退税，还利于企，刺激经济发展，是利国利企的好事。企业对国家实施的优惠政策应有感激之情，诚信守法才是道德的。而钻国家优惠政策的空子，骗取退税款项，不仅违法，也是违反职业道德的。为防止此类事件再次发生，国家在实施优惠政策之前对个人和企业应进行相关教育，唤起其良知，防止其违法行为的发生；同时，要进行严格的审查，对违规者加以严惩。

8.1.5 制单结汇

出口企业在货物装运后，应按照信用证的规定，正确缮制各种单据和必要的凭证，在信用证规定的交单有效期内，送交指定的银行办理结汇手续。

1）制作单据

（1）对出口单据的要求。银行在处理信用证业务时，只凭单据，不管合同与货物，即只审查受益人所提交的单据是否与信用证条款相符，以决定其是否履行付款责任。因此，对于出口单据，必须符合“单单一致、单证一致”和“正确、完整、及时、简明、整洁”的要求。

（2）常用的出口单据。出口单据的种类很多，下面对常用的出口单据及其制作进行简要的说明：

①汇票（Bill of Exchange/Draft）。在信用证支付方式下，缮制汇票时应注意以下几个问题：

A. 出票条款。它又称出票根据，在信用证业务中，一般包含三项内容：开证行名称、信用证号码和开证日期。

B. 汇票金额和币别。在填制汇票金额和币别时，应注意：第一，除非信用证另有规定，应与发票所列的金额和币别一致。第二，如信用证规定汇票金额为发票金额的百分之几，如98%，那么发票金额应为100%，汇票余额为98%，其差额2%一般为应付的佣金。这种做法通常用于中间商代开信用证的情况。第三，如信用证规定，部分信用证付款、部分托收，则应分成两套汇票：信用证项下汇票的金额按信用证允许的金额填制，其余部分为托收项下汇票的金额，两者之和等于发票金额。第四，汇票上的金额大小写必须一致，汇票金额不得涂改。

C. 付款人。采用信用证支付方式时，应按照信用证的规定，以开证行或其指定的付款行为付款人；倘若信用证中未指定付款人，应填写开证行。

D. 收款人。汇票的收款人应为银行：在信用证支付方式下，汇票的收款人通常为议付行；托收方式下的收款人应为托收行。汇票的出票人通常为信用证的受益人或出口人，在信用证可转让的情况下，也有可能是信用证的第二受益人。

②发票（Invoice）。它通常是指商业发票（Commercial Invoice），此外还有其他各种发票，如海关发票（Customs Invoice）、领事发票（Consular Invoice）和厂商发票（Manufacturer's Invoice）等。

商业发票是出口方开立的载有货物名称、数量、价格等内容的清单，是买卖双方交接货物、结算货款的主要单证，也是进口方记账、报关、纳税必不可少的单据之一，是出口方必须提供的中心单据。商业发票并无统一的格式，但其内容大致相同，见表8-6。

表8-6 **商业发票**

广东省纺织品进出口（集团）花纱布公司
GUANGDONG TEXTILES IMPORT & EXPORT（GROUP）COTTON，YARN & PIECE-GOODS COMPANY
To：M/S 商业发票 COMMERCIAL INVOICE 号码 NO.__________

日期 Date__________
信用证号 L/C NO.__________

装船口岸 From		目的地 To
唛头 Marks & Nos.	数量、货名 Quantities and Descriptions	总值 Amount

广东省纺织品进出口（集团）花纱布公司
GUANGDONG TEXTILES IMPORT & EXPORT
（GROUP）COTTON，YARN & PIECE-GOODS COMPANY

③提单（Bill of Lading）。提单是进口方提货的依据，是最重要的单据之一。在缮制提单的过程中应注意下列事项：

A. 提单的种类。国外来证一般均要求提供“已装船清洁提单”（Clean on Board B/L），若提供“不清洁”提单，银行将不予受理。按照国际惯例，对于联运提单或包括装运港至目的港全程的转船提单，银行也受理。

B. 托运人（Shipper）。其一般为信用证中的受益人，即出口商。如来证没有特别规定，银行亦接受以信用证受益人以外的第三者（如外运机构）为托运人的海运提单。

C. 收货人（Consignee）。在信用证方式下，提单中收货人一栏大部分依照信用证的规定做成“凭指示”（To Order）或“凭托运人指示”（To the Order of Shipper）抬头。这种提单必须经托运人背书，才可流通转让。

D. 提单中的货物名称除信用证另有规定外，可以用概括性的商品统称，不必一一列举。

E. 运费和费用（Freight & Charges）。该栏一般只填运费的支付情况：按 CFR 或 CIF 条件达成的交易，应填“运费已付”（Freight Prepaid）；若成交价为 FOB，除发货人代为支付运费外，应填“运费到付”（Freight Collect）。

F. 正本提单份数。其按信用证的规定填制，并用大写数字，如“一份”（ONE）、“两份”（TWO）、“三份”（THREE）。每份正本提单的效力相同，但只要其中一份凭以提货，其他各份立即失效。如信用证中规定“全套提单”（Full/Complete Set of B/L），就是指承运人在提单上注明的全部正本份数。

④保险单据（Insurance Policy）。出口商办妥投保手续后，由保险公司根据投保人所提供的国外运输险投保单缮制保险单。投保人应注意下列事项：

A. 在 CIF 或 CIP 合同中，保险单中的被保险人通常是信用证的受益人，并加空白背书，便于办理保险单转让。

B. 保险单的出单日期不得迟于提单上注明的日期。

C. 承保险别和保险金额应按照投保单填制，并与信用证的规定相一致。如信用证未作规定，保险金额不应低于货物 CIF 或 CIP 价值的 110%；如不能确定 CIF 或 CIP 货值，则不能低于银行付款、承兑或议付金额的 110% 或发票金额的 110%，以两者中金额较大者为保险金额。此外，大、小写金额应一致。

D. 被保险货物的名称需与提单等单据相一致，并不得与信用证中货物的描述相抵触。包装、数量、唛头、开航日期、船名、运输起讫地点等内容应和提单的内容相一致。

⑤产地证明书（Certificate of Origin）。它是一种证明货物原产地或制造地的重要文件，也是进口国海关执行差别关税和限制、控制或禁止某些国家（地区）货物进口的主要依据。

产地证明书一般分为普通产地证明书和普惠制产地证以及政府间协议规定的特殊原产地证等。它们虽然都用于证明货物的产地，但使用范围和格式不同。

A. 普通产地证明书，又称原产地证，签发该种证书的机构很多，如出口商、生产厂商、出入境检验检疫机构、中国国际贸易促进委员会等。一般情况下，以后两者签发的原产地证居多。

B. 普惠制产地证（Generalized System of Preference Certificate of Origin，G.S.P.）。它是普惠制的主要单据，凡是对给予我国以普惠制优惠关税待遇的国家出口的受惠商品，均需提供这种产地证，作为进口国海关减免关税的依据。其书面格式名称为“格式A”（Form A）。在我国，普惠制产地证由出口商填制后连同普惠制产地证申请书和商业发票一份，送交出入境检验检疫机构签发。

C. 纺织品产地证。对欧盟国家出口纺织品时，信用证一般都规定需提供特定的产地证，即纺织品产地证。此种产地证在我国是由出口地的商务厅签发的。

⑥检验证书。它是用来证明出口商品的品质、数量、重量、卫生等条件的证书。检验证书一般由国家指定的检验机构（如出入境检验检疫机构）出具，如合同或信用证未作特别规定，也可由外贸企业或生产企业出具。证书的名称视检验的内容而定，但应注意证书名称及所列项目和检验结果应与出口合同和信用证的规定相符。此外，还需注意检验证书是否在规定的有效期内；如果超过规定期限，应当重新报验。

⑦包装单据。它是商业发票的补充单据，指一切记载或描述商品包装情况的单据。在向银行交单要求付款、承兑或议付时，除散装货外，一般均要求提供包装单据。

不同商品有不同的包装单据，常用的有装箱单（Packing List）、重量单（Weight List）和尺码单（Measurement List）等。装箱单又称包装单，是表明出口货物的包装形式、包装内容、数量、重量、体积或件数的单据；重量单又称磅码单、码单，是以重量计量、计价的商品的清单；尺码单又称体积单，是着重记载货物包装件的长、宽、高及总体积的清单，供买方及承运人了解货物的尺码，以便合理运输、储存及计算运费。

2）交单结汇

交单结汇是指出口商（信用证的受益人）在规定的期限内向指定银行提交符合信用证条款规定的各种单据。银行对这些单据审核确认无误后，根据信用证规定的付汇条件，办理出口结汇。交单结汇是出口程序中的最后环节，也是出口合同能否完全履行的最后审核工作。能否顺利结汇是该环节的主要问题。

在我国的出口业务中，使用信用证出口结汇的方式主要有三种：收妥结汇、定期结汇和买单结汇。

（1）收妥结汇又称先收后结，是指议付行收到受益人提交的单据，经审核确认与信用证条款的规定相符后，将单据寄给国外付款行索款；待议付行收到付款行划付的外汇后，即按当日外汇牌价结算成人民币交付给受益人。

（2）定期结汇是指议付行在收到受益人提交的单据经审核无误后，将其寄给国外银行索款，并自交单日起预先在规定期限内将货款结算成人民币交付受益人。

(3) 买单结汇又称出口押汇或议付，是指议付行收到受益人提交的单据，经审核无误后，按信用证条款买入受益人的汇票和单据，并按照票面金额扣除从议付日到估计收到票款之日的利息，将余款按议付日外汇牌价折算成人民币，付给信用证的受益人。议付行买入汇票和单据后，就成为汇票的善意持有人，即可凭汇票向信用证的付款行索取票款。买单结汇是议付行向信用证受益人的资金融通，可加速出口商的资金周转，有利于其扩大出口业务。

【教学互动 8-1】

互动问题： 国外开来信用证规定最迟装运期为某年 8 月 31 日，议付有效期为同年 9 月 15 日，我公司提供的提单签发日期为 8 月 20 日，并于 9 月 14 日向银行提交整套表面合格的单据要求议付，结果遭银行拒付。为什么？

互动要求： 同“教学互动 1-1”的“互动要求”。

出口合同履行的程序如图 8-1 所示。

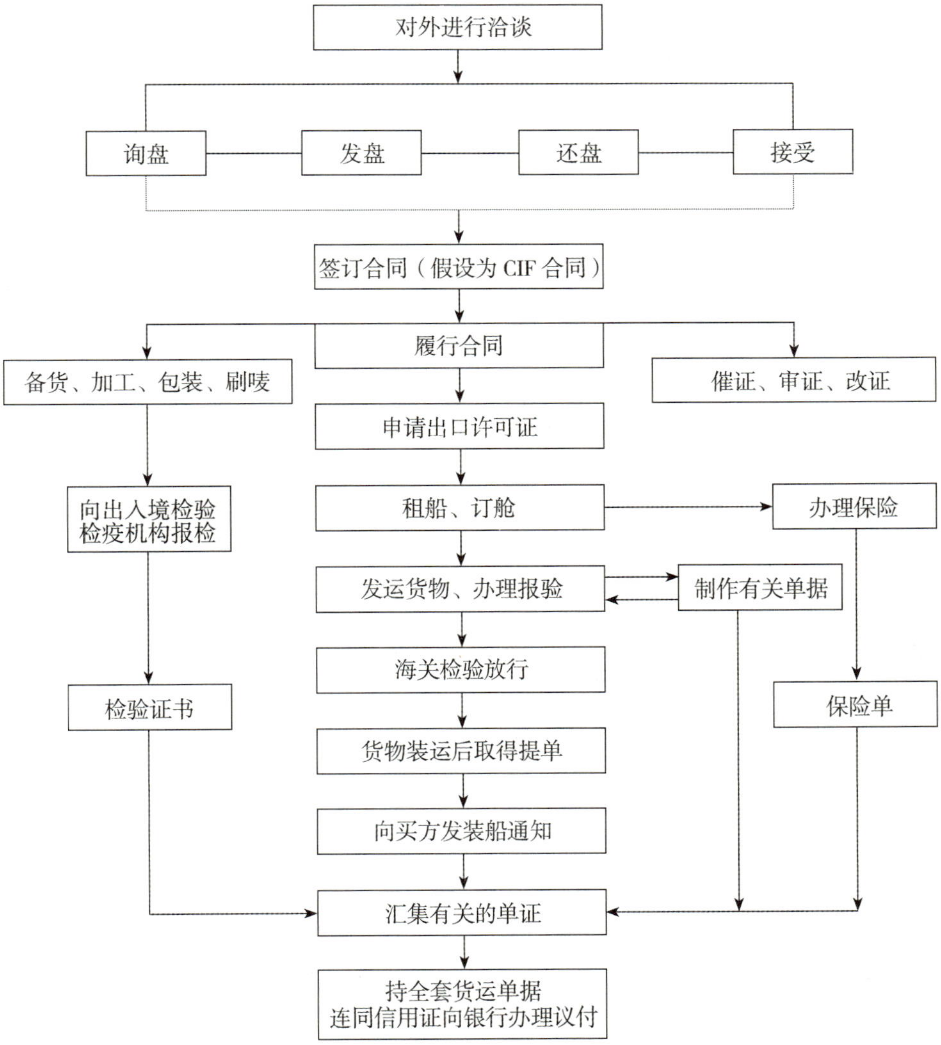

图8-1 出口合同履行的程序

8.1.6 理赔

在履行出口合同的过程中，由于种种原因，常常出现当事人一方不履行或不能完全履行合同义务的情形。如果外商未能履行合同规定的义务，致使我方遭受损失，我方可以按合同约定向对方索赔；若确系我方的原因造成违约，给外商造成损失，外商向我方索赔的，我方应做好调查，弄清事实，分清责任，实事求是地进行理赔。在理赔时，应注意以下问题：

（1）认真审核。要认真细致地审核国外买方提出索赔时交付的单证和出证机构的合法性，以防止其检验有误或恶意串通、弄虚作假。

（2）分清责任，弄清事实。要会同生产、运输、保险等有关部门，对商品的品质、数量、重量、包装、储存、运输等方面进行周密的调查，弄清造成事故的主要原因和不同部门应负的相关责任。对于外方提出的不合理要求，我方应根据可靠资料，以理拒绝。

（3）合理赔偿。如果确实属于卖方的责任，要予以赔偿，但要合理确认损失的程度、金额和赔偿方法。按照国际惯例，买方在证实卖方所交货物与合同规定不符时，除采用替代、修补等补救措施外，要求赔偿时，赔偿金数额的确定应遵循以下原则：①赔偿金数额应与因违约造成的损失相等；②赔偿金数额应以可以预计的损失为限；③由于受害方未采取合理措施，致使损失可能减轻而未减轻的，应要求从损害赔偿中扣除可以减轻的损失数额。

【同步案例 8-2】

倒签提单引起损失案

背景与情境： 我方A外贸公司向日本出口一批粮油，信用证规定装运期不得超过4月30日，交单议付期不得超过5月10日。因天气原因，船只5月1日才到港。A公司觉得因相差两三天要修改信用证没必要，就抓紧装船，于5月4日装完。由于提单日期必须与信用证一致银行才付款，A公司就向轮船公司写了担保并获得了4月30日的倒签提单，并向银行议付。买方知道此事后，正好市场上粮油价格下跌，就邀请律师登轮查了航海日记，证明A公司拿到的是倒签提单，并通知付款行不要接受伪造的单据，不要付款；同时，要求我方赔偿损失。因对方证据确凿，我方只好赔偿结案。

学习微平台

延伸阅读 8-1

资料来源　作者根据相关资料整理.

问题： 如何看待A公司的行为？

分析提示： A公司的错误在于不能按时装船时，没有直接与对方商洽修改信用证的装运期，却伪造了单据，从而遭受了损失。

【课程思政 8-2】

我国格力电器公司接受罚款

背景与情境： 2021年10月29日，一份美国司法部发布的公告引起关注。公告称中国格力电器公司及其子公司已与美国司法部达成延迟起诉协议。法庭文件显示，2012年，有美国消费者投诉该企业及其子公司生产的除湿机不符合美国适用的安全标准，可能会引起火灾，但格力电器公司几个月来并没有向美国消费品安全委员会（CPSC）报告这一信息。2013年，在消费者对火灾及其造成的伤害的投诉不断增加后，格力电器公司才报告并召回了这些除湿机。根据协议条款，格力电器公司同意接受总额为9 100万美元的罚款，并同意向因公司有缺陷的除湿机而引起火灾的任何未获赔偿的受害者提供赔偿。

格力电器公司在2021年10月31日发布的“关于在美国涉诉案件的说明”中称：近期与美国司法部消费者保护处、美国加利福尼亚中区联邦检察官办公室（统称DOJ）达成了协议，协议涉及的产品为我公司2005—2012年期间生产的出口北美的除湿机。公司于2012年收到事故投诉，于2013年6月向CPSC申报。由于申报不及时，2016年公司和CPSC达成民事和解，支付1 545万美元。2017年，DOJ就此同一事件要求我公司承担责任。经过多轮谈判，近期公司和DOJ达成协议，支付7 575万美元。如公司遵守协议约定，DOJ将在3年期结束后终结案件。说明最后表示，以上协议涉及的问题均发生在8年前，2013年以后未出现同类问题。协议涉及金额已全部计提，不会对公司的正常运营及本年度业绩造成影响。

资料来源　李华清．格力电器回应在美所涉案件：问题发生在8年前，所涉金额已全部计提［EB/OL］．［2021-10-31］．https://m.thepaper.cn/baijiahao_15162842.有删减．

问题：从该案件中我们可以得到哪些启示？

研判提示：本案例中涉及的产品，只有一小部分除湿器是用非防火材料做成的，中国许多家电厂商都用这种材料，并且是安全的。所以我国企业在拓展海外业务时，要关注不同国家消费者的需求、产品质量标准、法律和法规的差异；而且要总结经验教训，维护好品牌形象。

8.2　国际货物进口合同的履行

在进口业务中，我方作为买方，要坚持“重合同，守信用”的原则，及时履行合同义务；同时，还要随时注意卖方履行合同的情况，督促卖方按合同规定履行其应尽的义务。

8.2.1　办理对外付款保证手续

国际货物进口合同签订后，进口企业应在合同规定的期限内办理对外付款手续。我国进口业务使用的付款方式有：信用证、汇付、托收，也有同时使用两种或两种以上支付方式的（如凭银行保证书预付货款）。下面介绍进口货物最常采用的一种支付方式——信用证付款的有关程序和相关注意事项。

（1）申请开立信用证。开证申请人在向开证行申请开立信用证时，应填写开证申请书，连同所需的附件交开证银行。

开证申请人在填写开证申请书时，应做到信用证与合同相符，并要注意以下问题：①信用证的种类应符合合同规定。②信用证金额（即受益人可使用的最高限额）大小写要一致；除非确有必要，不宜在金额前加“约”“近似”或类似的词语，否则，将可能被解释为允许有不超过10%的增减幅度。③开证申请人不能规定为汇票的付款人，而应为开证行或信用证指定的其他银行；汇票应严格按照合同规定为即期或远期。④如采用海洋运输，一般应要求提供全套凭开证行或申请人指示并经发货人空白背书的已装船清洁提单。⑤其他单据，如原产地证书、品质证书、重量检验证书等的签发机构、形式、内容及证明事项等应作明确规定。⑥分批装运和转船，如信用证对此不作规定，将被视为允许分批装运和转船。⑦信用证必须规定一个有效期和交单地点，否则，该信用证无效。⑧我国是外汇管制国家，信用证中应要求出口人在商业发票上记载进口许可证号码，以备进口通关时海关验货。

（2）信用证的修改。信用证开出后，如发现内容与开证申请书不符，或因情况发生变化，或其他原因，需对信用证进行修改，应立即向开证行申请办理修改信用证的手续。如受益人收到信用证后，提出要求修改信用证中的某些条款，应区分不同情况分别对待：如同意修改，应及时通知开证行办理修改手续；如不同意修改，也应及时通知受益人，敦促其按原证条款履行合同。

进口企业对信用证的开立和修改应持慎重态度，应注意修改内容的正确性，并应考虑到受益人有可能拒绝修改而仍按原证条款履行合同。为防止被动，必要时可在开立的信用证或签发的修改通知书中限定受益人表示拒绝修改通知的期限。

8.2.2 租船、订舱与保险

1）租船、订舱

在货物进口业务中，凡以FOB或FCA贸易术语订立的合同，由我方安排运输，订立运输合同。货物采用海洋运输方式的，我方应负责租船、订舱工作。

卖方应在交货前一定时间内将货物预计备妥日期、毛重、体积等情况通知我方。我方在接到上述情况通知后，应及时办理租船、订舱手续；在接到运输机构的配船通知后，应按合同规定将船名及船期通知卖方，以便卖方准备装货。装船后，国外卖方应及时向我方发出装船通知，以便我方及时办理保险和接货工作。

对于CIF和CFR条件下的进口合同，系由卖方负责租船、订舱、安排装运。对此，我方应及时与卖方联系，掌握卖方的备货和装运情况。

2）保险

FOB、FCA、CFR和CPT条件下的进口合同，由进口企业负责向保险公司办理货物运输保险。进口货物运输保险一般有两种方式：

（1）预约保险。我国大部分外贸企业都和保险公司签订有进口货物运输的预约保险合同，按照预约保险合同的规定，保险公司对有关进口货物负自动承保的责任。因此，外贸公司在接到外商的装运通知后，应按要求填制进口货物“装货通知”，将合同号、起运口岸、船名、起运日期、航线、货物名称、数量、金额等必要内容一一列明，送保险公司，作为投保凭证。货物一经起运，保险公司即自动按预约保单所订的条件承保。

（2）逐笔投保。在未与保险公司签订预约保险合同的情况下，外贸企业对进口货物就需逐笔投保。一般情况下，外贸企业在接到卖方的发货通知后，必须立即缮制“装货通知”交保险公司，办理投保手续。“装货通知”中必须注明合同号、起运口岸、运输工具、起运日期、目的口岸、估计到达日期、货物名称、数量、保险金额等内容。保险公司承保后，会给外贸企业签发一份正式保单。如外贸企业不及时向保险公司投保，货物在投保之前在运输途中发生损失，保险公司不负赔偿责任。

保险公司对海运货物保险的责任期限，一般从货物在国外装上船时开始，到合同规定的国内目的地收货人仓库为止。保险公司对货物在卸货港港口的责任，以货物卸离海轮后60天为限，如在此期限内不能转运，可续申请最多60天延期。散装货以及木材、化肥、粮食等货物，保险责任均至卸货港的仓库或场地终止，并以货物卸离海轮60天为限，不实行国内转运期间保险责任的扩展。少数货物如新鲜果蔬、活牲畜等在卸离海轮时，保险责任即告终止。

8.2.3 审单和付款

国外卖方将货物交付装运后，会将汇票和全套单据提交当地银行办理议付。我方开证行收到国外议付行寄来的汇票和单据后，即按照信用证条件，核对单据的份数和内容，并就有关内容征求进口企业的意见，以确定是否付款；待核对单证相符无误、企业无异议后，由银行对外付款。同时，进口企业按人民币当日外汇牌价，向开证行买汇赎单。

通常情况下，开证行应在收到单据次日起的7个银行工作日内，审核和决定接受或拒绝接受单据，并相应地通知交单方。同时，按照我国的习惯，进口企业在接到银行通知的3个工作日内如未提出异议，银行即视同进口企业同意信用证规定的条件，对外承担到期付款责任。

由于开证行一经履行付款、承兑或议付责任，即不能追索或撤销，因此，银行和进口企业对单据的审核都必须十分认真，绝不能有一点疏忽。

8.2.4 报关、报验、提货

（1）报关。进口货物到港后，由进口人或其代理人录入“进口货物报关单”向海关申报，并附发票、提单、保险单、进口许可证、商品检验证书等。海关接受申报后，凭“进口许可证”和“进口货物报关单”对进口货物进行实际的核对查验。待确定无误后，由海关在货运单据上签字或盖章予以放行。未经海关放行的货物，任何单位或个人不得提取或发运。我国海关进口货物报关单的格式见表8-7，进口货物通关程序见表8-8。

表8-7　　**中华人民共和国海关进口货物报关单**

预录入编号：　　海关编号：

<table>
<tr><td>进口口岸</td><td>备案号</td><td colspan="2">进口日期</td><td colspan="2">申报日期</td></tr>
<tr><td>经营单位</td><td>运输方式</td><td colspan="2">运输工具名称</td><td colspan="2">提运单号</td></tr>
<tr><td>发货单位</td><td>贸易方式</td><td colspan="2">征免性质</td><td colspan="2">结汇方式</td></tr>
<tr><td>许可证号</td><td>起运国（地区）</td><td colspan="2">装运港</td><td colspan="2">境内货源地</td></tr>
<tr><td>批准文号</td><td>成交方式</td><td>运费</td><td colspan="2">保费</td><td>杂费</td></tr>
<tr><td>合同协议号</td><td>件数</td><td>包装种类</td><td colspan="2">毛重（千克）</td><td>净重（千克）</td></tr>
<tr><td>集装箱号</td><td colspan="4">随附单据</td><td>用途</td></tr>
<tr><td colspan="6">标记、唛码及备注</td></tr>
</table>

项号	商品编号	商品名称	规格型号	数量及单位	原产国（地区）	单价	总价	币制	征免

续表

进口口岸	备案号	进口日期	申报日期

税费征收情况		
录入员　录入单位	兹声明以上申报无讹并承担法律责任	海关审单批注及放行日期（签章）
报关员 申报单位（盖章） 单位地址 邮编　电话　填制日期		审单　审价 征税　统计 查验　放行

表8-8　**进口货物通关程序表**

通关程序	1 收单审据	2 估价征税	3 查验货物	4 签章放行
报关员应办理及应注意事项	1.录入进口货物报关单（一般贸易）；2.附装箱单、发票、进口许可证等单证向海关报关	1.随时答复或提供海关分类估价人员所提出的问题或所需文件；2.凭海关开具的银行缴款书到银行缴纳税款	1.派人到场会同验货关员查验货物；2.查验时负责搬移、开箱，验毕封好；3.应验货关员的要求随时提供必要的单证	1.领取放行单、发票正本及其他应发还的单证；2.到海关监管仓库或场所提货
海关办理事项	1.接受申报；2.查阅报关单证是否齐全、正确、有效；3.审核报关单内容；4.复审和总复审	1.审价；2.分类估价，核算到岸价格，依率计征，依法减免；3.开出银行缴款书	1.海关凭报关人员递交的银行缴款书的回执验收；2.到监管区外验货，收取规费；3.验货（一般查验或重点查验） 注：如系船边直提货物，应先验后税——“监卸放行，后再补税”	1.审核关税及规费是否已缴讫；2.审核应附单证是否已核销；3.审核各项通关程序是否完成，有无缺漏；4.经办人在报关单及提单上加盖放行章

【同步案例8-3】

外国货代提单侵害出口商货权案

背景与情境：在国际海运市场和货代市场中，收货人不付货款占有发货人货物，而发货人又难以追索货款或货物的恶性案件，已成为我国海外呆账的重要原因之一。

案例1：我国某货代为韩国某货运公司代签提单，导致大洋公司无单放货，青岛某服装厂货款两空（价值17万元），无法追回。

韩国某货运公司货代提单在我国非法流通，我国某货代代签提单是为违法事项进行代理。根据《民法典》第167条的规定，“代理人知道或者应当知道代理事项违法仍然实施代理行为，或者被代理人知道或者应当知道代理人的代理行为违法未作反对表示的，被代理人和代理人应当承担连带责任”。韩国某货运公司在国外，我国法院无执法权，发货人追讨货款的成本很高，胜负难料，而我国某货代注册资金10万元，只有简单的办公设备，无法承担连带赔偿责任。发货人的损失无法挽回。

案例2：韩国某公司驻青岛办事处代签韩国货代公司的货代提单，无单放货。山东某毛巾厂4万美元的毛巾遭拒付，货款两空；发货人状告韩国某公司驻青岛办事处，追回了大部分损失。但是外商办事处有资产的很少，如果是其他办事处，发货人就很难有此幸运了。

问题：这些恶性提单侵害事件为何会发生?

分析提示：不少提单纠纷案件的产生主要是由外国货代提单在我国港口非法流通和国外收货人（买方）控制订舱权造成的。外国货代提单是两套提单流转，具有物权的船公司提单在外国货代手中。而外国货代在我国一无船只到港，二无保证金，他们进行无单放货，货主难以追究其赔偿责任。但是如果没有我国货代为国外收货人或其货代做装货港的订舱代理，如果没有我国货代为外国货代提单承运人做装货港的签单代理或者订舱代理，那么国外收货人不付货款就占有发货人货物的图谋根本无法得逞。

（2）报验。进口货物到港卸货时，港务局要进行卸货核对。如发现短缺，会及时填制“短缺报告”交船方签认，并根据短缺情况向船方提出保留索赔权的书面声明。卸货时发现的残缺货物，应存放于海关指定的仓库，待保险公司会同出入境检验检疫机构检验后做出处理。对于法定检验的进口商品，必须由出入境检验检疫机构或该机构指定的检验机构进行检验。未经检验的，不准销售，不准使用。

进口货物不需要全部在港口进行检验。凡包装完整、货单相符并无异状的进口货物，不需要在港口报验；用货部门验收后，或在安装使用时发现问题后，在索赔期内就近向商检部门申请检验。只有下列货物需要在港口检验或鉴定：法定检验的进口商品、合同规定在卸货港检验的商品、将验收作为付款条件的商品或索赔期已近的商品、在口岸卸货时已发现货物残损或短缺需要索赔的商品等。

（3）提货。港口商检完毕后，如订货或用货单位在装卸港所在地，则将货物就近转交；如订货或用货单位不在卸货地区，则委托货运公司代办提货并转交订货单位。至于进口关税和发往内地的运费，由货运代理人与进口公司结算，进口公司再与订货单位结算。

进口合同的履行程序如图8-2所示。

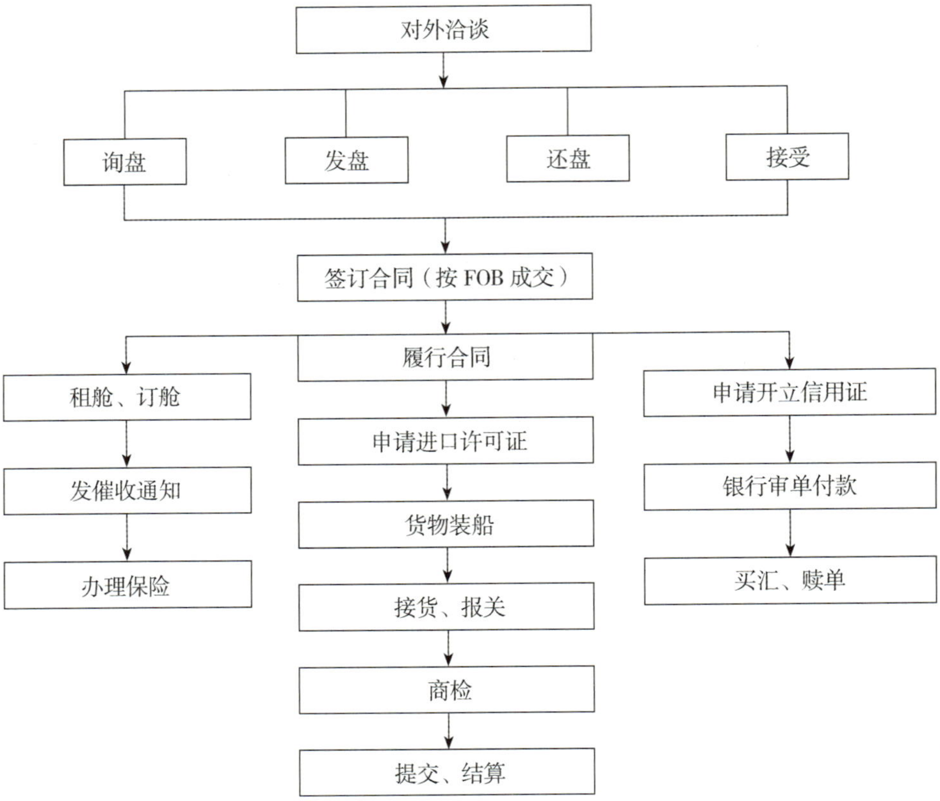

图8-2　进口合同的履行程序

8.2.5　进口索赔

进口索赔是指因进口货物的品质、数量、包装或交货时间不完全符合合同规定，需要向有关责任方索要赔偿。进口索赔的原因众多，从责任划分看主要包括以下三方面：

（1）向出口方索赔。凡交货与合同不符，应向出口方索赔，通常包括下列情况：进口货物的名称、品牌标号、品质、规格等与合同不符；原装数量不足；包装不良导致货物受损；未按期交货或拒不交货等。

向出口方索赔时，应在合同规定的有效期内进行。合同没有规定有效期的，按《公约》的规定，索赔权最长期限是自买方实际收到货物之日起不超过2年。

学习微平台

延伸阅读8-2

（2）向承运人索赔。在进口业务中，凡因承运人未履行应尽责任造成的下列损失，应向承运人索赔：凡到货数量少于运输单据所载数量，提单清洁但由于承运人的过失造成货物残损、遗失等。向承运人提出索赔的期限为货物到达目的港交货后1年内。

（3）向保险公司索赔。在保险责任有效期内，由于自然灾害、意外事故、外来原因或在运输、装卸过程中发生其他事故致使进口货物受损，且在保险公司责任范围内的，不论合同中采用何种贸易术语，都应由进口人向保险公司索赔。向保险公司索赔的期限为被保险货物在卸货港全部卸离海轮后2年内。

【小资料8-1】

在履行进口合同时应注意哪些问题

进口合同签订以后，我们同样要贯彻“重合同、守信用”的原则，按时开出信用证；同时，还要密切注意对方的履约情况，必要时应督促对方按合同履行交货义务，以保证进口任务的完成，并应注意以下一些问题：①在采用信用证方式付款时，必须严格按合同规定的时间开立信用证。②按FOB条件进口的，在接到卖方的装运通知后，应按时派船接货。③所有按FOB或CFR条件进口的货物，在收到国外的装运通知后，要根据预约保险合同及时将船名、提单号、开航日期、商品名称、数量、装运港、目的港、保险金额等内容通知保险公司。④银行收到货运单据后，会对其加以审核，如内容无误即付款，并通知进口公司按照外汇牌价买汇赎单；如单证不符，应拒绝付款。⑤如卸货后发现有残短，应出具“残短报告”交船方签认，以作为向船方进行索赔的依据。⑥如货物的质量与合同规定不符，或因包装不良致使货物受损，应向卖方索赔；如货物少于提单上的重量、数量或由于船方原因致残，应向船方索赔；如发生属于保险范围内的损失，应向保险公司索赔。

【同步案例8-4】

签约、审证失误致损

背景与情境：中国东方公司向国外某B公司出口一批冻对虾，双方合同约定，装运期为某年5月，采用不可撤销信用证，凭卖方开具的见票后30天付款的跟单汇票议付。合同签订后，经东方公司多次催证，B公司6月20日才开出信用证，而信用证规定装运期为7月20日，并且记载“本信用证在你方收到授权书后方生效”。东方公司审证时误以为此条属银行业务，对此未提出异议。

7月5日，东方公司将货装船完毕，议付交单时，因信用证未生效而被拒绝，即电告B公司“货已装船，但无授权书”。7月8日，B公司告知授权书办理需要时间，要求将信用证付款方式改为托收方式，并采用“承兑交单见票30天付款托收”，以方便提货，避免货物滞留港口，造成不必要的损失。因货随船已起航，两天后东方公司回电同意，但要求托收费由B公司负责。B公司对此予以确认。7月10日，东方公司向原议付行（现委托行）申请，将付款方式改为“承兑交单见票30天远期”，并在托收指示书上指示托收费由B公司负担。

8月21日，代收行电告，7月21日B公司承兑；8月20日，东方公司收款时遭到拒付，银行给出的理由是原产地证与发票合一，不符合当局的规定，并且原产地证上的重量与发票上的不一致，无法通关。东方公司立即纠正，通过委托行重寄发票、原产地证，但B公司仍不付款。后经第三方调解，B公司同意如东方公司降价20%可以付款。但代收行、委托行因B公司不承担托收费，便从货款中扣去了托收费，最终东方公司损失了20%的货款和相关托收款。

问题：本例中东方公司的处理有哪些不当之处？

分析提示：本例是一起较典型的买方（B公司）利用信用证软条款设置陷阱，卖方（东方公司）因签约、审证失误，履行中又处理不当，中了对方圈套，造成不必要的经济损失的案件：①签约失误，东方公司未在合同中明确开立信用证的期限，只规定装运期为5月；②审证不细，东方公司未注意到信用证中的软条款——授权书的约束；③盲目相信对方，将信用证付款方式改为托收方式；④托收制单不慎重；⑤对托收费的负担操作有误，东方公司应在托收指示书中明示：托收费由B公司负担，不得免除。

本案例的最大教训是东方公司对信用证软条款未加以注意，以至于在议付时，被议付行告之信用证未生效，拒绝议付。在信用证尚未生效时将货装船，并告知B公司，导致交涉被动。当对方拒绝出具授权书，要求将信用证方式改为托收方式时，东方公司又盲目相信对方的商业信用，并采用了风险最大的承兑交单方式，以致屡次出错，越来越被动，一步步进入B公司设置的陷阱中，最终遭受很大的损失。

【同步业务8-1】

在不同的贸易术语及支付方式下，进出口流程的步骤不同。请写出贸易术语CFR、支付方式T/T 30%定金+70%尾款条件下进口和出口的流程。

业务分析：从进口商支付定金、出口商收到定金后备货开始，到进口商收到货、出口商收到款，即合同履行完毕，写出完整步骤，注意顺序。

业务程序：

(1) 将学生分组，进行进口商和出口商的角色分工。

(2) 根据给定的贸易术语及结算方式，写出一份完整的贸易流程。

■ 本章概要

□ 内容提要

● 本章主要介绍了履行进出口合同的程序，以及合同履行过程中应注意的事项。

● 进出口合同的履行程序一般包括备货、催证、审证、改证、租船、订舱、报检与报关、保险、装船、制单、结汇等工作环节。

● 货（备货）、证（催证、审证、改证）、船（租船、订舱）、款（制单、结汇）四个基本环节对合同完全和及时地履行具有非常重要的作用。

● 国外来证一般均要求提供“已装船清洁提单”，若提供“不清洁”提单，银行将不予受理。

● 产地证明书是一种证明货物原产地或制造地的重要文件，也是进口国海关执行差别关税和限制、控制或禁止某些国家（地区）货物进口的主要依据。

□ 主要概念和观念

▲ 主要概念

四排队　三平衡　交单结汇

▲ 主要观念

备货　催证　审证　改证　租船　订舱　报检与报关　保险　装船　制单　结汇　理赔　索赔

□ 重点实务

出口合同履行的基本程序　进口合同履行的基本程序

■ 基本训练

□ 知识训练

▲ 简答题

1）对客户的资信调查可以通过哪些渠道进行？

2）简述“四排队”“三平衡”的内容。

3）作为出口方，履行出口合同的主要环节有哪些？

4）什么是信用证中的“装运期”、“交单期”和“有效期”？

5）出口报关时应提供哪些证书？

6）对信用证内容的审核包括哪些方面？

▲ 填空题

1）凡属危险货物，其包装容器应由生产该容器的企业向商检机构申请（　　）。

2）（　　）又称关单，俗称“下货纸”，是船公司或其代理人签发给货物托运人的一种通知船方装货的凭证。

3）如装船货物外表不良或包装有缺陷，船长或大副就会在大副收据上加以批注，即所谓（　　），以分清船货双方的责任。

4）（　　）是出口方开立的载有货物名称、数量、价格等内容的清单，是买卖双方交接货物、结算货款的主要单证，也是进口方记账、报关、纳税必不可少的单据之一。

▲ 单项选择题

1）信用证修改通知书的内容在两项以上者，受益人（　　）。

A.要么全部接受，要么全部拒绝　　B.可选择接受

C.必须全部接受　　D.只能部分接受

2）审核信用证的依据是（　　）。

A.合同　　B.一整套单据　　C.开证申请书　　D.商业发票

3）商业发票的抬头人一般是（　　）。

A.受益人　　B.开证申请人　　C.开证行　　D.卖方

4）出口报关的时间应是（　　）。

A.备货后　　B.装船前　　C.装船后　　D.货到目的港后

5）（　　）是指议付行收到受益人的单据和（或）汇票后，经审查无误，将单据和汇票寄交国外付款行索取货款，待收到付款行将货款拨入议付行账户的贷记通知书时，即按当日外汇牌价折算成人民币划入受益人账户。

A.定期结汇　　B.收妥结汇　　C.交单结汇　　D.票据结汇

▲ 多项选择题

1）因租船、订舱和装运而产生的单据有（　　）。

A.托运单　　B.装货单　　C.收货单　　D.海运提单

2）银行审核单据的标准包括（　　）。

A.单据与信用证相符　　B.单据与贸易合同相符

C.单据与单据之间相符　　D.单据与所代表的货物相符

▲ 讨论题

1）在国际贸易中，买卖双方经口头或书面磋商达成交易后，为什么还要签订一份具有一定格式的书面合同？

2）在对外贸易中，严格履行合同有什么意义？

□ 能力训练

▲ 案例分析

付款方的做法与我方的失误

背景与情境：我国某丝绸进出口公司向中东某国出口丝织品一批，合同规定：出口数量为2 100箱，价格为2 500美元CIF中东某港，5—7月份分3批装运，即期不可撤销信用证付款，买方应在装运月份开始前30天将信用证开抵卖方。合同签订后，买方按合同的规定按时将信用证开抵卖方，其中汇票各款载有“汇票付款人为开证行/开证申请人”字样。我方收到信用证后未留意该条款，即组织生产并装运，待制作好结汇单据到付款行结汇时，付款行以开证申请人不同意付款为由拒绝付款。

问题：

1）付款行的做法有道理吗，为什么？

2）我方的失误在哪里？

分析要求：同第1章“基本训练”中本题型的“分析要求”。

▲ 实训操练

实训项目：模拟进出口货物的通关程序

实训步骤：

1）将班级学生分成若干小组，每组确定一人负责。

2）各组学生结合操练项目，进行进口商、出口商、货代、银行、船公司、报关业务窗口等的角色分工。

3）各组学生以本章“报关和报验、提货”实务教学内容为业务规范，进行角色扮演，体验本项目模拟实训的全过程。

4）各组学生记录本次模拟实训的情境与步骤，总结实训操练的成功经验、存在的问题及解决的办法，在此基础上撰写《模拟进出口货物的通关程序实训报告》。

5）在班级讨论交流、相互点评与修订各组的《模拟进出口货物的通关程序实训报告》。

6）在校园网的本课程平台上展出经过修订并附有教师点评的各组《模拟进出口货物的通关程序实训报告》，供学生相互借鉴。

□ 课程思政

国际贸易中的侵权损害赔偿

背景与情境：中国某进出口公司向美国某开发公司订购9 000吨钢材，后美方无力履行合同，提出由瑞士某公司（下称瑞士公司）供货。这期间瑞士公司曾经几次来电谎称“货已在装船港待运”“装船日期为3月31日”“所供钢材可能由我们的意大利生产厂或西班牙生产厂交货”，诱使中方与其签订合同，双方约定的购销钢材数量为9 180吨，价款229.5万美元。

中方即时向瑞士公司汇付了全部货款，但是迟迟未收到订购的钢材。为此，中方公司曾多次与瑞士公司交涉，但瑞士公司或者拒不答复，或者以种种借口搪塞。经中方一再催促，瑞士公司才于9月5日回电称“中国港口拥挤，船舶将改变航线”“最迟抵达日期预计为10月20日”。但届时中方仍未收到钢材，再次去电交涉，瑞方竟然全盘推卸自己的责任。

事后查明，瑞士公司在意大利和西班牙既无钢厂，也无钢材，瑞方所提供的意大利卡里奥托钢厂的钢材质量检验证书、重量证书及装箱单均系伪造。瑞方提交的提单上的装运船“阿基罗拉”号根本未在提单载明的装运港意大利拉斯佩齐亚停泊过，从而证明瑞士公司既未将钢材托运装船，所提交的提单也是伪造的，意图欺诈中方货款。其所称“中国港口拥挤，船舶将改变航线”也是虚构的。

随后，中方向中国某市中级人民法院提起诉讼，指出瑞士公司侵权，要求其赔偿中方经济损失共计550万美元，起诉的同时申请财产保全。法院接到原告起诉及财产保全申请后，首先审查，后准许中方的保全申请，裁定冻结了瑞士公司在某银行的托收货款440余万美元。被告在答辩的同时提出反诉，要求中方赔偿其货款被冻结而造成的利息损失及律师费用。

某市中级人民法院在一审后做出判决：瑞士公司应偿还中国公司的钢材货款2 290 250美元，并赔偿中方各项损失2 846 418.60美元；同时，驳回被告的反诉。被告不服，向某市高级人民法院提出上诉，认为双方当事人之间签订的钢材买卖合同中订有仲裁条款，根据中国已加入的《承认及执行外国仲裁裁决公约》，中国法院对此案无管辖权；同时，认为中方在不同法院对瑞方提出重复诉讼不当；一审法院裁定冻结与本案无关的货款不当：认定其有欺诈行为无事实根据，请求撤销原判决。

该市高级人民法院经二审审理后确认：瑞士公司使用欺诈手段诱使中方与其签订合同，之后又在货物未装船的情况下伪造单据，骗取中方巨额货款，不仅构成了破坏合同，而且还构成了侵权。中方有权向法院提起侵权之诉，而不受双方所订立的合同仲裁条款的约束。根据《中华人民共和国民事诉讼法》第28条的规定，“因侵权行为提起的诉讼，由侵权行为地或者被告住所地人民法院管辖”，一审法院作为侵权行为地法院，具有管辖权。中方并未在其他法院提出过侵权损害赔偿诉讼，不存在重复诉讼问题。原审法院采取的保全措施符合法律规定。由于本案是侵权损害赔偿纠纷，受害人因被欺诈而蒙受的其他重大损失亦应当得到赔偿，一审法院确定的赔偿数额并无不当。据此，二审法院维持原判，驳回了瑞士公司的上诉。

资料来源　作者根据相关资料整理.

问题：

1）本案中中国法院有无管辖权？

2）侵权行为地如何确定？

3）本案例对外贸从业者的启示有哪些？

研判要求：同第1章“基本训练”中本题型的“研判要求”。

第9章 国际贸易方式

学习微平台

第9章
思维导图

◆ 学习目标

通过本章的学习，应该达到以下目标：

职业知识：学习和把握各种国际贸易方式的概念、特点、作用、适用范围等理论与实务知识；能用其指导或规范本章认知活动和技能活动，正确解答“基本训练”中“知识训练”各题型的问题。

职业能力：运用本章知识研究相关案例，培养在特定业务情境中分析问题与决策设计的能力；通过搜集、整理与综合“跨境电子商务发展模式”的前沿知识，撰写、讨论与交流《“跨境电子商务发展模式”最新文献综述》，培养学生“自主学习”的通用能力。

课程思政：结合本章教学内容，研判“课程思政”案例，引导学生认识到遵守贸易规则的重要性，跨境电商能助力中国优质产品与品牌走向世界。

【引例】

“互联网+”助力外贸转型升级

背景与情境： 在互联网与经济全球化深度融合的背景下，全球贸易业态发生了重大变革，以跨境电商为代表的“数字贸易”新经济形态实现了从无到有、由小变大的快速发展。跨境电商以其低成本、高效率、突破时空限制的独特优势，受到全球消费者的青睐。近年来，我国跨境电子商务交易规模持续扩大，已经成为外贸发展的新动能、转型升级的新渠道和高质量发展的新抓手。

借助互联网平台，跨境电商等新贸易模式极大满足了供需双方的信息（对称）需求，也提高了双边贸易的效率。我国支持跨境电商发展的系列措施，极大地激发了跨境电商的市场活力，对全球跨境电商市场起到了拉动作用，使无数中小微企业和从业者直接融入全球产业链供应链，直接进入全球性消费市场。同时，由于我国产品体系完备，可以较大规模、较为集中地为其他国家提供产品供给，因此可以降低进出口成本，从而满足消费者和投资者的需求。可以说，海量优质优价的产品，也是我国跨境电商飞速发展的原因所在。

据海关统计，2020年，在新冠肺炎疫情对全球供应链和传统经贸活动造成巨大冲击的情况下，中国跨境电商逆势而上，全年实现进出口额1.69万亿元，同比增长31.1%，比5年前的规模增长了近10倍，有力支撑了我国进出口贸易的增长。2021年7月，国务院办公厅出台《关于加快发展外贸新业态新模式的意见》，再次释放跨境电商领域重大政策利好。

资料来源 佚名．跨境电商发展步入快车道 成外贸增长新支点［EB/OL］．［2021-09-22］．https://baijiahao.baidu.com/s?id=1711584705657327401&wfr=spider&for=pc.有删减．

国际贸易方式是国际贸易中所采用的各种具体交易方法的总称。通常采用的国际贸易方式，除逐笔销售外，还有经销、代理、招标与投标、寄售、拍卖、期货交易、来料加工与来件装配、对销贸易等。

9.1 经销与代理

9.1.1 经销

经销（Distributorship）是出口企业与国外经销商达成书面协议，规定经销的商品种类、期限和地区范围，利用国外经销商推销商品的一种方式。

经销包括独家经销和一般经销。**独家经销**又称包销，是指出口企业就某一种或某一类商品，授予国外经销商在一定期限内，在某约定地区独家经营的权利。一般经销是指出口企业同国外经销商的合作协议中没有专营、专售的规定，仅规定双方的权利、义务、共同目标和业务关系等。下面，以独家经销为例，介绍经销的主要特点及采用经销方式应注意的有关事项。

（1）独家经销的特点。独家经销商与出口企业之间是买卖关系，经销商赚取的是货物进价与售价之间的差价。独家经销商从出口企业处购进货物后，自行销售、自负盈亏，承担货价涨落及库存积压的风险。

采用独家经销方式的优点：通过签订独家经销协议，确定了双方在一定期限内既相互协作又相互制约的关系，在规定期限和地区的经营和市场开发方面，双方有着共同的目标、一致的利益，从而能在平等互利的基础上同舟共济。这样能充分调动经销商的经营积极性，促使其专心销售约定的商品，并向用户提供必需的售后服务；出口企业能对市场销售做全面、系统、长期的规划和安排，采取近期和远期的推销措施。

采用独家经销方式也存在着缺点：独家经销商有时还经销其他出口企业的商品，其不能专心经营约定的商品；如果独家经销商的经营能力较差，虽然其努力，但是仍不能完成销售任务，甚至与协议规定的最低限额还相差很远；倘若独家经销商信用较差、居心不良，凭借专营权压低价格或包而不销，就会使出口企业蒙受损失。所以，我国出口企业选择国外独家经销商时一定要慎重，并要对其进行有效的监督。

（2）独家经销协议。它是规定出口企业与独家经销商之间的权利和义务，确立双方关系的法律性文件。独家经销协议的主要内容有：①独家经销商的责任、独家经销权的授予和双方的关系；②独家经销权及其对等条件；③独家经销的商品种类、名称、规格及经销的地区和期限；④最低的购买金额；⑤个别销售合同及其与协议和协议所附一般交易条件的关系；⑥信息沟通和宣传推广。

9.1.2 代理

代理（Agency）是出口企业与国外代理商达成协议，委托其在特定地区和一定期限内代购代销指定商品的贸易方式。

1）代理的种类

代理按委托人对代理人授权的大小，可分为一般代理、独家代理和总代理。

（1）一般代理。它又称普通代理或佣金代理，是指在同一地区范围和期限内，委托人可以同时委派几个代理人，自己也可以直接向该地区销售产品，委托人仅按代理人的实际销售业绩支付佣金。

（2）独家代理。它是指在指定的期限和地区范围内，由代理人独家从事约定商品的销售活动，享有专营权。委托人在该地区不得再寻找第二个代理人，代理人也不得再做其他委托人的代理人。但是独家代理人的专营权与独家经销商所具有的专营权并不完全相同，除非协议有特别规定，委托人一般也可与指定地区的买主直接进行交易，但为了不损害独家代理人的利益，此类交易仍要向其支付佣金。

（3）总代理。它是指代理人在指定的期限和地区范围内，除了代表委托人销售指定商品、签订买卖合同、处理货物外，还可以代表委托人进行其他商业活动和处理相关事务。

2）代理协议

代理协议是规定出口企业和代理商之间权利和义务的协议。代理协议的内容主要有：

（1）协议名称及双方当事人。签订代理协议时，一定要明确注明代理协议的性质，是独家代理、总代理还是一般代理。

（2）指定代理的商品、地区范围和期限。在代理协议中，要明确、具体地对代理人所代理商品的种类、名称、规格以及代理的地区范围、期限等做出规定。

（3）代理的权限。不同性质的代理，代理权限的具体内容不同。

（4）最低代销额。为保障卖方的权益，应在协议中规定最低代销额。如届时代理商由于自身能力的原因未能达到最低代销额，委托人可相应调整支付给代理人的报酬。

（5）代理佣金。它是代理人为委托人销售商品所得的报酬。支付代理佣金是委托人的一项主要义务。在代理协议中，应对佣金率、佣金的计算方法、佣金的支付时间和支付佣金的方法做出明确规定。

（6）商情报告、宣传推广和保护商标。代理人在代理期限内，有义务定期或不定期地向卖方提供商情报告、进行广告宣传和保护商标。

此外，独家代理协议还应规定代理人负责产品的售后服务及保护委托人的知识产权等条款。

【同步思考 9-1】

甲公司与马来西亚ABC公司签订了一份独家代理协议，甲公司将其经营的净水器在马来西亚的代理权授予ABC公司，期限两年。两年来，由于ABC公司销售不力，甲公司蒙受了很大损失。甲公司蒙受损失的原因是什么？

理解要点： 独家代理与独家经销一样，代理人选择不当，会给企业带来经营风险。所以，我国的出口企业选择国外独家代理时，一定要慎重并进行有效监督。

9.2 寄售与展销

9.2.1 寄售

（1）寄售的含义。在国际贸易中，**寄售**（Consignment）是寄售人为开拓商品的销路、扩大出口，委托国外代销商代售而采用的一种贸易方式。它是一种委托代售的贸易方式，即出口人先把准备销售的货物寄往国外，委托当地代销商按照寄售协议规定的条件和办法，在国外代为销售，待货物售出后，由代销商将货款交付寄售人。

（2）寄售的特点及优缺点。

寄售的特点：寄售人与代销商之间是委托代售关系，寄售人将货物运至目的地，经代销商销售给买主后，扣除应付佣金和其他相关费用，将剩余货款寄交寄售人；在商品售出前所有权仍属寄售人，代销商只负责保管而不承担任何风险和费用。

寄售的优点：①采用寄售方式可以在当地市场出售现货，有利于卖方根据市场的供求情况掌握销售时机，提高商品的竞争力并使商品卖出理想的价格；②货物与买主直接见面，买主可以看货成交，随时采购，对卖方开辟新市场、推销新产品有一定的作用；③代销商不承担风险和费用，一般不需要垫付资金，多销多得，有利于提升其积极性。

寄售的缺点：出口企业资金周转期长、费用增加、风险较大、收汇很不安全，特别是货物到达目的地后，如遇市场不景气，货物一时不能售出，或代销商有意压低价格，就比较被动。

（3）寄售协议。它是寄售人和代销商之间为了开展寄售业务就双方的权利、义务与有关寄售的条件和具体做法而签订的书面协议。寄售协议中特别应该处理好寄售商品的价格、各种费用的负担和安全收汇三个方面的问题。寄售协议一般包括下列内容：

第一，协议名称及双方的权利与义务。寄售协议一般应注明在售出前货物的所有权仍属于寄售人，风险和费用一般也由寄售人承担；寄售货物售出时，所有权由寄售人直接转移给买方。

第二，寄售区域及寄售商品。

第三，定价方法。寄售商品的定价一般有三种方法：①由寄售人限价，即寄售人在寄售时规定最低售价，代销商只能以此价格或高于此价的价格出售；否则，必须事先征得寄售人的同意。②由代销商按市价自行定价出售，寄售人不作限价。③在销售前逐笔征求寄售人的同意。这种定价方法弹性较大，实践中使用较多。

第四，佣金。

第五，付款。寄售货物售出后收到的货款，一般由代销商扣除佣金及代垫费用后付给寄售人。

9.2.2 展销

1）展销的含义

展销是出口商通过参加或举办展览会、展销会、博览会及其他交易会的形式，将自己的商品展示给客户，从而进行销售的方式。

将出口商品的展览和推销有机地结合起来是展销最基本的特点。

2）展销的主要形式

（1）展览会。它是举办国通过选择适当的场所，将商品集中进行展出和销售的贸易方式。展览会举办的时间不固定，地点不确定，既可在国内，也可在国外，还可以流动方式在各地进行轮流展出。国际展览会主要是各国商品集中在一起进行展览和销售，有时，也可以是几个国家联合起来在另一国举办。

（2）展销会。它是指出口企业自己或者联合其他出口企业共同在国内举办的展销活动，一般多是食品、农产品、纺织品等小型展销会，也有一些展销会是大型商企集团、垄断企业展销自己的拳头产品。国际展销活动常常受到各国海关的政策限制，因为在国际展销会上，出口企业虽然可以直接销售产品，但这些产品一般要经过海关的检验。

（3）博览会。它是在一些著名的城市定期举办、邀请各国商人来参加商品展卖的一种贸易活动。国际博览会有综合国际博览会和专业国际博览会之分。前者一般规模较大，展出的商品品种多样，展品不受限制；后者则对展品有一定的专业要求。

学习微平台

延伸阅读9-1

世界上定期举办国际博览会的城市有很多，对我国出口贸易影响比较大的是中国进出口商品交易会，因其一直在广州举办，故又称广交会。它是集展示、展销、交易于一体的综合性国际博览会。

【小资料9-1】

第130届中国进出口商品交易会

第130届中国进出口商品交易会（广交会）于2021年10月15日至11月3日在线上线下融合举办，总展期20天。该届广交会的主题是“促进国内国际双循环”。

该届广交会按16大类商品设置51个展区，并在线上线下同步设立“乡村振兴特色产品”展区。其中，线下展按照惯例分3期举办，每期展览时间4天，总面积118.5万平方米，标准展位约6万个，重点邀请境外机构/企业驻华代表、境内采购商等参会。线上展将增加开发适合线下的应用场景和线下引流功能。

2021年10月14日，国家主席习近平向第130届中国进出口商品交易会（广交会）致贺信。习近平指出，广交会创办65年来，为服务国际贸易、促进内外联通、推动经济发展做出了重要贡献。当前，世界百年变局和世纪疫情交织叠加，世界经济贸易面临深刻变革。广交会要服务构建新发展格局，创新机制，丰富业态，拓展功能，努力打造成为中国全方位对外开放、促进国际贸易高质量发展、联通国内国际双循环的重要平台。中国愿同世界各国携起手来，秉持真正的多边主义，推动建设高水平开放型世界经济。

资料来源　根据佚名. 习近平向第130届中国进出口商品交易会致贺信［EB/OL］.［2021-10-15］. https://baijiahao.baidu.com/s?id=1713671869192331094&wfr=spider&for=pc.改编.

【课程思政9-1】

外媒眼中的进博会

背景与情境：作为彰显中国对外开放姿态的重要活动，进博会从2018年开始每年举办一次。2021年11月，尽管新冠肺炎疫情带来了多重冲击，但中国进博会依然如期举行，展现出中国在控制疫情方面取得的重大进展，也给全球后疫情时代经济复苏带来了难得的希望。

据日本《朝日新闻》报道，2021年11月5日，展示来自各国进口商品的第四届中国国际进口博览会在上海举行。众多企业带来了最新款商品和技术，以期开拓中国市场。在中美贸易摩擦的背景下，美国参展企业数量仍创下新高，其中电商巨头亚马逊等众多企业都是首次参展。即便中美对立还在继续，进博会仍然鲜明地反映出美企对中国市场巨大商机的重视。报道还指出，日本也竭力想要在这个巨大的市场中分一杯羹，不少日本企业继上一年之后再次来到进博会。

另据塔斯社上海报道，俄罗斯驻华商务代表阿列克谢·达赫诺夫斯基在上海举行的第四届中国国际进口博览会俄罗斯国家展开幕式上发表视频讲话时说，刺激对俄贸易的新增长点、扩大经贸合作领域是中国的兴趣所在。中国消费者对来自俄罗斯的品类更丰富的产品，包括农产品和工业产品，兴趣越来越浓厚。中俄双边经贸合作有前景的新领域包括数字经济、科技创新、生物医药、绿色低碳等，在船舶制造、发动机和电力机械制造等领域的合作也有巨大潜力。

据新加坡《联合早报》网站报道，庞大的中国市场不仅为小众产品提供了增长空间，也是新产品试水的良田。作为后疫情时代为数不多的大型国际展会，进博会被新加坡企业视为排除万难也要参展的不可或缺的重要活动。新加坡工商联合总会共率领45家企业组团参展。

据意大利《日报》网站报道，作为世界上第一个专注于进口的国家级展会，中国国际进口博览会展示了中国经济持续的全球化推进。报道称，经过3年的发展，进博会已成为世界共享的公共产品，其国际采购、投资促进、人文交流、开放合作四大平台的作用日益重要。

参加过上届进博会的世界500强和行业龙头企业中有80%以上将参加本届进博会，参会人数较上一年也有所增加。在全球疫情的背景下，进博会为跨国公司展示新产品、建立新伙伴关系、开拓新市场提供了宝贵的舞台和渠道，从而成为世界一流的贸易平台。

资料来源　佚名．进博会上，美企又创新纪录［EB/OL］．［2021-11-07］．https://m.thepaper.cn/baijiahao_15272513.有删减．

问题：中国召开进博会有何意义？进博会对外国企业有何意义？

研判提示：中国召开进博会推进了全球化的发展和“一带一路”倡议的落实，优化了国际贸易环境；中国的主场外交能够整体提高我国的国际影响力与国际形象。大部分外国企业都明白中国市场对它们的意义，期望成功地进入这个全球最大的市场并占有一席之地。

9.3　招标投标与拍卖

9.3.1　招标投标

招标投标这种贸易方式常常被各国政府机构、国有企业或公共事业单位用于采购大批物资和大型器材设备。

招标是不经过一般交易磋商程序，只由招标人（买方）向社会发出招标通告，说明准备在规定时间内购买商品的品种、数量及有关条件，由应征人公开竞争，最后由招标人选定交易对象订约的一种交易方式。投标是指投标人（卖方或承包商）应招标人（通告）的邀请，根据招标人规定的要求和条件，在规定的期限和地点，以填投标单的形式向招标人发出应约，争取中标以达成交易。投标是针对招标的后续行动，有招标才需要投标，因此，它们不是两种贸易方式，而是一种贸易方式的两个方面。招标投标是一种竞卖的方式。

虽然世界各国的招标法令及传统习惯不同，招标的条件也有差异，但程序大致相同。一次具体的招标通常要经历招标、投标、开标与评标、签订协议四个阶段。

1）招标

招标包括三项基本工作：

（1）发布招标通告。根据是否公开，招标可分为公开招标和非公开招标两种。正式的公开招标通常会在国内普遍发行的报纸或权威性的杂志上刊登招标通告；而非公开招标一般仅向少数在这一行业享有盛誉或以往具有良好合作关系的厂商发出招标通知。

（2）制定招标文件。招标必须事先制定好招标文件或招标书，列明招标的技术条件和贸易条件。

（3）对投标人进行资格预审。所谓预审，包括对投标人的基本情况、财务状况、供应或生产能力、经营作风及信誉等方面进行全面的预先审查。预审不合格者不准参加投标。使用外国政府贷款和国际金融组织贷款的项目，一般还有合格货源国的限制。

2）投标

参加投标时必须做好以下工作：

（1）投标前的准备工作。投标人首先应认真研究招标文件，确定适当的标价。针对招标人提出的招标条件，客观地评价能否达到招标要求，投标是否既具有竞争性又保留了一定的利润空间。只有在确定有充分把握时，投标人才可以投标。

（2）提供投标保证金。招标人通常都要求投标人在投标时提供一定的投标保证金，一般为总价的3% ~ 10%，未中标的可以在评标后全部退回。

（3）认真制作投标文件。制作投标文件时要注意：凡招标文件所规定的贸易条件和技术条件都不得更改或修正；编制文件时采用的术语要前后一致；投标文件必须按规定打印清楚；不管是独家投标，还是几家联合投标，投标名义人只能有一个。

（4）及时递送投标文件。投标文件必须在规定期限内送达招标人所规定的地址，凡在规定期限以后收到的均无效。

3）开标与评标

（1）开标。所谓开标，是指招标人在规定的日期、时间和地点，启封收到的投标文件。开标有公开开标和秘密开标之分。国际招标一般采用公开开标的方式。

（2）评标。评标就是招标人对投标书的条件进行评审、比较，选出最佳投标人作为中标人的过程。具体地说，评标要做以下三项工作：①审核投标文件内容是否符合招标条件的要求，包括招标通告中的贸易条件和技术条件；②比较各投标人投标内容的优劣、利弊；③审查中标候选人的履约能力。对初步选定的中标候选人进行最后的资格补审，审定其生产能力、信贷能力。评标结果也可能是招标人拒绝全部投标。

4）签订协议

签订协议是一项招标活动的最后阶段，即在得出评标结果后，招标人书面通知中标人，在规定的时间内到招标人所在地与招标人签订买卖协议或承包项目协议，并按规定缴付履约保证金。如中标人未在规定的时间内签约，事先又未提出延期申请，或提出延期申请未被招标机构接受等，均视为中标人违约；招标人有权没收其投标保证金，并可决定重新招标或将标的授予其他合适的投标人。

9.3.2 拍卖

1）拍卖的含义

拍卖是由专营拍卖业务的拍卖行接受货主的委托，在一定的时间和地点，按照一定的章程和规则，以买主公开叫价竞买的方法，由拍卖行把货物卖给出价最高的买主的一种现货交易方式。

拍卖的商品大多是一些品质不易标准化、难以久存或历史上有拍卖习惯的商品。国际市场上采用拍卖方式出售的商品主要有艺术品、烟叶、木材、羊毛、毛皮、纸张、水果、蔬菜、鱼类等。

2）拍卖的形式

拍卖的形式有以下三种：

（1）增价拍卖。它也称“买主叫价拍卖”，是由拍卖人宣布预定的最低价格，然后由买主竞相加价，直至出价最高时成交。

（2）减价拍卖。它也称“卖方叫价拍卖”或“荷兰式拍卖”，是由拍卖人先开出最高价格，然后逐渐减低叫价，直到有人表示接受为止。减价拍卖经常用于拍卖鲜活商品和水果、蔬菜等。

（3）密封递价拍卖。它也称“招标式拍卖”，是由拍卖人事先公布每批商品的具体情况和拍卖条件，然后，竞买者在规定的时间内将密封标书递交给拍卖人，由拍卖人选择条件最合适的表示接受而达成交易。

3）拍卖的程序

各种商品的拍卖都有自己的特点和惯例，但拍卖的基本程序却大致相同。

（1）准备阶段。货主事先把商品运到拍卖人指定的仓库，由拍卖人进行挑选、整理、分类、分批编号。拍卖人还要印发拍卖目录，并刊登广告。

（2）查看货物。买主既可查看拍卖人提供的样品，也可去仓库查看整批货物并在其中抽取一定数量的样品，以供分析和试用。

（3）正式拍卖。它是指在规定的时间和地点，按照一定的拍卖规则和章程，逐批喊价成交。当拍卖人认为无人再出高价时，表示竞买停止，交易达成，买主在标准合同上签字。

（4）付款和提货。拍卖成交后，买主按规定付款和提货。

拍卖是公开竞买的方式，对卖方来说，看货出价，可以卖得好价；对买方来说，可以按照自己愿出的价格，购买符合自己需要的货物。

9.4 现货交易与期货交易

9.4.1 现货交易

所谓现货交易，就是以货币为交易媒介进行的商品交换。现货交易根据商品实际交付日期的不同分为即期现货交易和远期合约交易。在进出口业务中，无论是即期交货还是远期交货，进出口企业之间达成的协议均属现货交易的范畴。

9.4.2 期货交易

期货交易是在期货交易所内，按照严格的程序和规则，通过公开叫价买进或卖出期货标准化合约的一种贸易方式。

现代期货交易和期货市场是市场经济的产物。期货交易产生于11—14世纪的欧洲，现代期货市场起源于19世纪中叶的美国，以1848年美国芝加哥期货交易所的成立为主要标志。现代期货交易是一种特殊的交易方式，外贸企业可参考国际期货市场价格制定定价策略，也可利用期货交易，配合现货进行套期保值，从而转移和规避价格波动带来的风险。

1）套期保值

套期保值又称对冲交易，是在买进（或卖出）现货的同时或前后，在期货交易所卖出（或买进）相等数量的合同作为保值手段。由于期货市场和现货市场的价格趋势一般是一致的，涨时同涨，跌时俱跌，所以现货市场的亏（盈），可从期货市场的盈（亏）得到弥补或抵销。套期保值可分为卖期保值和买期保值两种。

（1）卖期保值。一些手头持有现货的企业或经销商担心新货登场，价格可能下跌而蒙受损失，便在期货市场卖出期货合同以达到保值的目的。由于进行保值者处于卖方地位，所以称为“卖期保值”。例如，某储运商10月1日以每蒲式耳3.20美元的价格收购50 000蒲式耳小麦，同时期货交易所12月份的期货价格为3.30美元/蒲式耳。为了保值，其在买进现货的同时，在期货市场抛出12月份小麦期货合同10份（每份5 000蒲式耳），这实际上已将存货两个月后的价格先行确定下来。一个月后，现货市场上的小麦价格已经从每蒲式耳3.20美元跌到每蒲式耳3.05美元，储运商的存货总共损失7 500美元；但同时期货市场上小麦的价格也从每蒲式耳3.30美元下跌到每蒲式耳3.15美元，这样，该储运商在期货市场上每蒲式耳赚得0.15美元，总共盈利7 500美元，刚好抵销其在现货市场上的损失。

（2）买期保值。和卖期保值相反，买期保值是指经营者在卖出一批以后交货的商品时，在期货市场上买进同样数量、同一交货期的期货合同，以防止日后价格上涨而遭受损失。

通过套期保值这种方式，保值者将价格变动的风险转移给了投机者。

2）期货市场的构成

期货市场由期货交易所、期货清算所、期货经纪行以及期货交易者等构成。

（1）期货交易所。期货交易必须在期货交易所内进行。各国的期货交易所一般都是由会员联合组成的非营利性团体。交易所本身不参与期货交易，也不拥有任何商品，它只为期货交易提供场地、设备，并制定、公布交易规则，以维护交易平等、公开。

只有取得期货交易所会员资格才能进入交易所进行期货交易，非会员则只能通过会员代理进行期货交易。

期货交易所一般都是以全体会员参加的会员大会作为其最高权力和决策机构。会员大会选举产生理事会，理事会作为其常设机构，其下属委员会有会员资格审查委员会、交易行为管理委员会、仲裁委员会等。

（2）期货清算所。其负责期货合约的结算，包括期货合约的交割和未到期合约的平仓，并承担保证每笔交易的清算和期货合约购入者能最终拥有其所需商品的责任。

期货清算所是期货市场运行机制的核心，一般采用会员制。期货清算所服务的对象仅限于其会员，非会员的结算则必须通过期货清算所会员的代理。

（3）期货经纪行。期货交易所明确规定，只有会员才能进入交易所进行交易，于是就出现了专门接受委托、代理客户进行期货交易并收取一定佣金的期货经纪人和期货经纪行，专门从事代理业务。

期货经纪行的主要职责是：代理客户办理买卖期货的各项手续；向客户介绍和解释期货合约的内容和交易规则；向客户提供期货交易的决策信息以及提供咨询服务；报告合约的执行情况和盈亏结果。

（4）期货交易者。根据交易目的和动机的不同，期货交易者大致可分为套期保值者和投机者两大类。

第一，套期保值者。其大都是生产商、贸易商和加工商，他们把期货市场当作转移价格风险的场所，通过期货交易来避免或减少现货市场上价格波动带来的风险。

第二，投机者。与套期保值者的目的正好相反，投机者愿意承受商品价格波动带来的风险，以期用少量的资金博取较多的利润。对投机者而言，当他们预期某种商品的价格会上涨时，就择机买进合约（称为买空或多头），一旦预期价格将下跌，就抛售期货合约（称为卖空或空头），当价格与自己预料的变化方向一致时，再待机对冲。通常，投机者要冒很大的风险。

学习微平台

延伸阅读9-2

【同步思考9-2】

某玉米出口商接到3个月后交运900吨玉米的订单，而3个月后的玉米价格难以预测。为了规避价格可能上涨的风险，该出口商该如何在期货市场上操作呢？

理解要点：在期货市场上买进3个月后交货的玉米期货合同900吨。由于现货价格与期货价格的走势通常是一致的，3个月后，当玉米出口商在现货市场上出售玉米时，如果玉米价格上涨，由于他已在期货市场上进行了买期保值，此时期货市场上的玉米价格也相应上涨，他就可以用期货市场的盈利去弥补现货市场的亏损，从而保证原定出口玉米的利润。通过套期保值这种方法，出口商将价格风险转移给了投机者。

9.5 对销贸易

9.5.1 对销贸易的概念

对销贸易又称对等贸易，是在古老的易货贸易的基础上发展起来的一种买卖互为条件的国际贸易方式。其主要目的是以进带出，开辟各自的出口市场，求得每宗交易的外汇收支平衡或基本平衡。对销贸易买卖的标的除有形的货物以外，还包括劳务、专有技术和工业产权等无形商品。

9.5.2 对销贸易的种类

在目前的国际贸易实务中，对销贸易的内容复杂、方式多样，但基本形式可以归纳为三种，即易货贸易（Barter Trade）、互购（Parallel Trade）和补偿贸易（Compensation Trade）。

（1）易货贸易。它是最古老的国际贸易形式，也是最简单的交易方式。易货贸易可以根据各国的生产、技术和原料供应等优势，扬长避短，用本国生产的产品，换回需要的各种物资，以发展本国经济和改善国家的贸易收支状况。易货双方通常要签订一份以货物进行相互抵偿的合同，交换货物的品种、规格、数量均在签订合同时商定。易货贸易是一次性交易，履约期较短。对于这种传统的贸易方式，由于交换的货物必须为交易双方各自所需，其货值又必须是等同的，所以具有很大的局限性。

（2）互购。它又称相对采购、反向购买，就是交易双方互相购买对方的产品。在互购方式中，一方向另一方出口商品的同时，承担在约定的期限内从对方处购买一定数量（或金额）商品的义务；同样，一方向另一方购买商品的同时，享有向对方出口一定数量（或金额）商品的权利。两笔交易虽然互相联系，但却是分别进行的，一般由双方协商确定。在互购方式下，一方进口商品以后，用以抵偿的出口商品与进口商品是没有直接关联的（产品），因此互购方式的抵偿时间一般较短。在实际业务中，互购方式不用现汇，而是在信贷的基础上进行的，因此我国采用互购方式时，应该先进口，后出口。由于回购产品有一定的选择余地，所以在对等贸易中，互购方式较受欢迎，使用也较广泛。

【同步案例9-1】

利用进料加工行骗

背景与情境：某年2月，韩籍华人C某代表韩国甫京化纤株式会社同山东YA集团签订了一份进料加工协议，即YA集团从甫京化纤株式会社购进面料，加工成羽绒服后返销给甫京化纤株式会社。2月13日，双方正式签订了购销合同。面料金额为38.24万美元，羽绒服金额为95.94万美元。

甫京化纤株式会社发给YA集团的尼龙绸面料经检验存在一定的质量问题，我方企业向韩方企业提出异议，韩方企业说这是返销业务，面料质量问题对今后交付羽绒服没有影响。当我方企业做好羽绒服交货时，韩方企业篡改质检证书，说羽绒服质量不合格，拒绝收货。

后经仲裁和法院强制执行，由韩方企业赔偿我方企业一定的损失。

问题：韩国甫京化纤株式会社与山东YA集团签订进料加工协议的动机是什么？我们应从中吸取什么教训？

分析提示：韩国甫京化纤株式会社与山东YA集团签订进料加工协议的动机是利用这种贸易方式，推销劣质产品并行骗。对此，我国外贸企业应按照贸易流程做好检验工作，保留证据，维护自身的权益。

（3）**补偿贸易**。它又称为产品返销，即引进技术设备的一方用该技术设备投产后生产的产品（直接产品）或相关产品（间接产品），抵付供应方所提供的设备和技术价款的方式。由于是以直接产品或间接产品进行补偿，这就要等进口的技术设备安装投产后，才能进行补偿，所以交易期限往往较长，有的达10年甚至更长。补偿贸易也是在信贷基础上进行的。一般来说，这种方式比较简单，涉及面不那么广，而且有利于企业核算，因此，在我国这种方式最为普遍，通常把它看作对等贸易的最基本形式。我国规定，只有在直接补偿确有困难，或者对我国扩大出口更为有利时，在不影响国家规定任务的前提下，可使用企业所生产的产品（包括企业联合体的其他产品）进行间接补偿。补偿贸易在我国也作为利用外资的方式之一，因此，一般也应先进口，后出口。

【小资料9-2】

补偿贸易是一种灵活的贸易方式，也是我国利用外资较常使用的一种方式。它是指贸易双方就某个项目达成协议后，由外方企业提供该项目生产所需的设备和（或）技术，我方企业则在合同规定的时间内，以产品返销的形式补偿外方企业的设备款、技术费用及补偿期所产生的利息。补偿又可分为直接补偿、间接补偿和综合补偿等形式。不论何种形式的补偿贸易，在签订合同时，外方都会担心我方企业在规定的时间内，因种种原因不能如期、如数地补偿其设备款、技术费用及补偿期所产生的利息等，而给外方造成损失。为了避免风险，外方会要求我方企业提供一份由银行开立的保函，保证一旦由于我方企业的原因而使外方不能如数、如期收回其设备款、技术费用及补偿期所产生的利息，则由担保人负责偿还。

资料来源　作者根据相关资料整理.

【同步案例9-2】

补偿贸易中返销产品质量小问题造成大损失

背景与情境：某年某市工业部门采取补偿贸易的方式从美国加州CF公司引进一套

制造集装箱的生产线，其价值为975万美元，偿还期为5年，计划逐年偿还本金，年利率为3%。其中，875万美元由引进方用加工集装箱的加工费偿还，其余100万美元用间接产品偿还，即由引进方按输出方的来样生产工作鞋，每年提供1万双，每双作价CIF旧金山20美元，5年共计100万美元。

生产的集装箱在质量上没有出问题，但生产的第一批3 500双工作鞋却出现了质量问题，即与来样相比，鞋上系带用的扣眼的金属圈与原样不符。原样的扣眼为双边，并压有花纹，而引进方生产的工作鞋上的扣眼为单边且无花纹。引进方为弥补这一缺陷，主动提出每双工作鞋降价1美元，并保证之后生产的产品与原样相符。但美方不同意，坚决退货，引进方遭受了很大的经济损失。

问题：引进方在工作鞋扣眼的质量上出了一点小问题，主动降价1美元/双，并保证之后生产的产品与原样相符，在这样的诚意下，美方坚决退货，引进方遭受了很大的经济损失，引进方从中应吸取什么教训？

分析提示：引进方从中应吸取的教训是：来样加工一定要按原样去做，哪怕在很小的问题上也不能马虎。如果出现了问题，要先尝试有诚意地解决，能不能成功就要看合作方的态度了。

9.6 对外加工业务

通常，对外贸易中的“三来一补”业务是指来料加工、来件装配、来样加工和补偿贸易。对外加工业务指的是“三来一补”业务中的来料加工业务和来件装配业务。

9.6.1 来料加工

来料加工是国外客户作为委托方，提供全部或部分原材料、辅料或包装物材料，委托国内生产企业作为承接方，以承接方的厂房设备、技术和劳动力为基础，按委托方所提出的品质、规格、款式等要求，加工成成品后，运交委托方在国外销售、使用，承接方收取约定的加工费的一种贸易方式。

在这种贸易方式中，加工方（承接方）对委托人提供的原材料只有使用权，没有所有权，对产品的销售盈亏不负责任。这与购进国外原材料、将其加工成成品再出口销售的自负盈亏的进料加工方式有着重要的区别。

采用来料加工方式时，加工方要特别注意产品合格率，要做到按时、按质、按量交货。当对方提供的原材料或零部件质量不合格、供货不及时或数量不足时，加工方应立即向对方提出来，以分清委托方和加工方的责任，避免纠纷。

9.6.2 来件装配

来件装配是由国外委托方提供零部件、元器件，有的还提供包装物材料，委托国内承接方按其工艺设计要求进行装配，成品交委托方处置，承接方按约定收取加工装配费用的一种贸易方式。

在具体业务中，如果委托方提供的是全部零部件，加工方装配成成品后交货并收取加工装配费；如果委托方提供部分零部件，加工方提供其余部分配件，则委托方除支付加工装配费外，还要向加工方支付所提供配件的价款；如果委托方在提供全部零部件的同时，还提供一些加工装配所需的机器设备，则加工方以加工装配费补偿委托方所提供机器设备的价款。若委托方投资兴建装配工厂以从事该项装配业务，则建厂和提供设备的价款从加工方的加工装配费中分期扣还。

在国际贸易实务中，承接对外加工业务，要订立加工或装配合同，明确规定委托方和承接方之间的权利、义务和责任。签订合同时应注意以下几点：

（1）关于来料、来件。合同要对来料、来件的时间和数量、质量、规格以及未能如期、如数到达的责任做出具体、明确的规定。

（2）关于加工装配的成品。按时、按质、按量地交付加工装配的成品，是委托方享有的权利和期望，也是承接方的义务。其关系到产品的销售经营，所以对成品的质量、规格及交付时间、交付数量必须在合同中做出明确的规定。

（3）关于加工装配费用。我方在核定加工装配费用时，可以参考国际劳务市场价格，既要考虑生产成本，又要考虑我国当前的劳动生产率及其与国外的差距，使之具有竞争性。此外，核定加工装配费用时，还应考虑加工装配批量的大小和所使用货币的汇率趋势，必要时还应订立外汇保值条款。

（4）关于消耗定额与合格率的核定。商洽对外加工业务合同时，双方必须确定合理的料、件消耗定额和成品的合格率，既不能偏高，也不宜过低。消耗定额过低，承接方难以做到；消耗定额过高，则委托方势必把损耗转嫁给承接方，从而降低加工装配费用。同样，产品合格率定得过高，承接方不容易做到，违约受罚的可能性大；定得过低，可能导致委托方压低加工装配费用。

（5）关于保险。在对外加工业务中，料、件的进口与成品的出口都需要投保货物运输险。料、件进口后，在整个加工装配过程中以及成品装运出口阶段，为防止自然灾害或意外事故造成损失，应投保财产综合险。就法律责任而言，由于料、件和除加工装卸费外的成品的所有权均属委托方，故应由委托方负责办理保险并支付保险费；而成品中所含的加工装卸费部分，在成品交货以前，其所有权仍为承接方所拥有，则应由承接方投保并支付保险费。

但在具体业务中，我国保险公司为适应对外加工业务的开展，特将上述运输险与财产综合险结合在一起，设立了一揽子综合险，投保费用比分别投保减少30%。在实际操作中，由承接方办理该险较为方便易行，能节省保险费，降低成本，其支付的保险费也可随同加工装卸费向委托方收取。对于这些问题，应当在洽谈加工装配业务、商定加工装配合同时予以考虑，并做出明确的规定。此外，某些产品的对外加工业务还要考虑加保产品责任险问题。

（6）关于加工装卸费的支付方式。在实际业务中，对于加工装卸费的支付方式，大致可分为以下两种情况：

第一，若来料、来件与成品均不计价，加工装配以后由委托方支付加工装卸费，对此可考虑采用即期不可撤销信用证、即期托收付款交单或成品交付若干天前汇付（信汇、电汇或票汇）等方式。

第二，若合同对来料、来件与成品分别作价（其差额即加工装卸费），对此，可规定我方采用远期信用证或远期托收的方式支付料、件款；对方以即期信用证或即期托收的方式支付成品款。应注意我方开立的付款保证，其付款期限应略长于产品的生产周期，以便在收妥成品出口货款后，再支付进口料件价款，从而避免垫付外汇。

此外，料、件进口与成品出口一般应使用同一种货币，以避免发生汇兑差额和增加不必要的换算手续。

9.7 跨境贸易电子商务

9.7.1 电子商务的概念、特征、功能、优点和形式

与传统的商贸活动和商贸形式相比，电子商务是以电子信息网络应用为前提，以系统化电子工具为基础，以商品贸易等经济活动为对象，以电子数字交换（EDI）和网上交易为内容的新的商务活动和商贸模式。简言之，电子商务就是交易双方利用互联网（Internet）平台从事的商务活动。电子商务与传统商务相比，具有交易技术化、空间虚拟化、市场全球化、传输无形化、传输无纸化、传输即时化等特征；具有在互联网平台上物色贸易伙伴、进行咨询与洽谈、订购货物与支付货款、安排物流运输和接受交易管理等新功能；具有便捷、高效、省力、省时、省钱等优点。电子商务有ABC、B2B、B2C、C2C、B2M、M2C、B2A（即B2G）、C2A（即C2G）、O2O等形式。

9.7.2 跨境贸易电子商务的概念

与传统的国际贸易形式相比，**跨境贸易电子商务**是指不同关境内的交易主体，通过电子商务平台物色贸易伙伴，进行商务咨询与洽谈，订购货物与支付货款，安排跨境物流运输，接受交易管理等，最终完成跨境交易的一种新的国际贸易活动和国际贸易模式。简言之，跨境贸易电子商务就是不同关境内的交易主体通过电子商务平台从事国际贸易的行为。

9.7.3 跨境贸易电子商务的分类

跨境贸易电子商务从不同的角度可大致分为以下三类：

（1）按跨境贸易方向的不同分为：出口跨境贸易电子商务和进口跨境贸易电子商务。

（2）按跨境贸易主体和模式的不同分为：企业与企业之间的跨境贸易电子商务（B2B）；商家与消费者之间零售的跨境贸易电子商务（B2C）；消费者与消费者之间二手货拍卖的跨境贸易电子商务（C2C）。

（3）按跨境贸易一般与特殊的不同分为：一般的跨境贸易电子商务和特殊的“E贸易”跨境贸易电子商务。“E贸易”以中国郑州的河南保税物流中心的特殊功能为前提，结合河南中部内陆区域的物流特性和企业的强烈需求，参考国家的相关政策，研究利用保税中心的平台功能，搭建一个跨境贸易电子商务综合服务平台，郑州成为全国唯一综合性“E贸易”试点。

9.7.4 跨境贸易电子商务的组成部分

跨境贸易电子商务一般由三部分组成：跨境贸易电子商务平台、跨境贸易电子商务物流公司和跨境贸易电子商务支付平台。

（1）跨境贸易电子商务平台：起着信息展示、在线匹配和撮合的作用，如阿里巴巴、敦煌网等。

（2）跨境贸易电子商务物流公司：承担着跨境贸易电子商务货物运输的任务，如跨境包裹承运商TNT、UPS、FedEx、DHL、中国邮政和货代公司等（物流公司、电商的中介商，代为清关等）。

（3）跨境贸易电子商务支付平台：目前，在跨境贸易电子商务领域，货款支付有银行转账、信用卡、第三方支付等多种方式。B2C主要以线上第三方支付方式完成交易；B2B主要以线下银行转账、信用卡支付方式完成交易。

9.7.5 跨境贸易电子商务B2B模式

我国跨境贸易电子商务的主要模式是B2B和B2C。国际贸易主要是企业与企业之间的货物进出口贸易，因此企业与企业之间的跨境贸易电子商务B2B模式，便成为国际贸易形式中讨论的重点。

1）跨境贸易电子商务B2B的概念

B2B是指企业与企业之间通过专用网络或Internet进行数据信息的交换、传递，开展交易的商贸活动。简言之，B2B是指企业与企业之间的电子商务。它将企业内部网和企业的产品及服务，通过B2B网站或移动客户端与客户紧密结合起来，通过网络的快速反应，为客户提供更好的服务，从而促进企业的业务发展。跨境贸易电子商务B2B是指不同关境的企业与企业之间的电子商务。

2）B2B模式

（1）垂直模式，是面向制造业或面向商业的垂直B2B。这种垂直模式实际上就是企业网站。它可分为两个方向：上游和下游。对于上游方向，上游的供应商可以与下游的生产企业或零售商形成供应关系；对于下游方向，上游的生产企业可以与下游的经销商形成销货关系。这种模式下的B2B网站，就像是企业直接在网上开设的虚拟商店，通过这样的商店，企业可以大力宣传自己的产品，更快捷地让更多的客户了解自己的产品以促成交易。它也可以是商家开设的网站，这些商家在自己的网站上宣传自己经营的商品，目的是用更加直观、便利的方法促进和扩大商品交易。

（2）综合模式，是面向中间交易市场的水平B2B。它将各个行业中相近的交易过程集中到一个场所，为企业的采购方和供应商提供交易机会。这类网站既不是拥有自己产品的企业，也不是经营商品的商家，而只是提供一个平台，在网上将销售商和采购商汇集到一起，采购商可以在该网站上查到销售商的有关信息。

（3）自建模式，是行业龙头企业自建的B2B。行业龙头企业基于自身信息化建设的需要，搭建以自身产品供应链为核心的行业化电子商务平台。行业龙头企业通过自建电子商务平台，串联起行业整个产业链、供应链，上下游企业通过该平台实现资讯沟通和交易。此类电子商务平台比较封闭，需要开放式深度整合。

（4）关联模式，是行业为了提升电子商务平台信息的广泛程度和准确性，整合综合B2B模式和垂直B2B模式而建立起来的跨行业电子商务平台。

3）B2B行业网站经营模式

B2B行业网站经营模式可分为在线交易经营模式和非在线交易经营模式。B2B行业网站在线交易经营模式主要有以下两种：

（1）以提供小额在线批发交易服务为主要经营模式的B2B行业网站。

（2）以提供大宗商品在线交易服务为主要经营模式的B2B行业网站。

B2B行业网站中的许多交易都是非在线交易，这种网站建立的目的是交易，进而进行网络营销推广和提升品牌知名度。

B2B行业网站非在线交易经营模式大致有以下几种：

（1）以提供产品供应、采购信息服务为主要经营模式的B2B行业网站。

（2）以提供加盟代理服务为主要经营模式的B2B行业网站。

（3）以提供代工信息服务为主要经营模式的B2B行业网站。

（4）以提供企业竞争性情报服务为主要经营模式的B2B行业网站。

（5）以提供商机频道+技术社区服务为主要经营模式的B2B行业网站。

（6）以提供行业服务为主要经营模式的B2B行业网站。

（7）以提供行业展览、会议服务为主要经营模式的B2B行业网站。

（8）以提供行业网站+域名空间+网络建设+搜索引擎优化服务为主要经营模式的B2B行业网站。

4）B2B流程

（1）常规流程

第一步，商业客户向销售商订货，首先要发出“用户订单”，该订单应包括产品名称、数量、质量等相关内容。

第二步，销售商收到“用户订单”后，根据“用户订单”的要求向供货商查询产品情况，发出“订单查询”。

第三步，供货商在收到并审查完“订单查询”后，给销售商返回“订单查询”答复，主要是有无货物等情况。

第四步，销售商在确认供货商能够满足商业客户“用户订单”要求的情况下，向运输商发出有关货物运输情况的“运输查询”。

第五步，运输商完成“运输查询”后，给销售商返回“运输查询”的答复，如有无能力完成运输，以及有关运输的日期、线路、方式等信息。

第六步，在确认运输无问题后，销售商即刻给商业客户的“用户订单”一个满意的回答；同时，向供货商发出“发货通知”，并通知运输商运输。

第七步，供货商接到“运输通知”后开始发货，并由运输商运输，接着商业客户向支付网关或银行发出“支付通知”，支付网关和银行结算票据等。

第八步，支付网关和银行向销售商发出交易成功的“转账通知”。

（2）制造业流程

第一步，接收客户订单，解析EDI（电子数据交换）：EDI ANSI-850 or EDIFACT-ORDERS，保存订单必需数据，存入数字库中。

第二步，将订单（Purchase Order，PO）信息上传至ERP（企业资源计划）系统，由ERP系统创建销售订单。

第三步，B2B系统反馈订单信息给客户：EDI ANSI-855 or EDIFACT-ORDRSP。

第四步，ERP系统创建生产命令，SFC（生产现场管理）系统下载生产命令，安排生产，产生相关产品数据。

第五步，B2B系统获取ERP系统传递的iDoc（一款与众不同的文字处理软件），存入B2B DB中，依据已有的Ship ID从SFC DB中获取货物数据、包装列表等。

第六步，B2B系统生成运单：EDI ANSI-856 or EDIFACT-DESADV，发送给客户。

第七步，接收客户对运单的确认：EDI ANSI-824 or EDIFACT。

第八步，将发票发送给客户：EDI ANSI-810 or EDIFACT-INVOICE。

跨境贸易电商交易平台B2B流程可简化为图9-1。

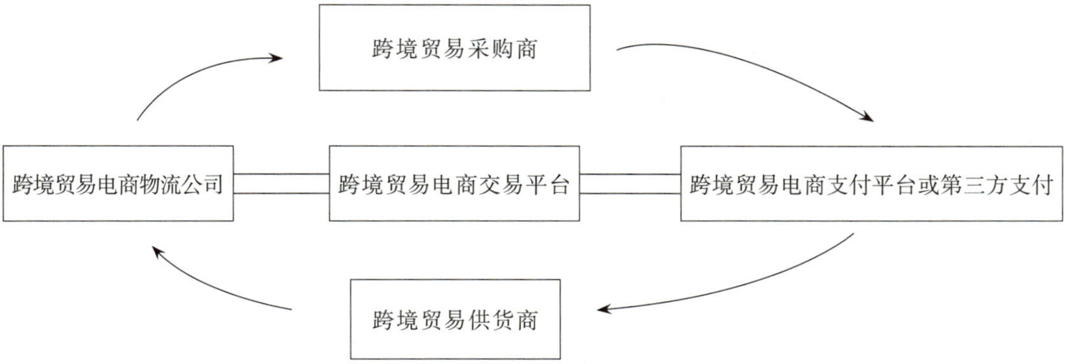

图9-1　跨境贸易电商交易平台B2B简化流程

9.7.6　我国跨境贸易电子商务发展的概况及趋势

我国跨境贸易电子商务在国家政策的指导和推动下，2012年以来规模迅速扩大。其主要表现在以下方面：

（1）中国跨境电子商务综合试验区迅速扩大

设立中国跨境电子商务综合试验区旨在针对跨境电子商务交易、支付、物流、通关、退税、结汇等环节的技术标准、业务流程、监管模式和信息化建设等措施先行先试，通过制度创新、管理创新、服务创新和协同发展，破解跨境电子商务发展中的深层次矛盾和体制性难题，打造跨境电子商务完整的产业链和生态链，逐步形成一套适应和引领全球跨境电子商务发展的管理制度和规则，为推动中国跨境电子商务健康发展提供可复制、可推广的经验。截止到2022年1月，国家共设立了杭州、上海、合肥、大连、武汉、长沙、太原、温州、雄安新区、乌鲁木齐等132个跨境电商综合试验区。

（2）我国跨境贸易电子商务交易额连年增长

随着2015年“互联网+”时代的到来，在国家政策的指导和推动下，我国跨境贸易电子商务交易额连年增长，跨境贸易电子商务逐渐成为我国贸易乃至整个经济全新的增长引擎。2000—2020年，我国跨境贸易电商交易规模从500亿元上升到了12.5万亿元。2012—2020年中国跨境贸易电商交易额及增长率见表9-1。

表9-1　　2012—2020年中国跨境贸易电商交易额及增长率　　单位：万亿元，%

年份	2012	2013	2014	2015	2016	2017	2018	2019	2020
交易额	2.1	3.2	4.2	5.4	6.7	8.1	9.0	10.5	12.5
增长率	23.5	52.4	31.2	28.6	24.1	20.9	11.1	16.7	19

（3）我国跨境贸易电子商务交易额增长率较高但呈现出下降趋势

数据显示，我国跨境贸易电子商务交易额增长率较高，但却呈现出逐渐下降的趋势。这是由跨境贸易电子商务贸易额基数连年增大引起的，一般来说，基数的绝对量越大，其增长率就会变低。

（4）我国跨境电子商务货物贸易额占我国进出口货物贸易总额的比例连年提高

2012—2018年，我国跨境电子商务货物贸易额占我国进出口货物贸易总额的比例分别约为：9.6%、12.1%、14.5%、16.9%、19.0%、29.0%和29.5%。2020年我国跨境电商货物贸易额占我国货物贸易进出口总值的38.86%，相比2019年的33.29%提升5.57%。可见，我国跨境电子商务货物贸易额占我国进出口货物贸易总额的比例连年提高，传统外贸线上化的趋势愈加明显。

学习微平台

延伸阅读9-3

学习微平台

延伸阅读9-4

学习微平台

延伸阅读9-5

学习微平台

延伸阅读9-6

（5）我国跨境贸易电子商务交易总额中出口额远大于进口额

统计数据显示，我国出口跨境电商一直占据跨境电商行业的主导地位。2020年中国出口跨境电商市场规模达9.70万亿元，较2019年的8.03万亿元同比增长20.79%。2020年虽然受到新冠肺炎疫情的影响，但随着全球线上购物模式的兴起以及国家对跨境电商利好政策的先后出台，加之消费者对产品品质、功能的要求不断提升，出口跨境电商发展迅速。受政策及发展环境利好的驱动，在整体出口量稳定的情况下，出口跨境电商正逐步取代一般贸易，成长性良好。2020年中国进口跨境电商市场规模为2.80万亿元，较2019年的2.47万亿元同比增长13.36%。

随着跨境贸易电子商务的快速发展和我国人民生活水平的不断提高，以及国家对进口境外优质商品政策的改变，今后我国跨境贸易电子商务进口额还会不断地增大。

【教学互动9-1】

互动问题：消费升级和跨境贸易电商的发展之间有什么联系？

互动要求：同“教学互动1-1”的“互动要求”。

（6）我国跨境贸易电子商务交易结构的变化趋势

2012—2019年中国跨境贸易电商交易规模B2B与B2C结构见表9-2。

表9-2　　2012—2019年中国跨境贸易电商交易规模B2B与B2C结构　　单位：%

年份	2012	2013	2014	2015	2016	2017	2018	2019
B2B	96.9	94.8	93.7	91.9	88.7	85.2	83.2	80.5
B2C	3.1	5.2	6.3	8.1	11.3	14.8	16.8	19.5

从2012—2019年我国跨境贸易电商交易规模结构来看，B2B的交易规模远高于B2C，处于行业主导位置，但B2B交易的占比呈逐年下滑的趋势，而B2C交易的占比逐年上升。随着更多的客户开始尝试个性化产品、跨境物流平台的建设，跨境B2C交易的模式得到了越来越快的发展。

关于跨境贸易电子商务的发展趋势，我们可以做出这样的判断：只要整个世界能和平发展，经济全球化、贸易多边化、交易便利化的世界大环境不被破坏而保持良好的发展态势，随着跨境贸易电子商务技术不断地完善和普及，以及跨境贸易电子商务在法律、管理、税收、物流和支付等方面的日益成熟和完善，跨境贸易电子商务的规模必将越来越大，在整个国际贸易总额中的占比也必将越来越高，这种新型的贸易方式有逐渐取代传统国际贸易方式的趋势。商家应及早更新观念，积极主动地加入跨境贸易电子商务的大潮中来，抢占先机。

【课程思政9-2】

美国律所的“流氓”行径

背景与情境：跨境贸易电子商务是助力中国产品走向海外市场的新形式，但不少中国跨境贸易电商卖家缺乏知识产权意识与法律保护意识，被“不怀好意”的海外买家盯上，掉入“流氓”律所的陷阱。

这类律所通过收集相应证据，针对各大跨境贸易电商平台上疑似侵权的卖家，通过美国当地法院提起大规模的诉讼，要求平台冻结卖家在平台账户中的资金。由于时间有限（仅仅只有21天），大多数中国卖家最终不得不达成和解协议或放弃应诉，从而将账户内的大量资金以赔偿的形式拱手相让。

如果卖家明知故犯销售侵权产品，被法院判罚赔偿确实无可厚非，但不少卖家遭到控诉还有可能因为：产品中某个字眼涉嫌侵权而被控诉；被美国“流氓”律所“钓鱼执法”，它们向卖家咨询是否可以提供相应产品（类似某款大牌的设计），而卖家一旦承诺可以做，同时提供了相应的订金收款账号，则卖家便涉嫌侵权；卖家什么都没有卖，只是把自己的账号借给别人收款，甚至这些律所并没有掌握关键性证据，便对中国卖家提起诉讼。

很多中国卖家也想第一时间应诉，但由于立案地在美国，哪怕是请一位与这些美国律所有合作关系的中国律师，如果不熟悉美国法律，效果也不佳；若聘请美国律师，他们往往会提出要先支付一定的费用或保证金，让不少中国卖家认为这都是骗子行为。还有不少中国卖家认为这类官司哪怕应诉，成功率也不一定高。中招的中国卖家由于时间紧、律师费用相对较高、不熟悉美国法律且不懂英语等原因，不得不屈服于和原告律所和解或者放弃诉讼。

资料来源　佚名．揭露中国卖家大量账号被封背后，美国律所的“流氓”行径！[EB/OL]．[2017-03-31]．https://www.cifnews.com/article/25118.有删减．

问题：面对此类事件，中国卖家应如何维护自身的权益？

研判提示：重视知识产权，研究目标市场国（地区）的法律、法规，不上架有风险的产品；及时把货款转移到国内的银行账户中，避免因账户内部囤积了大量资金而遭受巨大损失；打造自有品牌，这些是中国卖家避免发生此类情况、维护自身权益的重要途径。

【同步业务9-1】

了解、分享你身边的“海淘”经历。

业务分析：“双11”结束后，你以为“剁手”就结束了吗？发源于欧美的年度购物节“黑五”已经逐渐成为中国消费者展示“实力”的舞台，海外品牌们也在通过各大平台“讨好”中国消费者。你身边有这样的消费者吗？你会用“海淘”网站吗？你知道跨境电商“海淘”攻略吗？

业务程序：收集资料并整理，交流分享。

■ 本章概要

□ 内容提要

● 本章主要介绍了经销与代理、招标与投标、寄售、拍卖、期货交易、加工贸易、对销贸易、跨境电子商务等常用贸易方式。

● 经销是出口企业与国外经销商达成书面协议，规定经销的商品种类、期限和地区范围，利用国外经销商推销商品的一种方式。经销包括独家经销和一般经销。

● 代理是出口企业与国外代理商达成协议，委托其在特定地区和一定期限内代购代销指定商品的贸易方式。

● 展销是出口商通过参加或举办展览会、展销会、博览会及其他交易会的形式，将自己的商品展示给客户，从而进行销售的贸易方式。

● 期货交易是指在期货交易所内，按照严格的程序和规则，通过公开叫价买进或卖出期货标准化合约的一种贸易方式。

● 跨境电子商务是不同关境内的交易主体通过电子商务平台，物色贸易伙伴，进行商务咨询与洽谈，订购货物与支付货款，安排跨境货物运输，接受交易管理，最终完成跨境交易的一种新的国际贸易活动和国际贸易模式。

□ 主要概念和观念

▲ 主要概念

独家经销　代理　寄售　套期保值　补偿贸易　跨境贸易电子商务

▲ 主要观念

各种国际贸易方式的具体做法和应注意的问题

□ 重点实务

选择合适的贸易方式

■ 基本训练

□ 知识训练

▲ 简答题

1）采用包销方式有哪些利弊？

2）来料加工贸易应注意哪些问题？

3）展卖的特点和优点是什么？

4）期货市场的构成要素有哪些？

5）B2B的模式有哪些？

6）什么是补偿贸易？

▲ 填空题

1）（　　）是最古老的国际贸易形式，也是最简单的交易方式。

2）（　　）又称对冲交易，基本做法是在买进（或卖出）现货的同时或前后，在期货交易所卖出（或买进）相等数量的合同作为保值手段。

3）对外贸易中的“三来一补”业务是指（　　）、（　　）、（　　）和补偿贸易。

4）B2B是指（　　）与（　　）之间的电子商务。

▲ 单项选择题

1）对于独家代理和独家经销两种贸易方式，（　　）。

A.前者是委托代理关系，后者是买卖关系

B.前者是买卖关系，后者是委托代理关系

C.都是委托代理关系

D.都是买卖关系

2）在寄售方式下，货款一般是在货物（　　）。

A.售出前向代销人收取　　B.售出前向代销人收取保证金

C.售出后收回　　D.售出前或售出后按代销人的要求办理

3）期货交易买卖的是（　　）。

A.初级产品　　B.制成品

C.标准期货合同　　D.协议期货合同

4）线上的询盘发送方式有（　　）。

A.电话、邮件　　B.传真、电话

C.邮件、聊天工具　　D.邮寄、邮件

5）在商品价值形态的转移过程中，信息流是（　　）。

A.基础　　B.桥梁　　C.目的　　D.介质

▲ 多项选择题

1）跨境电商的参与主体有（　　）。

A.通过第三方平台进行跨境电商经营的企业和个人

B.跨境电子商务的第三方平台

C.物流企业

D.支付企业

2）（　　）是跨境电商人员需要具备的素质。

A.了解海外客户进行网络购物的理念和文化

B.了解相关国家的知识产权和法律知识

C.熟悉各大跨境电商平台的运营规则

D.具有“当地化”思维

▲ 讨论题

1）跨境电子商务对国际贸易产生了哪些影响？

2）假如你的公司要开辟一个新地区的市场，你会选用何种贸易方式？

□ 能力训练

▲ 案例分析

失败的招标

背景与情境：一家招标机构接受委托，以国际公开招标的形式采购一批机电产品。

招标文件要求投标人制作规格与价格两份标书，开标时，先开规格标，对于符合条件者，再定期开价格标，最终确定中标者。共有12家企业投标。到了开标期，先开规格标，经慎重筛选，初步选定7家，通知它们对规格标进行澄清，并要求将投标有效期延长两个月。7家中，有4家送来澄清函并同意延长有效期。另3家提出若延长有效期，将提高报价10%或更多；否则，将撤销投标。招标机构拒绝了后3家的要求。到了价格标的开标日期，对仅有的4家开标后，却发现这4家报价均过高，超过招标机构预定标底的30%。无奈，招标机构只得依法宣布此次招标作废，重新招标。

问题：

1）什么是招标与投标？其适合哪些商品的贸易？

2）分析此次招标失败的原因及应吸取的教训。

分析要求：同第1章“基本训练”中本题型的“分析要求”。

▲ 自主学习

自主学习-5

【训练步骤】

1）将班级同学组成若干“自主学习”训练团队，每队确定一人负责。

2）各团队根据训练项目需要进行角色分工。

3）通过院资料室、校图书馆和互联网，查阅“文献综述格式、范文及书写规范要求”和近三年关于“跨境电子商务发展模式”的学术文献资料。

4）综合和整理“跨境电子商务发展模式”最新学术文献资料，依照“文献综述格式、范文及书写规范要求”，撰写《“跨境电子商务发展模式”最新文献综述》。

5）在班级交流各团队的《“跨境电子商务发展模式”最新文献综述》。

6）在校园网的本课程平台上展出经过修订并附有教师点评的各组《“跨境电子商务发展模式”最新文献综述》，供学生相互借鉴。

□ 课程思政

遵守跨境电商平台规则

背景与情境：2021年第二季度，跨境电商平台亚马逊开展了一场疾风骤雨、旷日持久的大规模封号封店行动：大量中国卖家的店铺一夜被封、货款遭冻结、库存变呆滞。

这是亚马逊有史以来最严厉的一次打击虚假评论行动，这一方面是政治环境和社会环境的要求；另一方面也是亚马逊在引导卖家品牌化，只有品牌化的卖家会活下来，而且越活越好，而杂牌卖家会被淘汰退场，真正做品牌的卖家不要冒险去做虚假评论。

有的卖家由于封店损失惨重；有的卖家通过申诉，成功恢复了店铺的经营；也有一些卖家选择退出亚马逊平台，重新获得针对客户服务和退货的直接控制权，摆脱亚马逊的限制，专心布局自己的网站以及其他渠道，进一步壮大自己的品牌。

2022年1月11日，亚马逊在上海举行了亚马逊全球开店线上跨境峰会，亚马逊全球开店中国宣布进行品牌升级，提出助力出口跨境电商企业打造全球品牌的新主张——“共创全球品牌新格局”，并分享了2022年战略重点，包括三个方面：支持卖家布局全球业务，实现多元化拓展；完善本地化服务，赋能卖家数字化转型；推动卖家打造全球品牌，创造长期价值。

跨境电商的发展，是时代的趋势，也是历史的潮流。我国企业奔涌出海积极投身跨境电商事业，立中国品牌之标杆，扬中国制造于海外，是一件值得骄傲、肯定、宣扬的事情。但是国有国法，家有家规，越是在海外平台发展，越是要谨记合规的重要性。跨境电商发展到现在，基本上已经告别以前野蛮增长的阶段，更需要高质量可持续的发展。

资料来源　作者根据相关资料整理.

问题：

1）对于刷单行为你怎么看？

2）查找资料，了解国内电商平台与跨境电商平台规则的异同。

3）本案例对跨境电商从业者的启示有哪些？

研判要求：同第1章“基本训练”中本题型的“研判要求”。

第10章 国际技术贸易

学习微平台

第10章
思维导图

◆ 学习目标

通过本章的学习，应该达到以下目标：

职业知识：学习和把握国际技术贸易的概念、特点及内容；掌握国际技术许可贸易方式与许可合同；了解技术咨询和服务与合作生产及其合同；认识国际技术贸易中的价格、支付方式等方面的理论与实务知识；能用其指导本章“基本训练”中“知识训练”各题型的认知活动，正确解答其相关问题。

职业能力：运用本章知识研究相关案例，培养在特定业务情境中分析问题与决策设计的能力；通过“拟定国际技术贸易许可合同”实训操练，训练学生的专业操作技能。

课程思政：结合本章教学内容，研判“课程思政”案例，引导学生认识到我国在技术贸易领域的优劣势和努力方向，相信我国在大国博弈中的实力。

【引例】

华为公司宣布开始实施5G专利许可收费

背景与情境：我国的通信行业起步比较晚，在2G、3G、4G时代，都是以高通、诺基亚和爱立信等国际知名企业为主导，我国根本就没有核心技术和专利，每年都要向上述国际知名企业支付巨额的专利许可使用费。而在5G专利技术的创新上，我国的企业华为占领了制高点，取得了主导地位，扳回了一局。2021年，华为公司发布了《创新与知识产权白皮书》，宣布对5G专利技术许可使用收费，其收费标准是单台5G手机为2.5美元。然而，华为最强的并不是手机产品，而是通信业务，即全球顶尖的5G通信网络技术及其构建，这是世界通信产业离不开华为的地方，这些方面的专利许可使用也要收费。华为对5G专利许可收费，像在世界扔下了一颗“重磅炸弹”，这是中国企业开天辟地的一件大事，可喜可贺！

学习微平台

延伸阅读10-1

资料来源 作者根据新闻资料整理.

随着科学技术的加速发展和第三产业的兴起，国际贸易除了传统的货物贸易之外，技术贸易和服务贸易也飞速发展。本章着重对技术贸易进行简要介绍。

10.1 国际技术贸易的概念、特点及内容

人类共同拥有的技术可以随意使用，一般不属于商品。而国际技术贸易所指的技术是一种商品，可以在国际市场上交换、流通。

10.1.1 技术的概念及分类

技术是人们在实践活动中制造某种产品、应用某种工艺或提供某项服务的系统知识。技术可以按不同用途加以分类。

（1）按公开程度分。其包括：①公开技术，是指为社会公众所知的技术，可以公开传播，自由使用，不受限制。②专有技术，又称秘密技术、技术诀窍或技术秘密，是未公开技术，不受专门法律的保护，但有相关法律给予维护，所有人仅以保密来维持其价值，并对其占有。专有技术一旦被泄露，其价值会受到很大的损害。

（2）按是否属于工业产权分。其包括：①工业产权技术，是指专利技术、专有技术和注册商标。②非工业产权技术，是指版权技术和公开技术。

（3）按发展的生命周期分。其包括：发展阶段技术、成熟阶段技术、标准化阶段技术和衰老阶段技术。

【小资料10-1】

2020—2021年中国科技的重大突破

2021年中国科技十大突破

（1）我国找回水稻“祖先”基因

中国培育出更优质的水稻品种。

（2）我国“九章2.0”“祖冲之2.0”研发成功

中国成为唯一在两个物理体系中实现量子计算优越性的国家。

(3)“中国天眼”迎接全球天文学家

中国于2021年3月31日0时起向全世界天文学家发出邀约，征集观测申请，观测时间从2022年8月开始。

(4) 我国用液氦制造出-271℃世界

中国具备了大型低温制冷装备“中国制造”的能力。

(5) 我国创造了光存储达1小时的世界纪录

中国向实现量子U盘迈出了重要一步。

(6) 我国“人造太阳”刷新世界纪录

我国实现可重复1.2亿℃燃烧101秒。

(7) 我国地球模拟装置启用

我国启用的具有自主知识产权的地球模拟实验室达到了国际先进水平。

(8) 我国“冰光纤”问世

中国在-50℃环境中制备出既可灵活弯曲又能高效导光的高质量冰单晶微纳光纤。

(9) 我国制备出“甩开”光合作用合成淀粉

中国科学家在实验室中首次实现从二氧化碳到淀粉分子的全合成。

(10) 我国证明了凯勒几何核心猜想

中国解开了数学界60多年的“悬案”。

2020年中国五大科技成就

(1)“中国天眼”开启地外星球探索

(2)“天问一号”火星探测器顺利升空

(3)“嫦娥五号”探月器成功往返地球

(4)“奋斗者号”成功完成万米海试

(5)“北斗三号”全球导航系统开通

资料来源 佚名. 年终盘点：2021年中国科技的重大突破[EB/OL]. [2022-02-17]. https://www.bilibili.com/read/cv15298345/. 有删减.

10.1.2 国际技术贸易的概念及特点

国际技术贸易也常被人们称为国际技术转让，是一种商业性质的有偿技术转让，是指不同国家的公司、企业、团体或个人在一定条件下转让或许可使用技术的行为，即转让或许可使用知识产权的行为。当代国际技术贸易有如下特点：

(1) 国际技术贸易发展迅速。世界技术贸易额平均每5年翻一番，目前每年已达到10万亿美元左右，并且还有上涨的趋势。

(2) 发达国家的国际技术贸易额占世界技术贸易总额的80%左右，主要集中在美国、英国、德国、日本和法国。其中，美国是主要的技术供应国。

(3) 发展中国家以技术引进为主，每年的技术贸易额达千亿美元以上。

(4) 技术贸易与资本、设备、劳务等交易相结合。这种一揽子交易是当今最受欢迎、最有效的国际技术贸易。

(5) 跨国公司在国际技术贸易中的作用巨大。因跨国公司资金雄厚，技术力量强，信息灵通，科技研究和开发力度大，世界上80%的新技术是由跨国公司提供的，跨国公司从事的国际技术贸易额占世界技术贸易总额的70%以上。

【同步思考10-1】

国际技术贸易与国际货物贸易有什么区别?

理解要点:二者的主要区别是:

(1)国际货物贸易的标的是“物”,即物质产品或有形商品;而国际技术贸易的标的是“权”,即所有权或使用权,是一种无形商品。

(2)在国际货物贸易中,买方按合同规定得到商品后,所有权得以转移,并享有处分权;而在国际技术贸易中,技术接受方主要得到使用技术生产产品和销售产品的权利,可能并未得到技术的所有权。

(3)由于交易标的不同,国际技术贸易的合同内容,如技术质量、定价方法、适用法律、合同期限,均有与国际货物贸易不同的特殊规定和不同做法。

10.1.3 国际技术贸易的内容

国际技术贸易的基本内容是知识产权。具体来讲,国际技术贸易的内容包括专利权、商标权、专有技术权、计算机软件著作权的所有权的有偿转让或使用权的许可。

1)专利、商标等工业产权

(1)专利是政府机构对申请人的技术发明创造给予的一种保护制度。专利权是经政府机构审查,认为某项发明符合法律规定,授予该发明人对其发明创造享有的专有权。

专利权所指的对象主要有:①发明。其要求对产品、方法或其改进提出新的技术方案。②实用新型。其要求对产品的形状、构造或者其结合提出新的实用的技术方案。发明和实用新型获得专利权的条件是:具有新颖性、创造性和实用性。③外观设计。其要求对产品的形状、图案、色彩或者其结合做出富有美感并适于工业上应用的新设计。

【小资料10-2】

华为5G专利申请量全球第一

据德国专利数据公司Iplytics发布的关于5G标准专利声明的实情调查报告,截止到2020年1月1日,全球共有21 571个5G标准专利项声明,其中华为排第一,拥有5G专利申请3 147项,超过三星、中兴、LG、诺基亚、爱立信、高通和英特尔(见表10-1)。

表10-1 **按公司宣称的专利排序**

序号	国别	公司名称	已生效的专利	申报状态的专利	公司宣称的专利
1	中国	华为	1 274	2 342	3 147
2	韩国	三星	1 728	2 633	2 795
3	中国	中兴	837	1 878	2 561
4	韩国	LG	1 415	2 236	2 300
5	芬兰	诺基亚	1 584	2 074	2 149
6	瑞典	爱立信	768	1 461	1 494
7	美国	高通	831	1 210	1 293
8	美国	英特尔	148	855	870

（2）商标是指生产者、创造者或经销者在其生产、创造或经销的商品或服务上采用的特定标记。商标权是商标所有人对其依法申请并经商标主管机关核准注册的商标所享有的专用权利。商标按用途可分为以下几类：①商品商标，在商品上标示，为了将其与同类商品区分开来；②服务商标，在金融业、保险业、运输业、通信业、旅游业等行业使用，为了将其提供的服务与其他机构所提供的服务区分开来；③证明商标，非商用商标，为有关公益部门所有的一种标记；④厂商名称，又称商号，是企业登记注册时所获得的一种无形财产权。

学习微平台

延伸阅读10-2

工业产权是受法律保护的，这种权利除工业产权所有者能够享用外，其他任何人未经允许不能享用。

2）专有技术

专有技术是指从事生产、管理和财务等活动的一切符合法律规定条件的秘密知识、经验和技能。其包括工艺流程、公式、配方、技术规范、管理和销售的技巧与经验等。在我国，对专有技术的法律保护主要援引民法典、反不正当竞争法和刑法等。

【小资料10-3】

在国际技术贸易中，常会发生两种情况：一是只买卖软件技术，即技术资料和有关技术服务；二是在购买软件技术的同时购买硬件技术。目前，发达国家的技术贸易主要是买卖软件技术；而发展中国家的技术引进，一般除购买软件外，还同时购买应用技术的机器设备。对发展中国家来说，这种做法有助于尽快将引进的技术转化为生产能力，有助于在短时期内消化、吸收引进的技术，提高生产效率，获得较好的经济效益。但做出这种决定时，要考虑本国的外汇支付能力、替代进口的需要或产品能直接出口获取外汇的市场前景。

【同步案例10-1】

美日间的技术贸易

背景与情境：多年以来，日本公司一直采用购买美国的技术，之后再以产品出口的形式将其卖给美国的策略。近几年，日本公司每年都会向美国公司支付近30亿美元的技术转让费和特许费，同时向美国销售300亿美元左右的高技术产品。目前，美国公司也开始利用日本的技术市场，聘用一流的日本科学家到美国在日本开设的公司工作。

日本目前已成为美国高技术公司所看重的投资市场，原因是日本公司在美国技术的基础上又取得了领先性突破，包括高清电视、液晶显示、半导体芯片、生物技术等方面。通过在这些技术发源地附近建厂，美国公司可以更方便地雇用高技术人才，跟上最新科技发展的步伐，并监视其技术转让态势。例如，日本很多高技术方面的动态只限于在当地报道，而不刊登在外国报刊上。一家设立在日本的美国公司近几年发现了15起日本公司侵犯其专利权和专有技术授权的案件，开始忙于投诉对方侵权。

即使这样，IBM公司的影像识别系统、柯达公司分子束取向附生技术、厄普乔恩公司的中枢神经系统失调药品还在日本研制开发，这些工业产权和专有技术的费用每年达5亿美元以上。美国公司的策略是必须紧靠世界最先进的技术市场。

问题：在双方进行技术贸易的同时，如何对待所产生的“不愉快现象”？

分析提示：工业产权和专有技术均为知识产权，应严格按法律和合同的规定，维护所有权方的权利。日方在未经美方授权的情况下侵犯了对方的权利，应给予对方赔偿。

但理智的美国公司认为日本具有良好的技术市场前景，并未因此停止其在日本的技术贸易业务，这说明了国际技术贸易对美方公司的重要程度。

10.2 国际技术许可贸易方式与许可合同

许可贸易是国际技术贸易中最常见、使用最广泛的交易方式，是技术有偿转让的主要形式。许可贸易的卖方称为许可供方，许可贸易的买方称为许可受方。

10.2.1 许可贸易的概念及许可贸易方式

许可是指知识产权所有人依据法律，在一定条件下许可他人使用其知识产权。**许可贸易**是知识产权所有人将知识产权、产品制造权、产品销售和进口权许可其他国家的企业、公司或个人有偿使用的行为。

按许可贸易合同标的供方参与许可项目的程度和范围，许可贸易可分为以下几种方式：

（1）纯许可贸易。它是指许可供方只许可许可受方使用有关的知识产权技术，而不参与许可项目的投资和经营活动。此种方式许可供方风险小，许可受方风险较大。

（2）一揽子许可贸易。它是指包含两种或两种以上知识产权许可使用的一笔交易。例如，合同中既包括专利许可，又包括商标许可。

（3）含投资的许可贸易。它是指许可供方拥有许可项目的部分产权（股权），即许可供方在许可项目中投资。按许可供方拥有的许可项目产权的大小，可分为股权式的合资经营企业、契约式的合作经营企业和外国投资者投入全部资本的独资企业。

（4）特许经营。它是指授权人将其商号、商标、版权、外观设计、服务标记和商业秘密等在一定条件下许可给外国经营者使用，允许其在一定区域内从事与授权人相同的经营业务。授权人还经常提供销售渠道、人员培训等。这实际上是授权人出售一个成功企业的经营方法，具有很强的实用价值。

（5）含设备或生产线买卖的许可贸易。它是指在许可贸易中，许可受方购买许可供方所提供的机器设备或生产线，以有效地实施所引进的技术。许可供方还常提供零部件、原材料和技术指导等。

【小资料 10-4】

BOT合作方式是指项目承包公司、咨询公司、金融机构、制造商、建设公司等联合与东道国政府签订许可协议，承建某个项目，并在项目竣工之后经营一定时期，期限届满时，将该项目移交给东道国。合作期限一般为10年以上。其具有如下特点：

（1）项目由外国投资，不需要东道国政府投资。

（2）对东道国而言，BOT合作方式具有引进技术与利用外资相结合的优势。

（3）东道国允许外方按照合理的经营管理模式对BOT项目进行经营管理。

（4）BOT合作方式合同期长，牵涉的关系人多，一般采用招标方式选择外国的投资、建设力量。

（5）采用BOT合作方式，东道国政府不需要对外方的投资提供担保，不会形成国债，风险也小。外方通过在合同期限内对项目的经营管理收回投资成本并获取收益。

10.2.2 许可合同的概念及各种许可合同的基本条款

国际许可合同是指双方当事人为实现专利、专有技术和商标使用权有偿转让的特定目标而规定双方的权利和义务的法律性文件。

许可合同的主体一般应是自然人、法人以及有关机构。许可合同的客体是指准予转让的内容，主要指专利、专有技术和商标的使用权。国际许可合同所包含的内容远比一般商品进出口合同复杂。其具有如下特点：

（1）时效性。许可合同项下专利、专有技术、商标使用期限的长短直接关系到交易双方的经济利益，而专利等受保护的时间也有一定的限制。

（2）法律性。许可合同必须符合有关法律的规定和有关国际条约的约束，否则就不能得到有关法律的承认和保护。

（3）技术性。这是指许可合同客体的技术复杂性，要求合同对技术要求的规定必须明确、具体。成功的许可合同的签订往往需要经过交易双方长期的反复磋商和修改。

许可合同因具体的类型不同，内容也不相同，但许可合同具有下列共同性基本条款：①导言条款。其包括合同名称、合同编号、签约时间、地点、签约人及其法定地址等。②叙述性条款。其说明签约双方的背景、签约的各自理由等。③对关键性名词进行明确定义。双方会针对重要的、易引起争议的词语进行限定和统一，以防止分歧和纠纷的产生。④技术的内容和许可使用的权限及范围。⑤技术文件的交付、技术的检验和验收、技术的改进和发展。⑥税费。⑦保证、违约和索赔。⑧不可抗力。⑨仲裁和法律适用。⑩合同的生效、期限、续展和终止。⑪合同附件。

其中，技术的内容、许可使用的权限和范围是核心条款。在合同中要明确规定的技术内容包括：①对基本技术的说明，包括技术的种类、型号、各项指标，如产品指标、技术性能指标、产量、能耗、环境保护、安全、废品率等，是合同检验和验收的依据。②转让基本技术的方式，许可供方提供的合同产品的设计资料、生产技术资料的范围和内容，许可供方在技术服务和技术培训方面承担的责任和义务。

按许可受方的使用权限和范围划分，许可使用有不同的类型，见表10-2。

表10-2　**不同许可使用类型双方的权限和范围**

许可使用的类型	在合同期限和地域内			
	许可受方的权限和范围		许可供方的权限和范围	
独占许可	①	③	②	③
排他许可	①	③	①	③
普通许可	①	③	①	④
分许可	①	④	按合同规定的许可方式	

说明：①有使用、生产、销售和进口产品权；②无使用、生产、销售和进口产品权；③不得再将该项权利许可给第三方；④可向第三方许可该项权利。

10.2.3 专利、商标许可合同的特殊条款

专利、商标许可合同具有一定的特殊性，需要增加相应条款。

1）专利许可合同的特殊条款

（1）专利条款。在洽谈专利许可合同时，应当要求对方在转让项目中列明专利内容，并标明专利号、专利申请国别、专利有效期限，以便选择和鉴别真伪，准确核算专利使用费。

（2）专利有效保持条款。专利法规定，专利申请后还需按期向主管部门缴纳年金。为保证专利的有效性，合同要求许可供方应在合同有效期内按期向有关主管部门缴纳年金。

（3）侵权处理条款。合同要明确规定许可供方专利权的合法性，如许可受方在使用专利技术时受到任何第三方的指控，则许可供方负完全经济、法律责任。

2）商标许可合同的特殊条款

（1）商标的内容和特征。商标许可合同要明确注明商标的名称、图样、使用该商标的商品。

（2）商标权的合法性和有效性。合同中必须注明商标注册的国别、时间、有效期限和适用的区域范围。

（3）许可受方使用商标的方式。其主要有四种：①许可受方对许可供方的商标不做任何改动，在其商品上直接使用；②将许可供方商标和许可受方商标具有代表性的部分相结合，组成新的商标；③将许可供方商标与许可受方商标并列使用，组成新商标；④由许可供方的商标加许可受方的厂名，组成新的商标。

（4）商标许可的备案和注册。合同中应规定许可供方向许可受方国家商标管理机关办理备案或注册手续，以便得到许可受方国家法律的保护。

（5）许可供方对商标所附着产品质量的监督权。许可供方有权监督许可受方使用其商标的商品的质量，许可受方应当保证使用该商标的商品的质量。

【同步案例 10-2】

苹果和唯冠公司的iPad商标之争

背景与情境：2000年深圳唯冠在中国申请iPad文字商标和文字、图形结合商标的商标专用权，2001年获得核准注册。

2001—2004年，唯冠控股旗下另一子公司中国台湾唯冠在欧盟、韩国、墨西哥、新加坡等国共获得8个iPad相关注册商标专用权。

2005年前后，苹果公司策划相关产品进入欧洲市场时，得知iPad商标归中国台湾唯冠所有，当时曾以撤销闲置不用商标等理由向英国商标局提出申请，希望获得iPad商标，但在英国败诉。

2009年8月，英国IP公司开始与中国台湾唯冠接触，希望中国台湾唯冠向其转让全球所有的iPad商标，也就是除了自己注册的8个商标以外，还包括深圳唯冠的商标。

2009年12月23日，英国IP公司以35 000英镑的价格从中国台湾唯冠手中购得iPad商标。

2010年4月3日，苹果公司标有iPad商标的平板电脑产品在美国上市。4月7日，英国IP公司与苹果公司签订转让协议，以10万英镑的价格受让包括涉案商标在内的所有商标。由于认为深圳唯冠拒不履行其转让涉案商标的义务，2010年6月，苹果公司联合英国IP公司将深圳唯冠告上法庭，请求法院判令iPad商标的专用权归原告所有，并赔偿其经济损失400万元。

2011年12月5日，深圳市中级人民法院对苹果公司和英国IP公司诉深圳唯冠商标权属纠纷做出宣判，驳回了原告的诉讼，判决“iPad”在中国的商标归深圳唯冠所有。2012年2月29日，iPad商标案终审在广东省高院开庭，苹果与深圳唯冠经过长达6个小时的激烈交锋后仍没有结果。随后，双方在广东省高院的主持下，开始了旷日持久的谈判之路。最终，深圳唯冠与苹果的iPad商标之争得以调解，苹果支付6 000万美元一揽子解决了iPad商标权属纠纷。

资料来源　佚名. iPad商标权案启示［EB/OL］.［2021-08-13］. https://wenku.baidu.com/view/ae8280010042a8956bec0975f46527d3250ca6f9.html.有删减.

问题：本案对企业经营有何启示？

分析提示：深圳唯冠和中国台湾唯冠虽然同属于唯冠国际的子公司，但二者并不是隶属关系，是两个完全不同的民事主体，因此，苹果公司和中国台湾唯冠的协议对深圳唯冠不具有约束力。当时苹果公司购买的iPad商标专用权，并不包含中国大陆。企业的经营之道不但应包括对商标的管理与营销，还应包括对商标求购者背景的深入了解。很多具有巨大潜在价值的商标交易，收购人都是通过“幽灵公司”来操作的，以掩护真正的收购人，从而达到压价的目的。iPad商标被苹果公司廉价收购的教训，实足令人深思。一旦商标权被侵犯，企业应勇于应诉和起诉。

10.2.4　专有技术及商业秘密许可合同的特殊条款

因专有技术及商业秘密以保密的方式维持其价值，而且没有专门法律的保护，所以保密工作尤为重要，应专门订有保密条款。在谈判前，双方就需签订一份初期保密协议，规定许可受方应承担哪些保密义务，以保证双方公平合作。许可合同的保密条款一般包括以下内容：

（1）保密的内容和范围。保密的内容必须是属于专有技术的内容，是非公开的，不是许可受方所知的内容；保密的内容应该是专有技术的关键性秘密技术和资料；对许可受方已经掌握的技术内容，或许可供方在许可受方国家以外地域公开的技术内容都不应承担保密义务。

（2）保密期限。一般情况下，许可受方对合同中专有技术承担保密义务的期限，不能超过合同的有效期限。但是，许可供方为了垄断先进的、尖端的专有技术，常要求许可受方在合同期满后继续对合同专有技术承担保密义务。对许可供方的这种要求，许可受方一般不应接受。

（3）保密措施。许可供方要求许可受方采取的保密措施主要有：①对使用专有技术人员的限制，加强对涉密人员的管理，使其承担保密义务，并提供保证；②加强对技术资料的管理，对技术资料的保管人员、保管方式、资料复制和使用等做出严格规定。

【同步案例10-3】

独占许可违约

背景与情境： A公司将自己拥有的生产某种机电产品的专利技术在专利有效期和专利保护区域内，以独占许可的方式许可B公司使用，并签订了相应的合同。在合同有效期内，A公司又许可同一地区范围内的C公司使用该专利，使C公司成为B公司的有力竞争者。为此，B公司向C公司提出抗议。

问题： 请分析B公司的抗议是否有理，你认为应该怎样处理这项许可纠纷。

分析提示： 按许可供方许可许可受方的使用权限和范围的规定，B公司获得的是独占许可，许可供方不得在合同期限内在许可受方的区域范围内将专利技术许可给第三方，A公司的行为属于违约行为，B公司应向A公司提出抗议，并要求A公司按合同规定承担给B公司造成的经济损失和法律责任，而不应对C公司提出抗议。

10.3 技术咨询与服务和合作生产及其合同

国际技术贸易有多种形式，技术咨询与服务和合作生产以各种灵活的合作方式对特定的具体项目产生了良好的贸易效果。

10.3.1 技术咨询与服务及其合同

技术咨询与服务是双方当事人通过签订协议或合同，由技术供方就某项工程技术课题、人员培训、企业管理和产品销售等向技术受方提供咨询或传授技术、经验的一种营利性服务。

1）技术咨询与服务的形式

（1）技术人员培训。由技术供方派遣技术人员到技术受方处进行现场指导，或由技术受方派出人员到技术供方处接受培训并实际操作。

（2）工程服务。其包括工程设计、设备的挑选和购置、技术研究、技术方案的设计、土建工程的可行性研究、设备的安装、试车等。

（3）提供技术资料。技术供方利用自己的技术经验为对方提供所需的技术情报、资料、图纸、信息等。

（4）销售咨询服务。技术供方为技术受方提供产品推销和产品售后服务技术、销售渠道、市场信息、经营技巧。

（5）管理咨询服务。它是指为项目投产后的员工管理、质量管理、成本和价格管理、经营组织机构设置提供的咨询服务。

2）委托技术咨询与服务的步骤

（1）向技术供方提供咨询项目说明书，对委托任务进行详细说明，技术供方对委托任务进行初步答复。

（2）技术受方选择咨询服务公司。根据咨询服务公司过去的业绩及资信等级进行调查和筛选，从中选择适当的对象。

（3）正式邀请咨询，双方对合同草案、报价单、具体合作方式等进行商定。

（4）双方签订合作合同。

3）技术咨询与服务合同的主要内容

（1）技术咨询与服务的内容和范围。这是合同的主要条款，包括内容细目、详细的技术指标和技术参数。

（2）技术咨询与服务的要求。其包括：①要求技术供方完成咨询与服务项目的期限；承担项目任务的人数、人员资格；必须提供的资料、报告、图纸、数据以及验收方法；委托培训的人数、内容、方式、期限、地点、费用。②要求技术受方为技术供方提供必要的工作和生活条件；提供工作需要的原始技术资料、图纸和技术文件；提供外语翻译。

（3）技术咨询与服务费的计价和支付。技术咨询与服务的价格构成：①专家费。其包括基本工资和福利费。②直接费用。其包括差旅费、生活费、住宿费、通信费以及资料、试验、办公用品、税收等开支，一般为工资的60%～100%。③间接费用。其包括公司管理人员的工资、办公费、固定资产折旧费的分摊等。④技术使用费。在提供的服务项目中如有技术供方的许可技术内容，还应包含技术许可使用费。

合同价格的计算方法：①固定总价。在合同中确定一个技术咨询与服务的总金额，固定总价为不变价格。②按日或按时计价。按不同级别技术人员的人数或工时费用计价。通常，将专家基本工资乘以一个系数（一般为2.5～4.5）作为单位价格。③按估计工程费或实际工程费的百分比计算。④固定费加利润分成。其具体做法是签约后支付固定费用，以后按年利润提成，这种计价方法适用于合作期限较长的项目。

技术咨询与服务费的支付：支付币种一般与计价货币相同。若支付币种与计价货币不同，合同中应规定折算率。为了预防汇率变化带来的损失，在合同中可以订立“保值条款”。其具体支付方式如下：①一次性支付。在合同签订后的一定期限内一次性支付。②分期支付。这是一种被广泛采用的支付方法。按双方合作的进度，达到合同要求的不同程度时，每验收一步支付一次，直到合作结束为止。

10.3.2　合作生产及其合同

合作生产是指两国企业根据共同签订的协议，各自生产同一种产品的不同零部件，然后由一方进行成品出售，或双方相互交换生产的零部件，组装成自己的产品出售；也可以是销售方面的合作，各自经营，独立核算。

合作生产作为技术转让的一种方式，可以使双方各自发挥其技术特长，互相传授技术，比单纯转让专利和专有技术的合同期限长。经过长期合作，受方逐步掌握国际先进技术，逐步扩大其在国际贸易中的市场份额。合作生产双方提供的技术和硬件都要分别计价，分别支付价款，双方之间是买卖关系，设备硬件部分属于一次性买断。技术转让费用的计价和支付可以按许可贸易形式进行。合作双方分工明确，责任清楚，各自完成自己的任务。

1）合作生产的基本形式

（1）提供零部件的合作生产。双方相互提供各自生产的零部件给对方，分别组装。一般技术力量较强的一方生产关键性部件，技术力量较弱的一方生产次要的部件。

（2）一方提供技术或生产设备。由受方长期为供方制造配套的零部件和成品。

2）合作生产合同的主要内容

（1）合作双方的基本合同。其内容包括：①双方使用对方的技术内容，规定哪一方为最终成品的制造商和销售商。②最终用户，指购买合作生产产品的厂商。③合作产品，规定双方各自承担的生产零部件的任务。④技术服务，指供方对受方在合作过程中的技术指导和技术培训。

（2）合作生产的合作范围。其内容包括：①供方向受方提供的资料种类、名称和交付日期，提供的仪器设备的名称、型号、规格、数量和交货期。②双方合作制造产品的名称、规格、数量和向最终用户的交货日期等。

（3）双方的责任和义务。其包括：①受方要保证按供方提供的技术制造合作产品，按期交货，按期向供方支付技术服务费和设备价款。②供方要保证向受方提供正确、完整的技术资料，性能良好的设备，对产品质量承担应有的责任。

（4）计价和支付。其包括：供方的设备、原材料按一般商品买卖计价和支付费用；技术服务和技术许可费用按服务和许可贸易方式支付。

（5）销售合作。其包括销售的区域、价格和销售服务及商标使用方式等。

【课程思政 10-1】

剑桥与哈佛联合发布《伟大的科技竞争：21世纪的中国与美国的较量》报告

背景与情境：据中关村互联网金融研究院2021年12月20日消息，剑桥大学与哈佛大学联合发布《伟大的科技竞争：21世纪的中国与美国的较量》报告，围绕人工智能、5G、量子计算、半导体、生物技术和绿色技术等领域对中美两国之间的科技竞争进行了分析和预测。报告指出：中国制造业的巨大发展推动了研发的进步；中国在多个尖端技术领域已经取得了巨大进步；中国已取代美国成为世界排名第一的高科技制造大国；中国在某些领域已经成为世界第一。

2020年中国生产了2.5亿台计算机、2 500万辆汽车和15亿部智能手机。中国的移动支付额是美国的150倍，中国在深度学习领域的专利数量是美国的6倍，中国的5G连接占全球的87%，中国在量子信息科技领域的投入是美国的4倍等。

在人工智能、5G和量子通信领域，中国现已领先美国；在半导体、生物技术和绿色能源等方面，按照目前的轨迹，在未来的10年内中国将超过美国。

资料来源　佚名. 剑桥与哈佛联合发布《伟大的科技竞争：21世纪的中国与美国的较量》报告[EB/OL]. [2021-12-20]. https://k.sina.com.cn/article_7517400647_1c0126e47059022znj.html.有删减.

问题：如何看待中美之间的较量？

研判提示：美国当下的行为充满了大国的傲慢。新兴国家在由大而强的过程中必然会面临许多挑战。对我国企业来说，危机中蕴藏着发展、超越的机会，科技是硬核。

10.4　国际技术贸易中的价格、支付方式

10.4.1　国际技术贸易中的价格问题

对于许可贸易，应考虑各项价格和费用与合同总价的关系，以及合同总价的构成因素。技术许可价格的高低不取决于其价值的大小，而是取决于该项技术所能产生的经济

效益的大小，技术的价值是通过技术的使用价值得以实现的。技术许可价格主要由以下三方面构成：

（1）转让成本，是指技术供方为了签订和履行该项技术贸易合同所支出的各项费用，包括：①直接转让成本，即营业费，如通信费、差旅费、技术培训和技术服务费等；②间接转让成本，主要指行政管理费、法律咨询费等。

（2）研究与开发成本的分摊，是指企业为了研究和开发该技术而投入的费用。其包括：①人力成本，包括科研人员的工资与福利、对科研人员进行培训的费用、行政人员的管理费；②资金成本，包括贷款利息等；③设备成本，包括开发设备费用的分摊。

（3）机会成本，是指供方因转让技术而失去的合同许可地域的销售利润。

技术贸易合同的计价方法分为三种，可根据合作内容进行选择：

第一，一次总标，是指在签约时，当事人双方商定并在合同中规定合同总价。一次总标价格包括技术转让成本、技术研究与开发成本的分摊、机会成本等。

第二，提成计标，是指在合同中不规定具体的金额或总价，而规定一种计算方法，在合同有效期内，定期按此计算方法计算技术供方的应得金额，该金额称为提成费。提成费的计算公式为：

提成费=提成基价×提成率

提成基价是指按提成率计算提成费时所采用的价格。通常，将国际技术贸易中常用的净销售价作为提成基价。净销售价是指从市场实际销售价格中扣除包装费、保险费、仓储费、运费、设备安装费、税费、商业折扣、广告宣传费和从技术供方购买的零部件费用之后的价格。

提成率是指技术供方提成费与提成基价的比率。不同行业、不同产品的提成率不同，一般为1.5%～15%。

第三，入门费加提成费。入门费是指签约后或收到第一批资料后若干天内技术受方按照合同规定支付给技术供方的约定金额，又称定金或初付费。在实际交易中，通常将技术供方技术许可的直接费用作为入门费的标准，以此来判断入门费是否合理。

10.4.2 国际技术贸易中的支付方式问题

国际技术贸易通常采用银行保函保证下的即期付款交单方式支付。这种支付方式的特点是，担保银行以保证书的形式为支付提供保证。以银行信用方式保证付款双方的商业信用，可减少技术受方预付定金的风险和约束技术供方的履约行为。

银行保证书又称银行保函，是指银行作为担保人，应技术供方和技术受方的申请，向受益人——技术受方和技术供方开立保证文件，保证被担保人一定履行合同规定的某项义务，否则由担保人负责向受益人支付所担保的金额。其主要分两种：

（1）付款保证书，是银行应技术受方的申请，开立给技术供方的保函，保证技术受方按照合同规定付款；若技术受方未付款，银行负责付款。

（2）履约保证书，是银行应技术供方的申请，开立给技术受方的保函，保证技术供方履行合同的约定。若技术供方未能履行合同，银行保证退还技术受方已付给供方的款项或已支付的履约保证金。

国际技术贸易通常采用即期跟单托收（D/P）的支付方式。即期跟单托收是一种逆汇方式，是由技术供方向技术受方开具汇票，连同合同规定的单据，包括商业发票若干份，即期汇票正、副本各一份，技术供方国家政府主管部门出具的有效出口许可证一份或不需要出口许可证的证明文件一份，技术供方银行出具的以技术受方为受益人、金额为技术受方应付金额的不可撤销的履约保证书正、副本各一份，委托当地银行向技术受方收取票款的结账方式。D/P托收程序如图10-1所示。

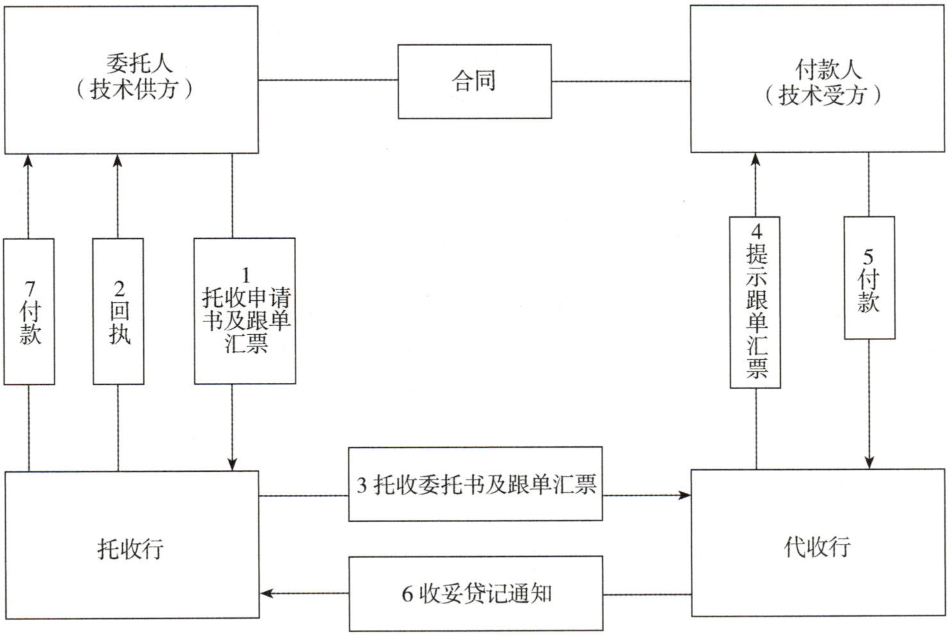

图10-1　银行保函保证下的即期跟单托收程序

【小资料10-5】

国际技术贸易合同基本条款

1）专利许可条款实例

（1）供方在地域A、B和C拥有VLM技术的专利权和专利申请以及有关材料的发明专利和专利申请（详见附件1，略）。

（2）VLM技术用于制造________产品。该技术使用________设备，其工艺流程为________（详见附件2，略）。

（3）供方许可受方于合同有效期内在地域A使用VLM技术生产产品，并可在地域A、B和C销售该产品。

（4）供方向受方提供实施VLM技术的设备，其型号为________，质量规格为________，生产能力为________，在试生产期间允许产量有0.5%的浮动。

（5）受方有权将VLM技术分许可地域A中的任何第三方使用，并向供方负责。

（6）侵权责任。若受方因使用供方的上述专利侵犯他人工业产权，供方需对此负经济和法律责任，并赔偿受方因此所遭受的损失。

2）商标许可条款实例

（1）供方在地域A、B和C获得下列商标的注册权：商标名称为________，商标协议为________。

(2) 供方已在上述地域生产和销售的________商品上使用上述商标。

(3) 供方授权受方以非独占许可方式在地域A、B和C生产与销售________产品。受方不享有分许可权，也不得许可任何第三方为其生产该产品。

(4) 商标的使用方式：受方只许按供方商标的原样使用，不得改动，但在商品包装上可标明受方生产厂的厂名。

(5) 受方需保证该商标附着商品的质量，供方有权对商品质量实行监督。受方在使用该商标的过程中，不得损害供方的名誉和利益。

(6) 受方若因使用供方商标发生侵权，供方需对此承担经济和法律责任，并赔偿受方的经济损失。

3) 专有技术许可条款实例

(1) 经供方同意，受方引进供方S专有技术，生产H产品。供方和受方在合同有效期内必须对S专有技术实行保密。受方不得许可任何第三方使用该技术，受方技术人员或工人不得以任何方式披露该技术。供方若在合同有效期内公开或泄露S专有技术，受方有权不再负有对该技术的保密责任，并有权要求供方赔偿受方因此所遭受的损失。

(2) 合同期满后，受方享有无偿使用S专有技术和生产H产品的权利。

(3) 在合同有效期内，供方或受方对S专有技术的改进，均应无偿地及时提供给另一方。若技术改进是一种创新或技术突破，供方和受方可以通过协商，确定其转让的方式和条件。

4) 技术服务条款实例

(1) 供方在合同有效期内分两次派遣技术人员赴受方进行技术服务，共30人日。

(2) 第一次技术服务在合同生效后第六个月，供方派遣技术人员1人赴受方工厂，提供技术指导12人日。

(3) 第二次技术服务在合同产品验收期间，供方派遣技术人员1人赴受方工厂，提供技术服务18人日。

(4) 供方负担派遣技术人员的派遣费，受方负担由驻地到工厂的交通费和膳宿费。

5) 技术许可使用费条款实例

(1) 供方按照本合同的规定向受方提供技术的许可使用费，采取入门费和提成费的方法计价，受方支付货币为美元。

(2) 入门费××美元，为固定价格。

(3) 提成率为4.5%，提成基价为净销售价，提成期自合同许可技术项目正式投产日起至本合同终止日止，若提成费总额达到××美元，超过该金额后的提成率为3.8%。

(4) 每年的1月3日为上一年度提成费的结算日，在结算日前×天内，受方以书面形式向供方报告上年度的产品销售量、销售价、净销售价和提成费金额。

(5) 受方按照合同附件×的规定设立账目，产品销售以付款为准。若发生退货或折价，则在下一年度提成计价时扣除。供方有权检查受方的账目。

10.4.3 国际技术贸易中的限制性商业做法

限制性商业做法，是指个人、企业或经济组织利用其垄断技术和对市场的支配优势，限制其他个人、企业或经济组织进入市场和自由竞争以及条件不对等的歧视性做法。国际技术贸易中主要的限制性商业做法和我国法律规定的限制性商业做法有：

（1）单方面回授条款。这是指要求技术受方将其对许可合同技术所做出的改进或创新，无偿地、非互惠地提供给技术供方的条款，使双方交换改进的许可合同技术的条件不对等。

（2）要求受方接受与许可合同技术无关的附带条件，搭售技术受方不需要的技术、货物或服务，并以此作为转让技术的条件。

（3）限制技术受方自由购买技术和设备等物料，要求购买技术供方指定的原材料。

（4）限制技术受方对许可合同技术的修改、改进和开发。

（5）限制技术受方利用许可合同技术生产的产品数量、品种、售价以及不合理地限制技术受方产品的销售渠道和地区。

（6）禁止技术受方在合同期满后继续使用技术。

（7）技术价格不合理，或要求技术受方为不使用的或者失效的专利支付使用费。

（8）技术许可使用合同的期限过长（超过10年）。

限制性商业做法会导致技术市场的垄断，不利于技术在国际上的传播和发展，从而影响世界经济的发展，妨碍技术受方国家的科技进步，削弱国际技术贸易对各国经济发展的驱动效应。对于有争议的限制性商业做法，可以根据合同的具体内容进行利弊权衡、灵活掌握，也可以作一些必要的、合理的让步，以达到长远的技术引进的目的。

【同步案例10-4】

中国商务部批美国议员在保护专利上的双重标准

背景与情境： 2019年，有美国参议员提出有关法案，要求不允许保护中国华为公司的专利权。同年7月25日，商务部发言人高峰表示，他对此感到十分遗憾。他说，“如果美国一方面要求中国加大对美国企业知识产权的保护力度，另一方面又拒绝给予中国企业知识产权的应有保护，这将是典型的双重标准，自相矛盾。希望美国不要让这种荒谬的法案继续推进下去”。

资料来源　作者根据新闻资料整理.

问题： 美国为何自相矛盾？

分析提示： 以往都是美国公司要求中国公司支付专利费用，如今华为开始向美国公司收取专利费，这种扭转让一些美国人很不舒服，外国企业使用美国专利就必须要付费，但不允许向美国公司索取专利费，这是蛮不讲理的标准。

【同步案例10-5】

凭来样成交引起的专利纠纷

背景与情境： 某年，我国福建某公司与西非某客户签订了来样加工印花布的协议，由外商提供花样，我方按其花样生产，双方有意建立长期的贸易关系。11月，福建该公司成功地出口了第一批来样加工印花布。

次年3月，福建该公司突然接到德国某商号的来函，认为我方上一年11月出口到西非的印花布的花样属于他们的专利，我方侵犯了其权益，要求我方支付侵权费。

我方派出业务小组与德国商号进行谈判，我方认为出口的货物属于来样加工，而且我方事前也不知道买方有侵权行为，根据有关国际惯例和法规，我方对侵权行为不承担责任，并希望德国商号将其专利范围内的各种花样告知我方，我方将不再生产、出口专利范围内的商品，德国商号同意撤回对我方的索赔。

问题：从该案例中我们应得到哪些启示?

分析提示：该案例给我们的教训是，在来样加工业务中，一定要注意侵权问题，否则就会引起专利纠纷。

在国际或国内的货物买卖中，根据有关法律的规定，卖方对其出售的货物应予以权利担保。也就是说，卖方出售的货物是第三方不能提出任何权利或要求的货物。

学习微平台

延伸阅读10-3

《联合国国际货物销售合同公约》在第42条第2款对卖方不承担担保责任的例外情况也作了规定：一种情况是买方知道第三方工业产权或其他知识产权的存在；另一种情况是卖方所交货物是根据买方提供的图纸、图案加工的。在这两种情况下，卖方不承担知识产权权利担保责任。【同步案例10-5】中的案例即属例外情况，因此，我方作为卖方不承担责任。

【同步案例10-5】中的案例提醒我们，为避免产权纠纷，作为加工出口方的我国外贸公司，针对对方提供的技术图样、图案等，应提醒对方是否侵犯了第三方的专利或其他工业产权，并在合同中加以明确，如果出现任何产权纠纷，与卖方无关，由买方承担侵权责任。

【课程思政10-2】

美国利用霸权企图垄断全球半导体供应链

背景与情境：美国商务部于2021年9月23日发出通知，要求全球半导体供应链主要企业在45天之内，提供整个半导体供应链，包括半导体设计和制造企业、材料和设备供应商、中间商和终端用户以及生产能力、交货时间、库存情况、每种产品的主要客户等详细信息。如果企业不做出回应，美国政府可动用《国防生产法》和其他工具迫使企业交出数据信息。

美国政府强势获取信息的行为让企业非常犯难：交出信息，家底亮光、竞争力削弱、违反企业间的保密协议；不交出信息，则难免遭到美国“大棒”的制裁报复。

2021年11月8日是美国向全球半导体企业索取数据的最后期限，无奈之下，截止到8日，70多家实体企业已向美国商务部提交了半导体供应链的相关信息，其中包括亚马逊、思科、美光科技、台积电、联华电子、韩国SK海力士、日本索尼半导体解决方案等知名企业。

下一步，为了能实控美境外半导体供应链，美国还将进一步迫使日本、韩国、中国台湾的半导体知名企业统统迁移到美国去建厂。

另外，美国还实行长臂管理，不允许韩国SK海力士在中国无锡的芯片工厂引进荷兰ASML生产芯片的EUV尖端光刻机。

这并非美国第一次在半导体行业针对中国。早在2019年，美国就已经开始对中国的半导体行业“下手”。美国商务部对华为及其旗下70家子公司实施技术封锁，禁止华为使用美国生产的芯片；同时，禁止美国芯片代工厂与华为进行芯片技术的相关交易。自从美国向华为推出芯片管制措施后，多家公司便陆续与中国停止合作，包括高通、台积电、三星等。

华为作为国产科技界的一颗明星，不但进行了诸如5G、物联网、云计算等尖端技术的研究，还第一次打破了西方对科技话语权的垄断，因此成为部分试图遏制中国崛起的短视者的眼中钉，他们不惜使用各种手段试图打压华为的发展，甚至在华为内部安插了“间谍”。根据央视网报道，新加坡前外交官马凯硕透露，英国曾经向华为派遣情报人员，对华为的技术和设备进行检测，试图找到华为安装“后门”的证据。结果令他们大失所望，华为的设备完全没有任何威胁，符合信息安全的要求。因此，最初英国也准备选择华为的设备，但是在美国的干预下最终放弃。

2022年1月，英国前商务大臣凯布尔公开表示，英国政府禁止使用华为5G设备和服务的决定“与国家安全无关”，而是迫于美国的压力；在他担任商务大臣期间，情报和安全部门多次保证使用华为的服务不会带来任何风险。凯布尔此番表态，再次印证了所谓国家安全、5G技术风险，不过是美国用来打压、围堵中国高科技企业的幌子。

美国在高科技领域卡中国的脖子，倒逼中国只有背水一战，创造出可替代的中国自己的国产芯片光刻机来！2021年，上海微电子装备集团发布信息，该公司推出了新一代大视场高分辨率先进封装28nm光刻机，具有高分辨率、高套刻精度和超大曝光视场等特点。此外，中科院苏州研究所传来好消息，已研发成功新型5nm高精度的激光光刻技术，并且是独立于ASML公司之外的一种新型技术路线，这意味着我国终于有望在5nm光刻机上打破西方的垄断。

资料来源　作者根据新华社、网易新闻等资料整理.

问题：如何评价和应对美国的作为？

研判提示：美国用过时的冷战思维，将科技问题政治化、工具化、意识形态化，逆时代潮流而行，有悖于全球科技进步的规律，无益于全人类的福祉。若想成为一个真正受各国尊重的大国，美国应当端正心态，顺应潮流，摒弃零和思维，以实际行动推动全球科技创新协作，为各国共同发展注入正能量。美国的作为不能阻止中国及其他国家科技发展的脚步，打造“去美国技术”、不依赖美国的半导体生产线、供应链，不但有中国的企业在努力，欧洲、日韩等国的企业也都在努力。

【小资料10-6】

以美国为首的西方国家对中国进行技术封锁的国际机构和协定

（1）输出管制统筹委员会

输出管制统筹委员会，又称巴黎统筹委员会，简称“巴统”，是1949年11月在美国的提议下秘密成立的一个非官方国际机构，总部设在法国巴黎。“巴统”是冷战的产物，是第二次世界大战后西方发达工业国家旨在限制成员国向社会主义国家出口战略物资和高技术而在国际贸易领域中纠集起来的一个非官方的国际机构。被该机构列入禁运清单的有军事武器装备、尖端技术产品和稀有物资三大类上万件产品。被“巴统”列为禁运对象的有社会主义国家和一些民族主义国家，总共约30个。

1983年，日本东芝公司向苏联出口用于大型螺旋桨空间曲面加工的五轴联动铣床，被认定为违反“巴统”禁令而受到美国的制裁，在美国的施压下，日本政府逮捕了东芝公司的有关涉案人员。

冷战结束后，世界格局发生了重大变化，“巴统”的禁运措施与世界经济、科技领域的激烈竞争形势已不相适应，一些国家将“巴统”禁令作为贸易战的工具。“巴统”的存在已不合时宜。1993年11月，“巴统”会员国的高级官员在荷兰举行会议，一致认为“巴统”已经失去继续存在的理由。1994年4月1日，“巴统”正式宣布解散。

(2)《瓦森纳协定》

学习微平台

延伸阅读10-4

学习微平台

延伸阅读10-5

学习微平台

延伸阅读10-6

虽然“巴统”在1994年解散了，但是1996年，西方又在荷兰搞出了一个《关于常规武器和两用物品及技术出口控制的瓦森纳协定》，又称为《瓦森纳协定》。目前，该协定共有包括美国、日本、英国、俄罗斯等国在内的40多个成员国。该协定规定，成员国自行决定是否发放敏感产品和技术的出口许可证，并在自愿的基础上向协定的其他成员国通报有关信息。但协定实际上完全受美国控制，美国直至会直接出面干涉。如2004年，捷克拟向中国出口“无源雷达设备”时，美国便向捷克施加压力，迫使捷克停止了这项交易。

《瓦森纳协定》清单上将“两用物品”分为九个大类：①特种材料与相关设备；②材料加工；③电子设备；④计算机设备；⑤通信与信息安全相关设备；⑥传感器与激光器；⑦导航与航空电子设备；⑧船舶与海事设备；⑨航空航天与推进系统。

另外，每个类别下都有明确的具体应用分类。有些分类中，同样的物品会根据技术特性分为普通两用物项、敏感物项和极敏感物项三个等级。如顶级芯片和一些制造集成电路必要的工具光刻机等，都是对中国禁运的对象。

【同步业务10-1】

了解中国知识产权保护、发展的现状。

业务分析：长期以来，中国的知识产权保护饱受外界质疑，但国际市场应该看到，中国的知识产权保护、发展已经取得巨大进步，并且已经表现出实施得力的知识产权保护制度的决心。

业务程序：

(1) 将班级学生分成若干小组，分工合作。

(2) 各组可从中国知识产权发展历程、发展趋势、存在的问题、取得的成绩等方面选题，搜集资料，整理内容，在班级交流。

【教学互动10-1】

互动问题：发展中国家的技术引进以外商投资为主要渠道。一些新兴工业化国家的技术引进水平已相当高，纷纷在发达国家建立研发中心，直接从事技术开发合作工作，大大降低了成本。跨国公司根据其发展国外业务的需要，也源源不断地向分公司转让技术，投资越大，技术转让越多，水平越先进。我们应该怎么做呢?

互动要求：同“教学互动1-1”的“互动要求”。

■ 本章概要

□ 内容提要

● 本章主要介绍了国际技术贸易、许可贸易、技术咨询与服务、合作生产的概念及合同内容。

● 国际技术贸易也常被人们称为国际技术转让，是一种商业性质的有偿技术转让，是不同国家的公司、企业、团体或个人在一定条件下转让或许可使用技术的行为，即转让或许可使用知识产权的行为。

● 国际技术贸易的内容包括专利权、商标权、专有技术权、计算机软件著作权的所有权的有偿转让或使用权的许可。

● 许可贸易是知识产权所有人将知识产权、产品制造权、产品销售和进口权许可其他国家的企业、公司或个人有偿使用的行为。

● 技术咨询与服务是双方当事人通过签订协议或合同，由技术供方就某项工程技术课题、人员培训、企业管理和产品销售等向技术受方提供咨询或传授技术、经验的一种营利性服务。

● 合作生产是指两国企业根据共同签订的协议，各自生产同一种产品的不同零部件，然后由一方进行成品出售，或双方相互交换生产的零部件，组装成自己的产品出售；也可以是销售方面的合作，各自经营，独立核算。

□ 主要概念和观念

▲ 主要概念

国际技术贸易　许可贸易

▲ 主要观念

技术　工业产权　限制性商业做法

□ 重点实务

国际知识产权专利保护分析

基本训练

□ 知识训练

▲ 简答题

1）国际技术贸易有哪些特点？

2）委托技术咨询与服务的步骤有哪些？

3）许可贸易的主要方式有哪些？

4）技术咨询与服务的形式有哪些？

5）合作生产有哪些形式？

6）许可合同的基本条款内容有哪些？

▲ 填空题

1）非工业产权技术是指（　　）和（　　）。

2）（　　）是政府机构对申请人的技术发明创造给予的一种保护制度。

3）（　　）是技术供方为了签订和履行该项技术贸易合同所支出的各项费用。

4）（　　）是指银行应技术供方的申请，开立给技术受方的保函，保证技术供方履行合同的规定。

▲ 单项选择题

1）国际技术贸易的内容包括（　　）。

A.运输　　B.商标　　C.保险　　D.期货

2）许可贸易中技术供方可再向第三方许可该项技术权限和范围的许可使用类型为（　　）许可。

A.独占　　B.排他　　C.普通　　D.分

3）付款保证书是指银行应技术（　　）的申请开立的保函。

A.供方　　B.受方　　C.发明方　　D.开发方

4）我国《商标法》规定，商标标记应是（　　）。

A.可区别性标记　　B.可视性标记

C.可听性标记　　D.可感知性标记

5）专利实施许可合同的许可方应是（　　）。

A.技术发明人　　B.技术发明人所在单位

C.专利权人　　D.专利申请人

▲ 多项选择题

1）公开技术是指（　　）。

A.法律保护期内的技术　　B.解密或泄密的技术

C.过了法律保护期的技术　　D.通过正常渠道可以获得的技术

2）我国实行有管理的自由进口具体体现为（　　）。

A.对技术进口主体实行登记管理

B.对技术进口项目实行分类管理

C.对技术进口合同实行许可证和登记管理

D.对技术进口客体实行行政管理

▲ 讨论题

1）在国际技术贸易中为什么要特别重视对知识产权的保护工作?

2）美国曾6次对我国发起“301”调查，什么是“301”调查?

□ 能力训练

▲ 案例分析

跨国公司在华的“联合研发”

背景与情境：新技术的研究与开发是决定很多大公司经营成败的关键因素。由于研究与开发的成本高昂，合资经营这类专门开发高新技术产品的方式被广为采用。西门子、IBM、惠普、丰田……这些跨国公司的名字对国人而言耳熟能详，它们拥有世界一流的技术和一流的产品。其实，这些技术许多都出自中国的高校和研究所。例如，韩国三星与长春某化学研究所在显示技术、燃料电池、新型PDP荧光粉、发光材料等领域进行了联合研发。德国拜耳也与该研究所在涂料原材料的新型催化剂和聚合物阻燃的创新概念等领域进行了联合研发。这些只是跨国公司在华“联合研发”案例的九牛一毛。

这些联合研发的基本模式是：跨国公司主要负责解决资金问题，我方主要负责解决技术问题。目前，跨国公司从与我国科研机构的“联合研发”中究竟获得多少关键技术还是一个未知数，对我国经济和产业造成的影响到底有多大恐怕很难进行准确的测算。

问题：

1）如何评价这种“联合研发”形式?

2）这种“联合研发”形式可能会给中国的企业和科研机构带来哪些影响?

分析要求：同第1章“基本训练”中本题型的“分析要求”。

▲ 实训操练

实训项目：拟定国际技术贸易许可合同

实训步骤：

1）将班级学生分成若干小组，每组确定一人负责。

2）各组学生结合操练项目，进行国际技术贸易许可贸易供方和受方角色分工。

3）各组学生以本章“国际技术贸易许可合同基本条款”的实务教学内容为业务规范，进行角色扮演，体验本项目模拟实训的全过程。

4）各组学生记录本次模拟实训的情境与步骤，总结实训操练的成功经验、存在的问题及解决的办法，在此基础上撰写《拟定国际技术贸易许可合同实训报告》。

5）在班级讨论交流、相互点评与修订各组的《拟定国际技术贸易许可合同实训报告》。

6）在校园网的本课程平台上展出经过修订并附有教师点评的各组《拟定国际技术贸易许可合同实训报告》，供学生相互借鉴。

□ 课程思政

中美6G争夺战正式打响

背景与情境：在5G创新发展方面，中国占得优势，美国失利。但美国却不会善罢甘休，一直想在6G上“跨越式发展”，重新夺回主导权。美国自知靠一己之力已经很难战胜中国，于是决定联合日本、韩国等盟友共同推动6G技术研发和部署，为此将累计投资数十亿美元，日本准备投入30亿美元。

中国瞄准未来立体化信息需求，对外发布了6G网络建设白皮书，中国将集中攻破十大关键技术，力争在2030年实现6G网络的商业应用。中美6G争夺战正式打响了。

6G是什么？6G是5G的迭代。它具有以下几个特点：一是快。它的传输速度要比5G快100倍，可以达到每秒1TB，网络延迟有望从毫秒级降到微秒级，可以说是零延迟。二是全覆盖。它让网络覆盖全球每个角落。三是万物互联。它将人、流程、数据和事物结合在一起，使得网络连接更加相关，更有价值；万物互联会将信息转化为行动，给企业、个人和国家创造新的功能，并带来更加丰富的体验和前所未有的经济发展机遇。四是空天地一体化。它会将地面的无线和卫星通信联结起来。因此，6G的研发不仅涉及网络技术，还涉及航天技术。

现在中国在6G的专利申请份额上已经占到40.3%，居世界第一。美国占35.2%，日本9.9%，欧洲8.9%，韩国4.2%。从单个国家来看，中国现位居世界第一。但是，美国航天技术处于世界第一位，与美国相比，中国在航天技术方面的优势并不明显，再加上美国联合日本等国围攻中国，中美6G将是一场十分激烈的争夺战。但中国有5G领先的优势和基础，再加上中国有集中全国力量办大事的制度优势，中国对在中美6G的争夺战中最终胜出充满信心。

资料来源 作者根据腾讯网新闻整理.

问题：

1）如何理解“从人类历史上看，科技革命是推动时代发展、培育新兴大国强国的重要手段”这句话？

2）查找资料，分析我国技术贸易发展的优劣势。

研判要求：同第1章“基本训练”中本题型的“研判要求”。

第11章 国际服务贸易

学习微平台

第11章
思维导图

◆ 学习目标

通过本章的学习，应该达到以下目标：

职业知识：学习和把握国际服务贸易的概念、范围、《服务贸易总协定》的相关内容；了解我国服务贸易的发展现状、存在的问题及解决策略等理论与实务知识；能用其指导或规范本章认知活动和技能活动，正确解答“基本训练”中“知识训练”各题型的问题。

职业能力：运用本章知识研究相关案例，培养在特定业务情境中分析问题与决策设计的能力；通过搜集、整理与综合“我国服务贸易竞争力分析”的前沿知识，撰写、讨论与交流《“我国服务贸易竞争力分析”最新文献综述》，培养学生“自主学习”的通用能力。

课程思政：结合本章教学内容，分析“课程思政”案例，引导学生理性对待境外产品消费，积极维护自身的权益。

【引例】

2020年中国服务贸易发展状况

背景与情境：2021年10月13日，全球服务贸易大会在江苏南京举行，大会发布了《全球服务贸易发展指数报告（2021）》，报告显示，2020年中国服务贸易发展指数排名位居全球第14位，较2019年提升6位。其中，规模指数从第8位上升至第4位，结构指数从第67位升至第53位，地位指数从第8位上升至第5位。

中国服务贸易进出口总额在全球的占比由2019年的6.6%提高到2020年的6.8%，上升了0.2个百分点。其中，中国服务贸易出口额占全球的比重由4.6%提升到5.6%，上升了1个百分点。

2020年我国服务贸易进出口额达6 617.21亿美元，连续7年居世界第二位。2020年，我国知识密集型服务进出口额达2 947.6亿美元，占服务贸易总额的比重达44.5%，比2015年提升了17.1个百分点。其中，金融、个人文化娱乐、电子计算机和信息服务、知识产权使用、其他商业服务等知识密集型服务贸易快速增长，成为服务贸易增长的主要推动力。

学习微平台

延伸阅读11-1

中国服务贸易加快发展的重要原因是中国加快推进服务业对外开放。截至2021年9月，我国已设立21个自贸试验区，已累计260项制度创新成果向全国复制推广。

资料来源　作者根据新闻资料整理.

本章将对国际贸易的新领域——服务贸易进行概要介绍。

11.1　国际服务贸易的概念及范围

服务贸易的迅速发展是21世纪经济发展的主要特点之一，服务贸易水平的高低是国家经济发展水平高低的重要标志之一。经济越发达的国家，服务贸易也越发达。特别是自“乌拉圭回合”达成《服务贸易总协定》（GATS）以来，各国的服务贸易更是得到长足的发展。我们应当看到，我国服务业的总体发展水平与发达国家相比还存在很大差距，特别是加入世界贸易组织后，我国的服务业受到了不小的冲击，如何充分利用《服务贸易总协定》中的有关条款，保护和促进我国服务业的发展，是一个非常迫切的问题。

11.1.1　国际服务贸易的概念和特点

1）国际服务贸易的概念

国际服务贸易是一国或地区的法人或自然人在其境内或进入他国境内向外国或外地区的法人或自然人提供有形或无形服务的贸易行为。

不同的国际组织对国际服务贸易的定义各不相同，按照《关税与贸易总协定》“乌拉圭回合”达成的协议，国际服务贸易被定义为：

（1）过境交付：从一成员境内向任何其他成员境内提供的服务。这里所说的服务，没有人员和物资的流动，而是通过电信、邮电、计算机网络等实现的服务，如国际互联网、国际电视转播及国际金融中的清算与支付等。

（2）境外消费：在一成员境内向任何其他成员的消费者提供的服务，如国际旅游、国外求医、国外留学等。

世界旅游城市联合会、中国社会科学旅游研究中心发布的《世界旅游经济趋势报告》显示，2016年，国际旅游服务成为国际服务贸易中最大的组成部分，旅游服务贸易额占服务贸易总额的25.1%，领先建筑服务贸易2.3个百分点，高出交通服务贸易7.3个百分点。2018年全球旅游总人次（含国内旅游人次和国际旅游人次）达121亿人次，增速为5.0%，较上一年下降0.5%个百分点；全球旅游总收入达5.34万亿美元，增速为5.34%。2019年，全球旅游总人次为123.1亿人次，较上年增长1.7%；全球旅游总收入为5.8万亿美元，相当于全球GDP的6.7%。受新冠肺炎疫情的影响，2020年全球旅游总人次降至72.78亿人次，同比下降40.8%；全球旅游总收入下降至2.92万亿美元，相当于全球GDP的3.6%，为第二次世界大战以来的最低水平。

国家外汇管理局、文化和旅游部、中国旅游研究院等部门统计数据显示，2017年中国出境旅游人数突破1.3亿人次；2018年中国出境旅游人数超过1.49亿人次，比上一年同期增长14.7%；2019年中国出境旅游人数达1.55亿人次，比上一年同期增长4.0%。受新冠肺炎疫情的影响，2020年全年出境旅游人数为2 033.4万人次，同比减少86.9%。2021年全年出境旅游人数为2 562万人次，与2019年相比同比恢复17%；与2020年相比，同比增长26%。相比疫情前过亿人次的出游规模，出境旅游基本上依然处于停滞状态。

相比出境游，中国入境旅游市场人数和增速明显偏低。国家统计局的数据显示，中国入境游客数量持续上升，虽然2014年中国入境游客数量略有下降，但是自2015年起继续增长，到2019年我国入境游客数量达到14 530.78万人次，同比2018年上升2.9%。中国旅游市场需要不断提升旅游产品和服务质量，并且敢于创新和突破。《中国入境旅游发展报告2021》指出，受疫情影响，我国入境旅游市场从2020年春节后出现断崖式下跌。根据文化和旅游部发布的统计数据，2020年，我国共接待入境游客2 747万人次，同比下降81%。入境旅游经历了过去40年从未有过的萧条。

2020年12月，教育部官方网站发布了我国出国留学人员情况统计信息，1978—2019年度，各类出国留学人员累计达656.06万人，其中165.62万人正在国外进行相关阶段的学习或研究；490.44万人已完成学业，423.17万人在完成学业后选择回国发展，占已完成学业群体的86.28%。

（3）商业存在：一成员在其他成员境内通过实体性介入而提供服务，即允许外国的企业或经济实体到本国投资，包括通过设立合资、合作或独资企业提供服务等。

（4）自然人流动服务：一成员的自然人在其他任何成员境内通过自然人存在提供服务，即允许单独的个人入境来本国提供服务。

【教学互动11-1】

互动问题：“菲佣”是菲律宾的名片。在世界家政行业，“菲佣”可以算得上一个世界知名品牌。“菲佣”的足迹遍布全球，被誉为“世界上最专业的保姆”。“菲佣”主要是用来“出口”的，请个“菲佣”照顾孩子，在不少地方被认为是高雅、有地位的象征。从20世纪70年代开始，中国香港也成为“菲佣”的主要输入地之一，大牌明星身后常常跟着“菲佣”。20世纪80年代，即改革开放后，内地也出现了“菲佣”的身影。有些人宁愿每月花10 000元找“菲佣”，也不花3 000元找中国保姆。请问：该如何看待这种现象？

互动要求：同“教学互动1-1”的“互动要求”。

2）国际服务贸易的特点

服务贸易和货物贸易作为国际贸易的两大组成部分，两者相互联系、相互补充、相互促进，并存在一定的替代关系；同时，二者又有区别，各有自己的特点。与国际货物贸易相比，国际服务贸易的特点可归纳为以下几个方面：

（1）国际服务贸易的标的一般具有无形性和多样性。对国际货物贸易而言，人们在特定的时间和确定的地点是可以看见商品、资本或信息媒介的跨国界流动的，故其标的是有形的，如原材料、粮食、食品、机器设备的进出口等。国际服务贸易的标的并不是单纯的商品，其具有无形性和多样化的特点，很难以货物贸易形式的标的物来体现，如运输、金融、保险、旅游等。这类服务的交易标的物，虽然通过飞机、火车、轮船、汽车、旅游景点等形式来体现，但我们却不能简单地说这些有形物体就是服务贸易的标的物。

（2）国际服务贸易具有不可储存性。在国际服务贸易中，服务是不能储存的，大多数交易过程与服务的生产和消费过程分不开，如理发、看病等服务，理发师和医师提供服务的过程即他们让渡产品的过程，同时也是顾客和病人消费服务的过程。服务就是使服务者和使用者存在某种形式的接触，即两个主体必须存在于同一时间和同一地点。

（3）国际服务贸易与生产要素跨国界移动的不可分割性。国际服务贸易无论采用什么方式，都伴随着资本、人员、信息等生产要素的跨国移动，并且这种移动是服务贸易实现的重要条件，是融于服务交换过程之中的，而国际互换的商品可以作为生产要素移动的替代物。

（4）国际服务贸易现有市场的高度垄断性。国际服务贸易是一个新兴的、具有广阔发展前景的贸易领域，同时又是一个垄断性极高的贸易领域。据世界贸易组织统计，全球服务贸易壁垒达2 000多种，大大超过货物贸易壁垒的程度，并且这种高度垄断性不可能在短期内消除。因此，相对于国际货物贸易自由化，国际服务贸易自由化不仅起步较晚，而且遇到的阻力更大。

（5）国际服务贸易的国家保护性。由于发达国家与发展中国家之间的服务贸易发展水平存在着巨大的差距，以美国为首的发达国家要扩张服务贸易市场，而发展中国家为了保护民族经济的利益不得不对本国的服务贸易实行保护主义，甚至发达国家也对某些服务行业实行保护主义。虽然《服务贸易总协定》已经达成，但在实际执行中，服务贸易的国家保护程度远比货物贸易的国家保护程度高，而发达国家与发展中国家在服务贸易上存在的差距在短时期内不可能消失，因而国际服务贸易的保护主义拉锯战也将持续。

（6）国家的保护方式更具刚性和隐蔽性。服务贸易标的的无形性以及国际服务交换的不可储存性等特点，使得各国政府对本国服务业的保护无法采取关税壁垒的方式，而只能采取在市场准入方面予以限制，或进入市场后不给予国民待遇等非关税壁垒的方式，并通过国内立法的形式加以实施。这种以国内立法形式实施的非关税壁垒，使国际服务贸易受到的限制和障碍更具刚性和隐蔽性。

（7）国际惯例约束具有相对的灵活性。“乌拉圭回合”形成的《服务贸易总协定》

是世界贸易组织处理多边服务贸易的原则性框架文件，对各缔约方均具有约束力。但这种约束具有一定的灵活性，如就市场准入来说，GATS采取的是循序渐进、逐步自由化的办法，允许缔约方首先根据各自的国内政策目标和发展水平的实际情况做出承诺，然后再进行相关的减让谈判，根据协议实行部门间的互惠减让。

（8）营销管理具有更大的难度和复杂性。国际服务贸易的以上各种特点，使得营销管理比货物贸易的营销管理更为困难。

11.1.2 国际服务贸易的范围

随着国际经济交往的不断发展，国际服务贸易也随之呈现出复杂化、多样化和系统化的趋势，国际服务贸易的内容日渐庞杂，范围也因不同国际组织、不同国家的不同分析者的不同侧重面而有所不同。按《服务贸易总协定》中的“服务参考清单”，服务贸易包括12个大类，即商业服务、销售服务、金融服务、娱乐服务、通信服务、教育服务、卫生服务、运输服务、建筑服务、环境服务、旅游服务和其他服务。

然而，根据世界贸易组织各成员方送交的材料中所列的服务项目，以及对国际服务贸易的划分提出的4个参照基准，即跨越国界的国境流动、服务目的的具体性、交易的连续性、服务时间的有限性，国际服务贸易包括以下15个大类：①国际运输；②国际旅游；③跨国银行、国际融资公司及其他金融服务机构提供的服务项目；④国际保险和再保险；⑤国际信息处理、传递、电脑及数据服务；⑥国际咨询服务；⑦建筑和工程承包等劳务输出；⑧国际电信服务；⑨广告、设计、会计管理等服务项目；⑩国际租赁；⑪维修与保养、技术指导等售后服务；⑫国际视听服务；⑬教育、卫生、文化艺术的国际交流服务；⑭商业批发和零售服务；⑮其他官方国际服务等。这15个大类大约包含150个服务项目。

【同步思考11-1】

国际服务贸易迅速发展的原因是什么？

理解要点：科学技术的推动；社会生活的巨大变化成为服务业快速增长和发展的内在动力；经济全球化趋势增加了对服务业的需求。

11.1.3 国际服务贸易发展指数

服务贸易发展指数，是测度一个国家或地区服务贸易发展状况、水平、竞争力强弱的指标。服务贸易发展指数现在主要有：

1）服务贸易竞争力指数

服务贸易竞争力指数（Trade Competitive Power Index），即TC指数，是指一国或地区服务贸易进出口差额占其进出口贸易总额的比重。该指数常用于测定一国或地区服务贸易国际竞争力的强弱。

服务贸易竞争力指数在正负1之间。指数值越接近0，表示服务贸易国际竞争力越接近于国际平均水平；指数值越接近1，表示服务贸易国际竞争力越强；指数值等于1，表示该产业只出口不进口，服务贸易国际竞争力超强；指数值越接近-1，表示服务贸易国际竞争力越弱；指数值等于-1，表示该产业只进口不出口，服务贸易国际竞争力极弱。

2）显示性比较优势指数

显示性比较优势指数（Revealed Comparative Advantage Index），即RCA指数，是美国经济学家贝拉·巴拉萨（Bela Balassa）于1965年测算部分国际贸易比较优势时采用的一种方法。它通过某产业在该国出口中所占的份额与世界贸易中该产业占世界贸易总额的份额之比来表示。该指数较好地反映了一个国家某一产业的出口水平与世界平均出口水平比较来看的相对优势。

根据日本贸易振兴机构（JETRO）的标准，其数值越是偏离1，比较优势就越明显；若RCA>1，则表示一国某产业或产品在国际经济中具有显示性比较优势，其数值越大，显示性比较优势就越明显；如果RCA>2.5，则具有较强的竞争优势；若0.8<RCA<1.25，则该产业具有较为平均的竞争优势；若0<RCA<0.8，则该产业不具有竞争优势。

3）显示性竞争比较优势指数

显示性竞争比较优势指数，也称CA指数，由沃尔拉斯（Vollrath）等人于1998年提出，即从该国某产业出口的比较优势中减去该产业进口的比较优势，从而得出该国该产业的真正竞争优势。如果一国的CA>0，说明该国服务贸易具有比较优势；该指数越高，该国服务贸易的国际竞争力越强；若CA<0，则说明该国的服务贸易不具有比较优势，该指数越低，该国服务贸易的国际竞争力就越弱。

该指数克服了RCA指数只考虑一个产业出口所占的相对比例，而没有考虑该产业进口的影响的不足。

4）净出口显示性比较优势指数

为了反映进口对出口竞争力的影响，1989年，贝拉·巴拉萨又提出了一个改进的净出口显示性比较优势指数（Net Export Revealed Comparative Advantage Index），即NERCA指数，用一国某一产业出口在总出口中的比例与该国该产业进口在总进口中的比例之差来表示该产业的贸易竞争优势。

NERCA>0，表示存在竞争优势，该指数值越高，国际竞争力就越强；NERCA<0，表示竞争处于劣势，该指数值越低，国际竞争力就越弱；NERCA=0，表示贸易自我平衡。

该指数反映了进口和出口两个方面的影响，因此，用该指数判断产业国际竞争力比用其他指数更能真实地反映进出口情况。该指数不考虑贸易壁垒的影响。如果考虑贸易壁垒的影响，这种比较优势与真实的比较优势可能会出现一定的甚至较大的差距，这一差距取决于贸易壁垒强度的大小。

11.2 《服务贸易总协定》的有关规定

世界贸易组织《服务贸易总协定》（第二部分“普遍义务与原则”）共规定了14条各成员必须遵守的基本义务，主要包括以下几个方面：

11.2.1 最惠国待遇

在国际贸易中，**最惠国待遇**是指签订贸易条约的缔约一方在贸易、航运、关税和公民的法律地位等方面，如果给予任何第三方以减让、特权、优惠或者豁免，其他的缔约方也可以得到同等的待遇。

《服务贸易总协定》规定世界贸易组织成员“应立即、无条件地向其他成员的服务及服务提供者给予不低于它给予某一成员相同服务和服务提供者的待遇”。但是，关于最惠国待遇豁免的附件规定，世界贸易组织成员在特定情况下，经世界贸易组织允许可以对最惠国待遇实行暂时的例外，即暂时在某些特定服务领域，在世界贸易组织成员间不履行最惠国待遇义务。

另外，最惠国待遇原则是《服务贸易总协定》中的一般性义务，其适用范围包括所有服务部门或分部门，不论其成员是否开放这些部门，都应遵循最惠国待遇原则的有关规则。如果某个部门有必要保留一些与最惠国待遇原则相抵触的措施，则必须在成员加入世界贸易组织前提出例外申请，否则加入WTO后提出的例外申请需得到3/4世界贸易组织成员的同意。此类例外必须十分详细，并且每5年进行一次重新审定，在下一轮谈判中还要进行谈判。不仅如此，还规定有终止的日期，一般不超过10年。因此，在“乌拉圭回合”中，许多国家都争先恐后地申请金融服务、基础电信服务、海运服务以及视听服务部门的最惠国待遇原则例外。

11.2.2 服务贸易政策、法规、措施的透明度原则

透明度原则是促进国际贸易发展的一项重要措施，目的是增强国际贸易的可预见性，使贸易双方能预先准确地测算出贸易成本和经营风险，从而便于成交决策。透明度原则对国际服务贸易具有特别重要的意义。

《服务贸易总协定》中规定的透明度原则，要求各成员立即公布其所有由国家或地方政府机构、非政府立法部门发布并生效的法律、条例、行政规章、各种措施以及所签署的与国际服务贸易有关的国际协议，并且每年需将其对承诺产生影响的新的立法和对原有立法的修改及其他措施向全体成员通报一次。这为外国企业分公司或海外公司创造了条件，使它们能清楚地了解一个国家的特殊规章、条例和市场惯例。

根据《服务贸易总协定》的规定，各成员必须以适当形式让其他所有成员了解其对国际服务贸易的管理制度。为此，各成员都需要建立一个专门的咨询机构来负责向其他成员提供必要的资料和答复其他成员在此方面提出的各种咨询。

透明度原则有一个例外规定，即对于任何参加方那些一旦公布即会妨碍其法律的实施，或对公共利益不利，或将损害具体企业的正当商业利益的机密资料，可以不予公布。

【课程思政 11-1】

上海市咨询业从业人员职业道德准则

背景与情境：上海市咨询业从业人员职业道德准则包括总则、基本准则、业务准则、责任准则和附则。其基本准则是：

（1）咨询业从业人员必须热爱祖国，遵守法律。

（2）咨询业从业人员在执业中必须恪守科学、独立、客观、公正、自律的原则，为社会各界提供符合规定要求的专业服务。

（3）咨询业从业人员在执业中，应以维护社会的稳定和安全、公众的健康和幸福为基本的行为准则。

(4) 咨询业从业人员必须维护咨询业的声誉和尊严，不得做有损于咨询业形象的事情。

问题： 思考职业道德教育的必要性。

研判提示： 各行各业都要遵守职业道德和企业伦理。加强职业道德教育是全程全方位的育人育德教育，对学生思想道德的培养有深远影响。例如，上述的咨询业在一定程度上掌握着各种信息，对市场和经济活动的影响很大，信息不对称是市场经济的最大问题。为解决信息不对称问题，才产生了咨询业。因此，咨询业从业人员必须遵守职业道德，不能为了经济利益提供或发布虚假信息。

11.2.3 服务贸易一体化安排

《服务贸易总协定》允许各成员在世贸组织体系之外，参加推动服务贸易自由化的协议，对发展中国家之间的有关协议采取较为灵活的政策，允许其按发展水平达成某些协议。但是参加协议的各方对该协议外的国家不应采取提高壁垒的措施，任何成员决定加入某一协议或对某一协议进行重大修改时，都应迅速通知各成员，而各成员应组成工作组对其进行检查。如果某一成员认为某个协议损害了自己的利益，则按《服务贸易总协定》关于争端解决的机制提起争端解决程序。

11.2.4 垄断与专营服务提供者

《服务贸易总协定》在制定时，考虑到某些服务在成员方国民经济发展中的重要地位，某些成员出于对国家利益的考虑或者由于在长期经济运营中所形成的格局，需要对某些服务进行垄断或规定专营权，国际服务贸易多边规则目前承认这些垄断的合理性，但规定某项服务的垄断提供者提供垄断服务时应遵守最惠国待遇原则项下的各项义务，其行为不能损害其他成员的服务提供者按最惠国待遇、市场准入、国民待遇规定所享有的权利以及本国在多边贸易谈判中已经做出的具体承诺，而且要保证这种垄断不影响垄断范围以外的外国服务竞争。

11.2.5 服务贸易自由化中的紧急保障措施

服务贸易自由化中的紧急保障措施是指世界贸易组织成员在由于没有预见到的变化，或由于某一具体承诺而使某一服务进口数量过大，以至于对本国的服务提供者造成严重损害或严重损害威胁时，可以部分地或全部地中止此承诺以减缓或消除损害。

【课程思政 11-2】

中国政府对美国联邦快递（中国）违规投递快件行为进行调查

背景与情境： 新华社2019年6月1日发布消息称，美国联邦快递（中国）有限公司在我国出现未按名址投递快件行为，严重损害用户合法权益，已违反我国快递业有关法规。华为公司已向中国邮政监管部门提出了正式投诉。国家有关部门决定立案调查。

美国联邦快递（中国）有限公司将从日本寄往中国华为的两个包裹寄到了美国，并将另外两个从越南寄往华为亚洲其他地区办事处的包裹也转运到了美国，而这些行为都是未经授权的。国家有关部门于2019年6月14日向美国联邦快递（中国）有限公司送达了询问通知书。美国联邦快递（中国）有限公司表示愿意全力配合中方监管调查。

美国联邦快递公司回应涉华为快件调查结果时，甩锅给美国商务部，说因美国商务部工业和安全局规定不清楚所致，由此给客户造成的任何困惑或伤害表示真诚的歉意，这也是联邦快递向美国商务部提起诉讼的原因，以避免将来再次出现类似的情况。

中方认为，联邦快递所称涉华为公司快递转至美国系"误操作"与事实不符，中方将依法客观地进行进一步调查。

资料来源 作者根据有关资料整理.

问题：如何评价美国联邦快递公司的行为？

研判提示：美国联邦快递在中国做出未按名址投递快件行为，没有遵守良好的职业道德，严重损害了用户的合法权益，违反了中国快递业有关法规。在美国将华为列入出口管制"实体清单"后，联邦快递作为华为合作伙伴，一而再、再而三地发生所谓"包裹误运事件"，绝不是巧合。中国快递市场是巨大的，发展快、潜力大，欢迎世界各国对中国的快递市场进行投资，但前提是必须要遵守中国的法律、法规，也必须维护中国企业和用户的合法权益，不能因为非商业目的来阻断正常的快递服务，也不能损害中国企业和用户的合法权益。

11.2.6 世贸组织成员可援引的例外

"乌拉圭回合"签订《服务贸易总协定》的宗旨是要实现服务贸易自由化，借以希望建立一个涵盖服务贸易准则和规定的多边框架，逐步开放服务市场，促进世界服务贸易和世界经济的发展。但它同时也对开放市场后可能给成员的经济贸易发展带来影响予以关注，针对服务贸易自由化的风险相应制定了一系列可援引的例外保障措施，允许其成员遇到紧急情况时，对本国的相关服务部门予以合理与适度的保护。《服务贸易总协定》规定成员可援引的例外条款主要包括确保国际收支平衡的例外措施、政府采购、补贴和普遍例外。

【小资料 11-1】

《服务贸易总协定》部分译文

第二部分 一般义务与纪律

……

第 14 条 一般例外

1. 在此类措施的实施不在情形类似的国家之间构成任意或不合理歧视的手段或构成对服务贸易的变相限制的前提下，本协定的任何规定不得解释为阻止任何成员采取或实施以下措施：

（1）为保护公共道德或维护公共秩序所必需的措施。

（2）为保护人类、动物或植物的生命或健康所必需的措施。

（3）为使与本协定的规定不相抵触的法律或法规得到遵守所必需的措施，包括与下列内容有关的法律或法规：

①防止欺骗和欺诈行为或处理服务合同违约而产生的影响；

②保护与个人信息处理和传播有关的个人隐私及保护个人记录和账户的机密性；

③安全。

（4）与第 17 条不一致的措施，只要待遇方面的差别国保证对其他成员的服务或服务提供者公平或有效地课征或收取直接税。

（5）与第2条不一致的措施，只要待遇方面的差别是约束该成员的避免双重征税的协定或任何其他国际协定或安排中关于避免双重征税的规定的结果。

第14条 副则安全例外

……

第15条 补贴

1. 各成员认识到，在某些情况下，补贴可对服务贸易产生扭曲作用。各成员应进行谈判，以期制定必要的多边纪律，以避免此类贸易扭曲作用。谈判还应处理反补贴程序适当性的问题。此类谈判应认识到补贴在发展中国家发展计划中的作用，并考虑到各成员特别是发展中国家成员在该领域需要灵活性。就此类谈判而言，各成员应就其向国内服务提供者提供的所有与服务贸易有关的补贴交换信息。

2. 任何成员如认为受到另一成员补贴的不利影响，则可请求与该成员就此事项进行磋商。对此类请求，应给予积极考虑。

资料来源 黄胜强. 国际服务贸易多边规则利弊分析 [M]. 北京：中国社会科学出版社，2010：193.

学习微平台

延伸阅读11-2

11.3 我国服务贸易概况

我国是一个传统农业大国，长期以来存在着“重农轻商”的思想，对服务贸易一直不够重视。中华人民共和国成立以后，我国的服务贸易经历了一个从无到有、从停滞不前到蓬勃发展的过程。改革开放以来，我国的服务贸易有了长足的发展，取得了较好的成绩，服务贸易成为我国对外贸易中的重要组成部分。虽然与发达国家相比我国服务贸易还存在着较大差距，在结构和规模上还有待进一步改善，但是随着我国经济的快速发展、改革开放的进一步深化、国际联系的加强，我国服务贸易的发展前景还是十分光明的。

11.3.1 我国服务贸易的现状

改革开放后，特别是进入21世纪以来，我国的服务贸易随着第三产业的发展也快速发展，服务贸易出口额从1982年的26.70亿美元增加到2020年的2 806.30亿美元；服务贸易进口额从1982年的20.20亿美元增加到2020年的3 810.90亿美元（见表11-1）。“十三五”以来，中国服务贸易平均增速高于全球，2019年中国服务贸易进出口额连续6年位居世界第2位。根据商务部研究院发布的《全球服务贸易发展指数报告》，从2017—2019年，中国服务贸易发展指数排名连续三年保持在全球第20位，在发展中国家中排名第1位，整体保持稳定。2021年中国服务贸易发展指数全球排名显著提升，位居第14位。2020年受疫情等因素影响，我国服务进出口同比虽有大幅下降，但降幅低于全球3.5个百分点，在全球跨国直接投资大幅下降的情况下，中国服务业利用外资仍同比增长13.9%。

表11-1　**1982—2020年中国服务进出口总额**　单位：亿美元

年份	进出口	出口	进口	差额
1982	46.90	26.70	20.20	6.50
1985	56.20	31.00	25.20	5.80
1990	124.20	80.70	43.50	37.10
1995	496.40	244.20	252.20	-8.00
2000	711.90	350.30	361.60	-11.30
2005	1 682.80	843.10	839.70	3.40
2010	3 717.40	1 783.40	1 934.00	-150.60
2015	6 541.60	2 186.20	4 355.40	-2 169.20
2016	6 616.30	2 095.30	4 521.00	-2 425.70
2017	6 956.80	2 280.90	4 675.90	-2 395.00
2018	7 918.80	2 668.40	5 250.40	-2 582.00
2019	7 850.00	2 836.00	5 014.00	-2 178.00
2020	6 617.20	2 806.30	3 810.90	-1 004.60

资料来源　根据中国统计年鉴数据总结.

目前，我国服务贸易出口行业和项目主要有：对外承包工程与劳务合作业、国际旅游业、国际金融与保险业、国际运输业、技术出口、对外加工装配业、国际工程设计咨询业等。进口项目主要有：运输、旅游、建筑、保险、金融、技术进口和其他商业服务等。由于自1995年以来我国服务贸易进口的规模持续大于出口的规模，因此服务贸易额近年来一直存在着逆差。

当前，全球经济正在经历深刻变革。以互联网、大数据等为代表的数字技术快速发展，以研发、营销、品牌为代表的现代服务在全球价值链中的核心地位逐步确定。跨国公司推动服务要素全球流动，服务贸易已成为国际贸易最具活力的部分。面临新形势，中国将继续高水平对外开放，推动形成以国内大循环为主、国内国际双循环相互促进的新发展格局。

【同步案例11-1】

美国对中国的服务贸易顺差

背景与情境：作为全球最大的发展中国家和最大的发达国家，中美贸易关系不仅影响两国自身的发展，还对全球经济发展产生着重要影响。过去一段时间，美方多次以贸易失衡为由，挑起针对中国的贸易调查和进行不合理制裁，美国政府宣称，2017年美中贸易逆差高达3 752亿美元，要将美国对华贸易赤字降低1 000亿美元。事实真像美方说的这样吗？

2019年，商务部发布了《关于美国在中美经贸合作中获益情况的研究报告》，用大量翔实的数据，揭开了美国在华商业利益的真相。2018年，按照美方的统计，对中国货物贸易逆差为4 192亿美元。但根据中方的数据，贸易逆差为3 233亿美元。双方的统计相差了近1 000亿美元。

中美之间的贸易逆差既有事实的真相，也有统计的假象。除了双方的统计方法不一致之外，加工贸易，也就是中间品贸易统计没有分离出去，也是很重要的原因。在中国输美产品中，加工贸易产品的比重超过了50%，这些产品的零部件和技术都来自包括美国在内的全球供应链，中国从中只赚取了少量加工费，但是美方在统计的时候，却按照最终产品价值全部计算到了中国的出口额上。商务部的报告指出，美方统计的货物贸易逆差数据长期被高估，难以反映真实状况。根据中美两国商务部开展的联合研究，美对华货物贸易数据2015年被高估21%，按这一比例推算，2018年美对华货物贸易逆差被高估880亿美元。

此外，美国总把货物贸易逆差挂在嘴边，宣称自己吃亏，但是对服务贸易上获得的巨大顺差却只字不提。实际上，美国在旅游、运输、知识产权、保险等领域都拥有大额的对华贸易顺差，而且增长迅速。按照美方统计的数据估算，2018年美对华服务贸易顺差总额为873亿美元。如果把这部分顺差算上，2018年美对华总体贸易逆差额约为1 536亿美元，仅为美方公布数据的40%。美国已成为中国服务贸易逆差最大的来源国。在这种局面下，与中国获得的顺差结合起来看，反映出的更多是中美贸易的互利共赢，而不是失衡关系。

翻看2021年中国外贸“成绩单”可以发现，不仅进出口额突破6万亿美元表现亮眼，而且对美贸易额也同比增长近3成，达到7 556亿美元，再创历史新高。这一数据凸显了中美贸易领域的紧密依存，也再次印证了中美合作共赢才是大势所趋。

一系列数据显示，面对中美经贸摩擦，两国贸易往来反而更加频繁。自2018年7月美国对华加征关税以来，中美贸易额除2019年同比有所下降外，其他年份均处于增长态势，新冠肺炎疫情发生以来更为明显。2020年中美贸易额同比增长8.3%，2021年再次大幅增长，且近几年中国对美国出口的增长持续高于进口。

资料来源　作者根据央视财经、新华社新闻整理.

问题：如何看待中美之间的贸易不平衡？

分析提示：由于统计口径、转口贸易、服务贸易等原因，美国对中国的贸易逆差远没有它宣称的那么大，并且在高科技领域，美国一直限制对我国的出口。美国和中国在国际分工和竞争优势上存在差异。

11.3.2　我国服务贸易存在的问题

我国的服务贸易虽然近年来取得了很大发展，但与发达国家相比，整体上仍处于落后的地位，主要问题有：

（1）我国第三产业发展滞后，影响了服务贸易的发展规模。长期以来，我国一直把第一、二产业的发展视为重点，不重视第三产业的发展，从而制约了我国服务贸易的发展。

（2）服务贸易结构落后。国际服务贸易量大的是金融、保险、咨询、邮电等技术密集和知识密集型服务，发达国家多以此为重，而我国则主要是旅游、劳务出口、远洋运输等技术与知识含量低的服务，这种结构问题也是造成近年来我国服务贸易逆差的重要原因。目前，这种结构问题有一定的改善，类似通信、保险、信息等一些新型项目有所增加，但服务贸易的主流仍是传统项目。

（3）法律体系不健全，法律保护措施滞后。我国有关服务贸易的法规和政策还很不健全，服务贸易缺乏相关的法律保护，关于对外服务贸易中出现的许多问题难以解决，这也是制约服务贸易发展的一大因素。

（4）重复建设，过度竞争，没有形成规模效益。小规模经营的局面广泛存在于我国大多数服务贸易中，从而难以形成规模经济，难以形成成本优势。

（5）服务企业管理水平偏低，服务业整体素质不高。这是服务企业普遍存在的一个问题，导致我国服务贸易缺乏国际竞争力。

11.3.3 我国服务贸易发展的对策

我国是WTO的成员方，也已加入《服务贸易总协定》，这既给我国服务贸易的发展带来了机会，也带来了挑战。面对这些机会和挑战，可以从以下几点出发来解决服务贸易发展中的问题，从而提高国际竞争力：①重视发展第三产业，重视服务贸易的发展；②加强法制建设，改善服务贸易的法律环境；③继续引导、调整服务贸易的结构，增加技术密集型和知识密集型的服务贸易额；④大力推进服务企业制度改革，鼓励企业联合起来，提高服务质量和管理水平，从而取得国际竞争优势。

【同步案例11-2】

美国标普全球公司等获准进入中国信用评级市场

背景与情境：2019年1月28日，中国人民银行营业管理部发布公告称，对美国标普全球公司在北京设立的全资子公司——标普信用评级（中国）有限公司予以备案。这意味着这家美国企业正式被批准进入中国开展业务。央行还表示，之后会让更多具有国际影响力且符合条件的企业进入中国市场，这展示了中国在对待外来企业时公平与非歧视的态度，2017年这家评级机构还曾下调对中国的评级。

2020年5月14日，中国人民银行营业管理部发布公告，对美国惠誉评级公司（Fitch Ratings）在我国境内设立的独资公司——惠誉博华信用评级有限公司（以下简称惠誉博华）予以备案。同日，中国银行间市场交易商协会发布公告，接受惠誉博华进入银行间债券市场开展部分债券品种评级业务的注册。这标志着惠誉评级公司成为继标普全球公司之后第二家获准进入中国市场的外资信用评级机构。

央行方面表示，信用评级业对外开放是我国金融业开放的重要组成部分，有利于促进我国信用评级业和金融市场高水平、国际化发展。惠誉进入中国信用评级市场，是我国主动扩大金融业对外开放的又一举措，也是对中美第一阶段经贸协议的具体落实。下一步，中国人民银行将继续推动我国信用评级业高水平对外开放，促进我国信用评级业高质量发展，引导信用评级机构在防范和化解金融风险、改善民营和中小微企业融资环境等方面发挥更大作用。

相比之下，美国和欧盟都加强了对外来投资的审核，其主要目的就是针对中国企业，害怕中国企业在其国内做大做强之后掌控市场，这完全就是固有的“冷战思维”，中国之所以能够像今天这样走向世界舞台，就是因为打开了自己的大门。

资料来源　佚名．标普之后惠誉入华　信用评级行业对外开放更进一步［EB/OL］．［2020-05-14］．https://baijiahao.baidu.com/s?id=1666675402473761910&wfr=spider&for=pc.有删改．

问题：引入标普公司、惠誉公司对中国市场的意义是什么？

分析提示：让美国信用评级机构进入中国市场的理由很简单，就是因为有利于我国金融市场的发展，信用评级行业对外开放是金融市场对外开放的重要一环，随着中国金融市场不断对外开放，引进有较大影响力的信用评级公司，有利于满足国际投资者配置多元化人民币资产的需求，最重要的是有利于促进我国评级行业的更好发展。从这件事情上，也可以看出中国在对待外来投资上都是秉承着公平、非歧视的态度，不会因为美国禁止了华为，我们就要禁止美国企业，这样做是不利于自身发展的。

【同步业务 11-1】

了解学校所在省市服务贸易的发展状况。

业务分析：服务贸易在我国不同省市、地区之间发展不平衡，可运用SWOT分析法深入剖析你的学校所在地的服务贸易发展状况。

业务程序：

（1）将班级学生分成若干小组，分工合作。

（2）各组可选定区域，搜集资料进行关于区域服务贸易发展的SWOT分析，整理内容，在班级交流。

■ 本章概要

□ 内容提要

● 本章主要介绍了国际服务贸易的基本概念、范围和《服务贸易总协定》的相关内容。

● 按照《关税与贸易总协定》“乌拉圭回合”达成的协议，国际服务贸易被定义为：过境交付、境外消费、商业存在、自然人流动服务。

● 国际服务贸易的特点有：国际服务贸易的标的一般具有无形性和多样性；国际服务贸易具有不可储存性；国际服务贸易与生产要素跨国界移动的不可分割性；国际服务贸易现有市场的高度垄断性；国际服务贸易的国家保护性，国家保护方式更具刚性和隐蔽性；国际惯例约束具有相对的灵活性；营销管理具有更大的难度和复杂性。

● 在国际贸易中，最惠国待遇是指签订贸易条约的缔约一方在贸易、航运、关税和公民的法律地位等方面，如果给予任何第三方以减让、特权、优惠或者豁免，其他的缔约方也可以得到同等的待遇。

□ 主要概念和观念

▲ 主要概念

最惠国待遇

▲ 主要观念

国际服务贸易的基本概念与范围

□ 重点实务

我国服务贸易的现状、存在的问题及对策分析

■ 基本训练

□ 知识训练

▲ 简答题

1）国际服务贸易与国际货物贸易之间的关系如何？

2）国际服务贸易主要包括哪些项目？

3）国际服务贸易的特点是什么？

4）我国国际服务贸易存在的问题有哪些？

5）我国服务贸易的发展有何对策。

6）举例说明什么是服务贸易。

▲ 填空题

1）（　　）是指签订贸易条约的缔约一方在贸易、航运、关税和公民的法律地位等方面，如果给予任何第三方以减让、特权、优惠或者豁免，其他的缔约方也可以得到同等的待遇。

2）《服务贸易总协定》中规定的（　　），要求各成员立即公布其所有由国家或地方政府机构、非政府立法部门发布并生效的法律、条例、行政规章、各种措施以及所签署的与国际服务贸易有关的国际协议。

3）从一成员境内向任何其他成员境内提供的服务指的是（　　）。

4）（　　）和（　　）作为国际贸易的两大组成部分，两者相互联系、相互补充、相互促进，存在一定的替代关系，同时又有区别，各有自己的特点。

▲ 单项选择题

1）国际服务贸易的最大提供者和消费者是（　　）。

A.西方发达国家　　B.发展中国家

C.社会主义国家　　D.经济转型国家

2）许可协议的双方当事人以各自拥有的技术互相进行交换，这种协议叫（　　）。

A.独占许可协议　　B.排他性许可协议

C.分许可协议　　D.交叉许可协议

3）提供国际劳务的地点可以是（　　）。

A.只在国内　　B.只在国外　　C.在国外或国内　　D.只在第三国

4）近几年，我国服务贸易差额一直处于（　　）。

A.逆差　　B.顺差　　C.基本平衡　　D.未统计

5）国际服务贸易的作价原则（　　）。

A.一般采用成本加利润的方法确定

B.与货物买卖作价原则相同

C.根据合同履约期长短确定

D.有些服务与经济效益挂钩，有些则与经济效益无关

▲ 多项选择题

1）目前，发达国家在国际服务贸易中的比较优势体现在（　　）方面。

A.劳动密集型服务　　B.资本密集型服务　　C.知识密集型服务

D.合作生产　　　　　　E.要素密集型服务

2）国际技术贸易的标的物主要有（　　）。

A.专利　　　　　　　　B.商标　　　　　　　　C.专有技术

D.资本　　　　　　　　E.国际承包

▲ 讨论题

1）第二次世界大战以后国际服务贸易迅速发展的主要原因是什么？

2）加拿大通过外国投资审查法的实施，要求外国投资者必须承诺购买加拿大的产品或加拿大供应来源的产品，并以此作为批准投资的一个条件。同时，加拿大还要求外国投资者做出出口承诺。如何看待加拿大的这种做法？

□ 能力训练

▲ 案例分析

中国服务贸易开放发展将给世界带来巨大机遇

背景与情境：2019年5月28日到6月1日，“2019年中国国际服务贸易交易会”（又称“京交会”）在北京举行，这是中国服务业扩大开放的生动案例。发展服务业，不仅可以为服务出口提供强大的产业基础，创造无数的就业岗位（如美国服务业就业占86%），而且，由于服务业附加值普遍高于第一产业和第二产业，发展服务贸易可以在全球价值链体系中赢得更高的附加值。随着信息技术的快速发展特别是万物互联时代的到来，现代服务业正在更加广泛、更加深刻地融入农业、矿业、制造业，成为影响传统产业发展乃至社会管理进步的新引擎。当今世界，服务贸易是产业进步的标志，也是国际竞争力的标志。

中国是排名世界第二的服务贸易大国，但经济社会发展对服务业和服务贸易依然展现出强烈需求。服务业产值之比低于全球平均水平，与工农业生产相关的生产性服务业，特别是研发设计服务发展依然滞后，在一定程度上影响了中国制造业的质量水平。因此，党中央要求“推动先进制造业和现代服务业深度融合，坚定不移建设制造强国”，推动制造业高质量发展。与此同时，涉及居民生活的服务业尚不能满足人民过上美好生活的新需求，特别是当温饱问题解决之后，关乎人们健康、娱乐、教育、旅游的服务需求呈爆发式增长，导致服务进口大幅增长。

中国服务贸易逆差巨大，过去20多年来逆差持续增长，抵销了大部分的货物贸易顺差，甚至影响了中国国际收支平衡。因此，扩大就业，防范外部风险，实现高质量发展，都需要大力发展服务业，扩大服务业双向开放，大力促进服务出口。

为顺应国际产业分工体系和价值链体系深刻变化的趋势，满足国内经济社会高质量发展的需要，中国持续推进服务业对外开放。据测算，未来15年，中国将进口10万亿美元的服务。可以预见的是，中国服务贸易的开放和发展，不仅会给中国经济高质量发展增添新动能，也将给世界带来巨大发展机遇。未来，中国不仅将进口更多的服务，而且国内外投资者在华投资的商机也会不断增加，大学生就业创业更加活跃，虚拟现实技术、大数据、人工智能和工业互联网等现代服务业将深度融合到传统产业中，显著提高制造业水平，生活服务业则在更大程度上满足居民物质和精神生活的需要。

资料来源　邢厚媛. 服务贸易，分量越来越重［EB/OL］.［2019-05-28］. https://finance.china.com/domestic/11173294/20190528/36275483_1.html.引文经过改编.

问题：

1）根据案例分析中国服务贸易发展存在的问题。

2）中国服务贸易开放如何影响世界？

3）中国服务贸易的发展对我们的生活会有怎样的影响？

分析要求：同第1章“基本训练”中本题型的“分析要求”。

▲ 自主学习

自主学习-6

【训练步骤】

1）将班级同学组成若干“自主学习”训练团队，每队确定一人负责。

2）各团队根据训练项目需要进行角色分工。

3）通过院资料室、校图书馆和互联网，查阅“文献综述格式、范文及书写规范要求”和近三年关于“我国服务贸易竞争力分析”的学术文献资料。

4）综合和整理“我国服务贸易竞争力分析”最新学术文献资料，依照“文献综述格式、范文及书写规范要求”，撰写《“我国服务贸易竞争力分析”最新文献综述》。

5）在班级交流各团队的《“我国服务贸易竞争力分析”最新文献综述》。

6）在校园网的本课程平台上展出经过修订并附有教师点评的各组《“我国服务贸易竞争力分析”最新文献综述》，供学生相互借鉴。

□ 课程思政

希思罗机场事件带给人的思考

背景与情境：2018年2月11日凌晨，有自称在伦敦希思罗机场第二航站楼免税店打零工的中国留学生爆料，该免税店在价格上区别对待中国消费者，要求中国客人必须付1 000英镑才能领取优惠券，而外国人只需付79英镑，此事点燃了中国网友的愤怒情绪。2月12日，希思罗机场在微博上郑重发表道歉声明。

抛开希思罗机场事件，还有许多中国消费者在境外消费时遭遇了类似事情，如免税店近几年来相继被曝出卖假货、卖残次品、所卖商品快过期、免税价高于官方报价等问题。

随着中国经济的快速发展，人们的消费水平也有所提升，走向世界的中国消费者正深刻影响着全球市场，成为全球经济的强心剂。2016年春节，约有600万国人选择离开家门，在境外过传统节日，境外消费达900亿元。2017年春节，出境游客超过615万人次，中国游客通过携程预订出境团队、自由行产品人均消费达9 000元，同比增长12%。根据中国旅游研究院《中国出境旅游发展报告2020》，2019年我国出境游客境外消费超过1 338亿美元，增速超过2%。

“后疫情”时代全球发展格局快速嬗变，伴随着各国的经济复苏和人们消费习惯的改变，线下购物转战线上，跨境电商、海淘的市场需求不断攀升。

中国消费者向全世界证明了中国人的经济能力和消费水平大大提高，随着越来越多的国人走出国门，一个不容回避的问题是：中国公民在消费境外产品时，应该如何维护自身的正当权益？

很多中国消费者在消费境外产品时花了冤枉钱，常常陷入维权无门的尴尬处境中。如果向国外或国内相关部门求助，要么因语言不通、周期太长、流程烦琐而被迫放弃，要么会被多个职能部门“踢皮球”，还有人担心维权会给自己惹麻烦。于是，大多数人只能自认倒霉。作为消费者的我们，还是要谨慎选择消费境外产品，如果遇到问题要积极维护自己的权益，让商家重视中国市场，尊重、看重中国人的需求，打造更适合中国人的产品。

此外，很多国货正迅速崛起，消费国货更安全、更省心、更具性价比。

资料来源　作者根据搜狐网、腾讯网的新闻整理改编.

问题：

1）消费境外产品时还可能遇到哪些问题？

2）你有海淘的经历吗？如有，你遇到过哪些问题？

3）消费境外产品遇到问题时，中国消费者可以用哪些手段维护自身权益？

研判要求：同第1章“基本训练”中本题型的“研判要求”。

主要参考文献

［1］陈岩. 国际贸易理论与实务［M］. 5版. 北京：清华大学出版社，2021.
［2］黎孝先，王健. 国际贸易实务［M］. 7版. 北京：对外经济贸易大学出版社，2021.
［3］张燕芳. 国际贸易理论与实务［M］. 2版. 北京：人民邮电出版社，2021.
［4］冷柏军，张玮. 国际贸易理论与实务［M］. 2版. 北京：中国人民大学出版社，2019.
［5］赵全海，丁蕾. 国际贸易理论与实务［M］. 3版. 北京：中国人民大学出版社，2019.
［6］徐景霖，李勤昌. 国际贸易实务［M］. 11版. 大连：东北财经大学出版社，2019.
［7］宣昌勇，王贵彬. 国际贸易理论与实务［M］. 3版. 大连：东北财经大学出版社，2019.
［8］朱箴元. 国际贸易理论与实务［M］. 厦门：厦门大学出版社，2018.
［9］傅龙海. 国际贸易理论与实务［M］. 5版. 北京：对外经济贸易大学出版社，2018.
［10］张华，张宗英. 国际贸易理论与实务［M］. 5版. 北京：中国财政经济出版社，2018.
［11］陈平. 国际贸易实务［M］. 2版. 北京：中国人民大学出版社，2018.
［12］自考通编写组. 国际贸易理论与实务全真模拟试卷［M］. 北京：中国言实出版社，2018.
［13］许晓冬. 国际贸易实务［M］. 北京：中国纺织出版社，2017.
［14］吴国新，杨绩. 国际贸易理论与政策［M］. 北京：清华大学出版社，2016.
［15］李宏. 国际贸易理论与实务［M］. 2版. 北京：电子工业出版社，2015.
［16］李秀芳. 进出口贸易实务案例及问题解答［M］. 北京：电子工业出版社，2015.